劳动争议攻防策略

请求权基础思维分析与合规操作

北京市兰台律师事务所　编著

中国法制出版社
CHINA LEGAL PUBLISHING HOUSE

前言　在向上生长的过程中构筑确定性的未来

2023年1月20日，某法律自媒体发布了一篇文章，大概意思是讲，有三个标志，表明律师行业告别了黄金时代，看了这篇文章，我们深以为然，因为这都是我们观察到的，却又不以为然。

我们不以为然，是基于两个原因：

第一，你观察到哪个行业还处于黄金时代？

第二，你会转身离开律师这个行业吗？

于兰台劳动团队的伙伴而言，答案是否定的。我们不会离开这个行业，也找不到另外一个处于黄金时代的行业。

如果大家的答案和我们是一样的，那么下面这两个问题，就非常关键：

一、为什么对于大多数法科生而言，律师职业不是第一选择？

去年某机关招聘，录用10人，报名1100多人。这里的原因比较多，比如官本位的原因、个人兴致的原因等，但有一个普遍的原因：稳定性。

稳定性，或者说确定性，是每一位从事律师职业的法律人，深深忧虑的问题，于律师而言，这份收入和职位是否稳定？于合伙人而言，今年有了创收，明年的饭在哪里呢？

稳定性（确定性）的问题，可以解决吗？

二、商业的本质是什么？律师行业适用商业的本质吗？

商业的本质是客户在寻找产品。

在所有的行业中，处在顶尖位置的产品提供者，都遵循了这个本质。每个行业的大部分从业者，都在苦苦地着急着、寻找着、挣扎着，也都在苦苦地生存着。都在想着，怎么找到一个客户，把自己的产品推销出去。

律师行业也遵循这个商业的本质。其实换位思考一下，如果你是一个法务经理，就可以很清楚地想明白这个道理。

如果商业的本质，是客户在寻找产品，那么于产品提供者而言，重要的是怎么能够进入客户的视野并让客户相信你提供的是好产品。

客户会因为任何一个法律需求而寻找律师，大约会有以下几种类型：

1. 因为被客户的亲朋好友介绍而被客户看见、相信，进而委托；

2. 因为为客户提供过服务而被客户看见、相信，进而委托；

3. 因为进入客户的律师库而被看见，被客户列为选择的对象，在选择中因为方案和专业被看见而被相信，因为相信而委托；

4. 因为专业的传播而被社会客户看见，这种看见因为移动互联网这种传播工具而被不断地强化，客户的将信将疑，会因为我们坚持不懈的传播，而选择相信，我们会因为相信，而有了无限的可能。

这种无限的可能会解决我提出的第一个问题：确定性。

这四种类型的客户，可以用 7 个字概括。前两种类型讲的是“只争朝夕”，后两种类型讲的是“慢慢来”。

今年是兰台劳动团队重组 10 周年。这本书，是兰台劳动团队的第 4 本专著。

兰台劳动团队，现在有 22 个人，只专注于劳动法律事务，这个数字，我们希望是 100 人。这个团队，每年办理超过 4000 件各种类型的涉及劳动诉讼和非诉的案件。“兰台劳动”公众号粉丝超过 37000 名，这一数字每天都在增长。

但这些，其实，并不重要。

重要的是，我们相信“相信”的力量。我们相信，因为相信，心中会有信仰；因为相信，行动会有力量；因为相信，虽一路坎坷，却绝不会放弃！

我们相信，付出的汗水，可以回报我们的青春。我们可以通过专业、专业的传播获得客户、获得客户的尊重。

因为相信，我们对每一个客户的服务，皆“只争朝夕”、竭尽全力；因为相信，在身心俱疲之时，却笔耕不辍，“慢慢来”。

我们相信，写字的过程，就是向上生长的过程。向上生长的同时，就是在构筑确定性的未来。

目录

CONTENTS

第一章　劳动争议请求权基础

第二章　劳动争议的特点及代理思路

第三章 招聘与录用

第四章 订立与续订劳动合同

第十二章 劳动合同的终止

第十三章 经济补偿金、赔偿金与损失赔偿

第十四章　其他纠纷类型

第一章

劳动争议请求权基础

第一节　请求权思维——劳动争议案件的“任督二脉”

代理劳动争议案件是评价劳动法律师专业性的试金石，是一项硬指标。作为长期专门从事劳动法领域实践的律师，在代理劳动争议案件或者处理劳动法律问题咨询时，经常会发现一项事实行为，当事人可以主张的权利散落在不同的法律法规或规范性文件中。而对于同一法律条文的规定，不同地区在司法裁判实践活动中逐渐形成了具有本地区特点的司法裁判裁审衔接口径，而较少考虑其他地区的裁判观点。这些裁审衔接口径虽然不能在裁判中作为法律依据进行引用，但是在事实上形成了对法律法规的解释。这些解释通常是针对非标准形态的补充，即对一些复杂事实如何适用法律法规进行说明。但是这些口径或者解释有些情况下在不同地区能够形成共识，但有些情况下却又可能完全相悖。

劳动争议案件的复杂性还不仅仅体现在法律规范的庞杂和指导裁判的裁审衔接口径的千差万别，具体到个案中的法官自由裁量权也难以通过对法律规范的解释进行预测。这样的情况不仅不利于社会公众遵守劳动领域的法律法规，还可能破坏法律的严肃性和既定性，对从事劳动法专业的法律人提出挑战。而运用请求权基础思维则可以帮助我们应对这种复杂性，帮助我们更准确地进行法律分析——在提出某项请求权后，应当寻找相应的法律规范，包括基础规范、相对规范和辅助规范等，从这些规范中提炼请求权要件，对应事实进行分析进而得出结论。

例如，在劳动关系中普遍存在的工资争议，可能是劳动者请求用人单位支付拖欠的工资，也可能是用人单位主张应当扣除劳动者的工资。那么我们在进行法律分析的时候，首先应当找到准确的法律依据，这个找法的过程实质上就是在先确定请求权基础的过程。劳动者向用人单位主张一定金额的工资以及用人单位主张扣除劳动者一定金额的工资，这种主张的成立会不会有人认为是天经地义的呢？在我们朴素的是非观中确实是，干活给钱就是天经地义。但也不尽然，劳动关系是一种典型的社会关系，其通常发生在陌生人之间，而不是像亲属关系那样发生在熟人之间。为了维持陌生人的关系有序发展，促进社会交换，就需要确立在劳动关系项下的工资与劳动这一对给付义务以及按劳取酬的基本法律原则。《劳动合同法》第二十九条规定，"用人单位与劳动者应当按照劳动合同的约定，全面履行各自的义务"。第三十条第一款规定，"用人单位应当按照劳动合同约定和国家规定，向劳动者及时足额支付劳动报酬"。《劳动法》第四十六条第一款规定，"工资分配应当遵循按劳分配原则，实行同工同酬"。可见，劳动者之所以可以请求用人单位支付工资，是因为劳动合同法规定的用人单位应当按照劳动合同约定和国家规定向劳动者及时足额支付劳动报酬，这便是劳动者请求支付劳动报酬的请求权基础。反之，用人单位主张扣除劳动者的工资亦应当以相应的法律依据作为请求权基础。请求权基础决定了裁判依据，使得裁判结果具有可预见性。

确定请求权基础在与劳动关系相关的另一些争议中会显得更为重要，否则将使一些具体法律问题变得观点模糊、摇摆不定。例如就业歧视的问题，《最高人民法院关于增加民事案件案由的通知》（法〔2018〕344号）第一条规定，在第一部分"人格权纠纷"的第三级案由"一般人格权纠纷"项下增加一类第四级案由"平等就业权纠纷"。这使很多用人单位开始将避免就业歧视作为劳动用工合规管理的一项内容。从《最高人民法院关于发布第32批指导性案例的通知》中的平等就业权纠纷案例[①]的裁判要点来看，用人单位在招用人员时，基于地域、性别等与"工作内在要求"无必然联系的因素，对劳动者进行无正当理由的差别对待构成就业歧视。典型的如因求职者的出生地的原因而不予录用，但该岗位与劳动者的出生地之间没有内在关联。

如果上述举例中的情形还较为容易让人感知"无正当理由"的话，那么，在另外一些情况下则更加不那么直观。2020年11月20日，教育部发布了《关于做好2021届全国普通高校毕业生就业创业工作的通知》，这一通知重点提及不得将毕业院校、国（境）外学习经历、学习方式（全日制和非全日制）作为

① 指导案例185号　闫某某诉某公司平等就业权纠纷案。

限制性条件，那么，如果用人单位发布的招聘广告中将重点院校毕业作为招聘条件，是否构成就业歧视呢？如果说就业歧视的主要特征是用人单位设定了与工作无内在关联的招聘条件，对求职者进行无正当理由的差别对待的话，那么将重点院校毕业作为录用条件是否与工作存在内在关联呢？是否构成对求职者无正当理由的差别对待呢？如果有正当理由，那么理由又是什么呢？如果从这个层面去分析判断，很可能把法律分析写成见仁见智的个人感觉。

如果认识到平等就业权纠纷是一般人格权纠纷下的案由，那么应当认识到就业歧视侵害的客体是自然人的一般人格权，《民法典》第一百零九条规定，“自然人的人身自由、人格尊严受法律保护”。如果将此作为就业者主张用人单位招聘广告存在就业歧视的请求权基础，则会使判断是否构成侵权变得清晰。就业歧视的核心特征虽然是无正当理由的差别对待，但是仅存在差别对待还不足以侵害平等就业权，在一般人格权这个请求权基础前提下，这种差别对待还应当达到使人感受到人格尊严受损的程度。否则，尽管用人单位提出了与工作岗位没有直接关联的招聘条件，对求职者形成差别对待，但不足以让人感受到人格尊严受损，也不宜认定为侵犯了一般人格权项下的平等就业权，不构成就业歧视。从这一请求权前提的角度再看将毕业院校作为限制性条件的问题就可以比较清晰地作出法律分析，是否重点院校毕业这个条件并不会损害不同学校毕业的求职者的人格尊严。可见，在主张某项权利或义务时，找到准确的请求权基础会使法律分析和法律适用具有确定性、可预见性，避免法律问题沦为感受问题。

第二节　请求权思维在劳动争议案件中的应用

虽然探讨劳动争议具体问题的研究文章很多，但是以劳动争议、请求权为关键词检索出的文献材料却很少，可见从请求权角度对劳动争议问题的理论和实务研究尚未引起人们足够的注意。虽然在一些实践案例中会看到一些关于请求权的提法，如各地法院裁判文书中也会使用“违法解除劳动合同赔偿金请求权”“劳动报酬请求权”等概念，但是在劳动争议司法实践中请求权还是较少被提及，在劳动法理论教材中也未将请求权作为体系进行梳理，而往往是按照劳动合同的“订立—效力—履行—变更—终止—解除”等顺序予以体系化[①]。

在这样的背景下，经过实践积累，我们希望写一本关于劳动争议案件处理的书，以劳动争议请求权为基础，即以基础法律规范为基础，对劳动者或者用人单位产生或取得某项权利的法律规范进行分析，再通过案例的方式对某项请求权要件进行分析，最后梳理出代理不同类型不同请求事项的劳动争议案件的方法论。以年休假的问题为例，假设用人单位通过规章制度为员工提供了优于法定年休假标准的休假天数，但是对于优于法定年休假标准的休假天数与法定年休假之间使用顺序、未休是否予以工资补偿等未作出规定，如果员工主张用人单位应当按照用人单位规定的年休假天数按照额外给予 200% 的标准支付未休年休假工资补偿，是否应当支持。

在分析这一问题时，应当先找到劳动者因未休年休假而取得 200% 工资补偿权利的基础规范。根据《职工带薪年休假条例》第三条第一款规定，职工累计工作已满 1 年不满 10 年的，年休假 5 天；已满 10 年不满 20 年的，年休假 10 天；已满 20 年的，年休假 15 天。第五条第三款规定，单位确因工作需要不能安排职工休年休假的，经职工本人同意，可以不安排职工休年休假。对职工应休未休的年休假天数，单位应当按照该职工日工资收入的 300% 支付年休假工资报酬。《企业职工带薪年休假实施办法》第十条第一款规定，用人单位经职工同意不安排年休假或者安排职工年休假天数少于应休年休假天数，应当在本年度内对职工应休未休年休假天数，按照其日工资收入的 300% 支付未休年休假工资报酬，其中包含用人单位支付职工正常工作期间的工资收入。根据上述基础规范，员工根据工作年限的不同每年享有的年休假天数不同，这一休假天数由法律规范赋予，称为法定年休假，对于未能享受法定年休假的，由法律规范赋予劳动者获得未休年休假工资报酬的权利，未休年休假按照日工资标准额外支付 200% 的工资报酬。

可见，如用人单位规定了劳动者可以享有高于法定年休假的休息天数，对于超出法定年休假之外的休假天数要求支付 200% 的未休年休假工资报酬显然不

① 袁中华：《劳动法上请求权体系之建构》，载《环球法律评论》2020 年第 6 期。

能以上述年休假法律规范作为请求权依据。若用人单位通过规章制度规定了可以对超出法定年休假的未休假天数给予工资补偿或者与劳动者在劳动合同中作出了约定，那么规章制度或劳动合同将成为劳动者此项请求权的依据。如没有规章制度的规定或者劳动合同的约定，则劳动者此项主张缺乏请求权依据，不应当得到支持。对于《深圳市中级人民法院关于审理劳动争议案件的裁判指引》（深中法发〔2015〕13号）第一百一十条[①]关于劳动合同、集体合同或规章制度对超过法定年休假天数的未休年休假未约定补偿，劳动者要求按照法定标准支付超过法定年休假天数的未休年休假工资的，应予支持的规定，如果从请求权基础的角度推敲，这样的规定难以令人信服。

可见，在劳动争议案件中，确定请求权基础是后续法律分析的前提，在确定请求权基础后应当寻找到相应的基础规范，支撑当事人产生或取得其所主张的该项权利。进而对此项基础规范的要件进行提炼，厘清事实，在事实和法律规范之间往复穿梭，才能得出具有确定性的结论。本书以劳动争议请求权的视角为基础进行梳理，尽可能全面地覆盖了劳动关系从招聘、入职到劳动合同履行、解除、终止等各个阶段可能发生的争议类型，同时，不限于劳动争议纠纷，还包含常见的劳动关系主体之间在履行劳动合同过程中常见的民事纠纷。

① 《深圳市中级人民法院关于审理劳动争议案件的裁判指引》第一百一十条、劳动合同、集体合同或规章制度约定了超过法定天数的年休假天数，并对超过法定年休假天数的未休年休假约定了是否予以补偿或具体的补偿标准的，该约定有效。劳动合同、集体合同或规章制度对超过法定年休假天数的未休年休假未约定补偿，或约定了补偿但未明确具体补偿标准的，劳动者要求按照法定标准支付超过法定年休假天数的未休年休假工资的，应予支持。

第二章

劳动争议的特点及代理思路

第一节 劳动人事争议案件的特点以及代理思路

劳动人事争议可拆分为劳动争议和人事争议，尽管二者有很多相同之处，如处理程序、举证规则等。然而，仍有很多不同，比如受案范围。根据《最高人民法院关于人民法院审理事业单位人事争议案件若干问题规定》第三条规定，人事争议是指事业单位与其工作人员之间因辞职、辞退及履行聘用合同所发生的争议[①]。即只有因辞职、辞退及履行聘用合同所发生的争议才属于劳动人事争议的受案范围，其他争议劳动人事争议仲裁委员会不予受理。本书如无特别提示，主要针对的是劳动争议，在此特予说明。

为更好地解决劳动人事争议，了解争议的特点有其必要性。劳动人事争议的特点可从不同角度阐述，不同角度带来不同启发。如将劳动人事争议放在社会关系中思考，劳动人事争议处理是否妥当与劳动关系和谐紧密程度相关；如将劳动人事争议放到各类争议处理的体系中考虑，劳动人事争议不论在程序上还是在实体上，都有其特殊之处；如将劳动人事争议带入不同主体的观察，即从劳动者与用人单位不同角度去看，其因为个人和用人单位多样性的加入，立场不同造就了观点不同；如劳动人事争议再介入时间维度，历史与现实的碰撞与叠加，能让劳动人事争议有着时空对话的穿越感；如劳动人事争议介入空间的考量，不同地域经济水平、乡土人情仍然会影响争议解决方式和解决方案。

劳动人事关系是一种基础社会关系，劳动人事关系的稳定性事关民生，而每一个劳动人事争议背后都有至少一个家庭会受到影响。正因如此，劳动人事

---

① 《劳动争议调解仲裁法》第五十二条规定，事业单位实行聘用制的工作人员与本单位发生劳动争议的，依照本法执行；法律、行政法规或者国务院另有规定的，依照其规定。

《劳动合同法》第九十六条规定，事业单位与实行聘用制的工作人员订立、履行、变更、解除或者终止劳动合同，法律、行政法规或者国务院另有规定的，依照其规定；未作规定的，依照本法有关规定执行。

争议案件很容易在社会中引起热议。劳动人事争议是动态发展的，争议之初如果处理不妥，很容易将矛盾激化，甚至演化为其他争议。正是基于劳动人事关系的上述特点，劳动人事争议处理中会涉及较多价值观的选择，该问题在最高人民法院印发《关于深入推进社会主义核心价值观融入裁判文书释法说理的指导意见》的通知中有着相应规定。另外，劳动争议案件的地域性也是案件代理中不得不考虑的问题，比如，劳动合同第二次到期，用人单位能否单方终止、加班费基数能否约定、最低工资中是否包含社保和住房公积金等，再比如对于客观情况发生重大变化的司法认定标准等，均有很强的地域特点。

从法律关系角度看似单一的劳动人事关系并不简单，劳动人事争议处理远比想象中复杂。本书其他章节内容也将印证本节提到的上述特点，看似一样的问题有不同的判决结果。本书之所以没有局限在劳动人事争议与其他争议区别角度看劳动人事争议的特点，也是为了在处理劳动人事争议时，可以思考得更加全面，处理得更为妥帖。同时，对劳动人事争议特点的深刻思考，也有利于企业在日常管理中做得更周全，尽量避免劳动争议发生。

劳动人事争议相比其他民商事争议，在程序、处理理念与原则等方面有些显著特点。

一、处理程序——以仲裁前置、一裁两审为原则（一裁终局为例外）

（一）仲裁前置

劳动人事争议仲裁案件应先向劳动人事争议仲裁委员会提起仲裁申请，除法律特殊规定外，当事人对劳动仲裁裁决不服的，可以向法院提起诉讼。

劳动人事争议应当先向劳动人事争议仲裁委员会申请仲裁，《劳动争议调解仲裁法》第二条具体规定了劳动仲裁案件的受案范围[①]。根据该法第五十条规定，

---

① 《劳动争议调解仲裁法》第二条规定，中华人民共和国境内的用人单位与劳动者发生的下列劳动争议，适用本法：1. 因确认劳动关系发生的争议；2. 因订立、履行、变更、解除和终止劳动合同发生的争议；3. 因除名、辞退和辞职、离职发生的争议；4. 因工作时间、休息休假、社会保险、福利、培训以及劳动保护发生的争议；5. 因劳动报酬、工伤医疗费、经济补偿或者赔偿金等发生的争议；6. 法律、法规规定的其他劳动争议。

当事人对本法第四十七条规定以外的其他劳动争议案件的仲裁裁决不服的，可以自收到仲裁裁决书之日起十五日内向人民法院提起诉讼；期满不起诉的，裁决书发生法律效力。

用人单位和劳动者不能通过约定的方式规避劳动人事争议仲裁前置程序，未经劳动仲裁前置的，法院不受理。[①] 但对于仲裁受理后超期裁决的，如果符合法律规定情形，法院将会受理。

（二）一裁终局的案件范围及救济路径

《劳动争议调解仲裁法》第四十七条规定，追索劳动报酬、工伤医疗费、经济补偿或者赔偿金，不超过当地月最低工资标准十二个月金额的争议；因执行国家的劳动标准在工作时间、休息休假、社会保险等方面发生的争议，除本法另有规定的外，仲裁裁决为终局裁决，裁决书自作出之日起发生法律效力。

根据《劳动争议调解仲裁法》第四十八条规定，劳动者对本法第四十七条规定的仲裁裁决不服的，可以自收到仲裁裁决书之日起十五日内向人民法院提起诉讼。即劳动者对一裁终局案件可直接向法院提起诉讼，一裁终局主要是针对用人单位。

对用人单位来说，如果属于一裁终局的案件，需自收到仲裁裁决书之日起三十日内向劳动争议仲裁委员会所在地的中级人民法院申请撤销裁决。同时，单位还需要提供相关证据，证明仲裁裁决有下列情形之一方可以撤销仲裁裁决：适用法律、法规确有错误的；劳动争议仲裁委员会无管辖权的；违反法定程序的；裁决所根据的证据是伪造的；对方当事人隐瞒了足以影响公正裁决的证据的；仲裁员在仲裁该案时有索贿受贿、徇私舞弊、枉法裁决行为的。

如果仲裁裁决被法院裁定撤销的，单位可以自收到裁定书之日起十五日内就该劳动争议事项向人民法院提起诉讼。

---

① 《劳动法》第七十九条规定，劳动争议发生后，当事人可以向本单位劳动争议调解委员会申请调解；调解不成，当事人一方要求仲裁的，可以向劳动争议仲裁委员会申请仲裁。当事人一方也可以直接向劳动争议仲裁委员会申请仲裁。对仲裁裁决不服的，可以向人民法院提起诉讼。

（三）劳动仲裁与法院裁审不一致与裁审衔接

劳动人事争议仲裁委员会与法院在劳动人事争议受理范围、法律适用标准、程序衔接等方面均存在一定差异。因为上述差异，导致部分单位或个人认为劳动仲裁阶段不重要，这直接影响了劳动争议处理质量，也降低了仲裁和司法的公信力。

就裁审不一致的问题，2017 年前，各地对该类问题通过内部会议纪要形式统一裁审口径。2017 年 11 月，《人力资源社会保障部、最高人民法院关于加强劳动人事争议仲裁与诉讼衔接机制建设的意见》（人社部发〔2017〕70 号）体系化建立了裁审衔接的解决机制，通过加强组织领导，建立联席会议制度、信息共享制度、疑难复杂案件办案指导制度、联合培训制度等逐步统一裁审受理范围；逐步统一裁审法律适用标准等。

2022 年 2 月，为落实人社部发〔2017〕70 号文，人力资源社会保障部与最高人民法院联合发布《人力资源社会保障部、最高人民法院关于劳动人事争议仲裁与诉讼衔接有关问题的意见（一）》，该意见是有关裁审衔接的重要法律规范，对劳动人事争议领域在案件受理等方面进行了统一，在常见的部分实体问题上也进一步明晰了裁判口径。

从国家制度层面已经就裁审衔接有了宏观制度架构，落地过程中，由于各地实际情况不同，裁审衔接不一致仍是影响劳动人事争议处理的因素之一。了解该问题从个案处理来说，有利于根据具体情况制定相应的诉讼策略；从整体人力资源合规管理角度来说，有利于从用人单位内部制度建设时预见到未来可能的变化趋势。

二、处理理念与原则——协商与调解在劳动人事争议解决中发挥更大作用

《劳动争议调解仲裁法》第三条规定，解决劳动争议，应当根据事实，遵循合法、公正、及时、着重调解的原则，依法保护当事人的合法权益。

（一）重视调解的原则

《关于进一步加强劳动人事争议协商调解工作的意见》（人社部发〔2002〕71号）中指出，通过协商调解等方式柔性化解劳动人事争议，对于防范化解劳动关系风险、维护劳动者合法权益、构建和谐劳动关系、社会稳定具有重要意义。

2022年10月，人力资源社会保障部与中央政法委、最高人民法院、工业和信息化部、司法部、财政部、中华全国总工会、中华全国工商业联合会、中国企业联合会/中国企业家协会联合发布《关于进一步加强劳动人事争议协商调解工作的意见》（人社部发〔2022〕71号），该意见明确指出强化协商，比如，培育用人单位和劳动者的劳动人事争议协商意识，推动用人单位以设立负责人接待日、召开劳资恳谈会、开通热线电话或者电子邮箱、设立意见箱、组建网络通讯群组等方式，建立健全沟通对话机制，畅通劳动者诉求表达渠道。指导用人单位完善内部申诉、协商回应制度，优化劳动人事争议协商流程，认真研究并制定解决方案，及时回应劳动者协商诉求。

通过调解方式解决劳动人事争议的好处显而易见，劳动争议案件处理过程中，各方应对调解有更准确和全面的认识。

（二）劳动基准保护、倾斜保护及有利原则

劳动人事争议案件的处理，一方面要依法保护劳动者的合法权益，但另一方面也要维护用人单位的生存与发展，两者利益的有效协调才能构建发展与和谐的劳动关系。《最高人民法院关于为稳定就业提供司法服务和保障的意见》（法发〔2022〕36号）中指出，妥善处理劳动争议案件，依法保护双方权益。处理具体个案时，对两者利益的不同考量，会影响案件处理的效果。

1. 劳动基准保护不能打折

我国目前尚未制定有关劳动基准保护方面的统一法律规范，但有关劳动基准保护体系已经形成，比如最低工资制度、工作时间、休息休假等。在与该类问题相关的争议中，基准保护不涉及利益考量，只有对于劳动者基准保护一个选项。对于用人单位免除自己法定责任，如工资低于最低工资标准、试用期内不得怀孕、工作时间超长等约定，应当依法认定无效。

2. 倾斜保护不是“袒护”，而是通过举证责任等规则让劳动者不处于仲裁与诉讼中的弱势地位

针对实践中劳动者与用人单位力量悬殊的情况，以法律规定为基础，向劳动者倾斜，以保护劳动者合法权益。倾斜保护劳动者，很好地阐释了“法条是法与情的统一”，进而成为构建劳动法的重要基础和不可或缺的元素，对生产关系甚至国家经济的发展具有很大的影响。① 司法实践中，对于劳动者的倾斜保护在某些方面体现得尤为明显，比如，无固定期限劳动合同的订立②、劳动者的辞职权限制较少③等。

以劳动合同解除为例，通过比对劳动者的辞职权与用人单位的单方解除权，可以比较明显地看出来“倾斜保护”。首先，劳动者可以提前通知用人单位后解除劳动合同，特定情况下还可以即时单方解除劳动合同，而用人单位单方解除劳动合同的情形有限。其次，如果用人单位单方解除劳动合同，那么应就劳动合同解除的合法性承担相应举证责任④。最后，用人单位单方解除劳动合同还应当满足征求工会意见等程序性条件⑤。这些制度设计的初衷即与对劳动者合法利

---

① 参见曹宝丽、陈丰硕、李昕言:《论倾斜保护劳动者的原则的合理性》，载《法治与社会》2019 年第 5 期，第 228 页。

② 《劳动合同法》第十四条第二款、第三款规定，用人单位与劳动者协商一致，可以订立无固定期限劳动合同。有下列情形之一，劳动者提出或者同意续订、订立劳动合同的，除劳动者提出订立固定期限劳动合同外，应当订立无固定期限劳动合同：

（一）劳动者在该用人单位连续工作满十年的；（二）用人单位初次实行劳动合同制度或者国有企业改制重新订立劳动合同时，劳动者在该用人单位连续工作满十年且距法定退休年龄不足十年的；（三）连续订立二次固定期限劳动合同，且劳动者没有本法第三十九条和第四十条第一项、第二项规定的情形，续订劳动合同的。

用人单位自用工之日起满一年不与劳动者订立书面劳动合同的，视为用人单位与劳动者已订立无固定期限劳动合同。

③ 《劳动合同法》第三十七条规定，劳动者提前三十日以书面形式通知用人单位，可以解除劳动合同。劳动者在试用期内提前三日通知用人单位，可以解除劳动合同。

④ 《最高人民法院关于审理劳动争议案件适用法律问题的解释（一）》第四十四条规定，因用人单位作出的开除、除名、辞退、解除劳动合同、减少劳动报酬、计算劳动者工作年限等决定而发生的劳动争议，用人单位负举证责任。

⑤ 《最高人民法院关于审理劳动争议案件适用法律问题的解释（一）》第四十七条规定，建立了工会组织的用人单位解除劳动合同符合劳动合同法第三十九条、第四十条规定，但未按照劳动合同法第四十三条规定事先通知工会，劳动者以用人单位违法解除劳动合同为由请求用人单位支付赔偿金的，人民法院应予支持，但起诉前用人单位已经补正有关程序的除外。

益保护相关，而在具体案件处理时，用人单位应当从实体和程序方面均满足法律规定，其行为合法性才会获得认可。

3. 有利原则是对劳动合同约定不明或不一致时的有效补充

有利原则实质上是倾斜保护劳动者的延伸，劳动者是有利原则的受益者。当劳动者与用人单位之间签订的合同，与用人单位内部的规章制度冲突时、与相关劳动法规规定的内容不一致时，应当作出有利于劳动者的解释，保护劳动者的合法权益。比如，劳动合同中的某些条款与法律内容规定不一致甚至有冲突时，应按照有利于劳动者的原则作出解释和确定。例如，在北京某信息技术有限公司与高某某劳动争议二审中，关于高某某病假天数超过《员工手册》规定天数后，病假期间工资计算标准问题，高某某与北京某信息技术有限公司作出不同的解释。二审法院认为，根据有利原则应作出对劳动者高某某有利的解释。有利原则，即劳动关系双方当事人的约定、用人单位内部劳动规则的规定、用人单位的单方承诺与劳动基准或者法律规定不一致的，应当适用对于劳动者有利的约定或者规定；若这些约定或者规定的含义不明确的，应当作出对劳动者有利的解释。①

（三）程序正当原则

程序正当原则不仅体现为《劳动法》《劳动合同法》等规定在用人单位单方解除等方面规定了程序性规则，比如，用人单位单方解除劳动合同应当征求工会意见，应当将通知送达劳动者。还体现为一些虽然法律规定并不明晰，但从管理角度也应当充分确保劳动者权利。比如，用人单位绩效考核是否应当设置申诉环节等。

例如，在某公司与米某劳动争议二审中，对于案件中所涉及的用人单位对劳动者的年终绩效考核问题。二审法院认为，绩效考核问题属于用人单位对员工全年工作业绩的一种单方判断权，系用人单位行使的自主管理权之一。用人单位行使此种单方判断权时，应当通过预设的考核程序进行，上述考核程序还应当给予员工必要的参与权及申辩权。用人单位不得随意滥用单方判断权而损

① 参见北京市第二中级人民法院（2019）京 02 民终 11084 号民事判决书。

害员工的考核相关利益，而是要让员工在考核过程中感受到公平公正的对待，这就是用人单位在劳动管理中要履行的程序正当原则。上述劳动管理中的“程序正当原则”对于激发员工的工作积极性，优化用人单位的人文环境，进而提升用人单位的人才竞争力都具有重要意义。就本案而言，公司在年终考核实施之前预设的考核程序较为严谨，其中由企业员工与部门负责人签订《个人考核计划表》等考核程序赋予了员工参与考核程序的权利，而员工可以对绩效考核结果进行申诉的考核程序规定则是劳动者申辩权利的重要体现，因此公司预设的考核程序体现了现代化企业的劳动管理模式，值得肯定。然而，公司未能按照自己预设的考核程序行使单方判断权，未在绩效考核实施过程中体现劳动管理中的程序正当原则，对米某绩效考核结果为不合格的理由亦不能作出合理说明，从而让米某未能感受到考核过程中的公平公正对待，并最终引发本次劳动争议诉讼，应当引以为戒并予以改进。本院在此提示用人单位应当强化程序观念，在劳动管理中体现程序正当原则，对于员工提出的质疑应当给予合理解释和说明，在公平公正的程序基础上与员工构建和谐劳动关系。①

三、实体规则——社会法属性对于双方意思自治的限制以及诚信原则在劳动人事争议解决中的作用

意思自治的限制是指在劳动关系中，用人单位与劳动者之间可以基于自己的真实意思去订立、变更劳动合同，但对于劳动合同中的内容，必须符合劳动基准法的规定，如最低工资标准、违约金、竞业限制和服务期等劳动合同内容，不得与现行的法律规定相抵触。即双方当事人的意思自治要受到一定的限制，而不是无限制地适用。

诚信原则是指在劳动关系中，双方当事人应当秉持真诚的态度去从事每一个行为，并应当对自己行为所产生的后果负责；同时，诚信原则也意味着倾斜保护劳动关系中的弱者，切实维护好劳动者的合法权益。

---

① 参见北京市第二中级人民法院（2020）京02民终2948号民事判决书。

（一）社会法属性对于双方意思自治的限制以及诚信原则在劳动人事争议中的具体内涵

意思自治原则在劳动人事争议中的广泛应用并不意味着对其可以不加限制。由于劳动人事争议具有社会性、人身性等特征，如果意思自治原则的适用不加限制，则会对国家和社会产生诸多风险。因此，在劳动人事争议中，意思自治原则应当受到以下限制。首先，违反《劳动法》《劳动合同法》等劳动基准法的意思自治行为无效。其次，违反行政管理规定的意思自治行为原则上是无效的。最后，违背公序良俗的意思自治行为无效。

诚信原则的基本含义主要包括三个方面：善意、信用、利益平衡。[①] 对于诚信原则在劳动人事争议中的具体内涵，需要结合诚信原则的本身内涵和劳动合同法的特征进行具体界定。首先，从系统思维的角度看，诚信原则主要是为了平衡两重利益关系，一是当事人之间的利益关系，二是当事人与社会之间的利益关系。但是，与民法领域不同，在劳动合同法领域诚信原则的具体内容应当更加侧重和强调诚信原则对社会公共利益的维护。由此，在劳动合同法领域诚信原则的具体内容也从主要只需遵守当事人之间的约定，发展为不仅需要遵守当事人之间的约定，还需要遵守法律规定，且以遵守当事人之间的约定为主。其次，在劳动合同法领域诚信原则的具体内容还应当更加侧重和强调诚信原则对弱势群体利益的保护。倾斜保护一直是劳动合同法的主要价值取向，作为劳动合同法基本原则的倾斜保护原则与诚信原则相比，更加重视、强调对弱势群体利益的保护。因此，在考虑劳动者弱势地位的前提下，综合作为弱势一方的劳动者和强势一方的用人单位的各个方面的具体利益状况作出尽量公正的处理。综上，诚信原则在劳动人事争议中的内涵应当在一定程度上融入劳动合同法显著的社会化特征，更加侧重和强调诚信原则维护社会公共利益和保护弱势群体利益的功能。

（二）上述原则在法律规定层面的具体体现

根据《劳动合同法》第三条第一款的规定，订立劳动合同，应当遵循合法、

① 参见赵小芹：《行政法诚实信用原则研究》，吉林大学博士学位论文，第 14 页。

公平、平等自愿、协商一致、诚实信用的原则。

根据《劳动合同法》第二十三条第二款的规定，对负有保密义务的劳动者，用人单位可以在劳动合同或者保密协议中与劳动者约定竞业限制条款，并约定在解除或者终止劳动合同后，在竞业限制期限内按月给予劳动者经济补偿。劳动者违反竞业限制约定的，应当按照约定向用人单位支付违约金。用人单位除为员工提供专项培训费用及约定竞业限制的情形外不得与员工约定由劳动者承担违约金。该类规定实质上是对“合同”属性下意思自治的限制，为此，劳动关系项下不能只考虑双方意思自治，还应当考虑法律是如何规定的。

（三）上述原则在具体个案中的适用

以违约金约定为例，劳动关系项下还会涉及部分特殊利益，比如北京户口，从现行有效规定看，用人单位与劳动者之间不得就户口约定违约金，但具体到个案处理时，还会从诚信原则方面进行价值判断。《北京市高级人民法院、北京市劳动争议仲裁委员会关于劳动争议案件法律适用问题研讨会会议纪要》明确规定：“用人单位为其招用的劳动者办理了本市户口，双方据此约定了服务期和违约金，用人单位以双方约定为依据要求劳动者支付违约金的，不应予以支持。确因劳动者违反了诚实信用原则，给用人单位造成损失的，劳动者应当予以赔偿。”

上述对于劳动人事争议案件的特点分析是重点问题的介绍，人事争议案件的政策性、人身关系情绪因素介入对于争议案件处理的影响、地域和文化差异对于彼此对纠纷处理结果的期待等，均会影响劳动人事争议案件的处理。

第二节　劳动人事争议案件代理的基本流程和重点

劳动者往往是劳动人事争议案件的发起方，用人单位通常是应诉方。当然，用人单位也会在竞业限制、服务期及赔偿损失等劳动人事争议案件中作为发起方。本章第一节从不同角度对劳动人事争议特点进行了解读，然而，争议的解决最终还是要落脚在具体案件处理的策略和执行中。

仲裁 / 诉讼是一场博弈，在这场博弈中，双方均应做到“知己知彼”，均应当制定各自的“策略”，所谓“策略”需围绕目的实现展开，应当有达成目标之路径。既然如此，劳动人事争议案件之解决可能不限于仲裁或诉讼，还包括其间可能的调解、协商，及劳动监察等途径。

基于本书围绕劳动人事领域常见争议展开，本节从案件代理人的角度介绍案件代理中需要考虑清楚的问题，为此，本节内容不限于劳动人事争议案件的流程以及工作内容之说明，而是更全面地讨论案件代理中挥之不去的一些问题。

劳动争议案件代理中，对该案件是个案还是集体案件的思考，不只是因为人数多涉及集体诉讼的问题，更是劳动争议案件效仿性、社会稳定性影响等方面的考量；明确仲裁与诉讼之目标，一定不是简单的仲裁或诉讼请求，基于劳动关系的身份属性、动态发展等原因，要与劳动者与用人单位探寻仲裁或诉讼的目标到底是什么，别出现类似“秋菊打官司”后的失落；当然，既然是“战场”，仲裁 / 诉讼过程中就需要有清晰问题，以及全面筹划问题解决之路径，是以裁决方式，或是调解、协商方式，还是借助劳动监察及其他。只是在设定目标和选择路径时，需要考量手里的证据、仲裁或法院对同类案件的观点等。

经过提前充分的准备，过程中与当事人配合、与仲裁员或法官充分沟通，案件代理工作才能取得相对好的结果。因为不同的代理思路会对案件产生不同的影响，这里既涉及仲裁和诉讼策略的制定，还涉及对法律法规的理解，也会涉及证据的使用，以及过程的跟进。

一、从申请人角度看劳动争议案件代理的基本流程

（一）劳动仲裁发起前应想清楚的三件事情

不论是劳动者还是单位，作为申请人发起仲裁申请时，需首先了解劳动争

议案件仲裁受理范围、管辖、仲裁时效之规定。劳动争议在劳动仲裁阶段，由劳动合同履行地或者用人单位所在地的劳动争议仲裁委员会管辖。双方当事人分别向劳动合同履行地和用人单位所在地的劳动争议仲裁委员会申请仲裁的，由劳动合同履行地的劳动争议仲裁委员会管辖。《劳动争议调解仲裁法》第二十七条第一款规定，劳动争议申请仲裁的时效期间为一年。

该问题看似简单，在很多具体个案中还是需要认真分析，比如，股权激励纠纷是否属于劳动争议在司法实践中一直存在争议。股权激励案件的案由主要分为劳动争议、公司有关的纠纷、平等主体之间的权利义务纠纷三大类，具体包括劳动争议（劳务纠纷）、合同纠纷、附义务赠与合同纠纷、与公司有关的纠纷、股权转让纠纷、股东资格确认纠纷、公司决议效力确认纠纷、股东出资纠纷、证券认购纠纷、退伙纠纷。股权激励到底按照哪类案由裁判一方面取决于劳动者本身起诉的事由，另一方面也与具体协议的签署情况相关。司法实践中，股权激励是基于股东身份的对价和权利，并非劳动法项下的劳动报酬等原因，股权激励纠纷不属于劳动争议案件受理的范畴；如果属于因订立、履行、解除劳动合同发生的争议，则属于劳动争议案件受理范围。

（二）了解劳动人事争议案件处理的基本流程和关注重点

首先，劳动人事争议除一裁终局的案件外，可能会经历劳动仲裁、一审、二审、再审、审判监督及执行。其次，在不同程序下，通常会经历发起、开庭、裁判等阶段，当然，再审以及审判监督阶段有可能是书面审理。最后，仲裁和诉讼流程一旦启动，即使是仲裁申请的发起方也不能完全掌握主动权，毕竟裁决作出后，双方均有启动下一个程序的权利。流程的梳理不仅让双方清楚程序，更重要的是了解不同程序的特点，以及程序可能带来的成本等。

1. 劳动争议案件中的管辖权异议

劳动争议案件在仲裁阶段的管辖权异议与普通民商事争议案件的管辖权异议不同，即劳动争议阶段管辖权异议不当然能“阻止”开庭，也并不能通过向上一级提请管辖权异议上诉而进行再次确认。

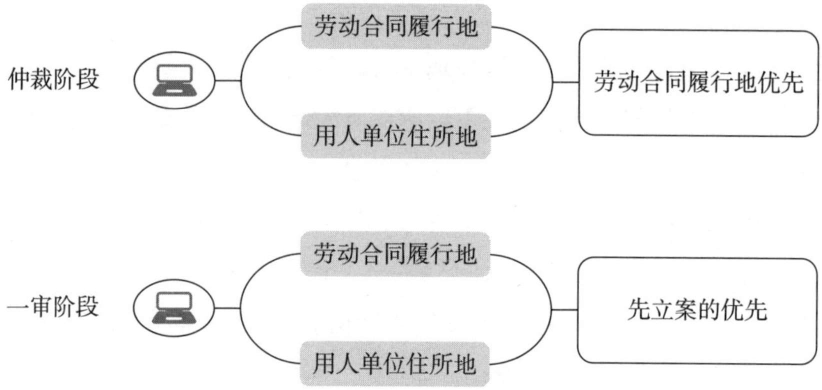

管辖——管辖法定、裁审分离

（1）仲裁阶段提出管辖权异议[①]

提出的时间	法律后果	
答辩期内	异议成立的	案件移送至有管辖权的仲裁委员会
	异议不成立的	书面裁定驳回
答辩期后	书面裁定驳回或当庭驳回	

（2）一审阶段的管辖权

不同于其他民事诉讼原告对管辖法院更多体现选择，在劳动争议中仲裁前置，双方因对仲裁裁决不服都可以起诉（终局裁决除外），双方当事人在管辖法院上的“抢夺”更为突出。如果用人单位所在地和劳动合同履行地不一致，任何一方在仲裁裁决书确定的起诉期间内，均可以向用人单位所在地或劳动合同履行地的基层法院提起诉讼，一般先受理的法院优先受理。如果需要争夺对己方有利的管辖法院，需要迅速启动一审立案，并在立案时请求法院出具受理案件的证明，若法院不能当时出具的，应当确认受理证明出具时间，拿到受理证明。

不同于起诉时抢先选择管辖法院，一审阶段同仲裁阶段一样，作为被告方在答辩期内认为受理法院不具有管辖权的，仍可提起管辖权异议。同时，仲裁阶段没有提出管辖权异议或者管辖权异议被驳回的，并不影响一审阶段提起管

① 《劳动人事争议仲裁办案规则》第十条。

辖权异议。

根据《民事诉讼法》的规定，除了当事人自行提出管辖权异议外，法院发现不具有管辖权的，应当移送至有管辖权的法院，变更管辖法院。

2. 劳动争议案件中的举证责任与证据

《劳动争议调解仲裁法》第六条规定，发生劳动争议，当事人对自己提出的主张，有责任提供证据。第三十九条规定，当事人提供的证据经查证属实的，仲裁庭应当将其作为认定事实的根据。劳动者无法提供由用人单位掌握管理的与仲裁请求有关的证据，仲裁庭可以要求用人单位在指定期限内提供。用人单位在指定期限内不提供的，应当承担不利后果。原则上，劳动争议案件的举证责任仍然是“谁主张，谁举证”。

（1）除了该总括性规定外，其他与劳动争议举证相关的特殊规定

① 因用人单位做出的开除、除名、辞退、解除劳动合同、减少劳动报酬、计算劳动者工作年限等决定而发生的劳动争议，用人单位负举证责任。

② 劳动者主张加班费的，应当就加班事实的存在承担举证责任。但劳动者有证据证明用人单位掌握加班事实存在的证据，用人单位不提供的，由用人单位承担不利后果。

③ 用人单位未与劳动者签订劳动合同，认定双方存在劳动关系时工资支付凭证或记录（职工工资发放花名册）、缴纳各项社会保险费的记录；劳动者填写的用人单位招工招聘“登记表”“报名表”等招用记录以及考勤记录的有关凭证由用人单位负举证责任。

④ 用人单位必须书面记录支付劳动者工资的数额、时间、领取者的姓名以及签字，并保存两年以上备查。用人单位在支付工资时应向劳动者提供一份其个人的工资清单。

⑤ 用人单位与劳动者（或者劳动者直系亲属）对于是否构成工伤发生争议的，由用人单位承担举证责任。

在法律没有规定时，仲裁或者法院会根据公平原则和诚实信用等原则，综合劳动者和用人单位的举证能力等因素确定举证责任。

根据上述规定，原则上，劳动争议案件的举证责任仍然是“谁主张，谁举证”，特殊地方在于基于用人单位的强势地位，对于与争议事实有关的证据属于

用人单位掌握管理的，用人单位应当承担相应的举证责任。

（2）劳动争议案件中的举证期限

承担举证责任的当事人应当在仲裁委员会指定的期限内提供有关证据。当事人在该期限内提供证据确有困难的，可向仲裁委员会申请延长期限，仲裁委员会根据当事人的申请适当延长。当事人逾期提供证据的，仲裁委员会应当责令其说明理由；拒不说明理由或者理由不成立的，仲裁委员会可以根据不同情形不予采纳该证据，或者采纳该证据但予以训诫。①

在法院阶段，举证期限与其他民商事案件相同。另外，在实践中，不少劳动人事争议仲裁委员会也会在开庭时确定举证期限，甚至单独确定举证期间，应当尤其关注。

如果需要延长举证期限的，应当提出，且应当说明理由，在获得仲裁委员会或法院同意后方能延长举证期限。当然，申请延长举证期限并非唯一方式，可以通过管辖权异议、追加第三人等方式事实上延长举证期限；另外，举证期限届满并不一定导致证据关门，对对方提供的证据有反驳证据的，应通知仲裁委员会或法院，仲裁委员会或法院将组织再次证据交换。当然，如果通过一些程序性方式延长举证期限时，也可以结合具体情况与仲裁委员会或法院联系，避免被认定为恶意利用程序。

（3）劳动争议案件中的证据

劳动争议纠纷在证据上有其典型的特点，常见证据形式包括书证、视听资料、电子数据、证人证言以及当事人陈述。其中，书证是最常见的证据形式，包括劳动合同、解除通知书、规章制度等。另外，随着微信、邮件等证据形式在日常用工管理过程中的使用，微信、钉钉、邮件、OA 等电子数据在劳动争议案件中的使用也非常普遍。本书简单总结常见的证据种类，也是用人单位日常用工管理中应当关注的留痕管理。

【劳动合同以及劳动合同变更协议】

证明双方劳动关系存续情况、工作岗位、工作职责、工资待遇、权利义务等。如果涉及劳动合同变更的，则应当提供劳动合同变更书。没有书面变更协议的，

---

① 《劳动人事争议仲裁办案规则》第十五条。

应当就双方已经实际履行提供证据，如岗位履责情况等。

在审核劳动合同或者劳动合同变更协议时，应当关注签字、印章：对于劳动者，签名应当由劳动者本人亲笔书写，不能由他人代签，建议劳动合同的每一页均需劳动者亲笔签名并写明时间；对于用人单位，除尾页加盖公章外，还应当关注骑缝章等。

【规章制度】

对于因严重违反规章制度解除、年终奖发放等引发的案件，均需要提供相关规章制度，以证明符合规章制度的相关要求。涉及员工切身利益的规章制度合法有效的前提是经过民主和公示程序，所以，应当提交规章制度经过民主和公示程序的相关文件。

民主程序的证据包括①签到表：以召开会议的方式讨论规章制度的，应制作签到表，由出席人员亲笔签到；②会议纪要：书面的会议纪要，内容上要体现出会议的主持人员、出席人员、会议时间以及会议主要内容、通过情况；③书面意见征求表：征求意见的制度全部内容，意见人的意见，以及意见人的签名和日期。

如果公司有职代会的，则提供有关职代会审议的会议纪要和文件。

公示程序的证据可以是通过培训的方式进行公示，形成培训签到表，该表要体现培训的主要内容和培训时间，参加培训的员工要亲笔签名，不能由他人代签。也可以是 OA 等系统呈现，或是员工手册等。

【入职登记表】

如果对于入职信息、员工陈述的履历等情况有争议的，可以提供入职登记表。入职登记表信息应当全面、详细，如户籍地址、经常居住地地址、常用电子邮箱、联系电话、教育情况、家庭情况、工作履历、微信账号等，并且应当由员工本人亲笔填写，不能由他人代写。

【考勤记录】

考勤的方式多种多样，如打卡、指纹、人工签到、眼纹扫描、面部扫描等，但不论哪种考勤方式，均需要证明该考勤是原始、真实的。因此，建议不论采取哪种考勤方式，用人单位均需要按月导出纸质版，并由员工本人签字确认。考勤记录往往在工资纠纷及迟到、旷工导致的解除、加班费等争议中有很重要的作用。

【工资支付记录】

工资表：各支付事项需要明确，如基本工资、绩效工资、加班费、社会保险及住房公积金费用、应发金额、实发金额等，可根据实际情况进行设定，实发金额要与实际支付一一对应。该类证据在工资基数确认、加班费、奖金类等争议中很重要。当然，还包括支付凭证等。

【请休假申请以及出勤记录】

要想证明年休假、请假手续是否符合公司制度，应当提供请休假申请表，与出勤记录对应。基于请休假记录的重要性，建议日常操作注意如下事项：员工亲笔填写；确定的休假起止时间等。

【加班申请以及审批】

加班类纠纷首先要注意员工采用的工时制度，同时要与考勤记录对应，并确定是否有加班申请。一般来讲，加班应当由加班员工填写加班申请表：应当由员工亲笔填写，并签名和注明申请时间；要有确定的加班起止时间；要与考勤时间相符。另外，加班申请往往与工资条、考勤等证据结合起来一并考虑。

除上述常见的证据外，还会结合个案差异有不同的文件，比如解除通知、员工违规行为等，对于这些证据个案差异会很大，但该类证据抽象后包括公司调查时员工的自认，如书面的材料、录音等；通过第三方调取的证据，如学历造假等。劳动争议案件中准备证据时，一定要考虑不同证据的衔接。

（4）劳动争议案件中取证时需注意的问题

劳动类争议案件除涉及上面具体证据外，由于日常管理的电子化，往来过程中经常通过邮件、微信等电子交互方式完成，涉案争议如果涉及类似证据，必要时需要通过公证函或到公证处公证等方式进行。

对于部分需要调查取证的证据，还需要提前做好准备，但在劳动争议案件仲裁阶段，调查取证的难度较大。对于内部需要调查取证的案件，要结合具体案件需要由相关部门配合。但如果采取录音等方式取证的，要避免在隐私等场合录音，以确保证据的合法性。

仲裁或诉讼过程中，双方对于证据的举证和质证都非常重要，一定程度上，仲裁或诉讼的过程就是“得证据者得胜利”，然而，很多证据是否提交、如何提交、如何质证都会与对案件事实和法律的判断紧密相关。

（三）劳动争议案件各阶段的基本工作

基于仲裁与法院程序工作中的相似性，本部分以仲裁阶段工作为主。

1. 根据仲裁请求核实基本事实

核实基本事实与仲裁请求以及应对策略相关，劳动争议案件基本事实核对上有基本事实和案件特殊事实，一般案件中，均涉及劳动合同签订情况、工资待遇、岗位等，其他会结合申请人的仲裁请求核实相应的事实，比如主张加班费的，核实是否有加班以及加班制度等。

2. 确认举证期限和开庭时间

对于明确指定举证期限的案件，应在举证期限届满前提交证据，否则将承担不利后果。如需要针对对方提出的证据提供补充证据，或有少数证据必须在正式开庭前才能取得的，可向劳动争议仲裁委员会或人民法院申请延期提供证据。

3. 参与庭审

参加出庭的委托人工作人员应携带与委托人签订的劳动合同、身份证明原件准时出庭。正式开庭进行质证时应当携带并出示原件，不能出示原件的，应说明理由。如劳动争议仲裁委员会需要暂时收取并保存证据原件时，律师可要求劳动争议仲裁委员会出具收据。

发表代理意见、质证意见、辩论意见和最后陈述。全面、认真做好庭审的记录，庭审结束后要认真阅读庭审笔录，如发现己方陈述的记录有遗漏或差错的，应当场向劳动争议仲裁委员会申请补正。

如果对方当事人在开庭后提出新的仲裁请求，或请求超出其在本案中的原请求范围时的应对：应将情况及时告知委托人，并要求给予新的答辩期；根据对方新的请求补充提出自己的仲裁反请求；向劳动争议仲裁委员会提出异议，要求驳回其请求。

律师在庭审中的表现也非常重要，不论是事实的陈述，还是法律的辨析或者情绪的掌握，都会对案件结果产生很大的影响。

4. 结案

《劳动争议调解仲裁法》第四十三条第一款规定，仲裁庭裁决劳动争议案件，应当自劳动争议仲裁委员会受理仲裁申请之日起四十五日内结束。案情复杂需要延期的，经劳动争议仲裁委员会主任批准，可以延期并书面通知当事人，但是延长期限不得超过十五日。仲裁庭经调解达成协议的，制作仲裁调解书，仲裁调解书具有法律效力，自送达之日起对当事人具有法律约束力。仲裁庭当庭裁决的，应当在 7 日内发送裁决书。定期另庭裁决的，当庭发给裁决书。

5. 仲裁裁决

除一裁终局的仲裁裁决以外的其他劳动争议案件的仲裁裁决，当事人不服的，可以自收到仲裁裁决书之日起 15 日内向人民法院提起诉讼。期满不起诉的，裁决书发生法律效力。

6. 上诉、再审、执行等程序

对于一审判决不服的，用人单位仍可以在收到判决后 15 日内起诉至二审法院。其中，上诉需要向一审法院递交如下材料：（1）民事上诉状，加盖公章、人名章，按照被上诉人人数 +1 的标准提交法院。（2）如有新证据，按照上诉状份数准备；如无新证据则可不必提交。（3）一套上诉人主体资料及授权。

二审结案方式包括（1）裁判：发回重审，原审法院适用一审程序审理，判决为一审判决，当事人可以再上诉；原审法院对发回重审案件作出判决后，当事人上诉的，二审法院不得再次发回重审。（2）调解和解：二审达成调解或和解的应当制作调解书，调解书送达后，原判决视为撤销。（3）撤回起诉：经其他当事人同意，且不损害国家、社会公共利益的，法院可准许，准许撤诉的，应当一并裁定撤销一审裁判；原审原告在第二审程序中撤回起诉后重复起诉的，人民法院不予受理。（4）撤回上诉：是否准许由二审法院裁定，自二审法院作出准许撤回上诉裁定起，一审判决生效。（5）维持一审判决或者直接改判，判决送达后生效。

在判决、裁定发生法律效力后六个月内提出，有新证据足以推翻原审判决、裁定的，原审判决、裁定认定事实的主要证据是伪造的，据以作出原判决、裁定的法律文书被撤销或者变更的或者审判人员贪污受贿、徇私舞弊、枉法裁判的，应当在知道或应当知道起六个月内提出。

当事人对已经发生法律效力的判决、裁定，认为有错误的，可以向上一级人民法院申请再审；当事人一方人数众多或者当事人双方为公民的案件，也可以向原审人民法院申请再审。当事人申请再审的，不停止判决、裁定的执行。

申请再审对原判决执行的影响：（1）当事人申请再审的，不停止判决、裁定的执行。（2）按照审判监督程序决定再审的案件，裁定中止原判决、裁定、调解书的执行，但追索赡养费、抚养费、抚育费、抚恤金、医疗费用、劳动报酬等案件，可以不中止执行。

如果存在以下情形：（1）已经法律效力的民事判决、裁定、调解书符合《民事诉讼法》第二百零九条第一款规定的；（2）认为民事审判程序中审判人员存在违法行为的；（3）认为民事执行活动存在违法情形的，当事人可以申请监督。

裁判文书生效后，申请执行裁判书或调解书的，应按照法律规定向有管辖权的法院申请执行，申请执行的期间为二年。

出现下列情形之一的，执行结案：（1）生效仲裁或调解文书确定的内容全部履行完毕；（2）人民法院裁定执行终结；（3）人民法院裁定不予执行；（4）当事人之间达成和解或调解协议并已履行完毕。

二、劳动人事争议案件仲裁或诉讼案件代理中的“跟进”管理

庭前准备及开庭时的据理力争是劳动人事争议案件代理的一部分工作，庭后对案件的跟进也是案件代理的重要组成部分。

（一）及时与仲裁或法院进行案件进展跟进

仲裁或诉讼案件的代理不只是一个法律问题，还是一个需要跟进的工作。案件的跟进是案件代理的重要工作。从操作角度来看，在仲裁庭或法官上班后的半个小时内或下班前的半个小时内联系，每次与仲裁员或法官沟通前应当确认沟通的具体事项，并根据仲裁员或法官的性格确定沟通方法。

庭前

- 告知已接受委托并告知联系方式
- 案件进展，如开庭时间、延期举证、证人出庭申请等

庭审结束时

- 沟通调解方案
- 就不便于在庭审中叙述的背景可在庭审结束后立即和仲裁员或法官沟通

庭后

- 沟通调解方案
- 案件思路，代理意见邮寄后沟通、就我方的观点可间隔时间与法官再次沟通
- 案件进展，如是否有第二次开庭、裁决的时间

（二）及时与客户进行案件汇报

从律师角度来看，与客户沟通贯穿案件代理始末，客户是否满意除与案件结果相关外，与沟通过程中的体验关联度也很大。律师沟通方式的选择不能按照自己的喜好，应当根据不同客户的不同习惯选择不同的沟通方式。

1. 不同客户沟通方式对比

从个人与用人单位分类来看，个人对于案件结果更为在意，相对情绪因素要多一些，为此，在沟通过程中应当在平复个人情绪的基础上妥帖告知风险，让个人接受诉讼案件的各种可能性，并对案件周期和案件结果有合理的预期。同时，为避免个人的请求和事实不断重复，应当引导个人知晓我们已经充分了解其请求，并告知我们工作的方法，让个人放心。

用人单位的沟通需要根据用人单位的性质，用人单位对接人的性格，该案件在用人单位的影响程度，用人单位领导的重视程度等综合判断沟通方式和沟通频率。外资企业客户通常习惯邮件沟通、国有企业更习惯当面沟通、私营企业可能通过微信等沟通方式更多，我们应当尊重不同客户的沟通习惯，但同时，应当把握如下原则：

（1）沟通留痕的原则，尤其对于重要证据、案件事实、调解方案等确认。

（2）高效沟通的原则，避免不断重复沟通，最好的方式是每次沟通有记录，

对于重复沟通事项及时调取相关工作记录。最重要的是通过工作时间的安排以及汇报方式的安排让客户觉得放心。

（3）同理性原则，劳动争议案件往往夹杂各方情绪，尤其当对接人是案件参与人之一时，更容易在案件沟通过程中掺杂情绪，我们应当予以理解，并适时引导。

2. 与委托人的沟通事项

沟通期间	沟通事项	注意事项
庭前	代理方案	让客户有合理预期，同时相信我们会尽全力争取
	沟通材料	以让客户工作更便捷为原则
开庭前 2 天	核实原件	一定避免忘带、漏带
	确认出庭人员	告知庭审纪律、提醒应当携带身份证
	确认开庭时间、开庭地点	避免迟到
庭后	调解方案、可能的案件结果、裁决可能出具的时间	以不让客户催我们为原则，而是让客户时刻感知到我们将他们的案件放在心上
签收裁决书或判决书的当日	告知裁决 / 判决结果	不是简单的裁决书的发送，而是要对比案件结果与案件预判，初步告知下一步的工作计划，对于涉及起诉、上诉、执行等时间安排事项必须明示

代理方案是代理人梳理案情、系统审视案件、提示案件风险、找到案件胜诉关键点的重要工作方法。在查阅应诉材料、证据材料了解案件事实和证据（有可能是初步证据）的基础上，撰写案件代理方案（诉讼方案、服务方案），案件代理方案应当于接受委托后七日内撰写完毕并发送给委托人，部分案件有特殊要求的，根据案件具体情况确定时间。

案件代理方案包括但不限于案件基本事实、接收到的材料、法律分析意见、相似案例检索结果、诉讼策略、法律建议、对案件证据补充的提示等。

特殊情况下委托人会在决定委托前要求提供案件代理方案，代理人应按照“一定可以赢”的委托标准按时提供代理方案。

案情特别简单的案件在与主管律师或牵头合伙人确认后可以不提供代理方

案，但是需要通过会见、微信或者邮件的形式与委托人充分沟通代理的思路及案件潜在的风险。

3. 确认是否需要证人出庭作证

除非双方同意证人无需出庭，否则无正当理由未出庭的证人以书面等方式提供的证言，不得作为认定案件事实的根据。需要证人出庭作证的，应当在举证期限届满前提出申请并经裁审机关许可，否则证人不能出庭；除证人出庭申请外还需要提供证人证言、证人身份证复印件等，具体需要与承办人沟通。

在一审、二审阶段，证人出庭除了提交申请书外，法院将要求证人在作证之前签署保证书，并在法庭上宣读保证书的内容。证人无正当理由拒绝签署或宣读保证书的，不得作证。确认证人出庭后（无论是己方申请还是对方申请），应当准备询问证人的问题清单。如己方申请证人出庭的，可能需对证人进行一定的辅导，但必须把握尺度，避免出现指导作伪证的情况。

4. 确认是否申请中止审理

（1）仲裁阶段的中止审理情形：有下列情形之一的，经仲裁委员会主任或者其委托的仲裁院负责人批准，可以中止案件审理，并书面通知当事人：劳动者一方当事人死亡，需要等待继承人表明是否参加仲裁的；劳动者一方当事人丧失民事行为能力，尚未确定法定代理人参加仲裁的；用人单位终止，尚未确定权利义务承继者的；一方当事人因不可抗拒的事由，不能参加仲裁的；案件审理需要以其他案件的审理结果为依据，且其他案件尚未审结的；案件处理需要等待工伤认定、伤残等级鉴定以及其他鉴定结论的；其他应当中止仲裁审理的情形。

中止审理的情形消除后，仲裁庭应当恢复审理。

（2）一审、二审阶段的中止审理情形：一方当事人死亡，需要等待继承人表明是否参加诉讼的；一方当事人丧失诉讼行为能力，尚未确定法定代理人的；作为一方当事人的法人或者其他组织终止，尚未确定权利义务承受人的；一方当事人因不可抗拒的事由，不能参加诉讼的；本案必须以另一案的审理结果为依据，而另一案尚未审结的；其他应当中止诉讼的情形。中止诉讼的情形消除后，恢复诉讼。

5. 财产保全

虽然《关于加强劳动人事争议仲裁与诉讼衔接机制建设的意见》中提出，仲裁委员会对在仲裁阶段可能因用人单位转移、藏匿财产等行为致使裁决难以执行的，应告知劳动者通过仲裁机构向人民法院申请保全。劳动者申请保全的，仲裁委员会应及时向人民法院转交申请书及仲裁案件受理通知书等相关材料。人民法院裁定采取保全措施或者裁定驳回申请的，应将裁定书送达申请人，并通知仲裁委员会。但实践中各地法院的具体操作情况并不统一，实际上还是由申请人到仲裁委员会所在地人民法院申请财产保全。简单阐述仲裁的财产保全的步骤：需要在有管辖权的劳动争议仲裁委员会申请劳动争议案件立案，并获得案件《受理通知书》；在取得《受理通知书》后，到仲裁委所在地基层人民法院，并携带仲裁申请书（复印件 2 份）、仲裁证据清单及证据材料（复印件 2 份）、申请人身份证明（复印件 1 份）、授权委托手续材料一套（原件，要注意代理人的所函是出具给法院的）、保全申请书（原件 2 份，出具给法院，有明确的财产线索）、保险公司出具的《保函》（现在通常使用保险公司的《保函》）、仲裁委员会的案件《受理通知书》；到法院财产保全窗口办理（因尚未到法院阶段，因此办理的是诉前财产保全），并填写清楚《送达地址确认书》；保全材料被接收后，法院通常会裁定是否保全，决定保全的要及时到法院办理手续及缴纳相关费用。

为此，案件的跟进是全方位的，如此，才能在案件代理中取得比较好的效果。在跟进过程中，除了上述事项之外，案件是否需经调解，调解方案是什么，是否可能会引发其他关联事项也是跟进中的重要工作。

三、劳动争议案件代理中“案例”之使用

2017 年 7 月，最高人民法院发布的《司法责任制实施意见（试行）》提出，法官在案件审理中应当借助办案平台和相关系统，全面检索本院已审结或正在审理的类案并制作类案检索报告。2018 年 12 月，最高人民法院出台《关于进一步全面落实司法责任制的实施意见》，将“类案及关联案件强制检索机制”作为“健全完善法律统一适用机制”的重要举措。2020 年 7 月，最高人民法院发布《关

于统一法律适用加强类案检索的指导意见（试行）》。2021年11月，最高人民法院在《统一法律适用工作实施办法》中对法官强化类案检索提出进一步要求。

尽管目前类案同判还一定程度上带有理想化色彩，但类案确实越来越重要，本书每部分内容的介绍均检索和引用了大量案例，在对案例的选择上，我们尽量选取典型案件，同时，我们还关注同类案件不同的判决，并提炼该类案件不同判决背后的原因，是立法理解的差异，还是最终采取观点的差异，或者只是个案差异。

基于劳动争议案件种类众多，观点各异，我们在处理案件中均会进行类案检索，并进行相关提炼和总结。对此，我们举例说明，以股权激励争议是否属于劳动争议为例，各地区有不同的观点，我们对这类案件会进行大数据的梳理，会根据具体情况看是区域性问题还是全国性问题。也会观察不同地区的差异。比如，以该问题在北京的司法审判实践为例，北京市各区法院的观点差异较大，除个别区外，至少从目前公开判决看，尚未形成较为统一的观点。

1. 根据原告诉讼请求所指向的法律关系，结合原告提供的初步证据认定案件争议法律关系的性质，此观点下，给了原告方较大的自主选择权

在（2021）京民辖终6号一案中，二审法院认为，当案件法律关系的性质影响案件管辖的确定时，应根据原告诉讼请求所指向的法律关系，结合原告提供的初步证据认定案件争议法律关系的性质，并据以确定案件管辖。本案中，陈某、胡某、张某主张涉案争议系合同关系，因文某实业公司未履行相应股权激励义务，其三人依据天某公司第二期股权激励实施方案等提起诉讼。根据《民事诉讼法》第二十三条规定，因合同纠纷提起的诉讼，由被告住所地或者合同履行地人民法院管辖。

2. 因股权激励产生的法律关系与劳动关系具有独立性，股权激励纠纷不属于劳动争议，应当按照合同纠纷予以处理

在（2019）京0105民初18152号一案中，法院认为，股权激励的客体是股票或股票期权，其对价通常是超越了劳动合同约定的更高质量的劳动，确切地说应当是管理、知识或技术等能够与普通劳动给付区别的其他生产要素，而劳动关系的客体就是严格意义上的劳动给付，基于此，因股权激励而产生的收益也不能等同于劳动法意义上的劳动报酬。

《劳动法》《劳动合同法》等相关法律、法规在立法旨意和制度设计上十分注重对劳动者的保护，正是基于劳动这一要素在生产过程中的基础和重要地位，因此，对于劳动法上所说的劳动和劳动报酬并不宜进一步作扩大的解释和理解，而应当回归到劳动要素本身，就是指劳动给付，并在这一基础上理解劳动报酬，而不能完全涵盖技术、管理等其他分配要素。结合《劳动法》具体的条款规定，劳动法上的劳动报酬应当主要是指工资，是对劳动者劳动给付的对价，而股权激励一般是人力资本或管理要素在分配制度中的体现。

3. 根据股权激励合同和实际情况，确认员工持有股权、期权是否能任意处分，是否需要通过指定的平台进行操作，如果与劳动关系的履行密切相关（如明确属于员工薪酬的组成范围），则认为股票、期权系基于劳动关系而获得的奖励激励，即便给予股权的公司并非用人单位，也认为属于劳动争议

在（2020）京 03 民终 13230 号一案中，法院认为，限制性股权的行权条件的成就是建立在双方的劳动关系基础之上的。法院认为，股权激励是由劳动合同相对方的母公司或者关联公司授予的，劳动者获得案外第三人授予的股权激励，虽然从合同相对性的原则来说，与劳动者建立劳动关系的非股票期权的授予方，其并不具有可以或授予取消上述股票期权的权利。但案外第三人授予劳动者股权激励的前提条件是劳动者与其子公司或者关联公司建立劳动关系，并实现相应的绩效目标。股权激励的最终目的是实现劳动关系相对方的绩效目标，进而实现该案外第三人的绩效目标。即使世纪某越公司认为授予焦某限制性股权的是亚某逊公司，但限制性股权系基于焦某与世纪某越公司之间的劳动关系而取得，限制性股权的行权条件的成就是建立在双方的劳动关系基础之上的。至于世纪某越公司就上述股票发放与其母公司亚某逊公司之间是何关系，与焦某无关，焦某有权要求公司依约履行劳动合同义务以及承担合同违约责任。

而浙江地区的主流司法实践认为，股权激励纠纷系合同纠纷，适用合同纠纷相关法律法规确定管辖法院等事。如在（2018）浙 01 民终 7357 号一案中，法院认为，股票期权激励制度是一种现代公司治理制度，由公司授予激励对象在将来一定期限内以预先确定的价格和条件购买本公司一定数量股份的权利，公司与激励对象之间有关股票期权的授予、归属、行权、变更、终止等一系列程序性和实质性内容以及公司与激励对象的各自权利义务，都是通过签订相关协议约定的，该等协议属于平等民事主体之间设立、变更、终止民事权利义务关系的合同，由此产生的纠纷属于合同纠纷。（2018）浙01民终6941号、（2019）浙0106民初9114号等判决也采取了相似观点。

劳动人事争议以劳动/人事关系为基础，根据劳动/人事不同的受理范围确定不同的请求事项。实践中，对法律规定理解的不同、法律适用的差异、举证能力的区别，以及具体请求列举的方式，均会对案件的走向产生影响。本书以劳动争议中常见诉请为主线，以法律规定为基础，以典型案例为依托，分析具体案件中的问题，并给出相关合规操作建议。

第三章

招聘与录用

第一节　就业歧视纠纷

一、就业歧视纠纷问题解析

什么是就业歧视？用人单位哪些行为构成就业歧视？用人单位存在就业歧视可能承担哪些法律责任？劳动者可能向用人单位提出哪些争议请求事项？

（一）什么是就业歧视

在最高人民法院发布的第32批指导性案例之七（2020）浙01民终736号判决书中，法官对就业歧视的含义作出如下解释："所谓就业歧视是指，用人单位在招聘过程中，对招聘条件相同或相近的求职者基于某些与个人工作能力或工作岗位无关的因素，而不能给予其平等的就业机会或在工资、岗位安排、劳动条件与保护、社会保险与福利等方面不能提供平等待遇。就业歧视的本质特征是没有正当理由的差别对待，其包含两个方面的基本要素：第一，存在差别对待的行为；第二，这种差别对待缺乏合理性基础，为法律所禁止。"就业歧视的行为通常发生在用人单位招聘劳动者的阶段，因劳动者与工作岗位无关的自身因素而对劳动者进行差别对待，且此种差别对待缺乏合理性。就业歧视的行为并不仅限于招聘阶段，在劳动合同解除阶段也有可能发生就业歧视，劳动者因用人单位的歧视行为而被解除劳动合同、丧失就业机会的，也构成就业歧视。

（二）用人单位的哪些行为构成就业歧视

《劳动法》第十二条规定，"劳动者就业，不因民族、种族、性别、宗教信仰不同而受歧视”。《就业促进法》第三条规定，“劳动者依法享有平等就业和自主择业的权利。劳动者就业，不因民族、种族、性别、宗教信仰等不同而受歧视”。《就业服务与就业管理规定》第四条规定，“劳动者依法享有平等就业的权利。劳动者就业，不因民族、种族、性别、宗教信仰等不同而受歧视”。

根据上述法律法规的规定，劳动者享有平等就业的权利，用人单位不得因劳动者民族、种族、性别、宗教信仰等不同而实施就业歧视。《就业促进法》中关于就业歧视的“等”字应当理解为与将民族、种族、性别、宗教信仰作为就业限制类似的事项[①]。

2005年在第十届全国人民代表大会常务委员会第十七次会议上，批准于1958年6月25日经第42届国际劳工大会通过的《1958年消除就业和职业歧视公约》，该公约第一条即明确了“歧视”的范围，“歧视”包括:（1）基于种族、肤色、性别、宗教、政治见解、民族血统或社会出身等原因，具有取消或损害就业或职业机会均等或待遇平等作用的任何区别、排斥或优惠；（2）有关会员国经与有代表性的雇主组织和工人组织（如存在此种组织）以及其他适当机构协商后可能确定的、具有取消或损害就业或职业机会均等或待遇平等作用的其他此种区别、排斥或优惠。但同时也明确，对一项特定职业基于其内在需要的任何区别、排斥或优惠不应视为歧视。

立法语言具有一定的局限性，以就业歧视行为为例，法律难以穷尽就业歧视的各种类型，且随着社会经济的发展，在不同时期、不同情况下，就业歧视行为的类型和内容可能会不断发生变化。基于现行法律法规及司法实践，除针对民族、种族、性别、宗教信仰的不合理限制会构成就业歧视之外，其他情形也可能构成就业歧视:

1. 对农村户籍劳动者的就业歧视

《就业促进法》第三十一条规定，“农村劳动者进城就业享有与城镇劳动者平等的劳动权利，不得对农村劳动者进城就业设置歧视性限制”。

---

① 《关于审理行政案件适用法律规范问题的座谈会纪要》中指出“法律规范在列举其适用的典型事项后，又以‘等’、‘其他’等词语进行表述的，属于不完全列举的例示性规定。以‘等’、‘其他’等概括性用语表示的事项，均为明文列举的事项以外的事项，且其所概括的情形应为与列举事项类似的事项”。

2. 对残疾人劳动者的就业歧视

《就业促进法》第二十九条规定，“国家保障残疾人的劳动权利。各级人民政府应当对残疾人就业统筹规划，为残疾人创造就业条件。用人单位招用人员，不得歧视残疾人”。

3. 对传染病病原携带者的就业歧视[①]

《就业促进法》第三十条规定，“用人单位招用人员，不得以是传染病病原携带者为由拒绝录用。但是，经医学鉴定传染病病原携带者在治愈前或者排除传染嫌疑前，不得从事法律、行政法规和国务院卫生行政部门规定禁止从事的易使传染病扩散的工作”。2022 年，人力资源社会保障部、国家卫生健康委《关于坚决打击对新冠肺炎康复者就业歧视的紧急通知》第三条明确指出，“落实就业促进法、传染病防治法、《人力资源市场暂行条例》，切实维护新冠肺炎康复者平等就业权益。严禁用人单位发布或委托发布含有新冠肺炎病毒核酸检测历史阳性等歧视性内容的招聘信息。严禁用人单位、人力资源服务机构以曾经新冠肺炎病毒核酸检测阳性为由，拒绝招（聘）用新冠肺炎康复者。严禁用人单位在劳动者入职和用工过程中对新冠肺炎康复者实施就业歧视。严禁用人单位随意违法辞退、解聘新冠肺炎康复者。支持劳动者对就业歧视侵权问题向人民法院提起诉讼”。

4. 其他不合理的就业限制条件

其他就业限制条件如设置不合理、与工作岗位没有必然关联性，亦可能构成就业歧视，包括针对劳动者出生地、户籍地的地域[②]限制，针对劳动者年龄的不合理限制就业的行为[③]、因刑满释放人员身份解除劳动合同的行为[④]等。

实践中还有一类情况，就是将劳动者的毕业院校（如“985 院校”、“211 院校”、海外留学经历）、学制（全日制、非全日制）作为招聘条件，对此，是否构成就业歧视目前并无定论。《关于做好 2021 届全国普通高校毕业生就业创业工作的通知》中指出，用人单位“在招聘公告和实际操作中不得将毕业院校、

---

① （2021）陕 0117 民初 3838 号。

② （2020）浙 01 民终 736 号判决。

③ （2016）粤 0183 民初 901 号。

④ （2020）鲁 02 民终 8151 号。

国（境）外学习经历、学习方式（全日制和非全日制）作为限制性条件”，但是将上述内容作为招聘的限制性条件是否构成就业歧视则需要更为谨慎的分析。正如（2020）浙01民终736号判决书中所论述的，“侵害平等就业权在民法领域侵害的是一般人格权的核心内容——人格尊严，人格尊严重要的方面就是要求平等对待，就业歧视往往会使人产生一种严重的受侮辱感，对人的精神健康甚至身体健康造成损害……”通常理解的就业歧视的内容应当是针对劳动者自身的、难以改变的特征或者情况进行不合理的差别待遇，这类情况包括民族、种族、性别、宗教信仰、籍贯、户籍性质、身体残疾状况、患有疾病状况等。而基于一般社会常识，或难以将毕业院校、学制等受教育因素解释为与上述劳动者自身的、难以改变的特征或情况相类似的事项，也不足以认定为侵害人格尊严的差别对待，我们倾向于认为不宜认定为就业歧视。

（三）用人单位存在就业歧视可能承担哪些法律责任

1. 用人单位发布歧视性招聘广告有可能受到行政处罚

《就业服务与就业管理规定》第二十条规定，用人单位发布的招用人员简章或招聘广告，不得包含歧视性内容。《人力资源市场暂行条例》第二十四条第一款规定，用人单位发布或者向人力资源服务机构提供的单位基本情况、招聘人数、招聘条件、工作内容、工作地点、基本劳动报酬等招聘信息，应当真实、合法，不得含有民族、种族、性别、宗教信仰等方面的歧视性内容。根据《人力资源市场暂行条例》第四十三条的相关规定，违反本条例第二十四条（招聘信息不得含有民族、种族、性别、宗教信仰等方面的歧视性内容）规定，发布的招聘信息不真实、不合法，未依法开展人力资源服务业务的，由人力资源社会保障行政部门责令改正；有违法所得的，没收违法所得；拒不改正的，处1万元以上5万元以下的罚款；情节严重的，吊销人力资源服务许可证；给个人造成损害的，依法承担民事责任。违反其他法律、行政法规的，由有关主管部门依法给予处罚。

2. 用人单位实施就业歧视的有可能构成侵害劳动者的平等就业权，从而承担民事侵权责任

《最高人民法院关于增加民事案件案由的通知》（法〔2018〕344号）规定，

在第一部分“人格权纠纷”的第三级案由“一般人格权纠纷”项下增加一类第四级案由“平等就业权纠纷”。《就业服务与就业管理规定》第九条规定，“用人单位依法享有自主用人的权利。用人单位招用人员，应当向劳动者提供平等的就业机会和公平的就业条件”。《就业促进法》第六十二条规定，“违反本法规定，实施就业歧视的，劳动者可以向人民法院提起诉讼”。第六十八条规定，“违反本法规定，侵害劳动者合法权益，造成财产损失或者其他损害的，依法承担民事责任；构成犯罪的，依法追究刑事责任”。由此可见，如用人单位实施就业歧视侵害劳动者平等就业权的，劳动者有权向人民法院起诉，提起平等就业权纠纷。

（四）劳动者可能向用人单位提出哪些争议请求事项

1. 以侵害平等就业权为由要求用人单位承担停止侵害、赔偿损失、消除影响、恢复名誉、赔礼道歉等民事法律责任

如劳动者以用人单位侵害平等就业权纠纷为由提起诉讼，为侵权之诉，根据《民法典》第一百二十条[①]、第一百七十九条[②]的规定，劳动者可以要求用人单位承担停止侵害、赔偿损失、消除影响、恢复名誉、赔礼道歉等民事法律责任。就用人单位最终承担责任的类型是一项还是多项的问题，由法院根据案件情况和适当原则进行确定。如（2016）京03民终195号案中，法院认为，损害承担何种民事侵权责任可单独适用，也可合并适用。前述各种责任形式的适用均旨在保护受害人的利益，是否存在侵权责任聚合，应当结合侵权行为、损害后果等因素进行综合判断，只有当一种责任形式不足以保护受害人时，才可以同时适用其他的责任形式予以合并保护。

在劳动者入职后，亦可能发生因用人单位实施就业歧视而违法解除劳动合同的情形。在这种情况下，用人单位的同一个行为可能侵害多个法益，此时，

---

① 《民法典》第一百二十条规定：“民事权益受到侵害的，被侵权人有权请求侵权人承担侵权责任。”

② 《民法典》第一百七十九条规定，“承担民事责任的方式主要有：（一）停止侵害；（二）排除妨碍；（三）消除危险；（四）返还财产；（五）恢复原状；（六）修理、重作、更换；（七）继续履行；（八）赔偿损失；（九）支付违约金；（十）消除影响、恢复名誉；（十一）赔礼道歉。法律规定惩罚性赔偿的，依照其规定。本条规定的承担民事责任的方式，可以单独适用，也可以合并适用”。

劳动者可以依据《劳动合同法》提起劳动仲裁，主张用人单位承担违法解除劳动合同的责任；同时可以依据《就业促进法》等提起民事诉讼，向用人单位主张平等就业权纠纷，要求用人单位承担侵权责任。

2. 以侵害平等就业权为由向劳动保障监察部门投诉、举报

虽然《劳动保障监察条例》未明确将就业歧视列入监察事项，但根据《劳动法》第八十五条的相关规定，劳动行政部门可依法对用人单位遵守劳动法律、法规的行为进行监督，对违反劳动法律、法规的行为有权制止并责令改正。《就业促进法》第六十条规定，对于本法实施情况劳动行政部门应当予以监督检查，受理对违反本法行为的举报，并及时核实、处理。用人单位实施就业歧视显然属于违反《就业促进法》的行为，劳动保障监察部门有权予以受理，并予以制止和责令改正。若拒不改正的，监察机构有权依法给予行政处罚。

但是，如果劳动者已经就用人单位的就业歧视提起诉讼的，劳动保障监察部门可能不予受理。例如，在（2017）粤71行终246号案中，法院认为《就业促进法》第六十二条规定，违反本法规定，实施就业歧视的，劳动者可以向人民法院提起诉讼。《广东省劳动保障监察条例》第四十条第一款第四项规定，人力资源社会保障行政部门对投诉已经按照劳动争议处理程序申请仲裁、提起诉讼，或者已经向人民法院申请支付令的，不予受理。但劳动争议仲裁机构或者人民法院裁决认为应当由有关行政部门解决，对其请求事项不予受理或者予以驳回的除外。本案中，被上诉人接到上诉人投诉信函后，即委托下属单位广州市劳动保障监察支队对上诉人反映惠某佳公司对其存在就业歧视事项进行调查，经核实确认上诉人已就该事项提起民事诉讼，且正在法院审理过程中。根据前述规定，被上诉人作出涉诉答复，对上诉人投诉的事项不予受理，并无不当。

二、实战案例解析

（一）基本案情[①]

2019年7月，某公司通过智联招聘平台向社会发布了一批公司人员招聘信

① 最高人民法院发布的第32批指导性案例之七（2020）浙01民终736号判决书。

息，其中包含“法务专员”“董事长助理”两个岗位。2019年7月3日，闫某某通过智联招聘手机App软件针对某公司发布的前述两个岗位分别投递了求职简历。闫某某投递的求职简历中，包含姓名、性别、出生年月、户口所在地、现居住城市等个人基本信息，其中户口所在地填写为“河南南阳”，现居住城市填写为“浙江杭州西湖区”。据杭州市杭州互联网公证处出具的公证书记载，公证人员使用闫某某的账户、密码登录智联招聘App客户端，显示闫某某投递的前述“董事长助理”岗位在2019年7月4日14点28分被查看，28分时给出岗位不合适的结论，“不合适原因：河南人”；“法务专员”岗位在同日14点28分被查看，29分时给出岗位不合适的结论，“不合适原因：河南人”。闫某某因案涉公证事宜，支出公证费用1000元。闫某某向杭州互联网法院提起诉讼，请求判令：1.某公司向闫某某口头道歉；2.某公司自判决生效之日起连续十五日在《人民日报》《河南日报》《浙江日报》上向闫某某登报道歉；3.某公司向闫某某支付精神抚慰金6万元；4.诉讼费、公证费等一切与诉讼相关费用由某公司承担。

（二）案件代理思路

上述案件的基本事实较为清晰，闫某某应聘某公司公开招聘的岗位，在投递简历后，因其籍贯为河南省，而被拒绝相应岗位的应聘。闫某某因平等就业权被侵害而提起诉讼，本案为平等就业权纠纷，属于侵权之诉。从诉讼主体资格来看，闫某某符合《民事诉讼法》第一百二十二条[①]规定的原告资格，即原告是与本案有直接利害关系的公民、法人和其他组织。闫某某参与了应聘，且因为籍贯原因被某公司拒绝参加应聘，从而侵害了闫某某的平等就业权，闫某某与本案有直接的利害关系，符合原告资格，可以提起民事诉讼。相反，在（2016）闽0203民初9390号案中，原告在找工作时，从某单位招聘网上看到单位发布的一则招聘保卫人员的招聘信息，后拨打招聘电话，咨询本次招聘有关信息问

① 《民事诉讼法》第一百二十二条规定，起诉必须符合下列条件：
（一）原告是与本案有直接利害关系的公民、法人和其他组织；
（二）有明确的被告；
（三）有具体的诉讼请求和事实、理由；
（四）属于人民法院受理民事诉讼的范围和受诉人民法院管辖。

题并表达了想要参加这次招聘面试的意愿，询问其能否参加招聘报名，但被告知因其没有厦门户籍，不能参加报名和面试，但如果没有招聘到厦门户籍的，可能会放宽招聘条件，静等通知，就此杳无音信。之后劳动者以就业歧视为由提起诉讼。最终法院认为，原告在网络查询知晓被告发布的招聘简章之后，并未按照招聘简章的要求进行现场报名并提交相应的材料，所以，原告并未实际参加竞聘，故原、被告之间并未就讼争招聘信息产生相关的法律关系，原告与本案诉讼标的之间并不存在法律意义上的利害关系，其提起本案诉讼，不符合民事诉讼法的规定。

在审理平等就业权纠纷案件中，一般会从侵权的构成要件进行判断，即：（1）用人单位是否存在就业歧视行为；（2）劳动者是否因歧视遭受侵害后果；（3）用人单位是否存在主观过错；（4）就业歧视行为与劳动者遭受的侵害后果之间是否存在因果关系。在构成侵害劳动者平等就业权的前提下，法院会进一步根据用人单位的过错程度、侵权行为的方式以及对劳动者造成的损害后果等因素判定用人单位承担何种责任。

在平等就业权纠纷案件中，劳动者通常可能主张用人单位承担赔偿损失、赔礼道歉、精神损害赔偿等法律责任[①]。

（三）法院审查要点

某公司是否侵害闫某某平等就业权，实践中，法院常从以下层面进行评判，即：

1. 某公司是否存在就业歧视行为

就业歧视是指用人单位在招聘过程中，对招聘条件相同或相近的求职者基于某些与个人工作能力或工作岗位无关的因素，而不能给予其平等的就业机会或在工资、岗位安排、劳动条件与保护、社会保险与福利等方面不能提供平等待遇。就业歧视的本质特征是没有正当理由的差别对待，其包含两个方面的基

① 《民法典》（2021 年 1 月 1 日生效）第一百七十九条规定“承担民事责任的方式主要有：（一）停止侵害；（二）排除妨碍；（三）消除危险；（四）返还财产；（五）恢复原状；（六）修理、重作、更换；（七）继续履行；（八）赔偿损失；（九）支付违约金；（十）消除影响、恢复名誉；（十一）赔礼道歉”。第一千一百八十三条第一款规定“侵害自然人人身权益造成严重精神损害的，被侵权人有权请求精神损害赔偿”。

本要素：第一，存在差别对待的行为；第二，这种差别对待缺乏合理性基础，为法律所禁止。本案中闫某某提交了公证书，公证书能够显示闫某某投递的前述“董事长助理”岗位在2019年7月4日14点28分被查看，28分时给出岗位不合适的结论，“不合适原因：河南人”；“法务专员”岗位在同日14点28分被查看，29分时给出岗位不合适的结论，“不合适原因：河南人”。对此，法院认为，显然在针对闫某某的案涉招聘过程中，某公司使用了主体来源的地域空间这一标准对人群进行了归类，并根据这一归类标准而给予闫某某低于正常情况下应当给予其他人的待遇，即拒绝录用，可以认定某公司因“河南人”这一地域要素对闫某某进行了差别对待。某公司主张标注“河南人”系工作人员操作失误，实际上是基于闫某某缺乏工作经验、居住在河南、路途较远、工作不便等事由不符合招聘条件。但公司并未就系工作人员操作失误所致进行举证，亦不能作出合理解释，应承担举证不能的责任。某公司以地域标准的事由要素对闫某某区别对待，且并未举证证明地域要素与闫某某申请的工作岗位之间存在必然的内在关联，缺乏合理性基础，违反法律禁止性规定。

本案中，法院使用了“自获因素”与“先赋因素”的概念，并对不同因素对就业歧视的影响进行了如下论述：用人单位是根据劳动者的专业、学历、工作经验、工作技能以及职业资格等与“工作内在要求”密切相关的“自获因素”进行选择，还是基于劳动者的性别、户籍、地域、年龄、外貌、民族、种族、宗教等与“工作内在要求”没有必然联系的“先赋因素”进行选择，后者构成为法律禁止的不合理就业歧视。劳动者的“先赋因素”，是指人们出生伊始所具有的人力难以选择和控制的因素，法律作为一种社会评价和调节机制，不应该基于人力难以选择和控制的因素给劳动者设置不平等；反之，应消除这些因素给劳动者带来的现实上的不平等，将与“工作内在要求”没有任何关联性的“先赋因素”作为就业区别对待的标准，根本上违背了公平正义的一般原则，不具有正当性。

某公司以地域事由要素对闫某某的求职请求进行区别对待，而地域事由属于任何人都无法自主选择、控制的与生俱来的“先赋因素”，在某公司无法提供客观有效的证据证明，地域要素与闫某某申请的工作岗位之间存在必然的内在关联或存在其他的合法目的的情况下某公司的区分标准不具有合理性，构成法定禁止事由。

2. 闫某某就业机会是否受到侵害

某公司直接以原告闫某某系“河南人”为由，两次拒绝闫某某的求职请求，该公司拒绝理由本身就包含明显不合理的差别对待，属于直接就业歧视，直接剥夺了闫某某平等参与和平等被对待的就业机会，对其人格尊严和意志自由构成侵害。

3. 就业歧视与不利后果之间是否存在因果关系及是否存在主观过错

某公司对于其实施的歧视行为至少存在主观上明知或应知而放纵损害发生的主观过错，具有可责难性。并且，直接剥夺了闫某某平等参与和平等被对待的就业机会，对其人格尊严和意志自由构成侵害，故闫某某在求职中遭受的损害与某公司歧视行为存在直接因果关系。

本案最终法院判决某公司赔偿闫某某精神抚慰金及合理维权费用损失共计10000元；向闫某某进行口头道歉并在《法制日报》（现为《法治日报》）上公开登报赔礼道歉（道歉声明的内容须经原审法院审核）。

（四）就业歧视纠纷在举证层面的注意事项

就业歧视纠纷，不属于劳动争议纠纷，属于民事侵权的案件类型范畴，适用民事侵权纠纷中的“谁主张，谁举证”的举证规则。因此，对于用人单位是否实施了就业歧视，即无合理事由的差别对待，劳动者一方负有举证责任。此外，在证实用人单位实施了就业歧视行为后，劳动者一方还应当举证其因用人单位的就业歧视行为受到了损失以及损失程度（与主张的赔偿额相关联）。在劳动者一方完成前述证明责任后，如用人单位否认实施了就业歧视行为的应当对其差别待遇提供合理事由，并就此举证。如用人单位不能就其抗辩理由举证的，应当承担不利后果，其行为构成就业歧视，应当承担相应的法律责任。

三、合规操作方案

虽然目前因就业歧视被追责、被处罚的案例并不常见，但是就业歧视在招聘过程中以及解除劳动合同过程中并不鲜见。建议用人单位应当从工作岗位要求出发制定招聘条件，避免对应聘者设置性别、年龄、籍贯、户籍、婚育状况、民族、种族、信仰等与工作岗位无直接关联的条件。在录用后，对于是否解除劳动合同，也不应当与上述因素相关联。

第二节　缔约过失纠纷

一、缔约过失纠纷问题解析

录用通知书发送后用人单位能否撤回？劳动者能否依据录用通知书要求用人单位签订劳动合同？撤回录用通知书会承担哪些法律责任？与在校生的三方协议能否约定违约金？

（一）录用通知书发送后用人单位能否撤回

录用通知书不同于劳动合同，用人单位向劳动者发出录用通知书时，双方并未建立劳动关系。发送录用通知书的行为属于一种民事法律行为，通常被认为属于要约，主要受到《民法典》的相关规定调整。要约可以撤销，但撤销要约的通知应当在要约到达受要约人之前或者与要约同时到达受要约人。另外《民法典》第四百七十六条规定，以下两种情形不可撤销：（一）要约人以确定承诺期限或者其他形式明示要约不可撤销；（二）受要约人有理由认为要约是不可撤销的，并已经为履行合同做了合理准备工作。

实践中，用人单位一般会要求求职者在一定期限内确认接受录用通知书，此种情形符合不可撤销的第一种情形；而预备入职的求职者往往会与原单位及时解除劳动关系、租赁周边房屋等，属于第二种情形所说的“合理准备工作”。因此，撤销录用通知书将会存在法律风险，需要谨慎。

（二）劳动者能否依据录用通知书要求用人单位签订劳动合同

实践中，录用通知书一般载明薪资、岗位、拟签订的劳动合同期限等内容，实质是用人单位希望与劳动者建立劳动关系的一种要约，该要约经劳动者承诺后即发生法律效力，即对用人单位及劳动者均具有法律约束力。劳动者按时报到的，正常情况下，用人单位应当与劳动者签订劳动合同、建立劳动关系，否则，存在承担缔约过失责任的风险。但是劳动合同的签订需要由用人单位与劳动者双方达成合意，如果用人单位在发送录用通知书后又拒绝与求职者签订劳动合同，求职者不能依据录用通知书主张要求用人单位与其签订劳动合同，但可以主张要求用人单位承担缔约过失责任。

（三）撤回录用通知书会承担哪些法律责任

经劳动者承诺的录用通知书实际上对双方均具有约束力，如果用人单位反悔撤销录用通知书的，存在承担缔约过失责任的风险。录用通知书作为要约经求职者承诺后即成立，求职者基于合理信赖认为自己可以入职该公司，一般都会与原单位办理解除劳动关系的手续，此后公司再以其他原因拒绝录用求职者，该行为有违诚实信用原则，构成缔约过失行为，有可能给求职者造成损失，用人单位应承担赔偿责任。对于损失的数额，一般会结合求职者的个人情况、录用通知中的工资标准、求职者原工资标准等因素予以综合考量。

（四）与在校生的三方协议能否约定违约金

在校生与用人单位和学校签订三方协议时尚未建立劳动关系，三方协议不属于劳动合同，属于民事合同。在校生与用人单位可以通过三方协议约定违约责任，违约情形可以包括在校生毕业后不入职的行为或者用人单位在学生毕业后不招录的行为，并可以就此约定违约金。

二、实战案例解析

（一）基本案情[①]

2021 年 2 月 9 日，北京某公司向季某个人邮箱发送《聘用通知书》（录用通

① （2021）沪 0101 民初 29436 号判决书。

知书），载明："……附件是《聘用通知书》（录用通知书），请您确认相关信息并在1个工作日内邮件回复'本人确认接收此份录用通知书'……"附件《聘用通知书》载明："季某先生/女士，我们高兴地向您发出聘用意向，并与您确认相关聘用条款与条件，请将此聘用与薪酬福利通知书作为劳动合同的补充进行签署。入职日期：2021-3-18；职位：××总监；试用期：2个月；合同结束日期：2022-3-17；薪酬福利：1.基本工资：112500（税前）元/月。2.一次性补贴：为鼓励您在我司稳定工作，公司将分批向您发放一次性补贴100000元（税前）作为签约奖励和稳岗奖励。"

2021年2月10日，季某邮件回复"本人确认接收此份通知"。季某遂与原公司终止劳动关系并办理离职等手续。

2021年3月5日，北京某公司向季某发送撤销录用通知书的电子邮件，附件《撤销通知书》载明："季某，我司于2021年2月9日向您发送了《聘用通知书》，但因背调未通过原因，我司决定撤销该《聘用通知书》，不再与您建立劳动关系。"

（二）案件代理思路

用人单位和劳动者订立劳动合同，应当遵循合法、公平、平等自愿、协商一致、诚实信用的原则。若一方在合同订立过程中违反诚实信用原则给对方造成信赖利益损失的，应当承担相应的缔约过失赔偿责任。

此类案件的争议焦点在于用人单位是否构成缔约过失责任。对于要求用人单位承担缔约过失责任一方的劳动者而言，应当证实其收到了用人单位的录用通知书、接受了录用通知，并进一步证实已经为入职用人单位做了准备，付出了成本，由于用人单位拒绝录用而受到损失。如用人单位一方抗辩不应当承担缔约过失责任的，应当围绕其并未违反诚实信用原则、在缔约过程中不存在过错承担举证责任，如：劳动者未按照通知要求的时限回复入职意向、未按照通知的时间报到等用人单位基于一般常识有理由相信劳动者没有接受录用通知书的意向的证据。

（三）法院审查要点

1. 某公司撤销录用通知书的行为是否有效

根据《民法典》第四百七十七条，要约可以撤销，撤销要约的意思表示应当在受要约人作出承诺之前到达受要约人。根据《民法典》第四百七十六条，要约可以撤销，但是有下列情形之一的除外：（一）要约人以确定承诺期限或者其他形式明示要约不可撤销；（二）受要约人有理由认为要约是不可撤销的，并已经为履行合同做了合理准备工作。

被告 2021 年 2 月 9 日向原告发出《聘用通知书》，要求原告于 1 个工作日内回复邮件确认接收，《聘用通知书》同时载明“取决于通过聘用的背景筛查，如筛查到您没有透露之前的犯罪行为或不道德行为可能撤回聘用意向书且终止劳动合同”，但被告在背景筛查中缺乏充分证据，提供的事实不具有考证性，故被告在向原告发出的要约中确定了承诺期限，该情节符合要约不得撤销的第一种情形。同时，原告于 2 月 22 日向上家工作单位发出邮件于 3 月 12 日辞去上海 ×× 公司工作，该情节又与要约不得撤销的第二种情形相符。综上，被告撤销录用的行为无效。

2. 某公司是否应当承担缔约过失责任

《民法典》第五百条规定，当事人在订立合同过程中有违背诚实信用原则的行为的，应当承担赔偿责任。据此，缔约过失责任的构成要件为：

（1）缔约上的过失发生在合同订立过程中。某公司向季某发出聘用通知，季某回复邮件确认接收通知作出承诺，但劳动合同因欠缺法定书面要件而未成立，纠纷发生于缔结合同过程中。

（2）缔约一方违背其依诚实信用原则所应负的先合同义务。缔约过程中不得随意撤销要约即为先合同义务之一。某公司作为用人单位，虽有用工自主权，但更负有诚实信用的法定义务。某公司向季某发出《聘用通知书》后即应受此要约拘束，某公司应与季某签订书面劳动合同，但却予以拒绝，有违民事行为诚实信用的法定义务。

（3）造成对方信赖利益的损失。某公司向季某发出聘用通知，允诺提供给季某的职位、部门、试用期及月薪、试用期后月薪等订立劳动合同的具体条件，季某对该要约产生合理信赖，并与原单位解除了劳动合同，做好为某公司工作的准备。某公司不录用原告的行为有违法定诚信义务，在此期间，造成季某一定时间的失业状态，应承担缔约过失责任，赔偿季某因此而遭受的经济损失。当然，此种损失赔偿的范围应当与用人单位的缔约过失行为存在因果关系。

3. 损失金额的判定要素

季某诉请某公司赔偿经济损失255172.41元，系鉴于《聘用通知书》的工资和签约奖励费，但双方未实际履行，该《聘用通知书》要约的工资和签约奖励费不能适用于季某失业状态的损失金额。结合季某前、后履行的劳动合同薪酬，对其因被告缔约过失行为所致经济损失之具体金额，法院酌定按80000元/月，计二个月为宜。

三、合规操作方案

用人单位在拟定和发送录用通知书时需要注意以下内容：

1. 录用通知书的发送及接收主体。录用通知书是特定的用人单位招用特定的劳动者拟建立劳动关系的要约，因此录用通知书的抬头、落款应当注意是签订劳动合同的用人单位，在一些集团性企业中可能存在统一招聘、面试的情形，但是在发送录用通知书时应当以签订劳动合同的用人单位主体作为录用通知书的发放主体。

2. 录用通知书的核心内容。对于关键的录用条件应当告知劳动者，对于岗位、薪酬待遇等应当予以明确。

3. 录用通知书的生效条件及失效情形。录用通知中建议设定劳动者的回复期间，以便用人单位主动掌握劳动者的入职意向。对于录用通知书在哪些情况下生效应当予以明确，对于录用通知书失效的条件建议反向列举，如劳动者未在期限内回复意向、未按时报到、未在报到时提供用人单位要求的证书与纸质证明原件等。

第三节　个人信息侵权纠纷

一、个人信息侵权纠纷问题解析

用人单位可以收集和处理哪些个人信息？用人单位处理个人信息应当履行哪些法定义务？如何通过员工的生物识别信息进行劳动用工管理？在跨境处理员工个人信息时需要履行哪些法定义务？个人信息侵权可能承担哪些法律责任？

（一）用人单位可以收集和处理哪些个人信息

《劳动合同法》第八条规定："用人单位招用劳动者时，应当如实告知劳动者工作内容、工作条件、工作地点、职业危害、安全生产状况、劳动报酬，以及劳动者要求了解的其他情况；用人单位有权了解劳动者与劳动合同直接相关的基本情况，劳动者应当如实说明。"《劳动合同法实施条例》第八条规定："劳动合同法第七条规定的职工名册，应当包括劳动者姓名、性别、公民身份号码、户籍地址及现住址、联系方式、用工形式、用工起始时间、劳动合同期限等内容。"《个人信息保护法》第十三条规定："符合下列情形之一的，个人信息处理者方可处理个人信息：（一）取得个人的同意；（二）为订立、履行个人作为一方当事人的合同所必需，或者按照依法制定的劳动规章制度和依法签订的集体合同实施人力资源管理所必需；（三）为履行法定职责或者法定义务所必需；（四）为应对突发公共卫生事件，或者紧急情况下为保护自然人的生命健康和财产安全所必需；（五）为公共利益实施新闻报道、舆论监督等行为，在合理的范围内处理个人信息；（六）依照本法规定在合理的范围内处理个人自行公开或者其他已经合法公开的个人信息；（七）法律、行政法规规定的其他情形。依照本法其他有关规定，处理个人信息应当取得个人同意，但是有前款第二项至第七项规定情形的，不需取得个人同意。"

根据上述条款，用人单位可以要求劳动者提供如下信息：（1）取得劳动者个人同意的相关信息；（2）订立及履行劳动合同、为进行劳动用工管理所必要的信息，如姓名、性别、身份证号、户籍地址及现住址、联系方式、资格资质证书、工作经历、健康状况等；（3）为用人单位履行法定义务所必需的信息，如为劳动者缴纳社会保险、住房公积金所必要的信息；（4）其他按照依法制定的劳动规章制度和依法签订的集体合同实施人力资源管理所必需的个人信息。

用人单位在要求劳动者提供相关信息时，应当遵循目的明确和最小化处理原则，维护劳动者的知情权，尽到安全保障义务，避免通过用人单位强势地位收集非必要的员工个人信息。

（二）用人单位处理个人信息应当履行哪些法定义务

《个人信息保护法》第十三条第二款规定，依照本法其他有关规定，处理个人信息应当取得个人同意，但是有前款第二项至第七项规定情形的，不需取得个人同意，其中，与劳动用工相关的第二项规定为“为订立、履行个人作为一方当事人的合同所必需，或者按照依法制定的劳动规章制度和依法签订的集体合同实施人力资源管理所必需”。按照法律的文意解释，用人单位按照依法制定的规章制度或者依法签订的集体合同实施人力资源管理所必需的个人信息无需再经过劳动者同意。

从《个人信息保护法》立法目的以及法律整体规定看，即使通过规章制度和集体合同就个人信息处理进行了规定，但有三种情况仍然需要用人单位特别注意。

1. 用人单位合并、分立、解散等需要转移劳动者个人信息

根据《个人信息保护法》第二十二条的相关规定，个人信息处理者因合并、分立、解散、被宣告破产等原因需要转移个人信息的，应当向个人告知接收方的名称或者姓名和联系方式。接收方应当继续履行个人信息处理者的义务。接收方变更原先的处理目的、处理方式的，应当依照本法规定重新取得个人同意。

2. 用人单位需要向第三方提供劳动者个人信息

根据《个人信息保护法》第二十三条的相关规定，个人信息处理者向其他个人信息处理者提供其处理的个人信息的，应当向个人告知接收方的名称或者姓名、联系方式、处理目的、处理方式和个人信息的种类，并取得个人的单独同意。接收方应当在上述处理目的、处理方式和个人信息的种类等范围内处理个人信息。接收方变更原先的处理目的、处理方式的，应当依照本法规定重新取得个人同意。为履行法定职责或者法定义务所必需的除外。

3. 在公共场所安装图像采集设备

根据《个人信息保护法》第二十六条的相关规定，在公共场所安装图像采集、个人身份识别设备，应当为维护公共安全所必需，遵守国家有关规定，并设置显著的提示标识。所收集的个人图像、身份识别信息只能用于维护公共安全的目的，不得用于其他目的；取得个人单独同意的除外。

（三）如何通过员工的生物识别信息进行劳动用工管理

用人单位在考勤管理中，常使用指纹打卡、人脸识别、行踪轨迹等方式进行考勤监督管理。上述个人信息属于敏感个人信息。此时会出现对于《个人信息保护法》第十三条第二款关于个人信息的一般处理规则与第二十九条关于敏感个人信息处理规则是否存在冲突的理解与适用问题。

上述两条法律规定处于同一部法律，从上下文的体系解释来看，如果第二十九条关于处理个人敏感信息需要取得个人单独同意的规定属于特别规定的话，那么，第十三条关于按照依法制定的劳动规章制度和依法签订的集体合同实施人力资源管理所必需的个人信息不需取得个人同意就应当有一个除外的规定。但实际上第十三条并没有除外规定，说明用人单位在处理员工敏感个人信息（如生物识别信息）的时候可以依据第十三条进行处理。此外，第二十九条规定的个人单独同意本身也应当明确其含义，个人单独同意是基于个人一揽子同意而言，强调的是不能混杂在各种信息中一揽子同意，而是单独列明，一事一议，对于需要取得个人同意才能处理的个人信息，涉及敏感个人信息的，还需要就每一项敏感个人信息一事一议地单独同意，而不能把多项个人信息混杂在一起要求一并同意。因此，如日常管理中用人单位需要采取刷脸、指纹或地理位置进行考勤管理的，用人单位应当在实施人力资源管理必需的范围内，按照依法制定的劳动规章制度和依法签订的集体合同处理员工的敏感个人信息。

（四）在跨境处理员工个人信息时需要履行哪些法定义务

个人信息出境需要满足相关的条件和程序，具体如下。

1. 出境条件

根据《个人信息保护法》第三十八条第一款、第二款规定，个人信息处理者因业务等需要，确需向中华人民共和国境外提供个人信息的，应当具备下列条件之一：（一）依照本法第四十条的规定通过国家网信部门组织的安全评估；（二）按照国家网信部门的规定经专业机构进行个人信息保护认证；（三）按照国家网信部门制定的标准合同与境外接收方订立合同，约定双方的权利和义务；（四）法律、行政法规或者国家网信部门规定的其他条件。中华人民共和国缔结或者参加的国际条约、协定对向中华人民共和国境外提供个人信息的条件等有规定的，可以按照其规定执行。

2. 出境程序

（1）告知并取得个人同意

《个人信息保护法》第三十九条规定，个人信息处理者向中华人民共和国境外提供个人信息的，应当向个人告知境外接收方的名称或者姓名、联系方式、处理目的、处理方式、个人信息的种类以及个人向境外接收方行使本法规定权利的方式和程序等事项，并取得个人的单独同意。

（2）应当进行个人信息保护影响评估

《个人信息保护法》第五十五条第四项和第五十六条规定，向境外提供个人信息的，个人信息处理者应当事前进行个人信息保护影响评估，并对处理情况进行记录。个人信息保护影响评估应当包括下列内容：（一）个人信息的处理目的、处理方式等是否合法、正当、必要；（二）对个人权益的影响及安全风险；（三）所采取的保护措施是否合法、有效并与风险程度相适应。个人信息保护影响评估报告和处理情况记录应当至少保存三年。

（3）符合一定条件的，应当进行安全评估

关键基础设施运营者向境外提供个人信息的，应当进行安全评估。根据《个人信息保护法》第四十条规定，用人单位掌握的劳动者的个人信息通常不属于该类情况。

（五）个人信息侵权可能承担哪些法律责任

1. 用人单位违法处理劳动者个人信息的，将涉及侵权责任

《最高人民法院关于印发修改后的〈民事案件案由规定〉的通知》将“人格权纠纷”下的“侵权纠纷”修改为“隐私权、个人信息保护纠纷”，新增了“个人信息保护纠纷”案由。根据《民法典》第一百七十九条规定，用人单位如涉及违法处理劳动者个人信息的，劳动者可以主张用人单位承担停止侵害、排除妨碍、消除危险、赔偿损失、消除影响、恢复名誉及赔礼道歉等侵权责任。

2. 用人单位违法处理劳动者个人信息的，将会由履行个人信息保护职责的部门进行行政处罚

《个人信息保护法》第六十六条规定，根据违法行为的情节，最高可以处五千万元以下或者上一年度营业额百分之五以下罚款，并可以由履行个人信息保护职责的部门责令改正，给予警告，没收违法所得，责令暂停相关业务或者停业整顿、通报有关主管部门吊销相关业务许可或者吊销营业执照。同时，对直接负责的主管人员和其他直接责任人员可以最高处十万元以上一百万元以下罚款，并可以决定禁止其在一定期限内担任相关企业的董事、监事、高级管理人员和个人信息保护负责人。

3. 用人单位违法处理劳动者个人信息的，可能构成刑事犯罪

根据《个人信息保护法》第七十一条规定，违反本法规定，构成违反治安管理行为的，依法给予治安管理处罚；构成犯罪的，依法追究刑事责任。

二、实战案例解析

（一）基本案情

原告吴某某诉称，其下载某电商购物 App 并使用个人手机号注册了账号。登录 App 后，原告发现某电商购物 App“个人中心”栏项下有“某钱包”选项，遂按照 App 界面要求，在输入原告本人真实姓名及身份证号码后开通了“某钱包”。在使用“某钱包”提供的“免输卡号添加银行卡”功能时，原告原本打算选择自己有卡的银行进行关联，但误触了列表中的某银行，得到了“暂无银行卡可以绑定”的反馈。原告认为，其并未授权某电商购物平台经营方告知某银行自己真实姓名及身份证号码，某银行能够得知原告本人并无银行卡在该行开具，系案涉App泄露原告的敏感个人信息所致，而某银行亦因此非法获得了原告的敏感个人信息。其后，原告在某电商购物App内查阅了相关用户协议内容后还进一步发现，App的运营主体上海某公司与“某钱包”经营主体某付费通公司的运营主体并不一致，而在原告并未明确知情同意的情况下，其真实身份信息还由上海某公司传输给了某付费通公司，并极可能又由某付费通公司传输给了某银行。原告自觉权利受损，遂决定注销“某钱包”，但竟然无法注销。故向法院提起诉讼。

经查，案涉电商购物平台（App）系由被告上海某公司运营的电商平台。某电商购物App在应用程序个人用户界面上线了名为“某钱包”的支付服务应用功能，用户可通过“某钱包”的支付功能在平台内购物交易时进行充值、支付及提现等应用。“某钱包”的实际运营主体为某付费通公司。被告某付费通公司为实现用户“某钱包”账户绑定银行卡并具备银行卡快捷支付功能，与包括某银行在内的多家银行机构开展银行卡快捷支付合作。原告吴某某使用案涉账号首次进入某电商购物App“某钱包”界面填入的个人姓名、公民身份证号码等信息，先由上海某公司收集、存储，在原告不知情的情况下，再由上海某公司提供给某付费通公司。当原告进入“某钱包”添加银行卡界面选择免输卡号进行银行卡绑定操作时，某付费通公司则会将其姓名、公民身份证号码信息提供给选定绑卡的银行，银行获取前述信息后根据提供的信息验证该信息主体是否为该银行的持卡人，若为该行持卡人则留存该信息并进入后一步绑卡操作流程；若非为该行持卡人亦留存该信息并向某付费通公司反馈结果。

（二）案件代理思路

本案是《个人信息保护法》施行后颇有代表性的案例，个人信息权益属于人格权益，但是个人信息权益不等同于人格权，个人信息权益只是一种民事权益，不具有绝对权的保护强度，侵害个人信息权益并不必然导致人格尊严受损等精神损害后果，特别是尚未发生实质性损害的情况下更是如此。

因此，在案件审理的过程中，关键是在尚未发生实质性损害的情况下，违法处理信息主体的个人信息是否造成人格尊严等精神损害，应充分考虑处理行为的特点、量级、违法性和个人信息类型等因素，判断信息主体是否因违法处理行为陷入可能预见的风险和焦虑中，若答案为肯定，则应认定构成对人格尊严、人格自由的精神损害。

（三）法院审查要点

1. 关于某电商购物平台向某付费通公司提供其收集的吴某某个人信息的行为

某电商购物平台向某付费通公司提供其收集的吴某某个人信息的行为属于未明示信息处理的目的、方式、范围的行为，吴某某是在未充分知情的情况下实施对其个人信息披露的同意。

首先，某电商购物平台的行为既违反了其与吴某某之间的合同约定，也不符合个人信息处理活动应遵循的知情同意规则。其次，在某付费通公司收集吴某某个人信息时，某电商平台 App 并没有以任何形式告知吴某某，某付费通公司将获取其个人信息，更没有以任何形式征求过吴某某的同意，因此，其做法没有合法性基础的支持。

综合上述分析，某电商购物平台经营者、某付费通公司对吴某某个人信息的处理行为不合法，某电商购物平台经营者、某付费通公司的信息处理行为侵害了吴某某的个人信息权益。

2. 关于某电商购物平台经营者、某付费通公司违法处理吴某某的个人敏感信息的行为

首先，吴某某在未被充分告知的情况下披露了个人敏感信息，作为个人信息被披露者，吴某某对自身的个人信息风险会产生一定的担忧焦虑，这种担忧焦虑可能会引发对其个人生命健康、人格尊严或经济利益的损害，且这种损害的程度不可轻易估计，因此，可以认定为遭受到精神利益的损害。

其次，某电商购物平台经营者、某付费通公司作为行业内具有较大影响力的公司，应该严格依照法律法规处理用户个人信息，对于平台中违法处理个人信息的设置应予以及时发现、改进，并对相关的个人信息处理活动采取更加审慎、周密的方式。但是在本案中，我们可以清晰地判断某电商购物平台经营者、某付费通公司明显没有尽到上述分析的注意义务，因此，可以判断某电商购物平台经营者、某付费通公司二者存在明显的过错。

最后，法院在审理判决过程中考虑到某电商购物平台经营者、某付费通公司对吴某某个人信息的处理行为存在意思联络，故判令两被告向吴某某进行书面道歉并赔偿相应合理维权支出。

本案最后宣判，被告上诉，二审法院驳回上诉，维持原判。

3. 关于对个人信息处理行为的合法性基础、个人信息处理规则的规定

《个人信息保护法》第十三条对个人信息处理行为的合法性基础、个人信息处理规则作出了原则性的规定，并构建了以取得同意为原则，以豁免同意为例外的个人信息处理合法性基础的二元结构。

以上表明，知情同意规则并非信息处理行为的唯一合法性基础，为了在保护个人信息权益的同时，也能实现个人信息的合理利用，同时维护公共利益、国家利益等，通常对于信息处理者为订立、履行个人作为一方当事人的合同所必需以及为履行法定职责或者法定义务所必需的处理行为等情形，也可认定为法定许可的情形，具有合法性基础，不属于违法处理行为。但信息处理者将订立、履行合同，履行法定职责或法定义务等作为其信息处理行为的合法性基础时，需确保其处理行为符合对应规则的要求。

三、合规操作方案

（一）用人单位应当注意处理劳动者个人信息的必要性和程序性

为订立、履行个人作为一方当事人的合同所必需，或者按照依法制定的劳动规章制度和依法签订的集体合同实施人力资源管理所必需的个人信息，无需取得员工个人同意。这里有两个前提，其一为实施人力资源管理所必需；其二为应当通过依法制定的劳动规章制度和依法签订的集体合同作出规定。劳动规章制度应当根据《劳动合同法》履行民主和公示程序，集体合同应当按照有关规定签订。

（二）用人单位在处理个人信息的过程中应当避免过度收集个人信息

必要性原则是用人单位在处理个人信息的过程中所应当遵循的基本原则之

一，用人单位在实践中较为可能出现风险的情形之一就是难以恰当把握收集个人信息范围的尺度，导致过度收集个人信息。用人单位在处理员工个人信息的过程中，应当严格遵循最小限度的原则，在确保信息处理目的能够实现的情况下，将需要处理的员工个人信息的范围缩至最小，尽可能降低对员工个人权益的影响。

（三）用人单位将员工个人信息提供给第三方机构处理时应当取得员工同意

用人单位向第三方机构提供其个人信息的情形通常发生在用人单位委托第三方机构对劳动者进行背景调查的情况下，是否属于人力资源管理所必需容易出现见仁见智的争议。在这种情况下，建议用人单位取得员工的同意，向员工告知个人信息接收方（即受托第三方机构）的名称、处理目的、处理方式和个人信息的种类。此外，用人单位还应当注意与受委托的第三方机构在其合作协议中明确约定相关个人信息处理和保护的条款，对信息处理的目的、期限、方式及个人信息的种类、保护措施等进行明确约定。

第四章

订立与续订劳动合同

第一节　未签书面劳动合同纠纷

一、未签书面劳动合同纠纷问题解析

> 什么是未签订劳动合同二倍工资？如何计算二倍工资？二倍工资是否有时效限制？未签无固定期限劳动合同二倍工资是否有时效限制？哪些情况下用人单位无需支付二倍工资？

（一）什么是未签订劳动合同二倍工资

我国于20世纪80年代中期开始进行劳动合同制度试点。1995年1月1日施行的《劳动法》正式确立了劳动合同制度。但事实上在《劳动合同法》出台前，各个地区劳动合同的签订率低，一些用人单位往往利用彼此地位的不对称而拒绝订立书面劳动合同，甚至不承认与劳动者已经存在的事实劳动关系。中国新闻网于2007年7月23日发布的社会新闻《近几年中国劳动合同签订率低　权益难以有效保护》中刊载如下："全国人大常委会办公厅今天举行劳动合同法视频报告会，全国人大法律委员会主任委员杨景宇在报告会上指出，近几年来，劳动用工领域出现了一些新情况、新问题，劳动者合法权益受到侵害的现象时有发生。其中劳动合同签订率低的问题最为突出，2005年全国人大常委会在劳动法执法检查中发现，中小型企业和非公有制企业的劳动合同签订率不到20%，个体经济组织的签订率更低。即使在东南沿海经济发达地区，非公有制经济组织的劳动合同签订率也很低。有些企业只与管理人员、技术人员签订劳动合同，而不与一线工人签订劳动合同。劳动合同签订率低的原因很复杂。许多用人单位不愿签订劳动合同，主要是为了降低用工成本，逃避缴纳社会保险费和解雇工人的法律责任。有些劳动者不敢提出签订劳动合同的要求，主要是在劳动力供大于求的形势下，劳动者处于弱势。在没有劳动合同的情况下，一旦出现劳动争议，劳动者就很难主张自己的权利；即使申请仲裁、提出诉讼，由于缺乏有力的证据，他们的合法权益也往往得不到有效保护。”

《劳动合同法》于2008年1月1日开始实施，极大地改变了劳动合同签订率低的问题。《劳动合同法》相对于《劳动法》而言，增加了未签劳动合同用人单位需支付二倍工资的规定，如用人单位不与劳动者签订劳动合同，劳动者可申请劳动仲裁，要求支付二倍工资差额。这一法律规定鼓励劳动者自发地主张权利，从而督促用人单位签订劳动合同，实现通过书面劳动合同保护劳动者合法权益的立法目的。《劳动合同法》第八十二条规定，“用人单位自用工之日起超过一个月不满一年未与劳动者订立书面劳动合同的，应当向劳动者每月支付二倍的工资。用人单位违反本法规定不与劳动者订立无固定期限劳动合同的，自应当订立无固定期限劳动合同之日起向劳动者每月支付二倍的工资”。实践中一般讨论的“二倍工资”实际上是指未签订劳动合同的二倍工资差额，在违反法律规定未签订劳动合同期间再支付一倍工资给劳动者。

（二）二倍工资计算基数

未签劳动合同二倍工资差额听起来并不复杂，朴素的理解就是未签劳动合同期间发了多少工资，按照这个标准再支付一倍。但实践中，工资发放却并不是这么简单的事，劳动者除了收到每个月相对固定发放的工资以外，还可能存在周期为季度、年度等浮动的工资，还有加班费、各类补贴、年底双薪等工资项目，上述工资薪金项目是否只要是支付行为发生在未签劳动合同期间的，都一概计算为未签订劳动合同二倍工资差额呢？对此，法律并未明确规定，从各地司法实践来看，我们发现在计算二倍工资基数时，各地区在司法实践中存在不同的理解，主要差异在于二倍工资基数中是否应当包含加班工资、绩效工资、补贴津贴、奖金等项目，这需要结合各地区司法实践及裁判口径来确定。经过检索和梳理，我们总结有以下几种计算规则。

1. 以劳动者应得工资为基数，不包括不固定发放的奖金等项目，按照该规则计算的有深圳、北京、海南等地区

地区	具体规定
深圳	《深圳市中级人民法院关于审理劳动争议案件的裁判指引》（深中法发〔2015〕13号）第七十条指出，《劳动合同法》第八十二条规定的二倍工资差额的计算基数应为包括加班工资在内的当月应得工资，但不包含支付周期超过一个月或未确定支付周期的劳动报酬。
北京	北京市高级人民法院、北京市劳动人事争议仲裁委员会关于印发《审理劳动争议案件法律适用问题的解答》的通知第二十一条（3）规定，计算“二倍工资”的工资标准时，因基本工资、岗位工资、职务工资、工龄工资、级别工资等按月支付的工资组成项目具有连续性、稳定性特征，金额相对固定，属于劳动者正常劳动的应得工资，应作为未订立劳动合同二倍工资差额的计算基数，不固定发放的提成工资、奖金等一般不作为未订立劳动合同二倍工资差额的计算基数。
海南	海南省高级人民法院、海南省劳动人事争议仲裁委员会印发《关于审理劳动争议案件有关问题的联席会议纪要》的通知（琼高法联〔2014〕2号）规定，二倍工资差额的计算基数为劳动者当月应得工资，但不包括以下两项：（1）支付周期超过一个月的劳动报酬，如季度奖、半年奖、年终奖、年底双薪以及按照季度、半年、年结算的业务提成等；（2）确定支付周期的劳动报酬，如一次性奖金，特殊情况下支付的津贴、补贴等。

2. 以劳动者应得工资为基数，包括奖金等全部工资性收入，按照该规则计算的有江苏等地区

地区	具体规定
江苏	《江苏省高级人民法院、江苏省劳动人事争议仲裁委员会关于审理劳动人事争议案件的指导意见（二）》第二条规定，用人单位因未与劳动者签订书面劳动合同而应每月支付的二倍工资，按照劳动者当月的应得工资予以确定，包括计时工资或者计件工资以及加班加点工资、奖金、津贴和补贴等货币性收入。劳动者当月工资包含季度奖、半年奖、年终奖的，应按分摊后该月实际应得奖金数予以确定。

3. 计算二倍工资基数时，不包括加班费和非常规性奖金、津补贴、福利，按照该规则计算的有江西、四川、上海等地区

地区	具体规定
江西	江西省高级人民法院、江西省人力资源和社会保障厅印发《关于办理劳动争议案件若干问题的解答（试行）》的通知（赣高法〔2020〕67 号）：11. 未订立书面劳动合同二倍工资差额的计算基数应如何认定？二倍工资差额的计算基数应是劳动者对应月份实际发放工资，不含以下部分：（一）延长工作时间的工资报酬；（二）因劳动者工作业绩而随机发放的效益工资、提成等；（三）支付周期超过一个月的劳动报酬，如季度奖、半年奖、年终奖、年底双薪以及按照季度、半年、年结算的业务提成等；（四）未确定支付周期的劳动报酬，如一次性发放的奖金、津贴、补贴等；（五）法律、法规和国家规定的劳动者福利待遇等。但劳动者正常工作时间的工资低于当地最低工资标准的，以当地最低工资标准为计算基数。
四川	四川省高级人民法院民事审判第一庭关于印发《关于审理劳动争议案件若干疑难问题的解答》的通知（川高法民一〔2016〕1 号）第二十九条规定，《劳动合同法》中规定的经济补偿金及二倍工资计算基数按照劳动者正常工作状态下十二个月的应得工资计算，即未扣除社会保险费、税费等之前的当月工资总额，但不应包括：（一）加班工资；（二）非常规性奖金、津补贴、福利。
上海	上海市高级人民法院发布的《关于劳动争议若干问题的解答》：3. 关于双倍工资的计算基数的确定。经研究认为，劳动关系双方对月工资有约定的，双倍工资的计算基数应按照双方约定的正常工作时间月工资来确定。双方对月工资没有约定或约定不明的，应按《劳动合同法》第十八条规定来确定正常工作时间的月工资，并以确定的工资数额作为双倍工资的计算基数。如按《劳动合同法》第十八条规定仍无法确定正常工作时间工资数额的，可按劳动者实际获得的月收入扣除加班工资、非常规性奖金、福利性、风险性等项目后的正常工作时间月工资确定。如月工资未明确各构成项目的，由用人单位对工资构成项目进行举证，用人单位不能举证或证据不足的，双倍工资的计算基数按照劳动者实际获得的月收入确定……

（三）二倍工资支付的时效限制

《劳动合同法》第八十二条第一款明确规定，如果用人单位未与劳动者签订书面劳动合同的，自应订立书面劳动合同之日起满一个月后的次日开始向劳动者每月支付二倍工资。未签订书面劳动合同二倍工资差额并不是基于劳动者提供劳动所获得的劳动报酬，因此二倍工资并非真正意义上的工资，不是劳动报酬，是基于法律规定对用人单位不签订劳动合同的行为进行的惩罚性赔偿，应当适用《劳动争议调解仲裁法》第二十七条规定的一年的仲裁时效。而实践中，对于一年仲裁时效计算的起点，在理解适用法律法规时仍然存在较大的差别，目前主要存在按整体计算和按实际天数计算两种计算二倍工资时效的方式。

1. 按整体计算的方式。将未依法签订劳动合同的持续状态作为一个不分割的整体看待，从提起仲裁之日倒推一年的日期，能够落在这个不分割的整体期限内的，对于整个未签订劳动合同的持续状态期间均支持二倍工资

地区	具体规定
江苏	江苏省高级人民法院、江苏省劳动人事争议仲裁委员会关于印发《关于审理劳动人事争议案件的指导意见（二）》的通知第一条规定，劳动者因用人单位未与其签订书面劳动合同而主张用人单位每月支付二倍工资的争议，劳动人事争议仲裁委员会及人民法院应依法受理。对二倍工资中属于用人单位法定赔偿金的部分，劳动者申请仲裁的时效适用《调解仲裁法》第二十七条第一款的规定，即从用人单位不签订书面劳动合同的违法行为结束之次日开始计算一年；如劳动者在用人单位工作已经满一年的，劳动者申请仲裁的时效从一年届满之次日起计算一年。在江苏地区司法实践中，有案例支持劳动者只要在离职一年内申请劳动仲裁，则可以要求用人单位支付此前 11 个月的二倍工资，并不会因为时间的推移而减少。例如（2022）苏 02 民终 4836 号案件中，法院认为仲裁时效应自用人单位不签订书面劳动合同的违法行为结束之次日开始计算一年，因杨某于 2019 年 11 月 1 日入职 Q 公司，Q 公司未签劳动合同的违法行为一直处于持续状态中，直至双方劳动关系于 2021 年 5 月 6 日解除，故杨某于 2021 年 6 月 1 日申请劳动仲裁，并未超过一年仲裁时效，Q 公司应当支付杨某 11 个月的二倍工资差额。（如按照实际天数计算的方式，则可以支持二倍工资差额的期间为 2020 年 6 月 2 日至 2020 年 10 月 31 日）
浙江	浙江省高级人民法院民事审判第一庭、浙江省劳动人事争议仲裁院在《关于审理劳动争议案件若干问题的解答（二）》第六条规定，“劳动者有关支付最长 11 个月二倍工资的诉请符合相关法律规定，且最后一个月的二倍工资请求未超过仲裁时效的，应予全额支持”。
安徽	（2019）皖民申 732 号民事裁定书中，安徽省高级人民法院认为，劳动者依法主张自用工之日起满一个月的次日至满一年的前一日双倍工资的仲裁时效，应从未签订书面劳动合同违法事实持续至满一年之次日起开始计算。原判决认定劳动者主张未签订书面劳动合同的双倍工资未超过仲裁时效，并无不当。

2. 按实际天数计算的方式。按照仲裁时效内未签订劳动合同的实际天数计算二倍工资

地区	具体规定
北京	《北京市高级人民法院、北京市劳动争议仲裁委员会关于劳动争议案件法律适用问题研讨会会议纪要（二）》中明确，二倍工资中增加一倍的工资属于惩罚性赔偿的部分，不属于劳动报酬，适用《调解仲裁法》第二十七条第一款的规定，即一年的仲裁时效。二倍工资适用时效的计算方法为：在劳动者主张二倍工资时，因未签劳动合同行为处于持续状态，故时效可从其主张权利之日起向前计算一年，据此实际给付的二倍工资不超过十二个月，二倍工资按未订立劳动合同所对应时间用人单位应当正常支付的工资为标准计算。 北京市高级人民法院《2014 年部分劳动争议法律适用疑难问题研讨会会议纪要》研讨意见：1. 二倍工资仲裁时效按天起算，不再按整段起算，时效可从劳动者主张权利之日起向前计算一年，据此实际给付的二倍工资不超过十二个月。
上海	上海市高级人民法院《关于审理劳动争议案件若干问题的解答（2010）》中明确，双倍工资中属于双方约定的劳动报酬的部分，劳动者申请仲裁的时效应适用《劳动争议调解仲裁法》第 27 条第 2 款至第 4 款的规定，而对双方约定的劳动报酬以外属于法定责任的部分，劳动者申请仲裁的时效应适应《劳动争议调解仲裁法》第 27 条第 1 款至第 3 款的规定，即从未签订书面劳动合同的第二个月起按月分别计算仲裁时效。
江苏	江苏省虽有整段计算的指导意见，但实践中有案例支持了按月计算规则，需要根据具体情况判断。 （2022）苏 08 民终 2077 号案中，在劳动者主张 11 个月未签订劳动合同的双倍工资的情况下，一审法院认为“小额贷款公司最迟应于 2020 年 8 月 1 日与曾某某签订劳动合同，但未有签订，至 2021 年 7 月 1 日视为已签订无固定期限劳动合同，曾某某 2021 年 12 月 28 日申请劳动仲裁，小额贷款公司应向曾某某支付 2020 年 12 月 28 日至 2021 年 6 月 30 日期间每月二倍工资差额 27580 元”。 （2022）苏 04 民终 983 号案中，劳动者工作时间为 2019 年 6 月 13 日至 2021 年 2 月 26 日，在此期间双方未签订书面劳动合同，根据法律规定，用人单位应从 2019 年 7 月 13 日起至 2020 年 6 月 12 日支付二倍工资。劳动者曾于 2021 年 5 月 19 日投诉要求二倍工资的事实，一审法院认为劳动者主张的 2020 年 5 月 19 日之前的二倍工资已经超过仲裁时效，用人单位应当向劳动者支付 2020 年 5 月 19 日至 2020 年 6 月 12 日期间未签订劳动合同的二倍工资差额。

（四）未签无固定期限劳动合同二倍工资是否有时效限制

《劳动合同法》第十四条第二款和第三款分别规定了用人单位应当与劳动者订立无固定期限劳动合同的情形，以及用人单位视为与劳动者已订立无固定期限劳动合同的情形。对于第二款中，用人单位应当与劳动者订立无固定期限劳动合同的，但用人单位未依照法律规定订立的，由于其违法行为处于连续状态，因此，用人单位在违法行为被纠正前（也就是签订无固定期限劳动合同前）均应当受到二倍工资罚则的约束，也就是《劳动合同法》第八十二条第二款规定的，“用人单位违反本法规定不与劳动者订立无固定期限劳动合同的，自应当订立无固定期限劳动合同之日起向劳动者每月支付二倍的工资”。但由于仲裁时效受到一年限制，假设违法状态持续数年的，尚在时效内的二倍工资差额应当是最近一年期间内的，而不是持续数年期间内的。如北京地区（2021）京民申 6869 号民事裁定书即支持了该观点。

（五）用人单位无需支付二倍工资的情形

《劳动合同法》第八十二条规定，“用人单位自用工之日起超过一个月不满一年未与劳动者订立书面劳动合同的，应当向劳动者每月支付二倍的工资。用人单位违反本法规定不与劳动者订立无固定期限劳动合同的，自应当订立无固定期限劳动合同之日起向劳动者每月支付二倍的工资”。其立法目的是督促用人单位与劳动者签订劳动合同，保护劳动者的权益。但实践当中，确实存在个别情况下，并非用人单位不与劳动者订立书面劳动合同的情况，在用人单位没有违反法律规定的故意情况下，不应当苛责用人单位承担罚则。

1. 用人单位在特定情况下，有意愿签订劳动合同，但是受到难以克服的客观影响无法完成签订劳动合同的，不应支付二倍工资

在受到新冠疫情防控措施影响期间，各地区出台了相应的规定，如广东省高级人民法院、广东省人力资源和社会保障厅关于印发《关于审理涉新冠肺炎疫情劳动人事争议案件若干问题的解答》的通知第四条规定：“受疫情影响，用人单位不能依法及时与劳动者订立或者续订书面劳动合同，劳动者请求未签订书面劳动合同二倍工资差额的，不予支持……”《北京市高级人民法院、北京市劳动人事争议仲裁委员会关于审理新型冠状病毒感染肺炎疫情防控期间劳动争议案件法律适用问题的解答》规定："用人单位能够举证证明已提出订立或续订书面劳动合同，但因受疫情影响客观上无法与劳动者订立或续订劳动合同，劳动者要求支付该期间未订立或续订书面劳动合同二倍工资差额的，不予支持。"

在此类情况下，用人单位主观上有意愿签订劳动合同，但是受到难以克服的客观影响无法完成签订劳动合同的动作，没有可归责之处，不应支付二倍工资，不应当承担二倍工资的惩罚性赔偿责任。

2. 劳动者故意不订立书面劳动合同的，用人单位不应当支付二倍工资

二倍工资实际上是考虑到劳动者在要求与用人单位签订劳动合同的过程中处于弱势地位，但如果有劳动者以获取二倍工资为目的故意不订立书面劳动合同的，违反了公平原则与诚实信用原则，也违背了促进签订劳动合同的立法初衷。对于劳动者的此类行为不应当得到鼓励，对于劳动者出于故意不订立书面劳动合同的，用人单位不应当承担二倍工资的惩罚性赔偿责任。

3. 如劳动者对签订劳动合同负有管理职责但未签订劳动合同的，不应支持未签订劳动合同二倍工资

在用人单位中从事人事管理的员工或管理者，如签订劳动合同本身就属于其本职工作范畴，不应当因其未完全履行劳动合同义务而获利。《北京市高级人民法院、北京市劳动争议仲裁委员会关于劳动争议案件法律适用问题研讨会会议纪要（二）》第三十一条规定，用人单位的人事管理部门负责人或主管人员依据《劳动合同法》第八十二条规定向用人单位主张二倍工资的，如用人单位能够证明订立劳动合同属于该人事管理部门负责人的工作职责，可不予支持。有证据证明人事管理部门负责人或主管人员向用人单位提出签订劳动合同，而用人单位予以拒绝的除外。内蒙古[①]、

---

① 内蒙古自治区高级人民法院、内蒙古自治区劳动人事争议仲裁委员会《关于劳动人事争议案件适用法律若干问题的指导意见》规定，用人单位未依法与劳动者订立书面劳动合同的，应当依法向劳动者支付二倍工资，但有下列情形之一的除外……

（5）用人单位的人事管理部门负责人或者主管人员向用人单位主张二倍工资，用人单位能够证明订立劳动合同属于该人事管理部门负责人或主管人员工作职责的，但有证据证明人事管理部门负责人或主管人员向用人单位提出订立书面劳动合同而被拒绝的除外。

湖南[1]、上海[2]、山东[3]等地区均有类似的裁审衔接文件作出类似规定。

二、实战案例解析

（一）基本案情[4]

王某于2020年6月16日入职A商贸公司，从事销售工作，后因个人原因离职，其正常出勤至2021年5月11日，工资支付截止到2021年5月11日。王某离职后起诉A商贸公司，请求确认双方在2020年6月16日至2021年5月12日双方存在劳动关系，A商贸公司支付2020年6月16日至2021年5月12日期间未签订劳动合同双倍工资差额30000元。

（二）案件代理思路

王某主张用人单位未签订书面劳动合同，用人单位应当就已签订书面劳动合同承担举证责任，如用人单位主张存在劳动者拒绝签订劳动合同而不应当承担二倍工资责任等情形的，用人单位应当对此完成举证责任，否则，自用工之日起第二个月开始，应当支付未签订书面劳动合同的二倍工资差额。

（三）法院审查要点

法院认为，A商贸公司是否应当支付王某未签订书面劳动合同二倍工资，应

① 湖南省人力资源和社会保障厅关于印发《湖南省劳动人事争议仲裁办案若干标准》（试行）的通知第三十六条规定，对人力资源管理、劳动合同签订工作负有领导、管理和经办职责的用人单位高管人员，人力资源部门工作人员，除能有充分的证据证明自己已经尽到了职责的外，其本人主张与用人单位未签订书面劳动合同二倍工资的，不予支持。

②《上海市关于劳动争议若干问题的解答》规定，对于一些企业经理、人事主管等负责企业人力资源管理的高管，通过隐匿书面劳动合同等不良手段，使用人单位无法提供已签订过的书面劳动合同，企业高管以此为由主张双倍工资差额的，我们认为，用人单位虽无法提供书面劳动合同的原件，但有其他证据证明双方已签订了书面劳动合同的，不属于《劳动合同法》第八十二条第一款关于用人单位未与劳动者订立书面劳动合同的情形，对其提出要求用人单位支付双倍工资差额的诉请不予支持。

③《山东省高级人民法院办公室关于印发劳动争议热点难点问题诉讼指引的通知》规定，劳动者为用人单位高管或者人力资源管理人员的，应就其是否与用人单位签订劳动合同承担举证证明责任。

④（2021）京03民终17231号。

从以下层面进行评判，即：

1. A 商贸公司应对已签订书面劳动合同承担举证责任

A 商贸中心称王某于 2020 年 6 月 29 日入职该公司，从事销售工作，双方签订了劳动合同，但未为其缴纳社会保险，并提交《入职合同与离职协议》予以证明，王某对《入职合同与离职协议》第三页的本人签字予以认可，但称签字的时候未见前面两页。法院经审查查明，A 商贸中心提交的《入职合同与离职协议》一共三页，其中第二页、第三页内容都相对独立，无关联性，A 商贸中心未能提供充分有效的证据证明王某签字的协议包括入职合同，故不能采信 A 商贸中心关于已经签订劳动合同的主张。

2. 二倍工资基数的标准

王某主张每月基本工资 2500 元，另有提成。A 商贸中心称王某每月基本工资 2500 元，另有提成、奖金及保险补偿金 1000 元。法院认为，因未签订劳动合同双倍工资差额系对用人单位不依法签订书面劳动合同的惩罚，在性质上不同于劳动者的劳动报酬，故仅应将较固定的工资数额作为计算未签订劳动合同双方工资差额的基数，故法院以王某的基本工资 2500 元为计算基数。

三、合规操作方案

1. 用人单位首次招用劳动者的，应当自用工之日起一个月内与劳动者签订书面劳动合同。如果劳动者经提醒不签订劳动合同的，用人单位应当留下书面通知劳动者签订劳动合同的证明材料，自用工之日起一个月内，经用人单位书面通知后，劳动者不与用人单位订立书面劳动合同的，用人单位应当书面通知劳动者终止劳动关系，无需向劳动者支付经济补偿。

2. 用人单位自用工之日起超过一个月不满一年未与劳动者订立书面劳动合同的，应当依照劳动合同法第八十二条的规定向劳动者每月支付两倍的工资，并与劳动者补订书面劳动合同；劳动者不与用人单位订立书面劳动合同的，用人单位应当书面通知劳动者终止劳动关系，并依照劳动合同法第四十七条的规定支付经济补偿。

3. 用人单位因客观情况确实无法及时与劳动者签订劳动合同情况下，应及时告知劳动者签订劳动合同的意愿和安排，可通过电子方式向劳动者发送准确、完整的劳动合同内容，双方应当表达出确认签订的意思表示，并在客观情况影响结束后尽快完成书面劳动合同的签订。

4. 如用人单位遇到员工不配合签订劳动合同的情况，应当向员工发送要求其签订书面劳动合同的通知，并保留员工因其个人原因不愿意签订书面劳动合同的证据。

第二节　违法约定试用期纠纷

一、违法约定试用期纠纷问题解析

> 什么是试用期？试用期的法律限制如何？用人单位能否与劳动者协商延长试用期？劳动者二次入职能否约定试用期？当试用期遇到医疗期，能否暂时中止试用期？试用期工资标准是什么？违法约定试用期的法律责任是什么？

（一）什么是试用期

《劳动合同法》第十七条规定了用人单位与劳动者可以约定试用期。第十九条、第二十条、第二十一条分别就试用期期限、试用期工资及试用期内解除劳动合同的限制作出了规定，第三十七条、第三十九条分别就试用期员工主动解除劳动合同及用人单位因试用期员工不符合录用条件解除劳动合同作出了规定，第七十条、第八十三条分别就非全日制劳动合同不能约定试用期及违法约定试用期的法律责任作出了规定。上述法律条文构建起了《劳动合同法》对于试用期确立的规则体系，但究竟什么是劳动合同试用期，《劳动法》《劳动合同法》并未给出明确的定义。在劳动部办公厅对《关于劳动用工管理有关问题的请示》的复函（劳办发〔1996〕5 号）中将试用期界定为用人单位和劳动者建立劳动关系后为相互了解、选择而约定的不超过六个月的考察期。

结合《劳动合同法》对于劳动合同试用期的一系列规定来看，在试用期这段由用人单位和劳动者为相互了解、选择而约定的考察期间，双方的权利义务确实有别于试用期后，这体现了试用期内用人单位和劳动者可以彼此考察的特点，例如，试用期工资可以低于转正后的工资，试用期劳动者主动解除劳动合同的提前预告期为三天，用人单位可以设定试用期录用条件，如不符合录用条件的则可以解除劳动合同。但实践中不少用人单位对于试用期的考察存在误解，认为试用期的考察具有任意性，可以凭主观感觉或者较为随意的评价方式判断劳动者是否符合录用条件，甚至认为试用期没有建立正式的劳动关系，无需为劳动者缴纳社会保险。事实上并非如此，我国《劳动合同法》对于试用期的期限、工资标准、解除条件等均有限制性规定。试用期用人单位解除劳动合同的理由之一为劳动者在试用期间被证明不符合录用条件。用人单位可以利用试用期对劳动者进行考察，而且应当重视试用期的法律规定，利用好这段考察期，与劳动者约定录用条件或者通过合法有效的规章制度规定录用条件，为留用合适的人才做好准备。

（二）试用期的期限限制

劳动合同分为固定期限劳动合同、无固定期限劳动合同和以完成一定工作任务为期限的劳动合同。用人单位与劳动者可以根据签订的劳动合同期限不同约定不同长度的试用期。双方签订固定期限劳动合同的，劳动合同期限三个月以上不满一年的，试用期不得超过一个月；劳动合同期限一年以上不满三年的，试用期不得超过二个月；三年以上固定期限劳动合同，试用期不得超过六个月；以完成一定工作任务为期限的劳动合同或者劳动合同期限不满三个月的，不得约定试用期。双方签订无固定期限劳动合同的，试用期不得超过六个月。双方如为非全日制用工，不得约定试用期。试用期包含在劳动合同期限内。劳动合同仅约定试用期的，试用期不成立，该期限为劳动合同期限。对于违法约定试用期的情形，《劳动合同法》第八十三条规定了罚则，“用人单位违反本法规定与劳动者约定试用期的，由劳动行政部门责令改正；违法约定的试用期已经履行的，由用人单位以劳动者试用期满月工资为标准，按已经履行的超过法定试用期的期间向劳动者支付赔偿金”。

（三）用人单位能否与劳动者协商延长试用期

《劳动合同法》第十九条规定了试用期期限，试用期不能超过法定的最长期限，这一点一般不会发生争议，若用人单位与劳动者延长试用期超过了法定最长期限，超过的部分无效。实践中，用人单位希望延长试用期期限的情况并不鲜见。例如，一些用人单位出于招聘成本、人员需求以及用人管理的多种考虑，对于试用期内表现不那么尽如人意的员工，愿意再给予一些时间进行考察以便确定是否留用。若延长的试用期并未超过法定最长期限，是否有效呢？通过对案例的检索，我们发现，司法实践中存在不同的理解。

一种观点认为，延长试用期违反“同一用人单位与同一劳动者只能约定一次试用期”的规定，无论用人单位与劳动者是否协商一致均因违反上述规定而无效。如（2020）京01民终5195号判决书中，法院认为，L公司以王某在三个月试用期间没有签单为由将试用期延长至2018年9月25日，这一行为属于二次约定试用期，L公司虽主张王某对延长试用期表示认可，但二次约定试用期行为已违反法律强制性规定，延长的期间不再属于法定试用期。因此，L公司应支付王某违法约定试用期的赔偿金。北京地区的裁判案例多持类似观点。

另一种观点认为，用人单位可以与劳动者协商延长试用期，属于对试用期期限的变更，不属于同一用人单位与同一劳动者多次约定试用期。《浙江省高级人民法院民事审判第一庭、浙江省劳动人事争议仲裁院关于审理劳动争议案件若干问题的解答（五）》（浙高法民一〔2019〕1号）第六条认为“用人单位与劳动者约定了试用期，试用期内双方协商一致以书面形式约定延长试用期，延长后累计的试用期仍在法定期限内的，不属于同一用人单位与同一劳动者多次约定试用期的情形，该约定合法有效”。可见，浙江地区司法实践明确了用人单位与劳动者协商一致可以延长试用期，约定合法有效。上海地区的司法实践观点与上述观点基本一致，即不违反《劳动合同法》第十九条第一款的情形下，用人单位与劳动者就延长试用期协商达成一致的，不构成违法，持此观点的案例包括（2015）嘉民四（民）初字第118号判决。

2020年疫情防控期间，由于疫情原因造成无法返岗工作，用人单位顺延试用期，北京地区作出了特别的规定，《北京市高级人民法院、北京市劳动人事争议仲裁委员会关于审理新型冠状病毒感染肺炎疫情防控期间劳动争议案件法律适用问题的解答》第五条认为“劳动者在试用期内因客观原因不能返岗上班，用人单位可以采取灵活的试用考察方式考核劳动者是否符合录用条件。无法采取灵活考察方式实现试用期考核目的的，用人单位与劳动者协商顺延试用期，不违反劳动合同法第十九条第二款关于‘同一用人单位与同一劳动者只能约定一次试用期’的规定精神。劳动者因上述原因导致无法正常提供劳动的期间不应计算在原约定的试用期内，不应视为延长了原约定的试用期”。上述特别规定强调在疫情这一特殊情况下，试用期可以协商顺延，不属于违反“同一用人单位与同一劳动者只能约定一次试用期”规定精神的情形。

通过上述分析，我们看到了不同地区的司法实践中，对于认定在法定最长的试用期期限内，用人单位与劳动者协商延长试用期是否合法存在差异。浙江地区和上海地区关于延长试用期的司法观点倾向于用人单位与劳动者意思自治，不违反法定试用期期限的，属于对劳动合同条款的变更，延长试用期不违反法律规定。但北京地区的司法实践则倾向于将延长试用期认定为违反了“同一用人单位与同一劳动者只能约定一次试用期”的规定，从而认定延长的试用期无效，无论延长的部分是否超过《劳动合同法》第十九条第一款规定的期限。

我们倾向于认为，法律法规对于用人单位的惩罚性赔偿责任的设定通常基于用人单位违反了劳动基准法律法规，较为严重地侵害了劳动者的合法权益，且有明确界定的违法行为和责任后果。法定试用期期限应当理解为《劳动合同法》第十九条第一款规定的最长试用期期限，对于用人单位与劳动者协商一致在《劳动合同法》第十九条第一款规定的期限内对试用期期限进行变更的，不宜认定为《劳动合同法》第八十三条规定的违法约定试用期的情形。但鉴于司法实践中的个案仍有赖于裁判者对于法律规定的理解和适用，因此，用人单位需要对试用期的延长持谨慎态度。对于用人单位而言，我们建议尽可能适应当地的裁判观点。

（四）劳动者二次入职能否约定试用期

《劳动合同法》第十九条第二款规定，“同一用人单位与同一劳动者只能约定一次试用期”。实践中，一些员工在离职后再次入职，再次入职时能否约定试用期呢？劳动部办公厅关于印发《关于〈劳动法〉若干条文的说明》的通知（劳办发〔1994〕289号）第二十一条规定，劳动合同可以约定试用期。试用期最长不得超过六个月。本条中规定的“试用期”适用于初次就业或再次就业时改变劳动岗位或工种劳动者。从上述通知的解释说明来看，试用期并未明确禁止用人单位在劳动者二次入职的情况下再次约定试用期，换言之，一些情况下劳动者二次入职约定试用期并不应当理解为违反同一用人单位与同一劳动者只能约定一次试用期的情形。但从目前司法判例可以看出，针对离职人员再次入职是否可以约定试用期的问题尚没有统一的裁判标准，对《劳动合同法》第十九条第二款规定“同一用人单位与同一劳动者只能约定一次试用期”的理解与适用在个案中存在分歧。法院在认定类似问题时主要从再次入职距上次离职的时间以及再次入职时的岗位与之前的岗位是否相同来衡量是否可以再次约定试用期。

如（2021）浙0206民初1654号判决中，法院认为若双方在一段劳动关系解除或终止后较长时间内重新建立劳动关系，因岗位、工作环境、薪资待遇、工作内容及强度均有可能发生变化，再行约定试用期，并不违背立法初衷，也不违反公平正义之法律原则。又如（2016）京0102民初14121号判决中，法院认为时隔两年，原告再次入职被告处，原告作为劳动者其工作能力、身体状况和对环境的适应能力均有所变化，被告作为用人单位其用人标准、用工环境和经营理念等亦有所变化，双方在重新签订劳动合同时，给予必要的时间增进相互间的了解和考察不仅是合理的，也是必要的。

而在另外一些案例中则认为再次约定试用期不合法。如（2021）京01民终11412号判决中，劳动者与用人单位于2019年10月23日签订《劳动合同书》，试用期6个月。2020年1月17日劳动者辞职。2020年8月2日，双方再次签订《劳动合同书》，约定试用期6个月。法院认为某超市与杨某已签订过劳动合同并约定了试用期，双方于2020年8月2日签订的劳动合同再次约定试用期违反法律规定，某超市以杨某不符合录用条件为由解除劳动关系属于违法解除，应当依法支付违法解除劳动合同经济赔偿金。

结合对案例的梳理，我们认为，法院在认定类似问题时最主要考虑的要素归纳为两点，一是时间，二是岗位。对于长期离职后再次入职的，例如间隔两三年，重新约定试用期较易获得法院支持，离职时间较短后再次入职，约定试用期有被认定构成违法约定试用期的风险。离职时间较长，则劳动者的身体状况、思想品格是否改变，技术技能是否增长，是否能胜任再次入职的岗位和工作，是否能适应当下的工作环境等都是用人单位需要重新考察的因素，即使应聘的是原岗位，用人单位对离职较长时间后又新入职的员工约定试用期也存在一定的合理性，符合立法目的。如果间隔时间较短，特别是在前后岗位一致或相似的情况下，再次约定试用期的合法性及合理性容易被否定。

（五）当试用期遇到医疗期，能否暂时中止试用期

《劳动合同法》第二十一条规定，“在试用期中，除劳动者有本法第三十九条和第四十条第一项、第二项规定的情形外，用人单位不得解除劳动合同”。其中第四十条第一项的规定为劳动者患病或者非因工负伤，在规定的医疗期满后不能从事原工作，也不能从事由用人单位另行安排的工作的用人单位可以解除劳动合同。可见，试用期员工亦适用医疗期的有关规定，在试用期内如员工存在医疗期满不能从事原工作也不能从事用人单位另行安排的工作的情况，用人单位可以解除劳动合同。但是，如果员工请休病假的时间已经跨越了试用期期限，这种情况下能否剔除病假时间暂时中止试用期呢？现实中，如果劳动者在试用期患病进入医疗期，用人单位可能没有充足的时间对劳动者进行全面的考察，无法准确判断试用员工是否符合录用条件。如果不剔除医疗期期限，对用人单位而言确实有失公平。司法实践中，为保障用人单位享有正常的试用期考察权利，部分地方性规定直接明确了劳动者在试用期请病假的，试用期中止或者病假可以从试用期中扣除。例如，《江苏省劳动合同条例》第十五条第二款规定，“劳动者在试用期内患病或者非因工负伤须停工治疗的，在规定的医疗期内，试用期中止”。浙江省高级人民法院民事审判第一庭、浙江省劳动人事争议仲裁院《关于审理劳动争议案件若干问题的解答（四）》（浙高法民一〔2016〕3号）第二条规定：“试用期是用人单位与劳动者的相互考察期间。劳动者在此期间请病假，影响到考察目的的实现，故该病假期间可从试用期中扣除。”

另有部分地区对劳动合同可以中止作出了规定，在此基础上给予了用人单

位剔除员工病假期间而暂时中止试用期的可能。例如，《上海市劳动合同条例》第二十六条规定，劳动者暂时无法履行劳动合同的义务，但仍有继续履行条件和可能的，劳动合同中止履行，劳动合同中止情形消失的，劳动合同继续履行。《山西省劳动合同条例》第二十三条规定，“用人单位与劳动者协商一致，可以中止履行劳动合同。中止履行劳动合同期间，用人单位和劳动者双方暂停履行劳动合同的有关权利和义务”。第二十四条第一款、第三款规定，“协商中止履行劳动合同的，双方应当书面约定劳动合同恢复履行的期限或者条件。中止履行劳动合同的情形消失，除劳动合同已经无法履行外，劳动合同应当恢复履行”。

对于存在明确规定的地区，用人单位可以通知劳动者因医疗期而导致试用期中止的期限，对于没有明确规定劳动合同可以中止的地区，建议用人单位与劳动者协商一致并签订书面协议，约定试用期扣除医疗期，不视为延长试用期或者违反法律规定约定试用期的情形。

（六）试用期工资标准

根据《劳动合同法》第二十条的规定，劳动者在试用期的工资不得低于本单位相同岗位最低档工资或者劳动合同约定工资的百分之八十，并不得低于用人单位所在地的最低工资标准。

（七）违法约定试用期法律责任

《劳动合同法》第八十三条规定，用人单位违反本法规定与劳动者约定试用期的，由劳动行政部门责令改正；违法约定的试用期已经履行的，由用人单位以劳动者试用期满月工资为标准，按已经履行的超过法定试用期的期间向劳动者支付赔偿金。因此，违法约定试用期的，用人单位一方面应当对超过法律规定的试用期期间补发与试用期转正后的工资标准之间的差额，另一方面需要按照试用期转正后的工资标准，每超过法定试用期一天，应当向劳动者支付一天的工资作为赔偿金。

二、实战案例解析

（一）基本案情[①]

2017 年 8 月 21 日，刘某入职某公司，工作岗位是财务经理，双方签订的劳动合同约定合同期限自 2017 年 8 月 21 日起至 2020 年 8 月 20 日止，其中试用期为 3 个月至 6 个月。刘某月工资人民币 15000 元，试用期月薪 12000×0.75=9000 元。刘某的工资条显示 2017 年 8 月至 2017 年 10 月核定工资标准 15000 元、试用期工资总额 9000 元、月度薪资 9000 元；2017 年 11 月工资分为两部分，一部分显示核定工资标准 15000 元、试用期工资总额 9000 元、月度薪资 9000 元，另一部分显示核定工资标准 15000 元、月度薪资 15000 元。刘某最后工作时间为 2018 年 4 月 9 日，后其提起劳动争议纠纷，诉求之一为要求公司支付 2017 年 8 月 21 日至 2017 年 11 月 20 日试用期工资差额。

（二）案件代理思路

本案系因试用期工资引发的争议，在代理此类案件时，首先，应当准确界定合法有效的试用期期限，不应当出现违法约定试用期的情形；其次，应当考虑试用期工资的支付是否符合《劳动合同法》第二十条的规定，劳动者在试用期的工资是否不低于本单位相同岗位最低档工资或者劳动合同约定工资的百分之八十，且不低于用人单位所在地的最低工资标准。若试用期的工资低于用人单位所在地的最低工资标准，或者低于劳动合同约定工资的百分之八十，或者低于本单位相同岗位最低档工资的，用人单位将需要承担补足试用期工资差额的法律责任。可见此类案件重点应当考察用人单位与劳动者在劳动合同中约定的工资标准的合法性。

（三）法院审查要点

本案中关于试用期的期限，双方劳动合同约定试用期为 3—6 个月，刘某认为试用期为 3 个月，公司认为试用期为 6 个月。法院认为，首先，双方签订的

① （2020）京 03 民终 7573 号。

劳动合同中约定的试用期为3—6个月，属约定不明；其次，从刘某提交的工资条可以看出，其在2017年11月期间已经转正，11月的工资包括试用期及转正后的工资，公司亦认可该证据的真实性；最后，劳动合同法设定的是试用期最高期限限制，用人单位与劳动者约定的试用期可以短于最高期限。综上，法院认定刘某的试用期为3个月，即自2017年8月21日至2017年11月20日。

关于试用期工资是否存在差额。法院认为，根据《劳动合同法》第二十条规定，劳动者在试用期的工资不得低于本单位相同岗位最低档工资或者劳动合同约定工资的百分之八十，并不得低于用人单位所在地的最低工资标准。因法院已经认定刘某的试用期为2017年8月21日至2017年11月20日，公司亦认可劳动合同约定的刘某的月工资标准为15000元且前三个月工资按照9000元标准发放。公司虽主张试用期工资的25%用于考核，因刘某考核结果不符合公司考核要求，故不应发放，然公司并未就刘某的考核情况提供证据予以证明，应承担举证不能的不利后果。故法院认定公司发放刘某试用期工资存在差额，应就差额部分予以补足，即按照15000×0.8的工资标准，按月补足差额。

三、合规操作方案

1. 关于试用期期限，用人单位与劳动者签订劳动合同时，应当严格按照法定的试用期期限进行约定，试用期可以短于法律规定的上限，但不能超过该上限。

2. 关于试用期的延长或中止，用人单位如果与员工协商一致延长试用期的，延长后的试用期应当不超过法定最长期限，同时应当签订书面协议，明确劳动者的真实意思表示，明确双方的约定不违反《劳动合同法》关于试用期的规定，不属于违反同一用人单位与同一劳动者只能约定一次试用期的情形。如遇到试用期需要排除某段期限而中止的，建议用人单位与劳动者签订书面协议，明确劳动者的真实意思表示，明确试用期不包含某些特殊时间段，明确双方的约定不违反《劳动合同法》关于试用期的规定，不属于违反同一用人单位与同一劳动者只能约定一次试用期的情形，也不属于延长试用期的情形。但是也要注意到各地区司法实践中的不同观点，即使按照上述操作亦无法完全排除被认定违法约定试用期的风险，只能尽最大可能反映双方的真实意愿以及约定的合理性。

3. 关于二次入职约定试用期，用人单位应当充分判断约定试用期的必要性，如确实存在劳动者离职时间较长或更换工作岗位，已经难以判断劳动者是否符合录用条件的，建议用人单位与劳动者在劳动合同中对试用期作出特别约定，明确第二次入职约定试用期的必要性、合理性，并明确约定第二次入职约定试用期不违反《劳动合同法》关于试用期的规定，不属于违反同一用人单位与同一劳动者只能约定一次试用期的情形。

4. 关于试用期工资标准，关于试用期工资不低于劳动合同约定工资的百分之八十中的“劳动合同约定工资”，应当理解为转正后的工资，而不应当理解为劳动合同单独就试用期工资进行的约定，否则就可能造成试用期工资可以任意约定而脱离劳动基准法律要求的后果。一些用人单位会与劳动者约定试用期不享有绩效工资，这样的约定有可能导致试用期工资低于转正后工资的百分之八十，在这种情况下，用人单位需要衡量能否证实劳动者试用期的工资不低于本单位相同岗位最低档工资，如能够证明的，亦不违反法律规定。

第三节　电子劳动合同纠纷

一、电子劳动合同纠纷问题解析

> 什么是电子劳动合同？电子劳动合同的法律效力如何？签订电子劳动合同的要求是什么？

（一）什么是电子劳动合同

人力资源社会保障部办公厅关于发布《电子劳动合同订立指引》的通知（人社厅发〔2021〕54号）中指出，电子劳动合同，是指用人单位与劳动者按照《劳动合同法》《民法典》《电子签名法》等法律法规规定，经协商一致，以可视为书面形式的数据电文为载体，使用可靠的电子签名订立的劳动合同。可见，并不是所有以电子数据方式保存的劳动合同都可以称为电子劳动合同，比如用人单位与劳动者签订了纸质版劳动合同，为了保存的需要而通过扫描或拍照等电子形式储存下来的文件，并不属于电子劳动合同；用人单位与劳动者通过电子邮件等方式传输劳动合同的电子文件表达签署意愿也不属于电子劳动合同。电子劳动合同需要按照《电子签名法》的规定，使用可靠的电子签名订立。

（二）电子劳动合同的法律效力

《劳动合同法》第十条第一款规定，建立劳动关系，应当订立书面劳动合同。第十六条第一款规定，劳动合同由用人单位与劳动者协商一致，并经用人单位与劳动者在劳动合同文本上签字或者盖章生效。第三条规定，订立劳动合同，应当遵循合法、公平、平等自愿、协商一致、诚实信用的原则。依法订立的劳动合同具有约束力，用人单位与劳动者应当履行劳动合同约定的义务。

用人单位与劳动者签订的电子劳动合同亦具有上述效力。根据《电子签名法》第三条、第十四条的相关规定，民事活动中的合同或者其他文件、单证等文书，当事人可以约定使用或者不使用电子签名、数据电文（部分文书不适用，如涉及婚姻、收养、继承等人身关系等）。当事人约定使用电子签名、数据电文的文书，不得仅因为其采用电子签名、数据电文的形式而否定其法律效力。可靠的电子签名与手写签名或者盖章具有同等的法律效力。

人社部办公厅发布的《关于订立电子劳动合同有关问题的函》（人社厅函〔2020〕33号）规定，用人单位与劳动者协商一致，可以采用电子形式订立书面劳动合同。采用电子形式订立劳动合同，应当使用符合电子签名法等法律法规规定的可视为书面形式的数据电文和可靠的电子签名。用人单位应保证电子劳动合同的生成、传递、储存等满足电子签名法等法律法规规定的要求，确保其完整、准确、不被篡改。符合劳动合同法规定和上述要求的电子劳动合同一经订立即具有法律效力，用人单位与劳动者应当按照电子劳动合同的约定，全面履行各自的义务。

用人单位与劳动者签订的电子劳动合同同纸质劳动合同一样具有法律效力，

依法订立的电子劳动合同对用人单位和劳动者具有约束力。

（三）签订电子劳动合同的要求

根据《电子劳动合同订立指引》的规定，用人单位与劳动者签订电子劳动合同，应当满足以下要求：

1. 签订电子劳动合同，用人单位应当与劳动者协商一致，用人单位应当告知劳动者有关电子劳动合同的事项

用人单位应当就签订电子劳动合同与劳动者达成一致，双方同意订立电子劳动合同的，用人单位在订立电子劳动合同前，明确告知劳动者订立电子劳动合同的流程、操作方法、注意事项和查看、下载完整的劳动合同文本的途径，并不得向劳动者收取费用。

2. 用人单位与劳动者订立电子劳动合同的，要通过电子劳动合同订立平台订立

电子劳动合同订立平台要通过有效的现代信息技术手段提供劳动合同订立、调取、储存、应用等服务，具备身份认证、电子签名、意愿确认、数据安全防护等能力，确保电子劳动合同信息的订立、生成、传递、储存等符合法律法规规定，满足真实、完整、准确、不可篡改和可追溯等要求。

用人单位应当优先选用人力资源社会保障部门等政府部门建设的电子劳动合同订立平台与劳动者签订劳动合同。用人单位和劳动者未通过政府平台订立电子劳动合同的，要按照当地人力资源社会保障部门公布的数据格式和标准，提交满足电子政务要求的电子劳动合同数据。非政府平台的电子劳动合同订立平台要支持用人单位和劳动者及时提交相关数据。

电子劳动合同订立平台要留存订立和管理电子劳动合同全过程证据，包括身份认证、签署意愿、电子签名等，保证电子证据链的完整性，确保相关信息可查询、可调用，为用人单位、劳动者以及法律法规授权机构查询和提取电子数据提供便利。

3. 用人单位和劳动者应当向电子劳动合同订立平台提交真实、完整、准确的身份信息

用人单位和劳动者要确保向电子劳动合同订立平台提交的身份信息真实、完整、准确。电子劳动合同订立平台要通过数字证书、联网信息核验、生物特征识别验证、手机短信息验证码等技术手段，真实反映订立人身份和签署意愿，并记录和保存验证确认过程。具备条件的，可使用电子社保卡开展实人实名认证。

4. 签订电子劳动合同应当使用规范的电子签名

用人单位和劳动者要使用符合《电子签名法》要求、依法设立的电子认证服务机构颁发的数字证书和密钥，进行电子签名。电子劳动合同经用人单位和劳动者签署可靠的电子签名后生效，并应附带可信时间戳。

5. 用人单位在电子劳动合同签订后的提示义务

电子劳动合同订立后，用人单位要以手机短信、微信、电子邮件或者 App 信息提示等方式通知劳动者电子劳动合同已订立完成。用人单位要提示劳动者及时下载和保存电子劳动合同文本，告知劳动者查看、下载电子劳动合同的方法，并提供必要的指导和帮助。

二、实战案例解析

用人单位与员工签订电子劳动合同在实践中已逐渐普及推广，但并非所有的电子形式均等同于签订了电子劳动合同，不规范的操作仍会引发纠纷，导致用人单位承担未签订劳动合同的法律责任。

（一）基本案情[①]

2019 年 5 月 8 日，陶某入职 D 公司。后因 D 公司与陶某解除劳动合同，陶某遂向劳动仲裁委提起仲裁，要求 D 公司支付 2019 年 5 月 14 日至 2019 年 10 月 1 日（劳动合同解除日），未签订书面劳动合同的二倍工资 62472 元。D 公司主张与陶某以微信形式签订了电子劳动合同，因此不应当支付未签订劳动合同二倍工资。

本案中用人单位 D 公司主张签订了电子劳动合同的证据为微信聊天记录。微信聊天记录主要记载李某某于 2019 年 5 月 14 日向陶某发送《D 公司员工劳动合同范本》并要求其填写信息，陶某于当日将劳动合同范本发回，并回复信

① （2020）京 03 民终 7608 号。

息填上；李某某于 2019 年 5 月 16 日向陶某发送《D 公司员工劳动合同范本（陶某）》，告诉陶某将岗位标准明确一下，陶某回复“李总，合同我这边看了一下，我有几点疑问：1. 合同是否为试用期合同？一个月之后是否还有一份转正合同？如果没有转正的合同，我希望在合同上有转正以后的工资。2. 合同期限我希望是一年一签。3. 之前我们谈的加班补助是不含在咱们的工资里的，从目前的合同上看加班补助是含在工资里的。4. 这个奖金的系数比例是按照项目来算的吗？发放方式是否为年底奖金？还是项目奖金？ 5. 晚上加班吃饭是否可以报销？”

陶某对上述证据的真实性认可，但不认可证明目的，理由是 D 公司只让其填写个人信息部分，并未签字确认，公司亦未签字盖章。陶某不认可双方已经签订书面劳动合同。

（二）案件代理思路

本案的争议焦点在于陶某与 D 公司通过微信的交流过程是否等同于双方已签订电子劳动合同？如果属于已经签订电子劳动合同，D 公司无需支付二倍工资，如果不属于已经签订电子劳动合同，则需要支付二倍工资。

《劳动合同法》第十六条规定，劳动合同由用人单位与劳动者协商一致，并经用人单位与劳动者在劳动合同文本上签字或者盖章生效。劳动合同文本由用人单位和劳动者各执一份。采用电子形式订立劳动合同，应当使用符合电子签名法等法律法规规定的可视为书面形式的数据电文和可靠的电子签名。

此类案件需要重点关注双方约定的劳动合同（或电子劳动合同）的生效条件是什么，双方在微信中的交流过程是否满足了劳动合同（或电子劳动合同）生效条件，以及劳动者是否存在拒绝签订劳动合同的情况。

（三）法院审查要点

一审中，D 公司主张其通过微信向陶某发送了电子版劳动合同，双方已经通过电子的形式签订了劳动合同，故不应支付未签订劳动合同双倍工资差额。一审法院认为，《劳动合同法》第十六条第一款规定，劳动合同由用人单位与劳动者协商一致，并经用人单位与劳动者在劳动合同文本上签字或者盖章生效。本案中，首先，陶某与李某某的微信聊天记录显示了双方就该劳动合同进行协商的过程，但未能显示双方就劳动合同的内容达成一致；其次，劳动者与用人单位在合同文本上签字或盖章是劳动合同得以生效的必要条件，本案中，D公司和陶某提交的劳动合同，在其尾页专门的签字盖章处并没有陶某的签名或电子签名，亦没有D公司的签字盖章，不符合劳动合同签订的形式，该劳动合同并未生效。综上，不应认定D公司与陶某签订了书面劳动合同。

庭审中，D公司主张其要求过陶某在劳动合同上签字，但陶某未签字，对此，一审法院认为，D公司作为用人单位与员工签订书面劳动合同是其法定义务，即使陶某不与D公司签订劳动合同,D公司仍可依照《劳动合同法实施条例》第五条、第六条的规定终止双方劳动关系。D公司既未按照上述规定行使权利，亦未与陶某签订符合法律规定的书面劳动合同，应当承担相应的法律责任。

二审中，D公司上诉主张与陶某以微信形式签订了电子劳动合同，就此二审法院认为，用人单位与劳动者协商一致，可以采用电子形式订立书面劳动合同。采用电子形式订立劳动合同，应当使用符合电子签名法等法律法规规定的可视为书面形式的数据电文和可靠的电子签名。用人单位应保证电子劳动合同的生成、传递、储存等满足电子签名法等法律法规规定的要求，确保其完整、准确、不被篡改。符合劳动合同法规定和上述要求的电子劳动合同一经订立即具有法律效力，用人单位与劳动者应当按照电子劳动合同的约定，全面履行各自的义务。陶某与李某某的微信聊天记录显示了双方就该劳动合同进行协商的过程，但未能显示双方就劳动合同的内容达成一致。劳动者与用人单位在合同文本上签字或盖章是劳动合同得以成立并生效的必要条件，本案中，D公司和陶某提交的劳动合同，在其尾页专门的签字盖章处并没有陶某的签名或电子签名，亦没有D公司的签字盖章，不符合劳动合同签订的形式，该劳动合同并未成立。D公司应当支付陶某未签订劳动合同的二倍工资。

三、合规操作方案

1. 签订电子劳动合同应当符合法律法规对于电子劳动合同订立的要求，满足电子劳动合同的生效条件

较之纸质劳动合同，签订电子劳动合同在空间上、时间上都具有更多的灵

活性，也能够加入更现代的技术手段提升劳动合同管理效果。但是，电子劳动合同比纸质劳动合同有更高的技术要求，需要满足使用依法设立的电子认证服务机构颁发的数字证书和密钥，进行电子签名并应附带可信时间戳。需要使用电子劳动合同订立平台订立，用人单位和劳动者要确保向电子劳动合同订立平台提交的身份信息真实、完整、准确。电子劳动合同订立平台要通过数字证书、联网信息核验、生物特征识别验证、手机短信息验证码等技术手段，真实反映订立人身份和签署意愿，并记录和保存验证确认过程。

2. 电子劳动合同文本应当区别于传统的纸质劳动合同文本，特别是存在多个文本一起签署的时候应当避免不同文本之间的冲突

《电子劳动合同订立指引》第五条规定，鼓励用人单位和劳动者使用政府发布的劳动合同示范文本订立电子劳动合同。劳动合同未载明《中华人民共和国劳动合同法》规定的劳动合同必备条款或内容违反法律法规规定的，用人单位依法承担相应的法律责任。因此，电子劳动合同文本应当符合《劳动合同法》对于劳动合同必备条款的要求，不得违反法律法规规定。此外，用人单位也在越来越广泛地应用电子劳动合同订立平台，不仅用于签订劳动合同，也用于签订劳动用工的其他协议、文件，如：竞业限制协议、保密协议、离职证明等，这些电子协议文本在生效条件的约定上可能存在与纸质文本不一致的要求，在使用电子劳动合同平台订立协议时，不宜直接套用原有的纸质协议，应当特别关注文件当中的生效条款。

第四节　续订劳动合同纠纷

一、续订劳动合同纠纷问题解析

哪些情况下用人单位应当续订劳动合同？续订劳动合同与否是否应当提前告知劳动者？用人单位延长劳动合同期限是否构成续订劳动合同？

（一）哪些情况下用人单位应当续订劳动合同

劳动合同期限届满前，用人单位与劳动者在协商一致的情况下可以续订劳动合同，在出现法律规定应当续订劳动合同的情形时，应当续订劳动合同。《劳动合同法》第四十五条[①]规定的特殊情况下劳动合同应当依法续延的情况不属于劳动合同续订，是依法续延原劳动合同期满的时间，不属于新签订了劳动合同。

1. 第一次固定期限劳动合同期满，用人单位对是否续订劳动合同有主动选择权

《劳动合同法》对用人单位与劳动者第一次签订的劳动合同期满，是否应当续订并无强制性规定，用人单位可以根据实际用工情况，自主决定是否与劳动者续签第二次劳动合同。根据《劳动合同法》第四十六条[②]的规定除了用人单位维持或者提高劳动合同约定条件续订劳动合同，劳动者不同意续订的情形外，用人单位在劳动合同到期后不续签，应当支付经济补偿金。也就是说，劳动合同期满终止，如果是用人单位不续签的，应当向劳动者支付经济补偿金；如果用人单位维持或者提高劳动合同约定条件续订劳动合同，但劳动者不同意续订的，用人单位无需支付经济补偿金。

---

① 《劳动合同法》第四十五条规定，劳动合同期满，有本法第四十二条规定情形之一的，劳动合同应当续延至相应的情形消失时终止。但是，本法第四十二条第二项规定丧失或者部分丧失劳动能力劳动者的劳动合同的终止，按照国家有关工伤保险的规定执行。

第四十二条规定，劳动者有下列情形之一的，用人单位不得依照本法第四十条、第四十一条的规定解除劳动合同：

（一）从事接触职业病危害作业的劳动者未进行离岗前职业健康检查，或者疑似职业病病人在诊断或者医学观察期间的；

（二）在本单位患职业病或者因工负伤并被确认丧失或者部分丧失劳动能力的；

（三）患病或者非因工负伤，在规定的医疗期内的；

（四）女职工在孕期、产期、哺乳期的；

（五）在本单位连续工作满十五年，且距法定退休年龄不足五年的；

（六）法律、行政法规规定的其他情形。

② 《劳动合同法》第四十六条规定，有下列情形之一的，用人单位应当向劳动者支付经济补偿：……

（五）除用人单位维持或者提高劳动合同约定条件续订劳动合同，劳动者不同意续订的情形外，依照本法第四十四条第一项规定终止固定期限劳动合同的……

第四十四条规定，有下列情形之一的，劳动合同终止：

（一）劳动合同期满的……

2. 第二次固定期限劳动合同期满后，除个别情形外，用人单位不得再终止劳动合同，必须与劳动者续订无固定期限劳动合同

根据《劳动合同法》第十四条[①]的相关规定，连续订立二次固定期限劳动合同，且劳动者没有本法第三十九条和第四十条第一项、第二项规定的情形，劳动者提出或者同意续订、订立劳动合同的，除劳动者提出订立固定期限劳动合同外，应当订立无固定期限劳动合同。对此，一般理解为，在第二次固定期限劳动合同到期时，用人单位不再有任意终止劳动合同的权利，如果劳动者同意或者提出续订的，应当订立无固定期限劳动合同，如果劳动者有《劳动合同法》第三十九条，第四十条第一项、第二项规定的例外情形的，用人单位可以不续签劳动合同。因此，在实践中一般可以理解为在第二次固定期限劳动合同期满后用人单位无权主动选择与劳动者终止劳动合同，而应当续订无固定期限劳动合同。部分地区通过地方性的裁审衔接口径明确在第二次固定期限劳动合同期满后劳动者有权选择再次续订固定期限劳动合同。我们整理了部分地区的规定如下：

地区	具体规定
北京市	《北京市高级人民法院、北京市劳动争议仲裁委员会关于劳动争议案件法律适用问题研讨会会议纪要（二）》 34、用人单位与劳动者连续订立二次固定期限劳动合同的，第二次固定期限劳动合同到期时，用人单位能否终止劳动合同？ 根据《劳动合同法》第十四条第二款第三项规定，劳动者有权选择订立固定期限劳动合同或者终止劳动合同，用人单位无权选择订立固定期限劳动合同或者终止劳动合同。上述情形下，劳动者提出或者同意续订、订立无固定期限劳动合同，用人单位应当与劳动者订立无固定期限劳动合同。

① 《劳动合同法》第十四条第二款规定，用人单位与劳动者协商一致，可以订立无固定期限劳动合同。有下列情形之一，劳动者提出或者同意续订、订立劳动合同的，除劳动者提出订立固定期限劳动合同外，应当订立无固定期限劳动合同……

（三）连续订立二次固定期限劳动合同，且劳动者没有本法第三十九条和第四十条第一项、第二项规定的情形，续订劳动合同的。

续表

地区	具体规定
天津市	《天津法院劳动争议案件审理指南（津高法〔2017〕246号）》 16.【连续订立二次以上固定期限劳动合同的劳动者要求订立无固定期限劳动合同的处理】劳动者与用人单位连续订立二次以上固定期限劳动合同，且劳动者没有《中华人民共和国劳动合同法》第三十九条和第四十条第一项、第二项规定的情形，劳动者提出或者同意续订劳动合同，除劳动者提出订立固定期限劳动合同外，用人单位拒绝与劳动者订立无固定期限劳动合同的，不予支持。
浙江省	浙江省高级人民法院、浙江省劳动人事争议仲裁院关于印发《关于审理劳动争议案件若干问题的解答（二）》的通知 五、用人单位与劳动者连续订立二次固定期限劳动合同，第二次劳动合同到期后，劳动者要求订立无固定期限劳动合同的，应否支持？ 答：用人单位与劳动者已连续订立二次固定期限劳动合同，第二次固定期限劳动合同期满后，劳动者根据《劳动合同法》第十四条第二款第三项的规定提出续订劳动合同并要求订立无固定期限劳动合同的，应予支持。对劳动合同的内容，双方应当按照合法、公平、平等自愿、协商一致、诚实信用的原则协商确定；对协商不一致的内容，依照《劳动合同法》第十八条的规定执行。
吉林省	《吉林省高级人民法院关于审理劳动争议案件法律适用问题的解答（二）》 第十三条：连续两次订立固定期限劳动合同，第二次固定期限劳动合同到期后，用人单位是否有权终止劳动合同？ 连续订立两次固定期限劳动合同，用人单位以劳动合同到期终止为由主张不与劳动者订立无固定期限劳动合同的，不予支持。劳动者同意终止或签订固定期限劳动合同的除外。

用人单位如在第二次固定期限劳动合同到期时不依法续订无固定期限劳动合同而选择到期终止劳动合同，构成违法终止劳动合同，用人单位违反《劳动合同法》规定解除或者终止劳动合同，劳动者要求继续履行劳动合同的，用人单位应当继续履行；劳动者不要求继续履行劳动合同或者劳动合同已经不能继续履行的，用人单位应当依照《劳动合同法》第四十七条规定的经济补偿标准的二倍向劳动者支付赔偿金。如支持继续履行劳动合同的，同时会认定双方构成事实上的无固定期限劳动合同，双方应当签订无固定期限劳动合同。

但上海地区的司法实践对于《劳动合同法》第十四条关于两次订立固定期限劳动合同后应当签订无固定期限劳动合同的规定持不同理解与适用意见。《上海市高级人民法院关于适用〈劳动合同法〉若干问题的意见》第四条“涉及无固定期限劳动合同的几个问题”中第四项“用人单位与劳动者连续订立几次固定期限劳动合同以后，续订合同应当订立无固定期限合同”作出了这样的规定，《劳动合同法》第十四条第二款第三项的规定，应当是指劳动者已经与用人单位连续订立二次固定期限劳动合同后，与劳动者第三次续订合同时，劳动者提出签订无固定期限劳动合同的情形。上海地区裁判口径认为，在连续签订两次固定期限劳动合同后，用人单位对劳动者仍然可以单方面终止劳动合同，只有在双方均有合意订立第三次劳动合同的情况下，劳动者提出签订无固定期限劳动合同才予以支持。

（二）续订劳动合同与否是否应当提前告知劳动者

根据《劳动合同法》第四十四条第一项规定，劳动合同期满的，劳动合同终止。这里一般是指第一次签订的固定期限劳动合同期满终止的情形。《劳动法》第二十三条规定，“劳动合同期满或者当事人约定的劳动合同终止条件出现，劳动合同即行终止”。上述法律规定并没有要求用人单位应当在劳动合同期满前30日通知劳动者是否续订劳动合同。部分地区的地方性规定中要求用人单位在劳动合同期满前提前30日将是否续订的意思表示通知劳动者，如《北京市劳动合同规定》第四十条规定，“劳动合同期限届满前，用人单位应当提前30日将终止或者续订劳动合同意向以书面形式通知劳动者，经协商办理终止或者续订劳动合同手续”。同时，如有违反，北京地区还规定了罚则，《北京市劳动合同规定》第四十七条规定，“用人单位违反本规定第四十条规定，终止劳动合同未提前30日通知劳动者的，以劳动者上月日平均工资为标准，每延迟1日支付劳动者1日工资的赔偿金”。

其他地区亦有类似规定，如《江苏省劳动合同条例》第十八条规定，用人单位应当在第二次劳动合同期满三十日前，书面告知劳动者可以订立无固定期限劳动合同。劳动者在用人单位连续工作满十年的，用人单位应当在劳动合同期满三十日前，书面告知劳动者可以订立无固定期限劳动合同。《吉林省劳动合同条例》第二十八条第一款规定，“劳动合同期限届满前，用人单位应当提前三十日将终止或者续订劳动合同的意向以书面形式通知劳动者”。《深圳经济特区和谐劳动关系促进条例》第十八条第一款规定，续订固定期限劳动合同的，用人单位和劳动者应当在劳动合同期满前一个月协商续订劳动合同；经协商未能就续订劳动合同达成一致意见的，用人单位或者劳动者可以终止劳动关系。但是依法应当订立无固定期限劳动合同的除外。关于印发《济南市劳动合同管理工作规程》的通知（济劳社字〔2003〕58 号），第八条劳动合同终止和续订第二项规定，“劳动合同期满，用人单位同意与劳动者续订劳动合同的，应在劳动合同期满前三十日向劳动者送达《续订劳动合同通知书》。劳动者同意续订的，用人单位应在原劳动合同期满前十五日内办理续订手续，并在续订合同之日起三十日内到劳动保障部门鉴证；劳动者不同意续订的，用人单位应按规定办理终止劳动合同手续”。（《山东省劳动合同条例》中没有提前 30 日通知的规定）

但值得注意的是，这些地区的规定还是与北京地区存在差异的，虽然提出了提前 30 日通知的要求，但是并没有规定未提前 30 日通知需要向劳动者按日支付赔偿金。

（三）用人单位延长劳动合同期限，多数地区认为构成续订劳动合同，部分地区规定延长期限超过 6 个月的属于续订

用人单位和劳动者签订了固定期限劳动合同，协议延长原劳动合同期限的，是属于对第一次签订的固定期限劳动合同的延长？还是属于双方续订了新的劳动合同，部分地方性规定中对此作出了具体规定，一部分地区认为延长原劳动合同的期限属于续订劳动合同，例如北京、山东、浙江等地区。另外有一些地区对于界定是否为续订新的劳动合同采取通过对延长的期限进行判断的方式，例如江苏、深圳、郑州等地认为延长累计超过 6 个月的视为续订新劳动合同。我们梳理了部分规定如下。

地区	具体规定
北京市	《北京市高级人民法院、北京市劳动争议仲裁委员会关于劳动争议案件法律适用问题研讨会会议纪要（二）》 42. 固定期限劳动合同履行过程中，用人单位与劳动者协商对劳动合同终止时间作出变更，是否认定属于签订了两次劳动合同？ 用人单位与劳动者协商一致变更固定期限合同终止时间的，如变更后的终止时间晚于原合同终止时间，使整个合同履行期限延长，视为用人单位与劳动者连续订立两次劳动合同。对初次订立固定期限合同时间变更的，按连续订立两次固定期限劳动合同的相关规定处理，对两次及多次订立固定期限合同时间变更的，按订立无固定期限劳动合同的相关规定处理。如变更后的终止时间比原合同终止时间提前，使整个合同履行期限减少，则仅视为对原合同终止时间的变更。
山东省	《山东省劳动合同条例》第十六条　用人单位与劳动者协商一致，可以续订劳动合同；劳动合同期满，用人单位与劳动者协商一致延长劳动合同期限的，视为用人单位与劳动者续订劳动合同。
浙江省	浙江省高级人民法院民事审判第一庭、浙江省劳动人事争议仲裁院关于印发《关于审理劳动争议案件若干问题的解答（二）》的通知 用人单位与劳动者在劳动合同中约定“合同到期后劳动者继续在用人单位工作的，视为原劳动合同期限的延长”。延长的劳动合同到期后，劳动者提出其已符合签订无固定期限劳动合同的条件，要求用人单位与其续签无固定期限劳动合同的，应否支持？劳动者以延长期间用人单位未与其签订书面劳动合同为由要求支付二倍工资的，应否支持？答：劳动合同中约定“合同到期后劳动者继续在用人单位工作的，视为原劳动合同期限的延长”，双方实际履行了该约定的，视为双方之间订立了新的劳动合同，因此，延长的劳动合同到期后，用人单位不能直接终止劳动合同，如劳动者提出签订无固定期限劳动合同且符合《劳动合同法》第十四条第二款第三项规定的，应予支持。但劳动者以延长期间用人单位未与其签订书面劳动合同为由要求支付二倍工资的，不予支持。
江苏省	《江苏省劳动合同条例》第十七条　按照用人单位与劳动者的约定，劳动合同期满后自动续延的，视为双方连续订立劳动合同。 用人单位与劳动者协商延长劳动合同期限，累计超过六个月的，视为双方连续订立劳动合同。
深圳市	《深圳经济特区和谐劳动关系促进条例》第十八条第二款　用人单位与劳动者协商延长劳动合同期限累计超过六个月的，视为续订劳动合同。

续表

地区	具体规定
郑州市	《郑州市劳动用工条例》第十七条第二款　延长劳动合同期限累计超过六个月的，用人单位应当自六个月届满之日起与劳动者重新订立劳动合同。延长劳动合同期限累计超过六个月未重新订立劳动合同的，视为已订立下一个劳动合同。法律、法规规定劳动合同期限应当延续的情形除外。
合肥市	《合肥市劳动用工条例》第二十条　用人单位与劳动者协商一致，可以延长劳动合同期限；但延长劳动合同期限累计超过六个月的，视为订立下一个劳动合同。

二、实战案例解析

（一）基本案情[①]

袁某系江苏某保洁公司员工，在职期间，袁某与公司共签订了三份劳动合同。第一次合同期限为2012年9月6日至2013年9月5日，第二次合同期限为2013年9月6日至2016年9月5日，第三次签订的是期限为2016年9月6日至2017年9月5日的固定期限劳动合同。

2017年8月2日，双方协商一致解除劳动合同。解除劳动合同后，袁某提出第三次签合同时公司未签无固定期限劳动合同，公司应当支付未签无固定期限劳动合同的二倍工资。

本案历经劳动仲裁、一审、二审、再审，均驳回了劳动者的请求。

（二）案件代理思路

对于符合签订无固定期限劳动合同条件的劳动者，但与用人单位签订了固定期限劳动合同，是否属于《劳动合同法》第八十二条第二款规定的“用人单位违反本法规定不与劳动者订立无固定期限劳动合同的，自应当订立无固定期限劳动合同之日起向劳动者每月支付二倍的工资”的情形，关键在于判断是否

① （2019）苏民申1440号。

属于“劳动者提出订立固定期限劳动合同的情形”，如果劳动者提出订立固定期限劳动合同，那么用人单位不存在违反法律规定不与劳动者订立无固定期限劳动合同的情形，不应当支付二倍工资。这一问题实质上是举证责任分配的问题，司法实践中，不同地区对此采取不同的举证规则，一部分案例中，裁判机构要求用人单位提供证据证明已告知劳动者享有订立无固定期限劳动合同的权利、劳动者主动提出签订固定期限劳动合同或主动放弃签订无固定期限劳动合同，否则会认定订立固定期限劳动合同系违法，应当支付未签订无固定期限劳动合同二倍工资差额。持此种观点的案例有（2021）苏03民终6272号、（2021）鲁04民终2620号。

另外一部分案例中，则不会要求用人单位单独就劳动者提出签订固定期限劳动合同进行举证，如劳动者在固定期限劳动合同上签字的，可以认定劳动者提出签订固定期限劳动合同，如劳动者主张存在受用人单位欺诈、胁迫等违背其真实意思表示的情形的，应当就此举证。持此种观点的案例有（2021）鲁02民终6186号、（2020）苏民申3624号、（2016）京01民终706号。

对于劳动者符合第二次劳动合同期满应当签订无固定期限劳动合同条件，但是签订了第三次固定期限劳动合同的案件，用人单位应当围绕双方签订的第三次劳动合同系经过平等协商、自愿签订，其中明确写明期限，劳动者亦表示同意进行举证，如有可能，最好提供已经告知劳动者可以签订无固定期限劳动合同或者由劳动者提出签订无固定期限劳动合同的证据。

（三）法院审查要点

本案中，法院将第三次签订固定期限劳动合同双方是否达成一致作为重点审查要点。法院认为，根据《劳动合同法》第十四条第二款，《劳动合同法实施条例》第十一条之规定，劳动者有选择签订无固定期限劳动合同的权利。但是，法律并不排除双方当事人可以协商一致继续订立固定期限劳动合同。本案中，袁某虽然符合用人单位应当订立无固定期限劳动合同的情形，但其与公司已签订2016年9月6日至2017年9月5日的固定期限劳动合同，且袁某未能提供证据证明该劳动合同的签订违背其真实意思表示，应当视为双方对劳动合同的期限协商一致，公司在此基础上与袁某签订固定期限劳动合同并未违反法律规定，袁某主张公司应向其支付未订立无固定期限劳动合同的双倍工资缺乏事实与法律依据，应当予以驳回。

三、合规操作方案

1. 第一次劳动合同到期的，如用人单位不再续签，在第一次固定期限劳动合同到期前（最迟在到期当日）用人单位应当告知劳动者不再续签，发送《劳动合同终止通知书》，并支付经济补偿金。对于部分地区要求用人单位提前30日或一个月告知劳动者的，用人单位应当按照规定的期限提前告知劳动者。如果续签，亦应当按照规定的期限提前告知劳动者用人单位有意愿续签，并要求劳动者作出是否续签的意思表示，如劳动者同意续签的，应当在原劳动合同期满前续订，如劳动者不同意续签的，用人单位应当保存劳动者不同意续签的证明，向劳动者发送《劳动合同终止通知书》，无需支付经济补偿金。

2. 第二次劳动合同到期的，用人单位不能单方面发送《劳动合同终止通知书》，应当按照规定的期限提前告知劳动者可以续订无固定期限劳动合同，可以制作《续订劳动合同通知书》，由劳动者选择续订固定期限劳动合同抑或无固定期限劳动合同。

第五章

劳动关系与用工方式

第一节　新就业形态用工与劳动关系

一、新就业形态用工与劳动关系问题解析

> 什么是新就业形态用工？哪些人属于新就业形态从业者？新就业形态从业者与用人单位是否构成劳动关系，该如何认定？

（一）新就业形态用工及新就业形态从业者的含义

新就业形态用工是平台及相关企业在创新商业模式、经营模式的同时，与从业人员建立的有别于传统用工模式的更为多元、灵活的用工模式。较之传统的劳动合同制用工模式，新就业形态在用工灵活性上有明显的突破和创新。客观上，这种新兴的用工模式扩大了就业人群，就业门槛低、就业灵活性强，满足了部分社会群体对于就业灵活性的需求，也为从业者可以通过劳动获得报酬创造了更多的可能性。

什么是新就业形态？《国务院办公厅关于支持多渠道灵活就业的意见》（国办发〔2020〕27 号）指出，“支持发展新就业形态。实施包容审慎监管，促进数字经济、平台经济健康发展，加快推动网络零售、移动出行、线上教育培训、互联网医疗、在线娱乐等行业发展，为劳动者居家就业、远程办公、兼职就业创造条件。合理设定互联网平台经济及其他新业态新模式监管规则，鼓励互联网平台企业、中介服务机构等降低服务费、加盟管理费等费用，创造更多灵活就业岗位，吸纳更多劳动者就业”。《关于维护新就业形态劳动者劳动保障权益的指导意见》（人社部发〔2021〕56 号）指出，“近年来，平台经济迅速发展，创造了大量就业机会，依托互联网平台就业的网约配送员、网约车驾驶员、货

车司机、互联网营销师等新就业形态劳动者数量大幅增加，维护劳动者劳动保障权益面临新情况新问题”。根据上述文件精神，新就业形态是依托互联网平台经济而产生的就业形态，典型的新就业形态如公众所熟悉的网约配送服务、网约车驾驶服务，具体提供上述服务的从业人员，如网约配送员、网约车驾驶员属于新就业形态从业者。

（二）新就业形态从业者与用人单位的劳动关系如何认定

涉及新就业形态从业者的劳动争议纠纷目前最主要的争议类型是关于新就业形态从业者要求认定劳动关系的争议。而在认定劳动关系背后隐藏的，是基于劳动关系一旦被认定，用人单位即承担法定的缴纳社会保险的义务，如未缴纳社会保险的，应当承担劳动者不能享受社会保险待遇损失的赔偿责任。《关于维护新就业形态劳动者劳动保障权益的指导意见》（人社部发〔2021〕56号）肯定了新就业形态从业者存在符合确立劳动关系的情形、不完全符合确立劳动关系的情形及不存在劳动关系的情形。对于符合确立劳动关系情形的，企业应当依法与劳动者订立劳动合同。不完全符合确立劳动关系情形但企业对劳动者进行劳动管理（以下简称不完全符合确立劳动关系情形）的，指导企业与劳动者订立书面协议，合理确定企业与劳动者的权利义务。个人依托平台自主开展经营活动、从事自由职业等，按照民事法律调整双方的权利义务。

对于符合确立劳动关系的情形认定标准，司法实践中普遍遵循认定劳动关系的三要素，即遵循劳动和社会保障部《关于确立劳动关系有关事项的通知》（劳社部发〔2005〕12号）第一条规定的劳动关系认定标准，“用人单位招用劳动者未订立书面劳动合同，但同时具备下列情形的，劳动关系成立。（一）用人单位和劳动者符合法律、法规规定的主体资格；（二）用人单位依法制定的各项劳动规章制度适用于劳动者，劳动者受用人单位的劳动管理，从事用人单位安排的有报酬的劳动；（三）劳动者提供的劳动是用人单位业务的组成部分”。

新就业形态从业者与平台企业或者对从业者具有直接管理职责的企业之间是否构成劳动关系可以按照以下三要素的标准进行判断。第一，具备主体资格，一方为用人单位、另一方为适格劳动者，适格劳动者主要是指未依法享受养老保险待遇或者未达到法定退休年龄的劳动者。第二，人身从属性，用人单位依法制定的各项劳动规章制度适用于劳动者，劳动者受用人单位的劳动用工管理。第三，经济从属性，劳动者提供的劳动是用人单位业务的组成部分，劳动者从事用人单位安排的有报酬的劳动。在司法实践中，对于劳动关系产生争议的，一般会按照上述三要素进行认定。这三要素实质上属于劳动关系的基本特征，在个案当中，裁判者会将证据所能够证实的事实与三要素进行对比，通过对比、论证，逐渐地趋近于或者偏离于劳动关系的特征，从而认定或者否定劳动关系。新就业形态从业者与平台或者其他用人单位之间可以形成劳动关系，也可以形成劳动关系以外的其他关系，如劳务关系等，需根据具体事实和证据进行认定。

二、实战案例解析

（一）基本案情[①]

徐某某与A公司确认劳动关系纠纷一案中，2019年7月5日至2019年8月13日，徐某某由A公司安排至“某网站”九亭站服务。双方当事人分别签订电子版《自由职业者合作协议》及书面《新业态自由职业者任务承揽协议》。上述两份协议均约定：徐某某与A公司通过协议建立合作关系，适用《合同法》《民法总则》和其他民事法律，不适用《劳动合同法》。其中《新业态自由职业者任务承揽协议》中约定，A公司将根据经合作公司确认的项目服务人员服务标准及费用标准向徐某某支付服务费用。无底薪、无保底服务费，实行多劳多得、不劳不得制。2019年8月12日，A公司向徐某某转账9042.74元，该笔款项在徐某某的银行账户历史交易明细表交易摘要栏内显示为“工资网上代发代扣”。2019年9月3日，A公司转账支付徐某某服务费15000元。

徐某某提起劳动争议要求确认与A公司自2019年7月5日至2019年8月13日存在事实劳动关系。徐某某称其在2019年7月通过微信名为“艾·悄悄”的中介介绍至“某网站”在九亭的门店，经过门店站长面试后开始工作，站长安排排班，分早中晚三班，上班时间需打卡，在发放7月工资前，徐某某按照要求下载了“赚到了”App，并在该App上签订了《自由职业者合作协议》，次

① （2021）沪01民终11591号。

日即收到了7月的工资，由基本工资、绩效奖金、补贴等构成。而A公司则认为，其只是代“某网站”方发放服务费，双方并无建立劳动关系的合意。

A公司与案外人B公司于2019年4月1日签订了《服务承揽合同》，约定A公司为B公司提供商品的分拣、配送等双方约定的工作，合同有效期自2019年4月1日至2020年3月30日，若合同到期双方同意继续合作的，应当以书面方式另行约定。该合同约定，双方应于每月10日前对A公司前一个月的承揽费用进行核对，核对一致后由B公司于当月11日前向A公司支付前一个月的承揽费用。A公司应视承揽服务情况，自主采取措施确保其具有参与履行本合同的能力和实力，并对A公司提供服务的人员进行管理。A公司独立对上述A公司提供服务的人员承担法律法规所规定的雇主责任或其他责任。A公司提供服务人员的薪酬、商业保险费、福利待遇等的缴纳或发放均由A公司自行承担。

（二）案件代理思路

在此类案件中，应当依据“事实优先”原则，先审查相关协议约定的内容是否实际执行，再审查约定之外的执行情况，如约定的排除劳动关系的协议内容与实际执行情况不符的，应当以实际执行情况从人格从属性和经济从属性等劳动关系特性方面作出是否构成劳动关系的认定。

新就业形态从业者与平台企业以及对其直接进行管理的企业之间可能形成多样的法律关系，此种法律关系的认定不应当唯劳动关系是从。并非只有在劳动关系成立的情况下，平台企业或对其直接进行管理的企业才对新就业形态从业者的从业行为承担责任。新就业形态可能对应多种法律关系，包括但不限于劳动关系、劳务关系、承揽关系、居间关系等。在具体案件中，应当结合各方主体签订的书面协议内容、实际履行情况等进行具体分析，确定法律关系的性质。

（三）法院审查要点

本案中，判断用人单位与劳动者是否存在劳动关系，关键在于双方是否存在人身隶属性以及劳动者提供的劳动是不是用人单位业务的组成部分等。

1. 用人单位与劳动者是否存在人身隶属性

徐某某每月的出勤时间相对固定，工作内容需要接受管理人员的安排及考核，这些符合劳动关系的特点，因此，双方当事人之间的关系符合劳动关系的一般特征。另外，双方当事人的合同中虽约定A公司向徐某某支付服务费用，无底薪、无保底服务费，但根据徐某某提供的交易明细单及收入明细显示A公司发放的系“工资”，且有基本工资、绩效奖金、补贴等项目，A公司虽对此不予确认，但亦未能对该笔款项的组成进行合理解释。据此，一审法院认为，A公司实际并未按照协议约定的服务费计算方式支付费用。

2. 劳动者提供的劳动是不是用人单位业务的组成部分

本案中虽然双方当事人签订的合同形式为合作协议、承揽协议，但徐某某从事的工作属于A公司自B公司处承揽的业务组成部分。

3. 企业与劳动者间的法律关系，根据双方之间的实际权利义务内容予以认定

本案中，徐某某从事的配送工作属于A公司自B公司处承揽的配送等业务的组成部分，徐某某在“某网站”九亭站从事配送工作，需接受该站站长的管理，按照站长的排班准时到站，并需根据派单按时完成配送任务，被上诉人并无选择接单的自由，而从徐某某的报酬组成来看，虽双方提供的明细中对于报酬的组成项目在表述上有差异，但均包含有基本报酬、按单计酬以及奖励等项目，表明A公司对徐某某的工作情况进行了相应的考核和管理。

本案法院确认徐某某与A公司自2019年7月5日至2019年8月13日存在劳动关系。

三、合规操作方案

新就业形态利用新的技术手段与经营方式创造了大量的就业机会和灵活就业的形式，但本质上不应当因创新性而规避企业应当承担的法律责任与社会责任。从合规操作的角度出发，我们向平台企业和对新就业形态从业者直接管理的企业提供如下操作建议：

1. 在新就业形态各种形式的用工关系下，双方所签订的合同内容是判断从业者一方与企业一方法律关系的重要依据。形式上的各种“合作协议”“承包合同”常常被用来掩盖真实的劳动关系。企业应当对应实际用工情况制定协议文本，而不是简单地以协议方式约定承揽关系、排除劳动关系，事实上又不按照协议约定执行，在司法实践中，不会仅审查双方签订的协议文本，而忽略事实履行情况，不会仅以协议文本约定的法律关系认定是否构成劳动关系，而是会审查事实情况，对照双方是否实际按照协议履行。

2. 企业如与新业态从业者建立劳务关系的，双方属于一种平等民事主体之间的关系。从提供劳动的方式来看，提供劳务者与企业之间不存在从属关系，提供劳务者可以自主完成约定的劳务工作；而劳动关系中劳动者需要接受用人单位的劳动用工管理。从支付报酬的形式来看，劳务关系多为一次性的即时结清或按约定分批次结算，没有固定的发放规律；而劳动关系多以定期工资的方式支付（一般是按月支付），具有规律性和稳定性。

3. 企业如与新业态从业者建立承揽关系的，企业与个人应当签订承揽合同，承揽合同是《民法典》中规定的有名合同，第七百七十条规定，“承揽合同是承揽人按照定作人的要求完成工作，交付工作成果，定作人支付报酬的合同。承揽包括加工、定作、修理、复制、测试、检验等工作”。在（2010）浙绍民终字第 71 号判决中，法院对如何区分雇佣关系和承揽关系进行了详细的分析。该院认为，当事人双方就承揽与雇佣的性质发生争议时，人民法院可以综合分析下列因素，结合案件具体情况予以认定：（1）当事人之间是否存在控制、支配和从属关系；（2）是否由一方指定工作场所、提供劳动工具或设备，限定工作时间；（3）是定期给付劳动报酬还是一次性给付；（4）是继续性提供劳务，还是一次性提供工作成果；（5）当事人一方所提供的劳动是其独立的业务或者经营活动，还是构成合同相对方的业务或者经营活动的组成部分。基于承揽合同的定义以及社会常识中对于承揽关系的理解，法院在审查新业态从业者涉及承揽关系的案件中，可以从以下方面分析是否构成承揽关系：承揽人对于定作人不存在被控制、被支配和从属的关系；由承揽人独立自主地完成工作任务；承揽人一般一次性提供工作成果，一次性或者分阶段获得报酬；承揽人所从事的是其独立的业务或经营活动，而不是定作人的业务或经营活动。

第二节　关联用工

一、关联用工常见劳动争议问题解析

> 什么是关联用工？关联用工的常见类型有哪些？各地已纳入规范的关联用工问题有哪些？

（一）什么是关联用工

关联用工并不是一个法定概念，司法实践中一般指存在关联关系的用人单位同时安排劳动者从事劳动，或者轮换安排劳动者从事劳动，在签订劳动合同、支付工资、缴纳社会保险等方面存在交叉，劳动者难以分辨其准确的用人单位的情况。

关联用工通常发生在集团性公司之间、母子公司之间、实际控制人相同的公司之间等。或者从表面上不存在上述情形，但是经营地点、公司管理人员、业务管理等存在高度混同，也属于关联用工。

（二）关联用工情况下劳动关系如何确定

关联用工中，重要的前提性问题是劳动关系认定。一般情况下，劳动关系可以依据用人单位与劳动者签订的劳动合同进行认定。但在关联用工的情况下需要注意，是否构成劳动关系本质上是以人身隶属性与经济从属性为判断标准。由于关联用工本身意味着存在两个或者两个以上的用人单位对劳动者进行用工管理，且可能出现工资支付主体、社保缴纳主体的交叉或者分离。在此情况下，不仅要考察劳动合同的签订情况，还要考察实际用工的管理情况。各地区通过裁审衔接文件对关联用工情况下劳动关系的认定提出了指导性意见。

多数观点认为在有关联关系的用人单位交叉轮换使用劳动者的情况下，根据现有证据难以查明劳动者实际工作状况的，首先以劳动合同签订主体作为认定劳动关系的依据。未订立劳动合同的，可以将发放工资主体、缴纳社会保险主体、工作地点、工作内容，作为判断存在劳动关系的因素，进行综合认定。对于涉及给付内容的主张，可根据劳动者的主张，由一家用人单位承担责任，或由多家用人单位承担连带责任，避免用人单位通过关联用工的方式侵害劳动者的合法权益。

一些地区给予劳动者更大的选择权，在关联公司混同用工，劳动者与关联公司均符合劳动关系特征的情况下，劳动者对于劳动关系的确认享有选择权。

以下我们整理了部分地区裁审衔接文件中对于关联用工劳动关系认定的意见。

地区	法律规定	劳动关系认定要素
北京市	《北京市高级人民法院、北京市劳动争议仲裁委员会关于劳动争议案件法律适用问题研讨会会议纪要（二）》第二十六条	有关联关系的用人单位交叉轮换使用劳动者的，根据现有证据难以查明劳动者实际工作状况的，参照以下原则处理：（1）订立劳动合同的，按劳动合同确认劳动关系；（2）未订立劳动合同的，可以根据审判需要将有关联关系的用人单位列为当事人，以有关联关系的用人单位发放工资、缴纳社会保险、工作地点、工作内容，作为判断存在劳动关系的因素；（3）在有关联关系的用人单位交叉轮换使用劳动者，工作内容交叉重叠的情况下，对劳动者涉及给付内容的主张，可根据劳动者的主张，由一家用人单位承担责任，或由多家用人单位承担连带责任。
浙江省	《浙江省高级人民法院民事审判第一庭、浙江省劳动人事争议仲裁院关于审理劳动争议案件若干问题的解答（五）》第二条	劳动者被母公司指派到子公司担任法定代表人或者总经理等职务，劳动关系如何认定？ 答：劳动者被母公司指派到子公司担任法定代表人或总经理等职务的，在确定与谁建立劳动关系时，有书面劳动合同的以书面劳动合同为准；没有书面劳动合同的，可以根据社会保险缴纳、工资支付、工作地点等情况来综合认定。符合《关于审理劳动争议案件若干问题的意见（试行）》（浙法民一〔2009〕3号）第七条（劳动者与用人单位签订劳动合同后，被该用人单位派往其他单位工作，并在其他单位领取工资或办理社会保险，因用工关系发生争议的，指派单位和实际用工单位应作为共同当事人并承担连带责任）规定的，母公司与子公司作为共同当事人并承担连带责任。

续表

地区	法律规定	劳动关系认定要素
吉林省	《吉林省高级人民法院关于审理劳动争议案件法律适用问题的解答（二）》第三条	关联企业混同用工情况下劳动关系如何认定？ 有关联关系的用人单位以交叉、轮换等方式使用劳动者，劳动者要求确认劳动关系的，参照下列原则处理： （1）订立书面劳动合同的，劳动者要求按书面劳动合同确认劳动关系，应予支持。订立书面劳动合同的用人单位提供证据证明劳动者在关联企业工作不是履行双方书面劳动合同的行为或劳动合同已经解除或终止的除外； （2）未订立书面劳动合同的，根据劳动者工作时间、工作内容、工资发放、社会保险缴纳等因素综合判断劳动关系；根据上述情况仍无法确定劳动关系的，可根据劳动者的主张确认劳动关系； （3）在工作内容交叉重叠的情况下，劳动者提出的具有给付内容的诉讼请求，可根据劳动者的主张，由一家用人单位承担责任，或由关联企业承担连带责任。
山东省	《山东省高级人民法院、山东省人力资源和社会保障厅关于审理劳动人事争议案件若干问题会议纪要》第四条	关于关联公司混同用工情况下劳动关系的确认问题。关联公司混同用工，劳动者与关联公司均符合劳动关系特征的情况下，劳动者对于劳动关系的确认享有选择权，但是劳动关系项下的劳动权益不能重复享受。
内蒙古自治区	《内蒙古自治区高级人民法院、内蒙古自治区劳动人事争议仲裁委员会关于劳动人事争议案件适用法律若干问题的指导意见》第五条	如何认定关联公司中的劳动关系，如甲公司与乙公司是关联企业，甲公司招用李某，与其签订了书面劳动合同，给其发工资、缴纳社会保险费，但是一年后甲、乙公司协商让李某去乙公司上班，乙公司也给李某发工资，李某与甲公司合同未到期未变更，甲公司依然给李某发工资，缴纳社会保险费。如何认定劳动关系？ 劳动者虽在被派往的单位工作，应认定其与签订劳动合同的用人单位存在劳动关系。可根据案件审理情况，追加实际用人单位参加诉讼。在判决仅由签订劳动合同的用人单位承担责任，可能损害劳动者实际利益的情况下，可判决由实际用人单位承担连带责任。

续表

地区	法律规定	劳动关系认定要素
深圳	《深圳市中级人民法院关于审理劳动争议案件的裁判指引》第五十一条及附件《关于〈审理劳动争议案件的裁判指引〉的说明》第八条	企业集团将其员工派往下级法人单位或将员工在下级法人单位之间调动，按员工与所在单位签订的劳动合同来确认劳动关系；未签订劳动合同的，按工资关系确定劳动关系。 第五十一条是关于企业集团内部劳动关系的认定问题。在司法实践中，我们会遇到一些企业集团利用企业集团各法人主体之间的关联关系，交叉混同用工或交替变换用人单位，劳动合同签订主体、支付工资主体及社会保险缴纳主体均不相同，劳动者也无法辨别其实际的用人单位。在此情况下，本院制定了本条规定，确定首先以劳动合同签订主体作为认定劳动关系的依据；在没有签订劳动合同时，再依工资关系确定劳动关系主体。但一些不属于企业集团情形，且根据具体用工管理情况可以明确认定劳动关系主体的情况的，则不适用本条规定，应当依据主要劳动权利义务履行情况来认定劳动关系。

（三）关联用工情况下劳动者的工作年限及劳动合同签订次数如何确定

劳动者的工作年限影响着劳动者多项合法权益，比如计算经济补偿年限、计算医疗期的工作年限等。《劳动合同法实施条例》第十条规定，劳动者非因本人原因从原用人单位被安排到新用人单位工作的，劳动者在原用人单位的工作年限合并计算为新用人单位的工作年限。原用人单位已经向劳动者支付经济补偿的，新用人单位在依法解除、终止劳动合同计算支付经济补偿的工作年限时，不再计算劳动者在原用人单位的工作年限。

对于何谓“劳动者非因本人原因从原用人单位被安排到新用人单位工作”，《最高人民法院关于审理劳动争议案件适用法律问题的解释（一）》第四十六条作出了进一步解释，“劳动者非因本人原因从原用人单位被安排到新用人单位工作，原用人单位未支付经济补偿，劳动者依据劳动合同法第三十八条规定与新用人单位解除劳动合同，或者新用人单位向劳动者提出解除、终止劳动合同，在计算支付经济补偿或赔偿金的工作年限时，劳动者请求把在原用人单位的工作年限合并计算为新用人单位工作年限的，人民法院应予支持。

用人单位符合下列情形之一的，应当认定属于‘劳动者非因本人原因从原用人单位被安排到新用人单位工作’：（一）劳动者仍在原工作场所、工作岗位工作，劳动合同主体由原用人单位变更为新用人单位；（二）用人单位以组织委派或任命形式对劳动者进行工作调动；（三）因用人单位合并、分立等原因导致劳动者工作调动；（四）用人单位及其关联企业与劳动者轮流订立劳动合同；（五）其他合理情形”。

劳动合同签订次数对于无固定期限劳动合同的订立而言具有重要的意义。根据《劳动合同法》第十四条第二款第三项的相关规定，连续订立二次固定期限劳动合同，且劳动者没有本法第三十九条和第四十条第一项、第二项规定的情形，除劳动者提出订立固定期限劳动合同外，应当订立无固定期限劳动合同。在关联用工的情况下，如劳动者先后与不同的用人单位签订劳动合同，鉴于此种劳动合同主体的变化是基于用人单位的安排，因此，签订劳动合同的次数应当连续计算，否则将可能损害劳动者的合法权益。以下我们整理了部分地区裁审衔接文件中对于关联用工工作年限和劳动合同签订次数连续计算的意见：

地区	法律规定	连续工龄计算、劳动合同签订次数问题
北京市	《北京市高级人民法院、北京市劳动争议仲裁委员会关于劳动争议案件法律适用问题研讨会会议纪要（二）》第三十七条	对用人单位存在规避签订无固定期限劳动合同和连续计算工作年限的情况，如何处理？ 用人单位存在规避《劳动合同法》第十四条规定的下列行为，劳动者订立固定期限劳动合同和工作年限的次数仍应连续计算： （一）为减少计算劳动者的工龄，迫使劳动者与其解除或终止劳动合同后重新与其签订劳动合同的； （二）通过设立关联用人单位，在与劳动者签订合同时交替变换用人单位名称的； （三）仅就劳动合同的终止期限进行变更，用人单位无法做出合理解释的； （四）采取注销原单位、设立新单位的方式，将劳动者重新招用到新单位，且单位经营内容与劳动者的工作地点、工作内容均没有实质性变化的； （五）其他明显违反诚信和公平原则的规避行为。

续表

地区	法律规定	连续工龄计算、劳动合同签订次数问题
浙江省	浙江省高级人民法院民事审判第一庭、浙江省劳动人事争议仲裁关于审理劳动争议案件若干问题的解答（五）》第三条	劳动者非因本人原因从原用人单位被安排到新用人单位工作，其在新用人单位连续工作未满十年也未订立两次劳动合同，但在前后用人单位累计连续工作已满十年或者已连续订立两次固定期限劳动合同，劳动者提出与新用人单位订立无固定期限劳动合同的，是否应予支持？ 答：劳动者非因本人原因从原用人单位被安排到新用人单位工作，劳动者在原用人单位的工作年限和订立劳动合同的次数合并计算为新用人单位的工作年限、订立劳动合同次数。因此，如劳动者符合《劳动合同法》第十四条规定，提出与新用人单位订立无固定期限劳动合同的，用人单位应当与其订立。
山东省	《山东省高级人民法院、山东省劳动争议仲裁委员会、山东省劳动人事争议仲裁委员会关于适用〈中华人民共和国劳动争议调解仲裁法〉和〈中华人民共和国劳动合同法〉若干问题的意见》第二十七条	用人单位具有恶意规避劳动合同法第十四条的下列行为，劳动者的工作年限和订立固定期限劳动合同的次数应当连续计算：（1）有证据证明劳动者因用人单位的原因被迫辞职的，再重新与其订立劳动合同的；（2）通过设立关联企业，在与劳动者订立劳动合同时交替交换用人单位名称的；（3）通过非法劳务派遣的；（4）通过非法非全日制用工的；（5）其他明显违反诚信和公平原则的规避行为。

（四）关联用工情况下规章制度如何适用

规章制度原则上基于法人独立性的问题，应当不能关联适用，因为规章制度涉及民主制定和公示两个程序。但也有部分地区在司法实践中对子公司适用母公司规章制度的情况在法律适用层面给予了更为宽容的态度。例如，在（2019）苏05民终195号判决书中，法院认为，某利科技集团为母公司，履行了相应民主程序制定的规章制度。苏州某晖公司作为子公司，将该规章制度作为劳动合同的附件告知劳动者，该规章制度可以作为处理苏州某晖公司劳动争议的依据。

二、实战案例解析

（一）基本案情[①]

张某自2020年8月起在某文化公司负责对外销售篮球课程，并在该公司打卡考勤，但其工资和社会保险由某服装公司发放和缴纳。某文化公司、某服装公司均从事某品牌相关工作，共用办公场所，财务和人事工作人员亦相同，且均使用某文化公司打卡系统进行考勤管理，共同遵守联盟规章制度，共用微信工作群。

2021年2月，张某与某文化公司发生劳动纠纷，遂要求某文化公司支付未签订书面劳动合同二倍工资差额等。

（二）案件代理思路

本案中，关于未签订书面劳动合同二倍工资差额是否需要支付主要在于双方之间是否存在劳动关系的认定，如果双方之间确实存在劳动关系而未签劳动合同，则存在需要支付未签订书面劳动合同二倍工资差额的风险。因此，应当通过事实和证据梳理出劳动关系的脉络，从而确定是否符合支付未签订劳动合同二倍工资的时效、情形等。

（三）法院审查要点

本案中，法院判断用人单位之间是否存在混同用工，关键在于审查用人单位与劳动者之间是否存在人身隶属性以及劳动者提供的劳动是不是用人单位业务的组成部分。两公司均未与张某签订书面劳动合同，在办公地点、组织人事、用工管理上存在混同，两公司之间具有高度关联性。遂法院认定某文化公司与某服装公司对张某存在混同用工的事实，尽管张某的工资和社会保险由某服装公司发放和缴纳，但张某有权选择并要求某文化公司承担劳动用工主体的法律责任。故判决某文化公司向张某支付2021年2月工资差额1061元及2020年9月7日至2021年2月16日期间未签订书面劳动合同二倍工资差额38432.79元。

---

① 张某诉某文化公司劳动争议案：劳动者可选择混同用工的关联企业承担用工责任——2022年广东省高级人民法院十大典型劳动争议案例之八。

三、合规操作方案

关联用工对于集团性的用人单位在人才流动方面具有现实需求，法律上并不禁止关联用工，关联用工也不违反法律规定，但是在关联企业用工的过程中容易出现侵害劳动者合法权益的情形。因此，用人单位在涉及关联用工的情况下，应当注意界定劳动关系主体，并承担用人单位主体责任，劳动者在不同的关联企业之间提供劳动时，应当注意以下问题。

1. 若涉及劳动关系主体变化的，应当由原用人单位与劳动者依法解除劳动合同，再由新用人单位与劳动者签订劳动合同，明确劳动者与原用人单位以及新用人单位之间的各项权利义务。如涉及劳动者与原用人单位签订过劳动合同以外的其他协议（如服务期协议、竞业限制协议），应当将这些协议的主体一并约定变更。

2. 在劳动关系变更时还应当注意以下劳动者的合法权益应当得到保障：明确约定劳动者在原用人单位的工作年限是否计入新用人单位、劳动者与原用人单位签订过的劳动合同次数是否在新用人单位连续计算等。

3. 在劳动关系变更后，由新用人单位对劳动者进行劳动用工管理，新用人单位应当注意向劳动者告知其规章制度，以便劳动者遵守。

第三节　劳务派遣与劳务外包

一、劳务派遣与劳务外包问题解析

> 什么是劳务派遣？什么是劳务外包？二者的区别是什么？哪些情形属于“假外包、真派遣”，用人单位会承担哪些责任？

（一）劳务派遣及其法律规范

1. 劳务派遣各方法律关系

劳务派遣是指劳务派遣单位经营劳务派遣业务，根据企业（以下简称用工单位）的需求，将与其签订劳动合同的劳动者（以下简称派遣员工）派遣到用工单位工作。用人单位将本单位劳动者派往境外工作或者派往家庭、自然人处提供劳动的，不属于劳务派遣。劳务派遣中有三组法律关系，一是劳务派遣单位与派遣员工之间签订劳动合同，双方存在劳动关系；二是劳务派遣单位与用工单位之间签订劳务派遣协议，双方存在民事法律关系；三是派遣员工与用工单位之间不存在劳动关系，但用工单位直接对派遣员工进行用工管理。劳务派遣应当符合《劳动合同法》《劳动合同法实施条例》《劳务派遣暂行规定》等法律法规。

2. 劳务派遣单位应当具备经营许可资质

劳务派遣单位须依法取得劳务派遣经营许可证。用人单位不得设立劳务派遣单位向本单位或者所属单位派遣劳动者。此外，用人单位应当关注劳务派遣单位的服务能力和服务水平，是否有完善的提供劳务派遣业务的流程管控，是否能够以自身为主体为派遣员工缴纳社会保险，是否有风险事项的防范机制，是否具备经验丰富的项目管理人员，是否能够协助用人单位与派遣人员进行顺畅的沟通与协商，是否有专门的处理劳动争议纠纷的人员，是否有处理劳动争议纠纷的成功案例。

3. 劳务派遣人员使用岗位限制及人数限制

劳动合同用工是我国的企业基本用工形式，劳务派遣用工是补充形式，用工单位只能在临时性、辅助性或者替代性的工作岗位上使用派遣员工。临时性工作岗位是指存续时间不超过 6 个月的岗位；辅助性工作岗位是指为主营业务岗位提供服务的非主营业务岗位；替代性工作岗位是指用工单位的劳动者因脱产学习、休假等原因无法工作的一定期间内，可以由其他劳动者替代工作的岗位。辅助性工作岗位的确定应当履行民主程序，即经用工单位职工代表大会或者全体职工讨论，提出方案和意见，与工会或者职工代表平等协商确定，并在用工单位内公示。

用工单位应当严格控制劳务派遣用工数量，使用的被派遣劳动者数量不得超过其用工总量的 10%。用工总量是指与用人单位订立劳动合同人数与使用的劳务派遣员工人数之和。

4. 劳务派遣单位的义务

劳务派遣单位应当与被派遣劳动者订立 2 年以上的固定期限劳动合同，按月支付劳动报酬；被派遣劳动者在无工作期间，劳务派遣单位应当按照所在地人民政府规定的最低工资标准，向其按月支付报酬。

劳务派遣单位是劳务派遣员工的用人单位，应当依法为劳务派遣员工缴纳社会保险费和住房公积金。劳务派遣单位跨地区派遣劳动者的，应当在用工单位所在地为被派遣劳动者参加社会保险，按照用工单位所在地的规定缴纳社会保险费，被派遣劳动者按照国家规定享受社会保险待遇。劳务派遣单位在用工单位所在地设立分支机构的，由分支机构为被派遣劳动者办理参保手续，缴纳社会保险费。劳务派遣单位未在用工单位所在地设立分支机构的，由用工单位代劳务派遣单位为被派遣劳动者办理参保手续，缴纳社会保险费。

不得以非全日制用工形式招用劳务派遣人员。

5. 用工单位的义务

用工单位应当告知劳务派遣员工的工作要求和劳动报酬；支付加班费、绩效奖金，提供与工作岗位相关的福利待遇，对在岗劳务派遣员工进行工作岗位所必需的培训；连续用工的，实行正常的工资调整机制。用工单位不得将劳务派遣员工再派遣到其他用人单位。

6. 劳务派遣员工的劳动合同期限

劳务派遣单位应当依法与劳务派遣员工订立2年以上的固定期限书面劳动合同。

7. 劳务派遣员工可退回的法定情形以及退回的限制

用工单位不能任意将劳务派遣员工退回劳务派遣单位，合法的退回需要符合法律法规规定的情形，并且在一些情况下限制退回，我们依据法律法规的规定将各项退回情形及限制退回的情形梳理如下：

可退回的情形		退回后的处理	限制退回的情形
劳务派遣员工有《劳动合同法》第三十九条规定情形的	① 被派遣劳动者在试用期内被证明不符合录用条件的。	劳务派遣单位可以与劳务派遣员工解除劳动合同。	—
	② 被派遣劳动者严重违反用工单位规章制度的。		—
	③ 被派遣劳动者严重失职，营私舞弊，给用工单位造成重大损害的。		—
	④ 被派遣劳动者同时与其他用人单位建立劳动关系，对完成用工单位的工作任务造成严重影响，或者经用工单位提出，拒不改正的。		—

续表

可退回的情形		退回后的处理	限制退回的情形
	⑤被派遣劳动者以欺诈、胁迫的手段或者乘人之危，使对方在违背真实意思的情况下订立或者变更劳动合同，致使劳动合同无效的。		—
	⑥被派遣劳动者被依法追究刑事责任的。		—
劳务派遣员工有《劳动合同法》第四十条第一项、第二项规定情形的	⑦被派遣劳动者患病或者非因工负伤，在规定的医疗期满后不能从事原工作，也不能从事由用工单位另行安排的工作的。		—
	⑧被派遣劳动者不能胜任工作，经过培训或者调整工作岗位，仍不能胜任工作的。		—
用工单位有《劳动合同法》第四十条第三项规定情形的	⑨用工单位存在劳动合同订立时所依据的客观情况发生重大变化，致使劳动合同无法履行，经用工单位与被派遣劳动者协商，未能就变更劳动合同内容达成协议的。	1. 重新派遣。 2. 待岗。被派遣劳动者被退回后在无工作期间，劳务派遣单位应当按照不低于所在地人民政府规定的最低工资标准，向其按月支付工资报酬。	如被派遣劳动者有《劳动合同法》第四十二条[①]规定情形，在派遣期限届满前，用工单位不得将被派遣劳动者退回劳务派遣单位。派遣期限届满的，应当延续至相应情形消失时方可退回。

① 《劳动合同法》第四十二条规定，劳动者有下列情形之一的，用人单位不得依照本法第四十条、第四十一条的规定解除劳动合同：

（一）从事接触职业病危害作业的劳动者未进行离岗前职业健康检查，或者疑似职业病病人在诊断或者医学观察期间的；

（二）在本单位患职业病或者因工负伤并被确认丧失或者部分丧失劳动能力的；

（三）患病或者非因工负伤，在规定的医疗期内的；

（四）女职工在孕期、产期、哺乳期的；

（五）在本单位连续工作满十五年，且距法定退休年龄不足五年的；

（六）法律、行政法规规定的其他情形。

续表

<table>
<tr><th colspan="2">可退回的情形</th><th>退回后的处理</th><th>限制退回的情形</th></tr>
<tr><td>用工单位有《劳动合同法》第四十一条规定情形的</td><td>⑩用工单位存在如下情形：依照企业破产法规定进行重整的；生产经营发生严重困难的；企业转产、重大技术革新或者经营方式调整，经变更劳动合同后，仍需裁减人员的；其他因劳动合同订立时所依据的客观经济情况发生重大变化，致使劳动合同无法履行的，需要裁减人员二十人以上或者裁减不足二十人但占企业职工总数百分之十以上的。</td><td rowspan="3">3. 劳务派遣单位重新派遣时维持或者提高劳动合同约定条件，被派遣劳动者不同意的，劳务派遣单位可以解除劳动合同。</td><td>如被派遣劳动者有《劳动合同法》第四十二条规定情形，在派遣期限届满前，用工单位不得将被派遣劳动者退回劳务派遣单位。派遣期限届满的，应当延续至相应情形消失时方可退回。</td></tr>
<tr><td colspan="2">⑪用工单位被依法宣告破产、吊销营业执照、责令关闭、撤销、决定提前解散或者经营期限届满不再继续经营的。</td><td>—</td></tr>
<tr><td colspan="2">⑫劳务派遣协议期满终止的。</td><td>—</td></tr>
</table>

8. 劳务派遣人员工伤处理

根据《劳务派遣暂行规定》第十条规定，劳务派遣员工在用工单位因工作遭受事故伤害的，劳务派遣单位应当依法申请工伤认定，用工单位应当协助工伤认定的调查核实工作。劳务派遣单位承担工伤保险责任，但可以与用工单位约定补偿办法。劳务派遣员工在申请进行职业病诊断、鉴定时，用工单位应当负责处理职业病诊断、鉴定事宜，并如实提供职业病诊断、鉴定所需的劳动者职业史和职业危害接触史、工作场所职业病危害因素检测结果等资料，劳务派遣单位应当提供劳务派遣员工职业病诊断、鉴定所需的其他材料。

9. 劳务派遣员工的同工同酬

用工单位应当按照同工同酬原则确定劳务派遣员工的劳动报酬数额。劳务派遣员工享有与用工单位的劳动者同工同酬的权利。用工单位应当按照同工同酬原则，对劳务派遣员工与本单位同类岗位的劳动者实行相同的劳动报酬分配办法。用工单位无同类岗位劳动者的，参照用工单位所在地相同或者相近岗位劳动者的劳动报酬确定。

（二）劳务外包及其法律规范

劳务外包（实践中也可能称为服务外包或业务外包）并非法定概念，实践中企业往往使用外包的方式将自身经营活动中的一部分事项委托给其他具有相应业务服务能力的第三方机构，由企业与第三方签订外包合同，由第三方自行安排人员按照企业的要求完成相应的服务。在劳务外包关系中企业通常为发包人的角色，第三方机构为承包人的角色，企业与第三方机构之间签订劳务外包合同，双方形成民事法律关系，受到《民法典》等法律法规调整。在（2018）辽 02 民终 6538 号判决中，法官对劳务外包作如下认定："劳务外包是指作为发包人的企业将部分业务或辅助性工作委托或承包给本企业之外的专业机构或其他经济组织，由承包人自行安排劳动者按照发包方的要求完成业务或者工作的经济行为。"而第三方机构与其招用、提供外包服务的劳动者之间构成劳动关系，第三方机构独立承担对劳动者的用人单位主体责任。企业作为发包方不介入对第三方机构员工的劳动用工管理，与第三方机构的员工不构成事实上的劳动关系或者劳务派遣关系。

（三）劳务派遣与劳务外包的区别

劳务派遣与劳务外包的区别可以从适用法律、主体资质、合同标的、适用岗位等方面进行对比，我们以表格形式梳理如下：

联系与区别	劳务派遣	劳务外包
法律关系	涉及劳务派遣单位、用工单位、被派遣劳动者三方之间的法律关系，适用《劳动合同法》《劳动合同法实施条例》《劳务派遣暂行规定》等劳动法律法规调整。	发包企业与劳务外包单位之间形成民事法律关系，适用《民法典》等民事法律法规。外包单位与其招用的提供外包服务的劳动者之间形成劳动关系。
主体资质	劳务派遣单位须依法取得劳务派遣经营许可证。用人单位不得设立劳务派遣单位向本单位或者所属单位派遣劳动者。	承包方无需特殊的资质（法律法规等有特别规定的除外），承包方所提供的劳务服务内容一般应当与其经营范围一致。

续表

联系与区别	劳务派遣	劳务外包
合同标的	劳务派遣协议的标的是劳动力。劳务派遣协议中的主要内容集中在被劳务派遣劳动者的数量、工作岗位、劳动报酬，以及劳务派遣服务费等，与某项服务成果没有直接关联。	劳务外包合同标的并不是企业直接获得对被劳务派遣劳动者劳动用工管理权限，而是旨在实现某项服务成果。劳务外包协议中的核心内容为服务内容、服务要求、服务费用等。
劳动者管理	用工单位直接对劳动者进行劳动用工管理。用工单位退回被派遣劳动者有着严格的法律法规规定的条件。	企业作为发包方并不直接对劳务外包单位提供劳务服务的人员进行劳动用工管理，由劳务外包单位自行组织劳动者的劳动。
适用岗位	有三性要求（临时性、辅助性、替代性）。	没有法定要求（法律法规等有特别规定的除外）。
合同费用	被派遣劳动者的工资、社保等成本一般由用工单位最终承担，用工单位将被派遣劳动者工资、社保等所涉及的费用支付给劳务派遣单位，由劳务派遣单位向被派遣劳动者支付工资。除此之外，还涉及用工单位向劳务派遣单位支付的服务费，服务费一般按人数支付。	在商务谈判时劳务外包单位和发包方有可能会考虑外包人员的工资成本对于合同金额的影响，但购买服务所对应的价格通常考虑服务的价值，而不会直接体现为外包人员的工资成本、社保成本和服务费。

（四）“假外包、真派遣”的认定标准及法律风险

《劳务派遣暂行规定》第二十七条规定，用人单位以承揽、外包等名义，按劳务派遣用工形式使用劳动者的，按照本规定处理。由此可知，用人单位如以承揽、外包等名义按劳务派遣用工形式使用劳动者的，视为劳务派遣，适用《劳务派遣暂行规定》，承担劳务派遣用工单位的法律责任。

实践中，一些使用劳务派遣的用工单位将劳务派遣协议改头换面为劳务外包协议，将劳务派遣员工转换身份为劳务外包员工，有可能侵害劳动者的实质权益，因此在司法实践中应当对是否存在“假外包、真派遣”进行审查，如果实质上按照劳务派遣形式使用劳动者，而通过形式上的劳务外包合同侵害了劳

动者合法权益的，应当认定为劳务派遣。根据《劳动合同法》第九十二条第二款的相关规定，用工单位给被派遣劳动者造成损害的，劳务派遣单位与用工单位承担连带赔偿责任。

如发包单位在劳务外包过程中存在如下问题，则被认定为“假外包、真派遣”的风险较高：（1）对外包人员进行直接的用工管理：“直接用工管理”的表现形式多样，如对外包人员进行考勤、请休假管理，进行绩效考核管理，或者采取直接的奖惩措施等；（2）向外包人员支付劳动报酬：劳动报酬包括工资、加班费、津贴补贴、奖金、社会保险、福利待遇等；（3）外包合同中约定的外包费用以人员数量为计算标准。例如费用支付条款中约定费用中包含人员成本（工资、社会保险、加班费）或者费用是按照“每人 / 天”“每人 / 月”支付。

二、实战案例解析

（一）基本案情[①]

杜某于2010年5月12日至2013年11月30日期间就职某哈北京分公司，担任司机岗位。2013年12月1日起，杜某先后与汇某公司和三某公司存在劳动关系，被外派到某哈北京分公司从事劳动工作。

某哈北京分公司的总公司与汇某公司签订工作量外包服务合同，汇某公司承包某哈北京分公司客房保洁、绿化、门岗保安、宾馆运行维护、前厅销售、餐饮前厅及后堂服务等工作岗位的工作任务，某哈北京分公司的总公司向汇某公司支付相应的承包服务费用，期限自2013年11月18日至2017年12月31日。

2016年7月15日，汇某公司、某哈北京分公司、杜某签订《劳动合同解除协议书》，约定某哈北京分公司和杜某之间的劳动合同此前已经解除，汇某公司和杜某间的劳动合同于2016年7月15日解除，经济补偿金等各项补偿为2234.61元，杜某已收到经济补偿金。杜某与汇某公司签订有《劳动合同书》，约定劳动合同期限自2016年8月1日起至2018年7月31日止。杜某于2017年12月因其个人原

① （2022）京03民终3701号判决书。

因提出离职，已办理完交接手续，汇某公司已与其解除劳动关系。

某哈北京分公司的总公司与三某公司先后签订工作量外包服务合同，约定由三某公司承包某哈北京分公司员工公寓服务及员工餐厅服务工作，某哈北京分公司的总公司向三某公司支付相应的承包服务费用。三某公司与杜某签订劳动合同书，约定合同自2018年1月1日起至2019年12月31日止，工作量外包单位名称为某哈北京分公司的总公司，担任司机岗位。2019年9月10日，某哈北京分公司向三某公司出具《告知函》，称其单位北京生活基地管理站（原北京办事处员工公寓）根据上级要求因机构改制于2019年9月9日对单位服务区域内所有岗位暂停服务。

杜某向法院起诉，要求某哈北京分公司、三某公司、汇某公司连带支付违法解除劳动关系赔偿金、年终奖、未休年休假工资、养老保险待遇、未缴纳失业保险一次性生活补助费，并要求确认与某哈北京分公司自2010年5月12日至2019年9月10日期间存在劳动关系。

（二）案件代理思路

本案系因劳动关系转劳务外包引发的争议，杜某主张实际享受外包服务的单位（发包单位）与其签订劳动合同的用人单位（承包单位）承担连带赔偿责任，发包单位主张其将服务项目外包给承包单位，故其与杜某不构成劳务派遣关系，不应当承担连带赔偿责任。

在代理此类案件时，需要了解清楚用工形式是劳务派遣还是劳务外包，在劳动关系、劳务派遣、劳务外包之间是否有过转换，转换的具体时间段是什么，所签订的协议或手续是什么，是否支付过经济补偿金。如果是劳务外包，一般需要提供外包服务合同，以证明双方之间不属于劳务派遣的法律关系，但提供时需格外注意在外包服务合同中是否有可能会被认定为“假外包、真派遣”的合同条款。为了能够提前防范此类法律风险，需要发包单位在日常的管理中就注意与外包人员之间管理界限划分，不宜直接由本单位员工对外包人员进行管理，而是由外包单位指定现场管理人员，由外包单位自行对其员工组织管理，而发包单位应当从服务质量和服务成果上对外包单位提出要求。

（三）法院审查要点

1. 外包服务关系最终被认定为劳务派遣关系的审查要点

法院首先考虑了外包单位是否具有劳务派遣资质，外包合同是否事先告知并取得劳务派遣员工的认可。本案中，某哈北京分公司和三某公司虽主张是业务外包关系，但二公司签订的工作量外包服务合同没有杜某的签字确认，杜某对此不予认可，现没有证据证明上述几家公司事前明确告知杜某关于三方之间法律关系的性质且杜某对此予以同意，而汇某公司和三某公司又均有劳务派遣的资质，故法院认定各方之间本质上是劳务派遣关系。

2. 解除外包员工劳动合同时涉及工作年限的认定

杜某先后与某哈北京分公司、汇某公司、三某公司建立劳动关系，2016 年 7 月 15 日汇某公司、某哈北京分公司及杜某三方签订的《劳动合同解除协议书》已经对 2016 年 7 月 15 日杜某在某哈北京分公司和汇某公司工作年限可以获得的全部经济补偿金等各项补偿进行了处理，且该款项已经支付完毕，故法院对 2016年7月15日之前的工作年限不再计算。2016年7月16日至2019年9月10日，经济补偿金应为 3.5 个月工资，经济赔偿金应为 7 个月工资。关于离职前 12 个月平均工资，杜某与三某公司均认可为 6216 元。法院判决违法解除劳动关系经济赔偿金应为 43512 元。

3. 发包方是否应当与承包方承担连带赔偿责任

根据《劳动合同法》第九十二条第二款的规定，用工单位给被派遣劳动者造成损害的，劳务派遣单位与用工单位承担连带赔偿责任。根据本案的情况，法院判决某哈北京分公司与三某公司应对违法解除劳动关系经济赔偿金、年终奖和未休年休假工资承担连带责任。

4. 杜某与发包方是否存在劳动关系

法院认为，关于劳动关系，杜某与某哈北京分公司均认可双方自 2010 年 5 月 12 日至 2013 年 11 月 30 日期间存在劳动关系，法院予以确认。对于 2013 年 10 月 31 日之后的劳动关系，汇某公司虽然未出庭应诉，但某哈北京分公司提供了其与汇某公司、三某公司先后签订的业务量外包服务合同，杜某与汇某公司、三某公司先后签订的劳动合同，某哈北京分公司和汇某公司、杜某三方签订的

《劳动合同解除协议书》，另结合杜某提交的社会保险缴费记录和银行流水显示的汇某公司、三某公司先后为杜某缴纳社会保险和发放工资的事实，一审法院认为应认定2013年10月31日后杜某先后与汇某公司和三某公司建立劳动关系，并被派遣至某哈北京分公司工作。杜某要求确认在此之后的期间与某哈北京分公司存在劳动关系，法院不予支持。

三、合规操作方案

（一）劳务外包

1. 外包供应商的选择

发包方对于外包服务提供商的选择可遵循以下原则：国家或者地方政府部门对服务资质有特别要求的，应当选用具有相应资质的专业外包服务提供商；无特别服务资质要求的，则应当优先选用经营相应外包业务领域规模较大的专业公司；如外包业务领域无相应专业公司的，可以选择规模大、信誉高的经营人力资源外包的公司，尽量避免选择具有劳务派遣资质的公司，以免被认定为劳务派遣用工。

2. 外包合同的注意事项

外包合同应当以外包服务或者外包业务为标的，而不应当以对外包公司的人员直接用工为标的。外包合同中应当要求外包公司与其工作人员签订劳动合同，依法缴纳社会保险和公积金，由外包公司为其工作人员提供相应的劳动保障，外包公司的工作人员与发包方之间不存在劳动关系或劳务派遣关系或其他用工关系。

外包合同中不能约定发包方对外包服务人员进行直接劳动用工管理。例如规定外包服务人员应遵守发包方的规章制度，依照发包方规章制度进行处理，或者由发包方直接对外包服务人员进行考勤、绩效考核等劳动用工管理。

外包合同中对于服务费用的计费标准应当避免采用类似劳务派遣的计费方式，不宜约定合同金额以外包服务人员的劳动用工成本＋人员管理费的方式计算。

3. 外包人员管理注意事项

为避免被认定为劳务派遣或者劳动关系的风险，发包方应与资信良好的承包公司合作，同时，可以对承包公司与外包服务人员之间劳动合同的签订及履行情况进行监督。例如，要求承包公司提供与派驻工作的外包服务人员之间签订的劳动合同、工资发放凭证及社会保险缴纳凭证，确保承包公司及时履行劳动合同义务。

为避免与外包服务人员形成事实上的劳动关系，发包方可以要求外包服务人员签署单方的承诺函，承诺已经知晓其与承包公司之间存在劳动合同关系，与作为发包方的用工单位之间不存在任何形式的用工关系。

发包方应当注意，对于承包公司提供的劳务，应以服务费或承包费的形式进行结算。不应当以加班费、补贴或福利等名义向外包服务人员直接发放报酬。

发包方应当避免对外包服务人员直接进行劳动用工管理，应当由承包公司安排现场负责人，由承包公司对其服务人员进行劳动用工管理。发包方对承包公司的工作效果有监督和评价的权利。如发包方需要对服务人员提出管理要求的，应当与承包方进行约定，由承包方建立满足发包方服务要求的规章制度，履行必要的民主制定程序并向服务人员进行公示。

（二）劳务派遣

1. 派遣单位的选择

用工单位应当选择有资质（劳务派遣经营许可证）的劳务派遣单位。

根据《劳务派遣行政许可实施办法》第六条第二款规定“未经许可，任何单位和个人不得经营劳务派遣业务”，如用工单位与没有劳务派遣资质的单位签订《劳务派遣协议》，则会导致协议无效，用工单位将会有被认定与派遣员工存在劳动关系的法律风险。

2.《劳务派遣协议》应当具备的条款

根据《劳务派遣暂行规定》第七条规定，劳务派遣协议应当载明下列内容：（一）派遣的工作岗位名称和岗位性质；（二）工作地点；（三）派遣人员数量和派遣期限；（四）按照同工同酬原则确定的劳动报酬数额和支付方式；（五）社会保险费的数额和支付方式；（六）工作时间和休息休假事项；（七）被派遣劳动者工伤、生育或者患病期间的相关待遇；（八）劳动安全卫生以及培训事项；（九）经济补偿等费用；（十）劳务派遣协议期限；（十一）劳务派遣服务费的支付方式和标准；（十二）违反劳务派遣协议的责任；（十三）法律、法规、规章规定应当纳入劳务派遣协议的其他事项。

3. 需注意在管理过程中派遣单位与用工单位权利义务的分配

在劳务派遣中，派遣单位与用工单位承担着不同的权利义务，用工单位负责对派遣员工进行主要的劳动用工与管理，支付派遣单位劳务派遣费用。派遣单位负责与派遣员工签订劳动合同、支付工资、缴纳社保等。用工单位应当尤其注意对于派遣员工的退回条件，不得因员工属于派遣而任意退回员工：可以退回派遣员工的情形是法定的，双方并不能在《劳务派遣协议》中约定其他非法定的退回情形，如违法退回给派遣员工造成损失的，用工单位和派遣单位将承担连带赔偿责任。

第四节　非全日制用工

一、非全日制用工问题解析

> 什么是非全日制用工？非全日制用工是否属于劳动关系？非全日制用工与全日制用工有哪些差异？非全日制用工是否存在法定节假日加班工资？

（一）非全日制用工

劳动关系中存在全日制劳动关系和非全日制劳动关系。全日制劳动关系一般情况下劳动者每周工作时间不超过四十小时，用人单位以月为周期支付工资。非全日制用工也属于劳动关系，相较于全日制劳动关系，二者在法律规定的劳动者和用人单位的权利义务方面有所差异。《劳动合同法》第六十八条规定，非全日制用工，是指以小时计酬为主，劳动者在同一用人单位一般平均每日工作时间不超过四小时，每周工作时间累计不超过二十四小时的用工形式。非全日制用工与全日制用工在法律规定的方面差异主要如下表所示：

对比事项	全日制用工	非全日制用工
劳动合同	应签订书面劳动合同	可订立口头合同
试用期	可以约定	不可以约定
工作时间	每日工作时间不超过 8 小时，每周工作时间不超过 40 小时	每日工作时间不超过 4 小时，每周工作时间累计不超过 24 小时
工资标准	不得低于最低工资标准	不得低于小时最低工资标准
工资支付周期	至少每月支付一次	不得超过 15 日
用人单位应当缴纳的社会保险险种	养老、医疗、工伤、失业、生育保险	工伤保险
法定年休假	有	无
劳动合同解除 / 终止	满足法定条件、程序	可随时通知对方终止
经济补偿金	法定情形下有	无
是否可以采用劳务派遣方式	可以	不可以

（二）非全日制用工加班工资问题

非全日制用工在工作时间方面的要求是平均每日工作时间不超过四小时，每周工作时间累计不超过二十四小时。用人单位在上述范围内可以安排非全日制员工的每日具体工作时间，因此在非全日制用工中一般不存在工作日延时加班和休息日加班的概念。根据《工资支付暂行规定》第十三条第一款第三项的相关规定，用人单位依法安排劳动者在法定休假节日工作的，按照不低于劳动合同规定的劳动者本人日或小时工资标准的 300% 支付劳动者工资。如果非全日制员工在法定节假日上班的，是否需要向其支付法定节假日加班的“三倍工资”呢？对于非全日制劳动者在法定节假日工作是否应当支付加班工资以及按照何种标准支付加班工资的问题，法律层面没有作出明确规定，各地方性规定并不相同，在此，我们摘选部分地区的规定以说明此种差异。

1. 直接规定非全日制从业人员法定休假日小时最低工资标准

《北京市工资支付暂行规定》第十八条规定“从事非全日制工作的劳动者，实行小时工资制。小时工资由用人单位与劳动者协商确定，但不得低于本市规定的非全日制从业人员小时最低工资标准。用人单位招用非全日制工作的劳动者，可以不执行本规定第十四条的规定，但用人单位安排其在法定休假日工作的，其小时工资不得低于本市规定的非全日制从业人员法定休假日小时最低工资标准。非全日制从业人员小时最低工资标准和法定休假日小时最低工资标准由市劳动保障部门确定、调整和公布”。

2022 年 7 月 14 日，北京市人力资源和社会保障局在“北京人社”公众号发布 2022 年相关社保待遇标准调整方案。其中明确，全日制从业人员最低工资标准为每月不低于 2320 元；非全日制从业人员小时最低工资标准为不低于 25.3 元 / 小时；非全日制从业人员法定节假日小时最低工资标准为不低于 59 元 / 小时。

根据上述规定，北京地区非全日制从业人员在法定节假日工作的不是按照本人小时工资标准的 300% 支付加班费，而是按照不低于非全日制从业人员法定节假日小时最低工资标准执行。

2. 按照本人小时工资的 300% 支付法定节假日加班工资

《天津市工资支付规定》第二十一条规定“实行日薪制和非全日制用工小时工资制的劳动者，若周六、周日提供了劳动，视为正常工作，不享受加班工资待遇。若在法定休假日提供了劳动，则用人单位应按规定支付加班工资”。天津市明确规定了非全日制用工不存在休息日加班的情况，但对于法定节假日提供劳动的，应按规定支付加班工资，即按照本人小时工资的 300% 的标准支付加班工资。

3. 劳动者在法定节假日从事非全日制工作不认定是加班

《湖北省高级人民法院民事审判工作座谈会会议纪要》（2013）第二十四条指出“考虑到非全日制用工和不定时工作制的特殊性，原则上非全日制用工和不定时工作制不宜认定存在加班费，但双方当事人在劳动合同中对支付加班费有约定的，依照当事人的约定处理”。

二、实战案例解析

（一）基本案情[①]

吴某某于2020年6月7日经人介绍入职H公司从事垃圾分类工作，工作地点位于北京市丰台区某小区内，吴某某的工作时间为每天7点至9点，18点至20点。吴某某主张其无节日休息。吴某某与H公司签订了《非全日制用工协议书》，其中部分内容载明："甲方：H公司……乙方：吴某某……甲方，因工作需要，临时聘用乙方兼职从事桶站值守（按25元/小时支付，劳务费用1800元/月，按月结）服务工作，甲乙双方在自愿平等、协商一致的基础上订立本用工协议，双方共同遵守本协议所列条款。乙方清楚知道其为甲方所聘用的兼职人员。协议期内乙方不得向甲方主张与劳动合同相关的权利，包括但不限于要求甲方为其缴纳社保，主张工伤赔偿，加班工资、福利等。甲方与乙方签订此用工协议后，乙方可以与其他单位或个人发生劳动关系，甲方不予干涉。每日工作不超过4小时……乙方要听从甲方的工作安排，服从分配。乙方要自觉遵守各项规章制度，做到遵章守纪……"

2021年10月22日吴某某在上班途中与案外人发生交通事故受伤，此后因受伤无法正常连续提供劳动，吴某某最后一次提供劳动截止时间为2021年11月23日。

2021年12月23日，吴某某提起仲裁，要求确认2020年6月7日至2021年12月23日与H公司存在劳动关系；要求H公司支付医药费、2021年10月22日至2021年12月23日扣除的工资3600元、工作期间法定节假日加班工资、延时加班工资及工资差额等。

H公司主张双方于2020年7月1日建立劳务关系而非劳动关系，吴某某有自己的本职工作，其为某环卫所的在职员工，亦由某环卫所为吴某某缴纳社会保险，吴某某系其公司单位兼职人员，其公司与吴某某约定月劳务报酬为1800元，并执行不定时工作制，每周工作不超过18个小时，不存在加班情况，其公司已足额支付吴某某劳务报酬，不存在拖欠。

---

① （2022）京02民终12169号。

（二）案件代理思路

吴某某提出的第一项仲裁请求为要求认定与H公司之间存在劳动关系，其他仲裁请求包括要求支付工资差额、加班费、因发生交通事故的医药费、受伤后的工资等均建立在双方为劳动关系的基础上。如果双方属于劳动关系，那么吴某某的权益可以依据劳动法律法规来保护，如果双方不属于劳动关系，则应当按照双方协议约定执行。

本案中，H公司主张双方为劳务关系而非劳动关系的主要依据为双方签订的《非全日制用工协议书》，根据协议约定“乙方清楚知道其为甲方所聘用的兼职人员。协议期内乙方不得向甲方主张与劳动合同相关的权利，包括但不限于要求甲方为其缴纳社保，主张工伤赔偿，加班工资、福利等”。

由于H公司不认可双方存在劳动关系，本案应当先确定双方是否为劳动关系。由于全日制劳动关系和非全日制劳动关系在法定权利义务方面的规定不同，本案可能涉及非全日制劳动关系，因此还需要再确定双方为全日制劳动关系还是非全日制劳动关系，进而按照相应的法律规范确定吴某某与H公司之间的权利义务。书面的《非全日制用工协议书》虽然约定吴某某不得向H公司主张与劳动合同相关的权利，但是，劳动关系的成立与否不能仅依据书面协议的约定，在审查书面协议的基础上，还应当审查H公司与吴某某实际履行方式与协议约定是否一致。如果在实际履行中符合认定劳动关系标准的，属于未订立书面劳动合同但具备认定劳动关系的情形，劳动关系成立。

（三）法院审查要点

1.H公司与吴某某是否存在劳动关系，如果存在劳动关系是否为非全日制劳动关系

吴某某认可其系某环卫所在职职工，双方签订的非全日制用工协议书显示，双方对工资标准、合同期限、工作时间、规章制度等作了详细的约定，并约定吴某某亦可以与其他单位发生劳动关系。劳动者在原有劳动关系之外从事兼职活动，劳动者按照约定向各个用人单位提供正常劳动，接受用人单位的日常管理，用人单位亦按约定向劳动者支付劳动报酬，劳动者与用人单位之间形成相

对固定的隶属关系，根据《劳动和社会保障部关于确立劳动关系有关事项的通知》（劳社部发〔2005〕12号）第一条“用人单位招用劳动者未订立书面劳动合同，但同时具备下列情形的，劳动关系成立。（一）用人单位和劳动者符合法律、法规规定的主体资格；（二）用人单位依法制定的各项劳动规章制度适用于劳动者，劳动者受用人单位的劳动管理，从事用人单位安排的有报酬的劳动；（三）劳动者提供的劳动是用人单位业务的组成部分”之规定。吴某某与某公司之间存在劳动关系。

关于是否系非全日制用工，双方签订的非全日制用工协议书中就工资标准约定为以小时单位计薪，工作时间也约定每日不超过4小时，吴某某提交的微信群记录亦显示其于7时、9时、18时、20时在微信群中发送工作地点照片，综上，双方签订有非全日制用工合同，对工作时间标准、报酬发放按小时计薪、实行小时考勤等特点均与非全日制用工相吻合，吴某某与某公司之间系建立非全日制用工关系。

2. 非全日制用工是否支付加班工资、工资差额及工资计算标准

吴某某主张法定节假日加班工资，根据《最高人民法院关于审理劳动争议案件适用法律问题的解释（一）》第四十二条“劳动者主张加班费的，应当就加班事实的存在承担举证责任。但劳动者有证据证明用人单位掌握加班事实存在的证据，用人单位不提供的，由用人单位承担不利后果”之规定，吴某某出具的微信群记录未显示其存在法定节假日加班情形，故其主张法定节假日加班工资的诉讼请求，证据不足，不予支持。可见，非全日制劳动关系中劳动者一方主张加班费的，应当就加班事实的存在承担举证责任，这一点与全日制劳动者者主张加班费的举证规则并无差异。

关于本案吴某某主张的工资差额和工资计算标准问题，非全日制用工协议书中显示双方就工资标准约定按25元/小时支付，劳务费用1800元/月，按月结，某公司主张每周工作不超过18个小时，工作时间与上述工资标准相吻合，且结合2020年8月18日及2020年9月19日所发现金签字表以及银行交易明细显示，某公司已依照上述非全日制用工协议书中每周18小时的标准支付。但需要注意的是，非全日制劳动者的小时工资标准各地有最低标准，如果用人单位支付的小时工资低于该标准的，应当补齐差额。根据2021年8月1日起2021年北京市非全日制从业人员的小时最低工资标准为 25.3 元，法院确定本案在 2021 年 8 月 1 日至 10 月 22 日期间工资差额为 58.8 元。

三、合规操作方案

1. 尽管法律并未强制要求非全日制用工签订书面合同，但我们仍建议单位与员工之间签订书面合同或以其他书面形式确认双方之间非全日制的劳动关系及权利义务

用人单位采用非全日制用工模式的，法律并未强制签订书面劳动合同，对此《劳动合同法》第六十九条第一款规定，非全日制用工双方当事人可以订立口头协议。虽然非全日制用工可以不签订书面劳动合同，但为明确双方的权利义务，避免在发生纠纷的情况下难以举证，建议单位与非全日制劳动者签订非全日制劳动合同。

2. 用人单位应当严格遵守非全日制用工在工作时间方面的限制性规定

根据《劳动合同法》第六十八条的规定，用人单位采用非全日制用工的，在工作时间方面需满足两个条件：每日平均不超过四小时，且每周累计不超过 24 小时。实践中有些用人单位采用“上半个月休半个月”的形式，虽然平均每日工作时间不超过四小时，但是存在每周累计超过 24 小时的情形。如果员工的实际工作时间超过上述工作时间，接近全日制用工（每周 40 个小时），则可能构成全日制劳动关系。

3. 薪酬计算方式及薪酬发放周期需要注意符合非全日制的要求

在全日制劳动关系中，劳动报酬一般按月支付给劳动者。而非全日制由于实行以小时计酬，因此，非全日制的劳动报酬结算周期与全日制不同。根据《劳动合同法》第六十八条规定，非全日制用工是以小时计酬为主。同时，小时工资不得低于当地规定的标准。根据《劳动合同法》第七十二条第二款规定，非全日制用工劳动报酬结算支付周期最长不得超过 15 日。

4. 用人单位需要为非全日制用工的员工缴纳工伤保险

根据《关于非全日制用工若干问题的意见》（劳社部发〔2003〕12 号）的规定，用人单位应当为建立劳动关系的非全日制劳动者缴纳工伤保险费；从事非全日制工作的劳动者发生工伤，依法享受工伤保险待遇。因此，用人单位必须为非全日制用工人员缴纳工伤保险。养老保险费、医疗保险费、失业保险费、生育保险费等，可以由劳动者本人根据有关规定缴纳。

第六章

休息休假、工伤与福利待遇

第一节　年休假争议

一、年休假争议问题解析

> 劳动者应当如何享受法定年休假？员工未享受年休假如何处理？未休年休假工资的性质是什么？劳动者主张未休年休假工资是否有时效限制？

（一）劳动者应当如何享受法定年休假

1. 法定年休假的天数

一般情形下，年休假天数由员工累计工作时间确定。员工在同一或者不同用人单位工作期间，以及依照法律、行政法规或者国务院规定视同工作期间，应当计为累计工作时间，根据《职工带薪年休假条例》第三条第一款规定，职工具体的年休假天数为：

① 职工累计工作已满 1 年不满 10 年的，年休假 5 天；

② 已满 10 年不满 20 年的，年休假 10 天；

③ 已满 20 年的，年休假 15 天。

具体如何判断累计工作时间，可以要求员工如实申报，并且要求员工提供档案记载、单位缴纳社保费记录、劳动合同或者其他具有法律效力的证明材料来确定。

对于新进入用人单位的劳动者可以享有的年休假天数，以及对于解除或终止劳动合同的员工享有的年休假天数，应当进行折算。根据《企业职工带薪年休假实施办法》第五条、第十二条的相关规定：

① 员工新进用人单位且符合带薪年休假条件的，当年度年休假天数，按照

在本单位剩余日历天数折算确定，折算后不足 1 整天的部分不享受年休假。具体的折算方法为：（当年度在本单位剩余日历天数 ÷365 天）× 职工本人全年应当享受的年休假天数。

② 用人单位与员工解除或者终止劳动合同时，当年度未安排职工休满应休年休假的，应当按照职工当年已工作时间折算应休未休年休假天数并支付未休年休假工资报酬，但折算后不足 1 整天的部分不支付未休年休假工资报酬。具体的折算方法为：（当年度在本单位已过日历天数 ÷365 天）× 职工本人全年应当享受的年休假天数 – 当年度已安排年休假天数。用人单位当年已安排职工年休假的，多于折算应休年休假的天数不再扣回。

对于员工处于休假天数临界点，即将从 5 天变为 10 天，或从 10 天变为 15 天的情况，可以分段计算。例如，员工在当年 9 月满 10 年，休假天数从 9 月变为 10 天，而年休假一般按照自然年进行计算，那么当年年休假天数将分段计算，即 9 月之前按照 5 天进行折算，9 月之后按照 10 天进行折算。折算方案参考员工离职时年休假折算方法，即（当年度在本单位已过日历天数 ÷365 天）× 职工本人全年应当享受的年休假天数。其中已过日历天数，即是指9月之前的天数。全年应当享受的年休假天数即 5 天。9 月之后的计算方法同理。

2. 如何理解职工连续工作 1 年以上的，享有带薪年休假

员工连续工作 1 年以上，并不是指在本用人单位工作满 1 年后才能享受带薪年休假。根据《企业职工带薪年休假实施办法》和人社厅函〔2009〕149 号文的规定，职工连续工作满 12 个月以上的就享受带薪年休假，所谓“连续工作满 12 个月以上”既包括在同一用人单位也包括在不同用人单位连续工作满 12 个月以上的情形。满 12 个月是一次性具备的资格，也就是说在劳动者工作过程中只要有过一个连续工作满 12 个月的周期，员工就具备了享受带薪年休假的条件，而并不是要求每次休假前都必须达到连续工作满 12 个月的情形。

3. 哪些情况下员工不再享有法定年休假

根据《职工带薪年休假条例》第四条规定，职工有下列情形之一的，不享受当年的年休假：

① 职工依法享受寒暑假，其休假天数多于年休假天数的；

② 职工请事假累计 20 天以上且单位按照规定不扣工资的；

③ 累计工作满 1 年不满 10 年的职工，请病假累计 2 个月以上的；

④ 累计工作满 10 年不满 20 年的职工，请病假累计 3 个月以上的；

⑤ 累计工作满 20 年以上的职工，请病假累计 4 个月以上的。

根据《企业职工带薪年休假实施办法》第八条规定，如果员工已享受当年的年休假，年度内又出现上述第 ②—⑤ 项规定的情形之一的，那么职工不享受下一年度的年休假。

员工依法享受的法定节假日、休息日、探亲假、婚丧假、产假等国家规定的假期以及因工伤停工留薪期间均不计入年休假假期。

4. 员工如何请求年休假

并不是只要员工请休年休假就必然可以休假,《职工带薪年休假条例》及《企业职工带薪年休假实施办法》均规定用人单位根据生产、工作的具体情况，并考虑职工本人意愿，统筹安排职工年休假。因此，员工请休年休假应当经由用人单位根据生产、工作的具体情况批准，用人单位在安排年休假时也尽量应当考虑职工本人意愿，用人单位可以根据生产、工作具体情况并考虑职工个人意愿统筹安排年休假。

（二）员工未享受年休假如何处理

《职工带薪年休假条例》第五条第二款规定：“年休假在 1 个年度内可以集中安排，也可以分段安排，一般不跨年度安排。单位因生产、工作特点确有必要跨年度安排职工年休假的，可以跨 1 个年度安排。”根据上述规定，原则上用人单位应在 1 个年度内安排员工使用当年的年休假，但因为生产、工作特点确有必要跨年度安排年休假的，也可跨 1 个年度安排。

根据《企业职工带薪年休假实施办法》第十条、第十一条的相关规定，用人单位经职工同意不安排年休假或者安排职工年休假天数少于应休年休假天数，应当在本年度内对职工应休未休年休假天数，按照其日工资收入的 300% 支付未休年休假工资报酬，其中包含用人单位支付职工正常工作期间的工资收入。因此，在支付未休年休假工资时，应当在正常支付工资之外，额外支付 200% 的未休年休假工资。用人单位安排职工休年休假，但是职工因本人原因且书面提出不休年休假的，用人单位可以只支付其正常工作期间的工资收入。实践中一些用人单位规定员工当年度未休年假次年作废，这样的规定并不符合法律规定。用人单位依法可以统筹安排年休假，除非员工因本人原因书面提出不休年休假，否则不能视为员工放弃年休假的权利。

计算未休年休假工资时的日工资收入按照员工本人的月工资除以月计薪天数（21.75 天）进行折算。月工资是指职工在用人单位支付其未休年休假工资报酬前 12 个月剔除加班工资后的月平均工资。在本用人单位工作时间不满 12 个月的，按实际月份计算月平均工资。员工在年休假期间享受与正常工作期间相同的工资收入。实行计件工资、提成工资或者其他绩效工资制的员工，在计算日工资收入时应当包含上述工资，但剔除加班费。

（三）未休年休假工资补偿的性质及仲裁时效

对于劳动者未能享受法定年休假时，用人单位依法应当支付的 200% 的日工资，在《职工带薪年休假条例》《企业职工带薪年休假实施办法》中均使用了未休年休假工资报酬的表述，但是对未休年休假工资报酬的含义没有进一步解释。在劳动争议纠纷中，金钱给付义务并非都是同等概念，其性质包含对应劳动报酬的工资、对应解除劳动合同的经济补偿、对应违法解除劳动合同的赔偿金，以及用人单位存在某些违法情形时的赔偿金。此外，就不同的金钱给付义务，因其性质不同，存在不同的仲裁时效。通常，劳动争议申请仲裁的时效期间为一年。仲裁时效期间从当事人知道或者应当知道其权利被侵害之日起计算。但是对于劳动报酬性质的工资采取特殊时效，劳动关系存续期间因拖欠劳动报酬发生争议的，劳动者申请仲裁不受本条第一款规定的仲裁时效期间的限制；但是，劳动关系终止的，应当自劳动关系终止之日起一年内提出。如果未休年休假工资报酬的性质属于劳动报酬，那么这意味着劳动者可以就其劳动关系存续期间的全部未休年休假主张未休年休假工资报酬，当然，在用人单位未支付的情况下，同时可以依据《劳动合同法》第三十八条的相关规定，主张因用人单位拖欠工资被迫解除劳动合同，并要求支付经济补偿金。可见，未休年休假工资报酬的性质在司法实践中亟待澄清。我们梳理了部分地区的裁审衔接文件，以说明不同地区对于未休年休假工资报酬性质的认定存在完全不同的认定。

1. 部分地区认为未休年休假工资报酬属于对劳动者的经济补偿，例如《北京市高级人民法院、北京市劳动人事争议仲裁委员会关于审理劳动争议案件法律适用问题的解答》（以下简称《解答》）对于未休年休假工资补偿的性质作出了如下解释："支付未休年休假的工资报酬与正常劳动工资报酬、加班工资报酬的性质不同，其中包含用人单位支付职工正常工作期间的工资收入（100% 部分）及法定补偿（200% 部分）。"而对于劳动者主张未休年休假工资的仲裁时效问题，上述《解答》中也作出了明确回答，即："劳动者要求用人单位支付其未休带薪年休假工资中法定补偿（200% 福利部分）诉请的仲裁时效期间应适用《劳动争议调解仲裁法》第二十七条第一款规定，即劳动争议申请仲裁的时效期间为一年。仲裁时效期间从当事人知道或者应当知道其权利被侵害之日起计算。考虑年休假可以集中、分段和跨年度安排的特点，故劳动者每年未休带薪年休假应获得年休假工资报酬的时间从第二年的 12 月 31 日起算。"

2. 部分地区认为未休年休假工资报酬属于劳动者的工资报酬。例如天津地区、重庆地区即采纳此观点。劳动报酬说：天津市人社局发布的《关于劳动人事争议案件适用"一裁终局"有关问题的通知》第二条第一款规定，"劳动报酬"包括：计时工资、计件工资、奖金、津贴和补贴、加班加点的工资、特殊情况下支付的工资以及因未休法定带薪年休假产生的带薪年休假工资。重庆高院发布的 2018 年劳动争议十大典型案例在劳动者以用人单位未支付未休年休假工资为由提出解除劳动关系的案例中，法院认为，《职工带薪年休假条例》第五条规定，单位根据生产、工作的具体情况，并考虑职工本人意愿，统筹安排职工年休假。年休假在 1 个年度内可以集中安排，也可以分段安排，一般不跨年度安排。《企业职工带薪年休假实施办法》第九条规定，用人单位根据生产、工作的具体情况，并考虑职工本人意愿，统筹安排年休假。用人单位确因工作需要不能安排职工年休假或者跨 1 个年度安排年休假的，应征得职工本人同意。根据上述规定，王某某依法享有休年休假的权利，某废弃物处理公司应统筹安排王某某休年休假，且一般不得跨年度安排。某废弃物处理公司称其可跨年度安排王某某休年休假，但未举证证明已征得王某某本人同意。现王某某以某废弃物处理公司未支付 2017 年度未休年休假工资为由解除劳动合同，某废弃物处理公司应当根据法律规定支付经济补偿金。可见，在重庆地区，将未休年休假工资报酬视为劳动报酬性质，劳动报酬适用特殊时效。

二、实战案例解析

（一）基本案情①

王某于2016年8月29日入职B公司，其《职位申请表》记载王某自2009年参加工作。B公司与王某订立有期限自2016年8月29日至2019年8月28日的劳动合同。双方约定王某任B公司SEO部门经理。王某月工资20000元。2019年4月18日，王某提起劳动仲裁要求B公司支付2017年1月1日至2019年4月10日期间未休年假工资18544.06元。B公司不服仲裁裁决并诉至法院。B公司与王某对于王某每年应享受带薪年休假的天数没有争议，但B公司主张按照《员工手册》的规定员工年休假应于当年享受，过期作废。因此不同意支付王某未休年假工资。

（二）案件代理思路

从这个案件中我们可以看出以下几点信息：第一，就王某的累计工作年限和对应的每年应享受的带薪年休假天数，是以王某填写的《职位申请表》中记载的首次参加工作时间来确定的，这一点双方都没有争议。第二，公司在《员工手册》中规定了员工年休假应于当年享受，过期作废。但这一点并未得到仲裁委员会的支持。第三，关于未休年休假工资的仲裁时效问题。劳动争议申请仲裁的时效期间为一年。仲裁时效期间从当事人知道或者应当知道其权利被侵害之日起计算。考虑年休假可以集中、分段和跨年度安排的特点，故劳动者每年未休带薪年休假应获得年休假工资报酬的时间从第二年的12月31日起算（北京地区采取此观点）。王某是在2019年4月提起的劳动仲裁，此时他可以主张的未休年休假工资最早可追溯至2017年1月1日。

（三）法院审查要点

一审法院认为，B公司与王某对于王某每年应享受带薪年休假的天数没有争议，B公司年假过期作废的相关制度不符合法律规定，其拒绝支付王某未休年休

① （2021）京03民终6576号。

假工资一审法院不予支持。本案二审审理期间，B公司主张王某已休年休假，但未就其主张提交充分证据佐证，其提出年假过期作废的相关制度亦不符合法律规定。故B公司主张不予支付王某未休年休假工资的上诉请求，依据不足，法院未予以支持。

三、合规操作方案

对于员工年休假的管理，用人单位首先需要确认清楚的就是每一位员工每年应享有多少天年休假。这个问题看似简单，但在实践中还是可能对用人单位造成困扰。对于新招聘的应届毕业生，因为其首次参加工作的时间是确定的，所以用人单位比较容易掌握其累计工作年限，一般来说就是其在本单位的工作时间；而对于社会招聘的人才，用人单位往往难以准确掌握其累计工作年限，并且很多用人单位也容易忽略这一点信息。对于社会招聘的人才，用人单位应关注其累计工作年限。一般来说可以通过两种方法来确定。第一，在办理入职手续时，要求新员工在填写个人基本信息时，写明本人首次参加工作的时间、工作单位以及证明人及其联系方式，用人单位据此推算其累计工作年限。第二，在员工首次申请使用年休假时，要求其同时提交社会保险缴费证明。单位根据对账单上显示的养老保险累计缴费时间，再次核准其累计工作年限，据此确定该员工本年度应享受的年休假天数。

确定了员工每年享有的年休假天数之后，用人单位应统筹安排员工休年休假。实践中，大部分员工会提前规划好本人的年休假使用时间，或者会在有请假需求时主动申请使用其年休假。但是也有部分员工没有在当年度使用年休假，这就容易导致员工未能享受年休假而向单位主张未休年休假工资。在此我们给用人单位提出三点建议：第一，单位的生产经营大多具有周期规律，可以根据经营情况主动安排员工使用年休假。第二，用人单位可以在每年的第四季度主动统计员工的休假情况，对于年休假剩余较多的员工，主动安排其使用。如果该员工因工作原因确实无法休假的，应当在次年安排休完。对于主动不休年休假的员工，可以要求其提交书面放弃年休假声明。第三，对于主动离职的员工，用人单位可以考虑在提前三十天预告期安排员工将剩余年休假使用完毕。

第二节　停工留薪期待遇

一、工伤停工留薪期纠纷问题解析

> 工伤职工因工负伤后往往需要一段时间接受治疗、进行休养。那么，什么是停工留薪期？停工留薪期工资待遇如何？停工留薪期如何计算？停工留薪期满后如何支付待遇？

（一）什么是停工留薪期

根据《工伤保险条例》的相关规定，停工留薪期是指职工因工作遭受事故伤害或者患职业病需要暂停工作接受工伤医疗的期限，在该期限内，原工资福利待遇不变，由所在单位按月支付。停工留薪期一般不超过12个月，伤情严重或者情况特殊，经设区的市级劳动能力鉴定委员会确认，可以适当延长，但延长不得超过12个月。工伤职工评定伤残等级后，停发原待遇，按照有关规定享受伤残待遇。工伤职工在停工留薪期满后仍需治疗的，继续享受工伤医疗待遇。

停工留薪期的核心是对受到工伤的职工，根据其伤情给予不同的停工留薪期，在停工留薪期内职工可以接受工伤治疗，由用人单位按照员工发生工伤前的原工资福利待遇按月支付。

（二）停工留薪期的工资待遇

《工伤保险条例》第三十三条第一款规定，职工因工作遭受事故伤害或者患职业病需要暂停工作接受工伤治疗的，在停工留薪期内，原工资福利待遇不变，由所在单位按月支付。那么，如何理解原工资福利待遇呢？由于工资结构的差异，对员工受到工伤前的原工资福利待遇的理解可能会产生不同的观点，如果员工的工资结构每个月为固定金额，那么停工留薪期的原工资福利就是原固定金额的月工资；如果员工的工资结构每个月有浮动的奖金或者存在加班工资等项目，每个月的收入不固定，那么就会涉及哪些项目应当计入停工留薪期待遇、按照什么标准计算的问题。《工伤保险条例》的制定是为了保障因工作遭受事故伤害或者患职业病的职工获得医疗救治和经济补偿，促进工伤预防和职业康复，分散用人单位的工伤风险。因此，停工留薪期内由用人单位按月支付的原工资福利待遇亦具有经济补偿的性质，补偿的应当是员工因工作受伤或患职业病需要停止工作接受工伤治疗期间合理的工资待遇。对于受伤前月工资并非固定金额的情况，司法实践中通常以员工受到工伤前12个月的平均工资确定其原工资待遇标准。例如，《上海市劳动和社会保障局、上海市医疗保险局关于实施〈上海市工伤保险实施办法〉若干问题的通知》第五条规定，工伤人员在停工留薪期内的原工资福利待遇由所在单位按月支付，标准为工伤人员负伤前12个月的平均工资收入。停工留薪期的原工资福利待遇不得低于本市职工最低月工资标准。根据《广东省工伤保险条例》（2019修正）第六十四条第一款第二项的相关规定，原工资福利待遇，是指工伤职工在本单位受工伤前十二个月的平均工资福利待遇。工伤职工在本单位工作不足十二个月的，以实际月数计算平均工资福利待遇。

但对于计算标准具体包括哪些项目，如是否包括加班工资，各地的相关规定和司法实践存在差异。一部分地区明确规定在计算停工留薪期原工资待遇时应当包含加班费，如广东、江苏等地。《广东省高级人民法院、广东省劳动人事争议仲裁委员会关于劳动人事争议仲裁与诉讼衔接若干意见》第七条规定：在工伤停工留薪期内，劳动者的原工资福利待遇不变，由所在单位按月支付。工伤停工留薪期工资应按劳动者工伤前十二个月的平均工资（包括加班工资）支付。

另有一部分地区明确规定计算停工留薪期原工资待遇时不包含加班费，如浙江、河南等地。《浙江省高级人民法院民一庭关于审理劳动争议纠纷案件若干疑难问题的解答》第十六条答复：工伤职工在停工留薪期内，原工资福利待遇不变，其中“原工资”按照工伤职工因工作遭受事故伤害或者患职业病前12个月的平均月工资计算，包括计时工资或者计件工资、奖金、津贴和补贴等，但不包括加班工资。河南省人力资源和社会保障厅发布的《关于工伤保险若干问题的意见》第十四条规定：《工伤保险条例》第三十三条中“原工资福利待遇”应理解为“职工在因工作遭受事故伤害或者患职业病前正常出勤情况下，应享受的工资福利待遇（延长工作时间的工资报酬除外）”。

还有一部分地区没有明确的规定，如北京、安徽、山东等地。《北京市工伤保险待遇核定支付办法》规定，工伤职工需要暂停工作接受工伤医疗的，在停工留薪期内，原工资福利待遇不变，由所在单位按月支付。《安徽省工伤职工停工留薪期管理办法（试行）》规定，职工在停工留薪期内的待遇，按照《工伤保险条例》的有关规定执行。因现有法律规定不明确，在地方无规范性文件指引的情况下，实务中裁判者基于不同的理解存在裁判标准与尺度的不统一。

（三）停工留薪期如何计算

《工伤保险条例》第三十三条第二款规定：停工留薪期一般不超过 12 个月。伤情严重或者情况特殊，经设区的市级劳动能力鉴定委员会确认，可以适当延长，但延长不得超过 12 个月。根据上述规定，对于超过 12 个月需要延长的，应当经过劳动能力鉴定委员会确认。而对于“不超过 12 个月”的部分，结合各地规定，一般通过以下几种方式确定。

1. 由用人单位根据诊断证明，按照《停工留薪期目录》确定

《停工留薪期目录》中会详细规定不同的伤情及对应的停工留薪期。用人单位可以对照《停工留薪期目录》中规定的伤情确定停工留薪期长度，并书面通知员工。例如，《北京市工伤职工停工留薪期管理办法》第三条规定，工伤职工应及时将工伤医疗机构出具的诊断证明或者休假证明报送给所在单位。由用人单位根据工伤医疗机构的诊断证明，按照《停工留薪期目录》，确定工伤职工的停工留薪期，并书面通知工伤职工本人。

《天津市工伤职工停工留薪期管理办法》第三条规定，工伤职工或其近亲属应及时将工伤保险协议医疗机构或首诊机构出具的诊断证明报送用人单位。用人单位应当在收到材料后 10 个工作日内，根据医疗机构出具的诊断证明，按照《天津市工伤职工停工留薪期分类目录》确定工伤职工的停工留薪期，出具《工伤职工停工留薪期确定通知书》送达工伤职工，同时抄送社会保险经办机构。

对于《停工留薪期目录》中未列明的工伤情形，一般通过医疗机构出具的诊断证明确定。如《北京市工伤职工停工留薪期管理办法》第六条规定，所受伤害未列入《停工留薪期目录》的，停工留薪期一般不超过 6 个月。具体期限由用人单位根据工伤医疗机构的诊断证明确定，并书面通知工伤职工本人。《天津市工伤职工停工留薪期管理办法》第五条规定，工伤职工所受伤害未列入《天津市工伤职工停工留薪期分类目录》的，以临床治愈或经治疗相对稳定需要的时间为停工留薪期，一般不超过6个月，具体期限由用人单位根据医疗机构出具的诊断证明确定。对于停工留薪期目录中未列入的情形，一般不超过6个月。

除上述列举外，当前全国大部分地区采取按照《停工留薪期目录》的方式确定，如重庆市、河北省、山东省、山西省、安徽省、福建省、河南省、湖北省、江西省等。

2. 根据医疗机构出具的证明确定

对于没有发布相应停工留薪期分类目录的省份，需结合医疗机构的诊断证明或休假证明确定。《上海市工伤保险实施办法》第三十七条第二款规定：停工留薪期一般不超过12个月，具体期限根据定点医疗机构出具的伤病情诊断意见确定。伤情严重或者情况特殊，经鉴定委员会确认，可以适当延长，但延长不得超过12个月。

《江苏省实施〈工伤保险条例〉办法》第二十五条第一款规定，工伤职工的停工留薪期应当凭职工就诊的签订服务协议的医疗机构，或者签订服务协议的工伤康复机构出具的休假证明确定。

《浙江省高级人民法院民事审判第一庭、浙江省劳动人事争议仲裁院关于审理劳动争议案件若干问题的解答（三）》第十二条规定，工伤职工的停工留薪期是指工伤职工遭受事故伤害或者患职业病暂停工作接受工伤医疗的期间。故停工留薪期一般应当根据医院出具的诊断证明书，以工伤职工遭受事故伤害或者患职业病之日至暂停工作接受治疗终结止的期间确定，且不超过伤残等级鉴定作出之日；通过以上方法无法判断但又确需病休的，可以综合考虑工伤职工的受伤部位、治疗情况等，参照门诊病历的相关就医记录予以确定。必要时可通过鉴定、征询专家意见等方式确定相应期间。

3. 由劳动能力鉴定委员会确认

《广东省工伤保险条例》第二十五条第一款规定：停工留薪期根据医疗终结期确定，由劳动能力鉴定委员会确认，最长不超过二十四个月。广东省并未区分停工留薪期是否超过12个月，而是采取统一由劳动能力鉴定机构确认的方式来确定停工留薪期的期限。

《宁夏回族自治区实施〈工伤保险条例〉办法》第二十七条规定：工伤职工停工留薪期时限由工伤保险协议医疗机构按照受伤部位的常规治疗期限提出意见，经劳动能力鉴定委员会审核后予以确定。

另外需要注意的是，在采取上述前两种方式确定停工留薪期的地区，工伤职工或用人单位对确定结果有异议的，一般可向劳动能力鉴定委员会提出异议，由劳动能力鉴定委员会确认。

（四）停工留薪期满后如何支付待遇

根据《工伤保险条例》第三十三条第二款的相关规定，工伤职工评定伤残等级后，停发原待遇，按照有关规定享受伤残待遇。工伤职工在停工留薪期满后仍需治疗的，继续享受工伤医疗待遇。员工停工留薪期满后，应当进行劳动能力鉴定，那么在进行鉴定以及鉴定结果出具之前，如果员工能正常返回工作岗位的，那么用人单位对于正常支付工资应当无异议，如果员工在鉴定结果出具之前仍然不能正常返回工作岗位，那么用人单位是否还需要继续支付原工资福利待遇呢？另外，工伤职工在停工留薪期满后仍需治疗的（包括劳动能力鉴定后），此期间待遇如何发放？对于两种情况下工资待遇的支付各地规定有所不同。

1. 停工留薪期满后，进行劳动能力鉴定期间因伤情不能工作的情况

（1）停发停工留薪期待遇，由用人单位发给生活津贴，其标准不低于病假工资

例如，《天津市工伤职工停工留薪期管理办法》第十一条规定，工伤职工停工留薪期满，存在残疾、影响劳动能力的，应当进行劳动功能障碍程度和生活自理障碍程度的等级鉴定（以下简称“伤残等级鉴定”），停发停工留薪期待遇。伤残等级鉴定期间因伤情不能工作的，由用人单位发给生活津贴，其标准不得低于因病医疗期内的病假工资。《重庆市工伤职工停工留薪期管理办法》第九条规定，停工留薪期满或停工留薪期终止，应当进行劳动能力鉴定。在进行劳动能力鉴定期间，停发停工留薪期待遇，未能上班的由用人单位按月发给生活津贴，其标准不得低于因病医疗期内的病假工资。《山东省工伤职工停工留薪期管理办法》第九条规定，工伤职工停工留薪期满，存在残疾、影响劳动能力的，应当进行劳动能力鉴定。在进行劳动能力鉴定期间，停发停工留薪期待遇，

因伤情不能工作的，由用人单位发给生活津贴，其标准不得低于因病医疗期内的病假工资。根据上述规定，员工在停工留薪期满后，进行劳动能力鉴定期间，因伤情不能工作的由用人单位发给生活津贴，其标准不得低于因病医疗期内的病假工资。类似规定包括湖北、云南、江西等地。

（2）继续享受停工留薪期待遇或发放不低于停工留薪期待遇的生活费

部分省市规定，在停工留薪期满后劳动能力鉴定结论做出前，工伤职工仍可享受工伤停工留薪期待遇，或者用人单位应发放标准不低于停工留薪期待遇的生活费。例如，《上海市劳动和社会保障局、上海市医疗保险局关于实施〈上海市工伤保险实施办法〉若干问题的通知》中规定：工伤人员停工留薪期满或者经治疗伤情相对稳定后存在残疾、影响劳动能力的，应当进行劳动能力鉴定。鉴定后停止享受停工留薪期待遇。其中“鉴定后停止享受停工留薪期待遇”可以理解为在鉴定结果作出前仍享受停工留薪期待遇。《河南省工伤职工停工留薪期管理办法》第七条第二款规定，统筹地区劳动能力鉴定委员会作出确认结论前，工伤职工继续享受停工留薪期待遇。《陕西省工伤职工停工留薪期管理暂行规定》第十条规定，停工留薪期满或停工留薪期终止，应当进行劳动能力鉴定，停发停工留薪期待遇。在进行劳动能力鉴定期间，因伤情不能工作的，仍由用人单位按月发给生活费，其标准不得低于停工留薪期待遇。从评定伤残等级的次月起，按照《工伤保险条例》和《陕西省实施〈工伤保险条例〉办法》规定享受工伤保险待遇。

2. 停工留薪期满后，因需要继续治疗不能工作的情况

根据《工伤保险条例》第三十三条第二款的相关规定，工伤职工在停工留薪期满后仍需治疗的，继续享受工伤医疗待遇，但是《工伤保险条例》并未规定员工的工资待遇标准。各地区的规定一般认为需要继续治疗的，必须有工伤协议医疗机构的休假证明，不享受停工留薪期待遇，由用人单位发给生活津贴，其标准不得低于因病医疗期内的病假工资。例如，《北京市工伤职工停工留薪期管理办法》第十条规定，工伤职工停工留薪期满，应当进行劳动能力鉴定，停发停工留薪期待遇。需要继续治疗的，必须有工伤医疗机构的休假证明，其工伤医疗费用予以报销，但不享受停工留薪期待遇。由用人单位发给生活津贴，标准不得低于病假工资。《山东省工伤职工停工留薪期管理办法》第九条规定，工伤职工停工留薪期满，需要继续治疗的，必须有工伤协议医疗机构的休假证明，其工伤医疗费予以报销，但不享受停工留薪期待遇。由用人单位发给生活津贴，其标准不得低于因病医疗期内的病假工资。《湖北省工伤职工停工留薪期管理暂行办法》第十一条规定，需要继续治疗的，必须有指定医院或医疗机构的休假证明，其工伤医疗费予以报销，但不享受停工留薪期待遇，由用人单位发给生活津贴，其标准不得低于因病医疗期内的病假工资。

另外，部分省市规定了“工伤康复期”，适用对象为因工伤致残或造成身心功能障碍，在病情相对稳定或工伤停工留薪期后需要对其进行必要康复治疗的工伤职工。工伤康复期一般需经工伤保险经办机构、劳动保障局等相关机关批准后实施。在工伤康复期内，康复对象原工资福利待遇不变，由所在单位支付；已享受伤残待遇的，由发放此项待遇的部门继续发放。工伤康复期实质是停工留薪期的延续，在该期间内仍享受与停工留薪期同等的待遇。发布类似规定的包括重庆市、河北省、黑龙江省等地。

可以明确的是，工伤职工停工留薪期满后仍需治疗的，可继续享受工伤医疗待遇，但不享受“原工资福利待遇不变”的停工留薪期待遇，但存在部分省市规定针对适用工伤康复期的对象仍享受原工资福利待遇。除该部分地区适用工伤康复期的工伤职工外，一般停工留薪期满后在治疗期间发放不低于病假工资的生活津贴。

二、实战案例解析

（一）基本案情[①]

朱某原为某公司出租车驾驶员，双方签订《劳动合同书》及《承包运营合同书》，最后一份签订于2020年7月1日，约定合同期限为2020年7月1日至2022年7月31日。2017年7月28日，朱某驾驶出租车发生追尾事故，经交通管理部门认定朱某负全部责任。

事发后，朱某被送到医院就诊，被诊断为胫腓骨远端粉碎性骨折、多发皮

① （2022）京03民终5328号。

肤擦伤伴软组织损伤、头皮挫伤等。朱某于2017年7月29日至8月24日住院治疗。2017年8月11日，某公司为朱某申请了工伤认定，2017年9月30日，朱某被认定为工伤。2018年5月2日，某公司为朱某提起劳动能力鉴定，2018年5月18日，朱某被认定为工伤九级。2021年6月10日，朱某与某公司劳动关系解除。朱某从社保基金领取一次性伤残补助金41616元；一次性工伤医疗补助金59460元。

2021年6月28日，朱某申请劳动仲裁，请求某公司支付一次性伤残就业补助金、停工留薪期工资、护理费等。

（二）案件代理思路

本案中，关于停工留薪期的争议焦点在于停工留薪期应当如何判断。停工留薪期期限的确定方式存在地区差异，以北京为例，《北京市工伤职工停工留薪期管理办法》第三条规定：工伤职工应及时将工伤医疗机构出具的诊断证明或者休假证明报送给所在单位。由用人单位根据工伤医疗机构的诊断证明，按照《停工留薪期目录》，确定工伤职工的停工留薪期，并书面通知工伤职工本人。根据上述规定，北京市一般由用人单位根据诊断证明，按照《停工留薪期目录》确定停工留薪期。本条实际上并未明确，如果员工未持续提交需要停止工作、接受治疗的证明是否能够直接根据停工留薪期目录享有停工留薪期。因此，此类案件应当着重了解员工受到工伤的诊断证明，即明确工伤部位、伤情等。此外，应当了解医院开具休假证明的情况，以便判断用人单位应当给予员工的停工留薪期。

（三）法院审查要点

本案中，双方的争议焦点之一是围绕停工留薪期的期限如何享有，即关于停工留薪期期限的享有是需要员工持续提交医院诊断证明予以证明还是根据停工留薪期目录中规定的期限予以确定。法院认为：《北京市工伤职工停工留薪期管理办法》规定，工伤职工应及时将工伤医疗机构出具的诊断证明或者休假证明报送给所在单位。由用人单位根据工伤医疗机构的诊断证明，按照《停工留薪期目录》，确定工伤职工的停工留薪期，并书面通知工伤职工本人。根据该规定，朱某向某公司提供医疗机构出具的诊断证明或者休假证明，某公司便应确定并通知朱某停工留薪期，并非必须提交休假证明。根据查明的事实，申请工伤必须提交诊断证明，某公司为朱某申请了工伤，其必然收到了朱某的诊断证明。现某公司以朱某未向其提供休假证明拒不为朱某确定停工留薪期没有法律依据。且即便朱某当时未提交任何证明停工留薪期的证据，也不能否定其享有停工留薪期。根据北京工伤职工停工留薪期目录及朱某伤情，仲裁委支持朱某停工留薪期 4 个月在合理期限内，朱某亦未提出异议，法院予以确认。

本案中，用人单位以员工未提交休假证明为由认定其无权享有停工留薪期，但法院认为停工留薪期期限的判断是根据员工工伤的受伤部位结合停工留薪期目录的规定进行确定，而并不是必需员工持续提交休假证明。因此用人单位需补发员工未能享受的停工留薪期工资待遇。根据北京工伤职工停工留薪期目录及朱某伤情，仲裁委支持朱某停工留薪期 4 个月在合理期限内，朱某亦未提出异议，一审法院予以确认。因朱某系出租车司机，根据其行业特点，一审法院参照朱某个人所得税金额倒推其的工资数额作为计算其停工留薪期工资的基数。经计算，朱某停工留薪期工资为 15333.33 元。

三、合规操作方案

停工留薪期管理属于职工工伤管理的一部分，在员工发生工伤时，用人单位应当做好管理与服务，针对工伤操作具体流程，梳理如下指引供参考。

1. 工伤职工的救治

职工发生工伤时，用人单位应当采取措施使工伤职工得到及时救治。一般情形，职工治疗工伤应当在签订服务协议的医疗机构就医，但情况紧急的，可以先到就近的医疗机构急救。治疗工伤的费用，应当由受伤者所在单位垫付。

2. 工伤认定

工伤认定是享受工伤保险待遇的前提。职工发生事故伤害或者被诊断、鉴定为职业病的，所在单位应当自事故发生之日或被诊断、鉴定为职业病之日起 30 日内，向统筹地区社会保险行政部分提出工伤认定申请。未在规定时限内提交工伤认定的，在此期间发生符合规定的工伤待遇等有关费用由用人单位承担。

用人单位未按规定提出工伤认定申请的，工伤职工或者其近亲属、工会组织在事故伤害发生之日或者被诊断、鉴定为职业病之日起 1 年内，可以直接向用人单位所在地统筹地区社会保险行政部门提出工伤认定申请。

3. 停工留薪期确定及停工留薪期待遇支付

收到工伤职工报送的诊断证明或休假证明后，用人单位应及时根据诊断证明，按照《停工留薪期目录》确定工伤职工的停工留薪期限，并书面通知工伤职工本人。此外，部分地区可能由工伤医疗机构或劳动能力鉴定机构确定停工留薪期。工伤职工申请延长停工留薪期的，应在期满前向单位提出书面申请并提交工伤医疗机构出具的证明，经用人单位同意后可以延长停工留薪期。用人单位对延长停工留薪期有异议的，应在接到申请后向劳动能力鉴定委员会申请确认。

停工留薪期内用人单位应正常发放工伤职工原工资福利待遇。生活不能自理的工伤职工在停工留薪期需要护理的，由所在单位负责。

4. 进行劳动能力鉴定

职工发生工伤，经治疗伤情相对稳定后存在残疾、影响劳动能力的，应当进行劳动能力鉴定。用人单位应当根据劳动能力鉴定结果，按照《工伤保险条例》第三十五条至第三十七条规定的情形，给付相应的待遇，并妥善处理工伤职工劳动关系。

第三节 福利待遇争议

一、福利待遇争议问题解析

实践中，用人单位常会根据本单位的实际情况为员工提供福利待遇。哪些待遇属于福利待遇？用人单位可否任意取消福利待遇？

（一）什么是福利待遇

用人单位支付工资、支付加班费、缴纳社会保险、为员工提供带薪年休假等，这些都属于用人单位依法应当履行的劳动合同义务，不属于福利待遇。福利待遇一般理解为用人单位在法定义务之外为员工在经济、物质、休息休假等方面提供的便利和优惠待遇。这类福利待遇，不具有法定强制性，即如果用人单位不提供并不涉及违法。例如实践中，一些用人单位为员工提供班车、免费的工作餐、商业保险、节日礼品礼金等，甚至一些用人单位为维系人才提供住房补贴、车辆奖励等。

（二）不要误将工资当福利

工资是用人单位按照法律法规的规定和劳动合同的约定，以货币形式支付给劳动者的劳动报酬，根据国家统计局《关于工资总额组成的规定》，工资总额包括：计时工资、计件工资、奖金、津贴和补贴、加班加点工资、特殊情况下支付的工资。因此，上述项目通常理解为员工的工资组成部分。其中容易与福利相混淆的主要是津贴和补贴项目，《关于工资总额组成的规定》第八条规定，"津贴和补贴是指为了补偿职工特殊或额外的劳动消耗和因其他特殊原因支付给职工的津贴，以及为了保证职工工资水平不受物价影响支付给职工的物价补贴。（一）津贴。包括：补偿职工特殊或额外劳动消耗的津贴，保健性津贴，技术性津贴，年功性津贴及其他津贴。（二）物价补贴。包括：为保证职工工资水平不受物价上涨或变动影响而支付的各种补贴"。因此，符合上述性质的津贴或补贴属于工资范畴。根据《劳动合同法》第十七条的相关规定，劳动报酬是劳动合同的必备条款。符合上述性质的津贴或补贴应当属于劳动合同约定的劳动报酬范畴，或者由用人单位的规章制度规定的劳动报酬的范围，属于劳动报酬的组成部分，不能任意取消。

（三）用人单位可否任意取消福利待遇

很多用人单位在劳动合同约定的薪酬之外，还会向员工提供一定的福利待遇，这些福利待遇有些可能是以规章制度的形式确定的，有些可能是根据某个通知执行或者按照惯例执行的。那么，这些福利待遇是否属于用人单位可以任意决定的事项呢？用人单位是否能够任意取消已经执行的福利待遇呢？如可以取消，那么取消这一规章制度是否还需要经过民主程序？抑或由用人单位发文废止即可呢？

《劳动合同法》第四条规定："……用人单位在制定、修改或者决定有关劳动报酬、工作时间、休息休假、劳动安全卫生、保险福利、职工培训、劳动纪律以及劳动定额管理等直接涉及劳动者切身利益的规章制度或者重大事项时，应当经职工代表大会或者全体职工讨论，提出方案和意见，与工会或者职工代表平等协商确定。在规章制度和重大事项决定实施过程中，工会或者职工认为不适当的，有权向用人单位提出，通过协商予以修改完善。用人单位应当将直接涉及劳动者切身利益的规章制度和重大事项决定公示，或者告知劳动者。"根据上述规定，用人单位制定、修改或者决定涉及劳动者切身利益的规章制度或者重大事项时，应当经职工代表大会或者全体职工讨论等民主程序，其中包含保险福利规章制度。

因此，参照《劳动合同法》第四条的立法目的举轻以明重，修改涉及员工切身利益的规章制度尚需经职工代表大会或者全体职工讨论等民主程序，如用人单位拟取消涉及职工福利待遇的规章制度，更有必要履行民主程序，征求员工的意见。但是这一观点在具体案例中还会面临不同的理解。

二、实战案例解析

（一）基本案情[①]

2018年1月25日，J公司作出《关于取消员工过节费及其他福利的通知》，决定自2018年1月1日起取消《J公司员工福利管理办法》中"过节费"及"其他福利"项，实际发放根据公司经营情况确定。J公司向邢某发放的2017年度福利为：春节2000元、元旦500元、开门利是680元、劳动节800元、三八妇女节200元、儿童节200元、端午节500元、端午粽子65元、6月至9月

① （2019）鲁01民终8893号。

的每月防暑降温费 200 元、生日礼金 200 元、国庆节 1000 元、中秋节 500 元。2018 年 7 月 11 日，邢某向 J 公司提出书面辞职报告，拟离职时间为 2018 年 7 月 20 日，离职原因为“公司未按规定支付 2017 年度绩效奖金及各类福利待遇，且工作岗位随意调整，岗位职责不明晰，分工不明确”。邢某在辞职报告及员工离司申请表中均列举了 J 公司拖欠其 2017 年度绩效奖金及 2018 年度福利待遇等共计 96080 元。之后，邢某提起劳动争议仲裁，要求 J 公司支付 2017 年至 2018 年度冬季取暖费 1800 元，2018 年度福利（包括春节 2000 元，元宵节 100 元，三八妇女节 200 元，劳动节 200 元，端午节 500 元，儿童节 200 元，防暑降温费 400 元，开门利是 680 元），共计 6080 元；要求 J 公司支付解除劳动合同经济补偿金 45000 元。

（二）案件代理思路

本案的争议焦点之一为 J 公司是否应当向邢某支付各项现金福利。首先，劳动者需要先举证证明主张各项福利的依据是什么，即关于劳动者主张的各项福利是否存在劳动合同的约定或者规章制度的规定，应当由用人单位支付给劳动者。如果属于劳动合同的约定，那么根据《劳动合同法》第三十五条的相关规定，变更劳动合同应当与劳动者协商一致。如用人单位未与劳动者协商一致即单方面取消福利待遇，那么应当按照劳动合同的约定向劳动者支付。如果是由规章制度规定的福利，用人单位取消现金福利应当属于对涉及员工切身利益的规章制度的修改，根据《劳动合同法》第四条的相关规定，应当考察规章制度的修改是否履行了民主程序并告知劳动者。

本案中劳动者主张的福利待遇支付依据为《J 公司员工福利管理办法》中关于“过节费”及“其他福利”的规定，规定的金额具体明确，根据查明的事实，2017 年该公司也向邢某支付了各项福利，包括春节 2000 元、元旦 500 元、开门利是 680 元、劳动节 800 元、三八妇女节 200 元、儿童节 200 元、端午节 500 元、端午粽子 65 元、6 月至 9 月的每月防暑降温费 200 元、生日礼金 200 元、国庆节 1000 元、中秋节 500 元。说明该公司的规章制度也在实际执行。那么，本案应当着重审查的事项应当为 J 公司作出《关于取消员工过节费及其他福利的通知》，决定自 2018 年 1 月 1 日起取消《J 公司员工福利管理办法》中“过节费”

及“其他福利”项，实际发放根据公司经营情况确定的通知是否有效，是否能取消《J公司员工福利管理办法》中关于“过节费”及“其他福利”的规定。

（三）法院审查要点

值得注意的是，本案一审、二审的裁判观点不同，这也体现了司法实践中对于这一问题理解上的分歧。我们更倾向于认可本案一审裁判观点。

一审法院认为，J公司主张《关于取消员工过节费及其他福利的通知》已经决定取消之前的福利待遇。但根据《劳动合同法》第四条的相关规定，该通知的内容直接涉及劳动者切身利益的重大事项，J公司未能证明该通知的作出符合上述法律规定，应属无效。其仍应按历年标准发放相关福利。二审法院则认为，邢某所主张的员工福利内容为除防暑降温费外，其余为企业自主确定的补充福利，并非法律、法规和国家规定的福利，企业可以自主调整。J公司作为市场经营主体在不违反国家法律、法规及相关政策的前提下，根据企业自身生产经营实际，有权自主决定设置福利的种类以及福利支付标准，J公司对员工的福利设置行为系行使自主经营权、自主管理权的具体体现。用人单位依据自主经营权调整职工非法定福利并无不当，一审判决J公司向邢某支付防暑降温费以外的福利不当，应当予以纠正。

三、合规操作方案

实践中经常会看到一些用人单位“好心办坏事”，自以为向员工提供福利待遇是“一片好心”，或者背后更深层次的理解就是认为可以任意给予或取消，因此，在提供福利待遇时要么不制定规章制度，要么规章制度不严谨，对于劳动合同履行过程中的各种情形不加以考虑。实际上，一项完善的福利待遇规定，应当包含福利待遇的支付对象、支付条件、计算依据，是否考虑了特殊情况，如员工在非全年或全月正常工作情况下各种类型的员工的支付条件或者计算方法，如：新入职员工、中途离职员工、病事假员工、因各种原因未在岗员工、各类情形。一些用人单位还会根据公司具体情况，对于新出台的制度设计试行期限、征求试行意见期限以及正式执行期限。出台一项福利制度，需要为将来可能的调整、修改甚至取消预留空间。

第七章

劳动报酬纠纷

第一节　年终奖纠纷

一、年终奖纠纷问题解析

> 年终奖的性质是什么？年终奖争议类案件的调查审理思路是什么？离职员工是否享有年终奖？

（一）年终奖的性质

从《劳动法》《劳动合同法》《工资支付暂行规定》等规定可以看出，我国现行有效的劳动法律、法规、部门规章对最低工资标准、计时工资、计件工资、加班工资等有强制性规定，而对用人单位是否设定年终奖、如何设定等，并没有强制性要求。因此，年终奖设置与否以及发放标准，在法律层面上应当属于单位的分配自主权范畴。

在实践中，一些用人单位会在员工的工资结构中设置年终奖。按照国家统计局《关于工资总额组成的规定》第四条和《〈关于工资总额组成的规定〉若干具体范围的解释》第二条的规定，年终奖仍属于工资范畴。根据《劳动法》第五十条的规定，“工资应当以货币形式按月支付给劳动者本人。不得克扣或者无故拖欠劳动者的工资”。

（二）年终奖纠纷的调查审理思路

《劳动合同法》第三十条第一款规定，“用人单位应当按照劳动合同约定和国家规定，向劳动者及时足额支付劳动报酬”。司法实践中在审查年终奖争议时裁判者会首先查明劳动者主张年终奖的依据，再根据支付依据既定的规则进行审理和调查。结合法律规定以及司法实践经验，我们对年终奖争议类案件调查审查思路梳理如下。

1. 劳动者的工资构成中是否包含年终奖

主要审查依据为劳动合同以及相关协议、offer 中是否存在关于年终奖的约定，薪酬相关的规章制度中是否存在关于年终奖的规定以及用人单位与劳动者在实际履行劳动合同过程中是否发放年终奖等。

如果双方存在关于年终奖的约定或者制度规定，那么，就说明年终奖是劳动者工资的一部分，用人单位不能随意侵害劳动者获得劳动报酬的权利，应当按照双方的约定或者制度的规定向劳动者发放年终奖。除此之外，还有一种情形，即关于年终奖既不存在劳动合同约定，也不存在规章制度的规定，但用人单位在实际履行劳动合同过程中存在支付年终奖的事实。在既往案件中，如双方劳动合同或者规章制度中缺乏明确约定或规定的，部分裁判者的观点为年终奖的支付属于用人单位根据自身经营情况决定的事项，属于用人单位自主经营权的范畴，用人单位有权决定是否支付以及支付金额。但是，在近期的司法实践中，对于此类情形的审查也更趋严格，即便没有劳动合同的约定或者规章制度的规定，鉴于双方实际存在发放年终奖的情形，而用人单位对于工资减少承担举证责任，因此，用人单位应当就年终奖不予发放、减少发放以及单位其他员工是否发放年终奖等问题进行说明和举证。

例如，在案件[①]中，双方均认可已支付 2014 年年终奖 13596.16 元、2015 年年终奖 9113.37 元。张某主张某公司承诺年终奖逐年增长 13.85%，并提交银行流水予以证明，主张某公司按此标准补足 2015 年年终奖差额，并支付 2016 年年终奖。某公司对此不予认可，主张年终奖系根据劳动者考勤、经济效益等予以考核，但其未能举证反驳。法院认为，张某主张其年终奖标准为逐年增长 13.85%，并提交银行流水予以证实，某公司虽对此不予认可，但未能举证证明年终奖发放的制度依据和考核标准，故一审法院对张某该项主张予以采信、判决某公司应依照该标准补足 2015 年年终奖差额，并支付 2016 年劳动关系存续期间的年终奖并无不当。

因此，如用人单位不能证实不予支付年终奖存在合法依据且当年度公司存

① （2022）京 03 民终 6945 号。

在支付年终奖的情形的，用人单位应当承担不利后果，裁判机构有可能采信劳动者关于年终奖支付以及金额的主张。

2. 用人单位不向离职员工支付年终奖是否符合劳动合同的约定或规章制度的规定

劳动合同的约定不能违反法律规定侵害劳动者合法权益。如双方劳动合同中存在关于年终奖的约定，其合法有效适用的前提是该约定不得违反法律法规的强制性规定，不得侵害劳动者合法权益。根据《劳动合同法》第二十六条第一款第二项的规定，用人单位免除自己的法定责任、排除劳动者权利的，劳动合同无效或者部分无效。根据上述法律规定，年终奖属于劳动者工资报酬的一部分，而劳动合同约定的年终奖发放事宜不得免除用人单位的法定责任、排除劳动者获得工资报酬的权利。以下约定有可能被认定为存在无效情形：例如，仅以劳动者在年终奖发放时是否在职为标准决定是否支付年终奖。这样的支付条件没有体现出劳动者付出的劳动与年终奖之间的关联性，而是以与劳动者的工作和劳动无关的因素决定劳动者是否享有年终奖，有可能被认定为用人单位免除了支付工资的法定义务、排除了劳动者的合法权益，从而被认定为上述不支付年终奖的约定无效。

规章制度应当经过民主制定程序和公示程序，且内容不得违反法律法规的规定，不得侵害劳动者合法权益。《劳动合同法》第四条规定了用人单位应当依法制定规章制度，并向劳动者进行公示，在制定关于劳动报酬的规章制度时应当经过民主制定程序。在司法实践中，如用人单位主张依据规章制度的规定不予发放劳动者年终奖，其制定的规章制度应当经过民主制定程序和公示程序，且不得违反法律法规的规定。换言之，若用人单位制定的与薪酬相关的规章制度未经过民主制定程序和公示程序，则可能导致不能对劳动者合法有效适用，不能作为审理依据。即使在经过民主制定程序和公示程序的情况下，制度内容亦不得违反法律法规的规定，侵害劳动者的合法权益。假设规章制度中规定的年终奖支付条件与上文中指出的劳动合同约定情形类似，没有体现出劳动者付出的劳动与年终奖之间的关联性，而是以与劳动者的工作和劳动无关的发放时间因素决定劳动者是否享有年终奖，有可能被认定为用人单位免除了支付工资的法定义务、排除了劳动者的合法权益，从而被认定为规章制度违反法律规定而被排除适用。例如，在北京某房地产经营管理有限公司与苗某劳动争议二审民事判决书中，法院认为，公司主张苗某在发放年终奖之前申请离职，根据员工手册中“若双方的劳动合同在绩效奖金发放之前解除或终止或员工本人在绩效奖金发放前提出辞职申请的，则员工无权享受上述奖金”的规定，其公司无需支付年终奖。因劳动者享有取得劳动报酬的权利，年终奖亦是其正常劳动的劳动报酬，员工手册的此项规定排除了劳动者获得劳动报酬的权利，应为无效。

3. 年终奖相关的规章制度在可以合法有效适用的前提下，需要审查用人单位是否严格按照制度规定的程序、条件执行，且支付年终奖的条件是否合理

所谓支付年终奖条件的合理性，包括确定年终奖金额的各种考量因素是否合理、不予支付的情形是否合理等。在最高人民法院发布的第 32 批指导性案例 183 号房某诉中美联某大都会人寿保险有限公司劳动合同纠纷案中，裁判要点就明确了如下观点：年终奖发放前离职的劳动者主张用人单位支付年终奖的，人民法院应当结合劳动者的离职原因、离职时间、工作表现以及对单位的贡献程度等因素进行综合考量。用人单位的规章制度规定年终奖发放前离职的劳动者不能享有年终奖，但劳动合同的解除非因劳动者单方过失或主动辞职所导致，且劳动者已经完成年度工作任务，用人单位不能证明劳动者的工作业绩及表现不符合年终奖发放标准，年终奖发放前离职的劳动者主张用人单位支付年终奖的，人民法院应予支持。

此外，司法实践中还会对确定年终奖的程序是否合法进行审查，用人单位应当按照制度规定的程序确定年终奖，如未按照制度规定执行，则存在因年终奖的执行程序不合法而被认定为无效的风险。

（三）离职员工是否享有年终奖

以下将结合司法实践案例，就规章制度中规定的离职不发放年终奖的裁判观点进行梳理。

1. 若根据行业特点、用人单位的业务特性以及劳动者的岗位职责，劳动者是否离职与其是否可以获得年终奖存在合理关联的，如用人单位对特定岗位有相关制度规定离职后无法取得年终奖且已经过民主公示程序，则裁判机构支持离职员工取得年终奖的可能性较小

考虑到不同行业的特点，对于收益具有高风险性，且风险暴露具有滞后性的用人单位，从法律法规和司法实践的发展趋势来看，对于此种行业的特殊岗位人员，公司将不提前离职、在项目周期内尽职履责作为年终奖发放条件具备合理性基础。对于一些投资类型的行业，奖金对应的工作职责可能还包含对于项目长期投后管理的激励，因此，劳动者离职后不能履行对项目的管理职责，不予发放离职后一定比例的奖励亦具有合理性。在“缪某与某证券股份有限公司劳动合同纠纷上诉案”中，劳动者要求公司支付2016年度应发未发递延奖金，法院查明，劳动者在《某证券债券融资部承做奖金激励管理制度》上签字，其中载明：“原则上，离职人员不享受当年度承做奖金以及以前年度未发放的年度承做奖金（如有），经部门管理层一致同意后可以另行协商确定。”法院审理认为，劳动者已明确知晓“离职人员不享受当年度承做奖金以及以前年度未发放的年度承做奖金”，因此对其诉讼请求不予支持。

2. 若年终奖的考核方式和发放条件已在相关规章制度中进行规定并经过民主公示程序，员工主动在未达到年终奖发放条件的情况下离职，则裁判机构支持离职员工享有年终奖的可能性较小

例如，用人单位已经在年终奖相关的规章制度中，对年终奖的考核方式、考核内容、考核时间、发放条件、发放时间等内容进行明确规定，且制度经过民主制定程序并事先告知员工，用人单位已经最大限度地保障了员工的知情权，而员工对年终奖的支付条件在充分知情的情况下，仍然在考核期限内自行提出离职，用人单位无法对其进行考核，进而导致无法确定员工是否可享有年终奖以及年终奖的金额。在此情形下，员工事先可以对自己的行为后果作出预测，掌握是否获得年终奖的主动性，因而如员工仍然选择主动离职后又向用人单位主张支付年终奖的，其主张缺乏合法有效的依据，被支持的可能性较小。

3. 如用人单位确实存在支付年终奖的事实，但是又缺乏关于支付年终奖的条件的合法有效的规定或者双方明确约定的，则裁判机构倾向于从公平原则出发，按照员工实际工作时间支持一定比例的年终奖

在“某财产保险股份有限公司北京分公司与刘某劳动争议案[①]”中，双方认可劳动者每月工资包含年终奖480元，年终奖工资根据考核情况于次年初发放，

① （2019）京01民终8765号。

公司以在《员工离职管理办法》中规定，当年离职员工不享受当年的年终奖工资为由不同意支付，法院审理认为，公司既未举证证明在制定《员工离职管理办法》时经过民主程序，亦未证明其将该项制度向劳动者公示或告知，故该项制度对劳动者没有约束力。且年终奖工资是劳动者的薪酬组成部分，如员工工作未满整年中途离职，也有权按照其工作的实际时间获得报酬。

一些地区还针对年终奖按在职时间比例折算制定了规定，如《深圳市员工工资支付条例》第十四条规定，“员工工资应当从用人单位与员工建立劳动关系之日起计发至劳动关系解除或者终止之日。劳动关系解除或者终止时，支付周期未满的员工月度奖、季度奖、年终奖，按照劳动合同的约定计发；劳动合同没有约定的，按照集体合同的约定计发；劳动合同、集体合同均没有约定的，按照依法制定的企业规章制度的规定计发；没有约定或者规定的，按照员工实际工作时间折算计发”。此外，在用人单位单方解除劳动者的情况下，如最终被裁判机构认定为违法解除，则也应当依照劳动者当年度的工作时间按比例支付其年终奖[①]。

不同的用人单位对于年终奖的设置存在不同的考量因素，如用人单位期望通过年终奖鼓励劳动者在职的稳定性，建议用人单位在有关奖金发放的规章制度中明确年终奖性质和含义，年终奖属于公司对员工的一种具有长期激励作用的奖励，以确立有关离职人员不享有当年年终奖的合理性。

综上所述，年终奖属于劳动者的工资组成部分，用人单位应当按照约定或者规章制度的规定依法足额支付，不能对离职员工任意性地不发放年终奖，应当通过制定合法合理的规章制度对员工离职与年终奖发放问题进行管理。若仅把视线落在“离职是否发放年终奖”或者“如何规定离职员工不享有年终奖有效”上，可能就会陷入表象而没有抓住问题的实质，局限在个案的裁判结果中产生更多的迷惑，对不同的裁判观点感到无所适从。但如果能够充分考虑本单位的经营特点、经营目标、监管要求、不同岗位职责和要求以及对员工的管理需要等因素，认真制定和执行规章制度，明确年终奖的性质、评定因素与方法、发放条件、不予发放条件等，通过合法有效的规章制度对员工进行管理。让员工对其自身行为对薪酬的影响有所预期、形成事先管理和过程管理，则可以最大

① （2019）京03民终10491号。

限度地避免争议的发生。且在发生争议的情况下，合法有效的规章制度可以作为劳动争议案件的审理依据，为用人单位赢得有利的诉讼空间，避免通过案件形成不良的示范效应从而产生系统性风险。

二、实战案例解析

（一）基本案情[①]

周某称J公司在2018年、2019年均有发放年终奖，主张J公司应向其发放2020年年终奖，其2020年季度考核中季度绩效都是按照A对应的1.3的系数发放，其部门负责人给予其的2020年全年绩效考核等级为B+，但之后口头通知其评级为D。周某不认可该评级结果及依据，主张应按其2019年年终奖金额减去每月已发放的部分计算其2020年剩余应发放的年终奖。

（二）案件代理思路

年终奖本质上为用人单位对于劳动者所取得的工作业绩的奖励，用人单位对于年终奖的发放具有一定的自主权，但该自主权应受到规章制度、劳动合同等规定、约定的限制。如已有证据显示用人单位有关于年终奖发放的制度，但用人单位主张不应向劳动者发放年终奖时，应由用人单位举证证明劳动者不符合该制度所规定的应发放年终奖的范畴。

（三）法院审查要点

法院认为，J公司设置了关于年终奖的相关制度，J公司主张周某2020年绩效考核评级为D，不应发放年终奖，而周某对其评级为D的绩效考核结果不予认可，因此对于周某的绩效考核评级是否符合公司规章制度，应作为争议焦点进行分析。首先，公司设置了关于年终奖的制度，公司主张周某2020年绩效考核评级为D，不应发放年终奖，而周某对其评级为D的绩效考核结果不予认可，但公司并未就周某的反馈意见进行后续流程的处理，与其规定的操作流程不符。其次，按照《关于开

① （2022）京01民终4674号。

展2020年度绩效考核及结果应用的通知》的相关规定，员工绩效系由其负责人根据季度评分情况等给予初评意见，周某的负责人结合周某季度评分情况给予其的初评意见为B+，但公司给予的最终考核意见为D，在此情况下，公司对周某考核等级的调整应有充分的理由和依据。但是现有证据不足以证明周某工作绩效明显低于常规标准要求或考核期初设定的绩效目标，故本院对公司主张周某考核等级为D、不应发放年终奖的主张不予采信，并结合周某的季度评分情况及其认可的负责人初评意见，认定应按照绩效考评等级为B+、考评系数为1.2计发周某的年终奖。对于周某按照上述考评系数应计发的年终奖数额的计算，J公司提交的公司发布的《关于2020年年终奖核算的说明》，显示按照考评系数1.2计算周某2020年底应结算的年终奖金额为31937.4元，且从《关于J公司2020年度年终奖核算情况说明》及工资发放明细清单来看，该年终奖计算公式与其他已发放年终奖的员工核算方式一致。周某虽对《关于2020年年终奖核算的说明》不予认可，但其未提交反证证明公司2020年度年终奖的核算存在其他计发标准或通知，周某主张参照其2019年年终奖金额计算其2020年度年终奖为93200元，缺乏依据，不予支持。

三、合规操作方案

通过对各地年终奖制度的检索和分析发现，目前司法判决的主流仍强调用人单位对年终奖的发放与否拥有自主管理权。公司最终被判定支付年终奖的原因主要在于制度的缺失、制度程序的缺失、制度执行的缺陷等。用人单位如何建立合法有效的年终奖制度需做到以下几点：

（一）年终奖考核制度的民主程序和公示程序需合法

1. 民主程序合法

用人单位的年终奖考核制度属于对全体劳动者进行规范管理和奖惩的重要依据和保障，属于与劳动者切身利益相关的制度。根据《劳动合同法》第四条第二款的规定应当履行民主程序，即通过召开全体职工大会、职代会征求全体员工意见。

2. 公示程序合法

《劳动合同法》第四条第四款规定："用人单位应当将直接涉及劳动者切身

利益的规章制度和重大事项决定公示，或者告知劳动者。”可见，公示或告知是必备要件，但公司需注意公示的方式。签字确认，或通过培训签到，或发到个人电子邮箱是较为稳妥的方式。

3. 内容不违法，即不得违反法律、行政法规强制性规定。针对劳动规章违法的，《劳动法》第八十九条规定：“用人单位制定的劳动规章制度违反法律、法规规定的，由劳动行政部门给予警告，责令改正；对劳动者造成损害的，应当承担赔偿责任。”《劳动合同法》第二十六条第一款也规定：“下列劳动合同无效或者部分无效：……（三）违反法律、行政法规强制性规定的。”

（二）年终奖考核标准和发放条件的合理性

年终奖制度应当是对员工一年工作情况的全面考核，包括工作能力、完成情况、工作表现等。如用人单位拟规定在某些条件下员工不能获得年终奖的，如工作未满全年或工作虽然满全年但是未参加考核等，应当说明不发放年终奖的合理性。

（三）考核制度执行过程中的留痕

用人单位在对员工进行考核时，每一项考核指标不仅要有相应的规定，还应保证考核过程和考核结果均有留痕处理，一旦发生诉讼案件，能有据可查，考核结果建议通过书面签收和邮件发送等方式向员工有效送达。

第二节　金融行业递延绩效纠纷

一、金融行业递延绩效的依据

关于递延绩效的监管规定有哪些？结合案例看用人单位如何追回已经支付的绩效薪酬？用人单位败诉的原因有哪些？金融机构应当如何建立绩效薪酬递延规则？

（一）证券公司关于递延绩效的监管规定梳理

证券机构薪酬递延从2016年开始，不同监管机构从证券机构不同业务角度层面进行了规范，整体思路以避免过度激励，确保合理激励为主线，对适用的人群范围、递延比例、递延周期等进行了规定。《证券公司建立稳健薪酬制度指引》与此前相关监管机构有关薪酬递延等规定在目的等方面保持了延续性，同时，提出了更高要求。

文件名	实施时间	文件号	具体内容	人群范围	递延奖金比例	递延周期
《证券期货经营机构私募资产管理业务运作管理暂行规定》	2016年7月18日	中国证券监督管理委员会公告〔2016〕13号	第十条　证券期货经营机构不得对私募资产管理业务主要业务人员及相关管理团队实施过度激励，包括但不限于以下情形： （一）未建立激励奖金递延发放机制； （二）递延周期不足3年，递延支付的激励奖金金额不足40%。	私募资产管理业务主要业务人员	40%	3年
《证券公司投资银行类业务内部控制指引（征求意见稿）》	2017年9月8日	—	第二十九条　证券公司应当建立业务人员奖金递延支付机制，不得对奖金实行一次性发放。奖金递延发放年限原则上不得少于3年。投资银行类项目存续期不满3年的，可以根据实际存续期对奖金递延发放年限适当调整。	业务人员	不得对奖金实行一次性发放	3年
《关于进一步加强证券基金经营机构债券交易监管的通知》	2017年12月1日	证监办发〔2017〕89号	第三条　参与债券投资交易的人员薪酬与激励合计超过100万元人民币的，超过部分应当按照等分原则递延发放，递延周期不少于2年，递延金额不少于40%。	参与债券投资交易的人员薪酬与激励合计超过100万元人民币的	40%	2年

续表

文件名	实施时间	文件号	具体内容	人群范围	递延奖金比例	递延周期
《证券公司投资银行类业务内部控制指引》	2018年7月1日	中国证券监督管理委员会公告〔2018〕6号	第三十条　证券公司应当针对管理和执行投资银行类项目的主要人员建立收入递延支付机制，合理确定收入递延支付标准，明确递延支付人员范围、递延支付年限和比例等内容。对投资银行类项目负有主要管理或执行责任人员的收入递延支付年限原则上不得少于3年。	管理和执行投资银行类项目的主要人员	—	3年
《证券期货经营机构私募资产管理计划运作管理规定》	2018年10月22日	中国证券监督管理委员会公告〔2018〕31号	第四十一条　证券期货经营机构应当针对私募资产管理业务的主要业务人员和相关管理人员建立收入递延支付机制，合理确定收入递延支付标准、递延支付年限和比例。递延支付年限原则上不少于3年，递延支付的收入金额原则上不少于40%。	私募资产管理业务的主要业务人员和相关管理人员	40%	3年
《证券基金经营机构债券投资交易业务内控指引》	2018年12月25日	中证协发〔2018〕319号	第三十一条　参与债券投资交易的人员薪酬与激励合计超过100万元人民币的，超过部分应当按照等分原则递延发放，递延周期不少于2年。	参与债券投资交易的人员薪酬与激励合计超过100万元人民币的	—	2年
《证券公司治理准则（2020年修正）》	2020年3月20日	中国证券监督管理委员会公告〔2020〕20号	第六十五条　证券公司高级管理人员的绩效年薪由董事会根据高级管理人员的年度绩效考核结果决定，40%以上应当采取延期支付的方式，且延期支付期限不少于3年。延	证券公司高级管理人员	40%	3年

续表

文件名	实施时间	文件号	具体内容	人群范围	递延奖金比例	递延周期
《证券公司治理准则（2020年）修正》	2020年3月20日	中国证券监督管理委员会公告〔2020〕20号	期支付薪酬的发放应当遵循等分原则。 高级管理人员未能勤勉尽责，致使证券公司存在重大违法违规行为或者重大风险的，证券公司应当停止支付全部或者部分未支付的绩效年薪。	证券公司高级管理人员	40%	3年
《证券基金经营机构董事、监事、高级管理人员及从业人员监督管理办法（征求意见稿）》	2020年11月20日	—	第四十三条第一款【激励约束机制】证券基金经营机构应当建立长效合理的薪酬管理制度，充分反映合规管理和风险管理要求，避免短期激励等不当激励行为。证券基金经营机构应当对高级管理人员、部门负责人、分支机构负责人和核心业务人员建立薪酬递延支付机制，在劳动合同中合理确定薪酬递延支付标准、年限和比例等。	高级管理人员、部门负责人、分支机构负责人和核心业务人员	—	—
《证券基金经营机构董事、监事、高级管理人员及从业人员监督管理办法》	2022年4月1日	证监会令第195号	第四十四条第一款　证券基金经营机构应当建立长效合理的薪酬管理制度，充分反映合规管理和风险管理要求，避免短期、过度激励等不当激励行为。证券基金经营机构应当对董事长、高级管理人员、主要业务部门负责人、分支机构负责人和核心业务人员建立薪酬递延支付机制，在劳动合同、内部制度中合理确定薪酬递延支付标准、年限和比例等。	董事长、高级管理人员、主要业务部门负责人、分支机构负责人和核心业务人员	—	—

续表

文件名	实施时间	文件号	具体内容	人群范围	递延奖金比例	递延周期
《证券公司建立稳健薪酬制度指引》	2022年5月13日	中证协发〔2022〕123号	第十五条 证券公司在制定薪酬制度时，应当对董事长、高级管理人员、主要业务部门负责人、分支机构负责人和核心业务人员建立薪酬递延支付机制，明确适用条件、支付标准、年限和比例等内容。薪酬支付计划应当确保公司资本充足和可持续经营，递延支付年限应当与相关业务的风险持续期限相匹配，递延支付速度应当不快于等分比例。	董事长、高级管理人员、主要业务部门负责人、分支机构负责人和核心业务人员	—	与相关业务的风险持续期限相匹配

（二）银行保险公司关于递延绩效的监管规定梳理

2021年2月，中国银保监会发布了《关于建立完善银行保险机构绩效薪酬追索扣回机制的指导意见》。我们从时间脉络、追索具体要求、适用主体等角度进行说明。

时间	规范名称	具体要求			适用主体范围
		制度规定	追索、扣回薪酬范围	适用人员范围	
2010年3月	《商业银行稳健薪酬监管指引》（以下简称《指引》）	第十六条第二款规定，商业银行应制定绩效薪酬延期追索、扣回规定，如在规定期限内其高级管理人员和相关员工职责内的风险损失超常暴露，	绩效薪酬是指商业银行支付给员工的业绩报酬和增收节支报酬，	高级管理人员和相关员工；离职人员	商业银行在境外设立的子行、分行、非银行金融性公司由母行根据本指引的原则并结合不同国家和地区的法律规定、监管要求对其薪酬进行调控。 由银行业监督管理部门监

续表

时间	规范名称	具体要求			适用主体范围
		制度规定	追索、扣回薪酬范围	适用人员范围	
2010年3月	《商业银行稳健薪酬监管指引》(以下简称《指引》)	商业银行有权将相应期限内已发放的绩效薪酬全部追回，并止付所有未支付部分。商业银行制定的绩效薪酬延期追索、扣回规定应同样适用离职人员。	主要根据当年经营业绩考核结果来确定		管的其他类银行、非银行金融机构参照本指引执行。
2012年7月	《保险公司薪酬管理规范指引(试行)》	第二十五条规定，保险公司工作人员违反薪酬管理程序擅自发放薪酬、擅自增加薪酬激励项目或者在绩效考核中弄虚作假的，保险公司应当建立严格的问责制度，对违规发放的薪酬应当予以扣回。	扣回薪酬包括保险公司工作人员因向公司提供服务而从公司获得的货币和非货币形式的经济性报酬，并非仅限于绩效薪酬	与保险公司签订书面劳动合同的人员均执行该指引，不包括非执行董事、独立董事、外部监事、独立监事及工作顾问等	适用于在中国境内依法注册的保险公司、保险集团公司和保险资产管理公司。 国有保险公司薪酬管理另有规定的，适用其规定。
2012年11月2日	关于贯彻实施《保险公司薪酬管理规范指引(试行)》有关事项的通知	第三条规定，保险公司2012年度绩效考核确定的绩效薪酬可以不实行延期支付，2013及以后年度绩效考核确定的绩效薪酬应当按照《指引》要求实行延期支付。	无	无	外资保险公司在中国设立的法人实体适用《指引》有关规定。暂未设置独立董事的外资保险公司应当按照保监会有关规定，尽快建立独立董事制度。在独立董事到位之前，可以由公司指派其他董事行使独立董事在薪酬管理中的职责。 外资保险公司在中国设立的非法人实体不适用《指引》有关规定。

续表

时间	规范名称	具体要求			适用主体范围
		制度规定	追索、扣回薪酬范围	适用人员范围	
2018年3月	《银行业金融机构从业人员行为管理指引》	第二十条规定，银行业金融机构应针对高级管理人员及关键岗位人员制定与其行为挂钩的绩效薪酬延期追索、扣回制度，并将从业人员的行为与薪酬发放和职业晋升挂钩。	绩效薪酬	高级管理人员及关键岗位人员	境内设立的商业银行、农村信用合作社等吸收公众存款的金融机构及政策性银行。 金融资产管理公司、信托公司、财务公司、金融租赁公司以及经国务院银行业监督管理机构批准设立的其他金融机构适用本指引。
2021年2月	《关于建立完善银行保险机构绩效薪酬追索扣回机制的指导意见》（以下简称指导意见）	银行保险机构应当按规定建立并完善绩效薪酬追索扣回机制，健全劳动合同、薪酬管理、绩效考核等管理制度，充分运用薪酬工具，平衡好当期与长期、收益与风险的关系，确保薪酬激励与风险调整后的业绩相匹配，防范激进经营行为和违法违规行为，不断促进银行保险机构稳健经营和可持续发展。	超额发放的所有绩效薪酬和其他激励性报酬、部分绩效薪酬：其中绩效薪酬包括已支付和未支付的绩效薪酬	（1）高级管理人员和关键岗位人员；（2）离职人员和退休人员；（3）在银行保险机构领取绩效薪酬的董事和监事	包括银行机构、保险机构和在境内依法设立的金融资产管理公司、信托公司、企业集团财务公司、金融租赁公司、汽车金融公司、消费金融公司、货币经纪公司。银行机构是指在境内依法设立的商业银行、政策性银行、农村合作银行、农村信用合作社。保险机构是指在境内依法设立的保险集团（控股）公司、保险公司、保险资产管理公司、相互保险社。 经银保监会批准设立的其他金融机构参照适用本指导意见。

二、实战案例解析

（一）基本案情[①]

石某于2013年5月入职某银行公司位于太原市并州北路6号亿某酒店7层的能源矿产金融事业部山西二部工作，从事市场业务类工作。后因个人原因，石某申请辞职，双方于2017年6月27日正式解除劳动合同关系。在职期间，某银行公司依据《商业银行稳健薪酬监管指引》（银监发〔2010〕14号）的相关规定，对石某各年的绩效薪酬按每年33%的比例采取延期3年的方式支付。截至石某离职时，某银行公司尚欠付石某递延绩效金23.29万元，经催要，某银行公司拒不向石某支付上述绩效薪酬，甚至于2018年初向石某通知绩效薪酬将不予发放。后石某积极向某银行公司申诉，并发函要求某银行公司及时发放绩效薪酬，妥善处理此事，但某银行公司均置之不理。石某认为，某银行公司未及时足额支付其劳动报酬的行为已严重侵犯石某的合法权益，请求法院支持其诉讼请求。

（二）案件代理思路

关于递延绩效的性质，实践中存在两种相反的观点，对递延绩效性质的不同界定直接影响员工是否可以取得以及用人单位是否可以扣回、止付和追索绩效薪酬。一是认为递延绩效属于激励措施，性质是一项不确定的期待权益，因此递延绩效的取得与否在于是否满足双方的约定；二是认为递延绩效仍属于劳动报酬的一部分，员工离职时应当结清。

实践中，用人单位扣回、止付、追索绩效薪酬，主要通过依法制定并实施的递延绩效薪酬的相关制度，且该制度已经过民主程序公示，属于用人单位自主决定的分配制度。

（三）法院审查要点

1. 关于绩效薪酬递延奖金的性质认定问题

在石某与某银行公司劳动争议二审民事判决书[②]中，法院认为：本案中的绩

① （2021）晋01民终329号。

② （2021）晋01民终329号。

效薪酬递延奖金是上诉人某银行公司对本公司人员采取的一项具有递延性质的激励措施，其性质是一项具有不确定性的期待权益，而不是延后发放的普通工资或薪酬。绩效薪酬是银行根据经营业绩和风险成本及员工是否尽职等考核指标来确定是否支付给员工的业绩报酬，属于银行自主管理权的体现，银行有权自主决定绩效薪酬递延奖金发放的条件、数额等事宜。

实践中，用人单位败诉的原因主要是法院将递延绩效的性质界定为工资，因此用人单位克扣的行为因违反《劳动合同法》的强制性规定而无效。例如，在王某与某证券公司劳动争议一审民事判决书[①]中，法院认为：用人单位在奖金的设置和发放上享有相当程度的自主权，但相关奖金制度的设计还需要在法律的框架内，并做到实体公正，程序合法。本案中，双方当事人均认可王某的工资构成包含奖金，故双方诉争的奖金系王某劳动报酬不可分割的一部分，应当受到法律保护。某证券公司提交的相关绩效奖金制度约定，对于主动离职的员工，公司将止付全部或部分的绩效奖金。该规定的条款实际上限制了劳动者的相关权益，属于限制或免除用人单位在《劳动合同法》中应当承担的义务或责任，根据《劳动合同法》第二十六条之规定，该条款无效。

2. 关于用人单位扣回、止付、追索绩效薪酬的路径的问题

在石某、某银行公司劳动争议民事审判监督民事裁定书[②]中，用人单位称："递延制度是国家法律要求，公司已依法制订并实施递延待遇相关制度，追索、扣回、止付石某递延绩效待遇合法在理。"主要依据是《金融违法行为处罚办法》[③]和《商业银行稳健薪酬监管指引》[④]。这些制度既有法律依据，也进行了公示；而且石某入职时签署过《员工行为守则》，双方劳动合同也约定清楚了"以公司内部

---

① （2018）京0102民初8272号。

② （2021）晋民申3086号。

③ 《金融违法行为处罚办法》第三条第二款规定："本办法规定的纪律处分，包括警告、记过、记大过、降级、撤职、留用察看、开除，由所在金融机构或者上级金融机构决定。"第四条规定："金融机构的工作人员离开该金融机构工作后，被发现在该金融机构工作期间违反国家有关金融管理规定的，仍然应当依法追究责任。"

④ 《商业银行稳健薪酬监管指引》第十六条第二款规定："商业银行应制定绩效薪酬延期追索、扣回规定，如在规定期限内其高级管理人员和相关员工职责内的风险损失超常暴露，商业银行有权将相应期限内已发放的绩效薪酬全部追回，并止付所有未支付部分。商业银行制定的绩效薪酬延期追索、扣回规定应同样适用离职人员。"

电子网络或书面的方式向乙方公示，乙方应通过及时查阅公司内部电子网络或询问主管领导、查阅书面文件等方式了解公司制度”。因此，银行已就相关制度履行了民主程序，依法行使自主管理权审议决定扣发全部递延绩效待遇，石某的主张没有事实和法律依据，不应得到支持。

法院认为：关于再审申请人请求某银行公司支付绩效薪酬 232900 元，并加付赔偿金 232900 元是否应予支持的问题，某银行公司所规定的奖金制度是根据其单位自身经营特点自主安排支付给劳动者的奖励，属于其单位自主经营、自主管理的范畴，其有权决定是否发放。由于再审申请人石某在某银行公司任职期间，某银行公司西安分行向山西某焦煤公司发放 4 笔共计 10 亿元贷款的授信业务，当时再审申请人石某是该贷款业务的协办客户经理。该笔贷款到期后，某焦煤公司只偿还其中 1 笔贷款 2 亿元，剩余贷款未全部偿还。因此，某银行公司能源金融事业部给再审申请人石某复函，主要内容为，再审申请人石某作为上述业务的客户经理应承担次要责任，给予通报批评并处经济处罚。故原二审法院认定某银行公司根据内部制度扣发再审申请人石某的绩效薪酬递延奖金是自主管理的范畴，并驳回其诉讼请求并无不当。

除上述案例之外，在某银行重庆分行、李某劳动争议二审民事判决书[①]中，用人单位称：根据《绩效薪酬延期支付管理实施细则》，延期支付绩效应以持续在职为前提条件，因任何原因离职，均不应获得延期支付绩效。该制度已公示，且李某知悉、签名确认。李某离职完全系因其单方原因，不应获得延期绩效。

法院认为：关于某银行重庆分行是否欠付李某工资、延期绩效、病假工资及金额问题。某银行重庆分行依据李某 2017 年度考核结果，对其免职、调岗及重新按岗位定薪资，符合用人单位经营自主权，李某要求补齐所降薪的工资，不能成立，本院不予支持。依据《某银行重庆分行绩效薪酬延期支付管理实施细则》规定，绩效薪酬延期支付管理期限为三年，按比例支付；经分行问责工作领导小组认定，决定对相关问责对象实施止付的，即实施止付其延期支付绩效薪酬；延期支付对象人员调离出集团公司时，尚未发生相关风险暴露的，即止付所有未支付绩效薪酬；除在职干部员工对象外，绩效薪酬延期支付、止付、追索、扣回

① （2019）渝 01 民终 8298 号。

规定，也适用分行内退、离行（含调动、退休、辞职）人员。本案庭审中，双方认可李某剩余延期绩效 20860.53 元未发放，但李某在 2018 年 9 月 5 日解除了劳动合同，按该细则同样应支付辞职人员李某所有未支付的绩效薪酬。故李某主张某银行重庆分行支付延期绩效 20860.53 元，不符合规章制度规定，本院不予支持。

3. 关于员工离职时，用人单位有权不予支付尚未到期的递延绩效薪酬的问题

在某证券公司与石某劳动争议案[①]中，法院认为，关于某项目奖金的支付问题。某证券公司同意向石某支付某项目奖金 226013.22 元，但是提出需要预留 20% 的项目风险金，并提交了《某证券公司投资银行业务项目提成激励与约束管理办法》（2014 年 3 月修订）予以证明。石某不予认可，认为奖金应当一次性发放，但其获得项目奖金也是依据此文件，故其奖金发放应当按此文件规定执行，可以分期支付。某证券公司称非公开发行股票获得中国证券监督管理委员会核准的公告于 2015 年 9 月 11 日作出，至 2016 年 9 月 11 日，预留风险金中的一半，即 10% 已达到发放条件，故某证券公司应向石某支付某项目奖金 226013.22 元 × 90%=203411.9 元，剩余部分即另 10% 在风险预留期 2017 年 9 月 11 日过后支付。

三、合规操作方案

1. 深刻理解稳健薪酬制度设立的目的，将目的落实在具体的管理要求中

稳健经营理念、确保合规底线，促进形成正向激励以及提升公司长期价值的原则和目标不是简单的“口号”，而是要落实在对风险的判断、约束机制的全面、从业人员的行为要求、公司和行业长远发展等角度全面审视。

2. 完善薪酬递延制度

薪酬递延制度应当包含适用情形、递延支付比例、递延支付周期、工作程序、责任部门、争议处理、内部监督及问责等内容。尤其应当关注：（1）经济责任与法律责任的区分；（2）“直接造成风险事件”“对风险事件的产生负有个人责任”等情形如何认定；（3）不予发放与追回具体条件以及可执行性等方面的落实。

---

① （2017）京 02 民终 4976 号。

第三节　加班费纠纷

一、加班费纠纷问题解析

> 加班费的一般问题有哪些？加班未经审批是否一律无需支付加班费？加班导致的“过劳死”问题用人单位会承担哪些责任？

（一）加班费的一般问题有哪些

这几年，一些行业、企业超时加班问题受到社会广泛关注。2021年6月30日，人力资源社会保障部和最高人民法院联合发布第二批劳动人事争议典型案例，此部分内容主要围绕典型案例，总结加班费中的一般问题。

1. 劳动者拒绝违法超时加班安排，用人单位能否解除劳动合同

《劳动法》第四十一条规定：“用人单位由于生产经营需要，经与工会和劳动者协商后可以延长工作时间，一般每日不得超过一小时；因特殊原因需要延长工作时间的，在保障劳动者身体健康的条件下延长工作时间每日不得超过三小时，但是每月不得超过三十六小时。”第四十三条规定：“用人单位不得违反本法规定延长劳动者的工作时间。”《劳动合同法》第二十六条第一款规定：“下列劳动合同无效或者部分无效：……（三）违反法律、行政法规强制性规定的。”为确保劳动者休息权的实现，我国法律对延长工作时间的上限予以明确规定。用人单位制定违反法律规定的加班制度，在劳动合同中与劳动者约定违反法律规定的加班条款，均应认定为无效。

例如，在张某与某快递公司劳动合同纠纷案件中，法院认为：某快递公司规章制度中“工作时间为9时至21时，每周工作6天”的内容，严重违反法律关于延长工作时间上限的规定，应认定为无效。员工张某拒绝违法超时加班安排，系维护自己合法权益，不能据此认定其在试用期间被证明不符合录用条件。故仲裁委员会依法裁决某快递公司支付张某违法解除劳动合同赔偿金。

2. 劳动者与用人单位订立放弃加班费协议，能否主张加班费

《劳动合同法》第二十六条第一款规定："下列劳动合同无效或者部分无效：……（二）用人单位免除自己的法定责任、排除劳动者权利的……"《最高人民法院关于审理劳动争议案件适用法律问题的解释（一）》（法释〔2020〕26号）第三十五条规定："劳动者与用人单位就解除或者终止劳动合同办理相关手续、支付工资报酬、加班费、经济补偿或者赔偿金等达成的协议，不违反法律、行政法规的强制性规定，且不存在欺诈、胁迫或者乘人之危情形的，应当认定有效。前款协议存在重大误解或者显失公平情形，当事人请求撤销的，人民法院应予支持。"加班费是劳动者延长工作时间的工资报酬，《劳动法》第四十四条、《劳动合同法》第三十一条明确规定了用人单位支付劳动者加班费的责任。约定放弃加班费的协议免除了用人单位的法定责任、排除了劳动者权利，显失公平，应认定无效。

在张某与某科技公司追索劳动报酬纠纷案中，法院认为：某科技公司利用在订立劳动合同时的主导地位，要求员工张某在其单方制定的格式条款上签字放弃加班费，既违反法律规定，也违背公平原则，侵害了张某工资报酬权益。故仲裁委员会依法裁决某科技公司支付张某加班费。

3. 用人单位与劳动者约定实行包薪制，是否需要依法支付加班费

《劳动法》第四十七条规定："用人单位根据本单位的生产经营特点和经济效益，依法自主确定本单位的工资分配方式和工资水平。"第四十八条规定："国家实行最低工资保障制度……"《最低工资规定》（劳动和社会保障部令第21号）第三条第一款规定："本规定所称最低工资标准，是指劳动者在法定工作时间或依法签订的劳动合同约定的工作时间内提供了正常劳动的前提下，用人单位依法应支付的最低劳动报酬。"从上述条款可知，用人单位可以依法自主确定本单位的工资分配方式和工资水平，并与劳动者进行相应约定，但不得违反法律关于最低工资保障、加班费支付标准的规定。

在周某与某汽车服务公司追索劳动报酬纠纷案中，法院认为：根据员工周某实际工作时间折算，即使按照当地最低工资标准认定周某法定标准工作时间工资，并以此为基数核算加班费，也超出了4000元的约定工资，表明某汽车服务公司未依法足额支付周某加班费。故仲裁委员会依法裁决某汽车服务公司支付周某加班费差额。

4. 用人单位未与劳动者协商一致增加工作任务，劳动者是否有权拒绝

《劳动合同法》第三十一条规定："用人单位应当严格执行劳动定额标准，不得强迫或者变相强迫劳动者加班……"第三十五条第一款规定："用人单位与劳动者协商一致，可以变更劳动合同约定的内容……"劳动合同是明确用人单位和劳动者权利义务的书面协议，未经变更，双方均应严格按照约定履行，特别是涉及工作时间等劳动定额标准的内容。

在张某与某报刊公司劳动合同纠纷案中，法院认为：某报刊公司超出合理限度大幅增加员工张某的工作任务，应视为变更劳动合同约定的内容，违反了关于"协商一致"变更劳动合同的法律规定，已构成变相强迫劳动者加班。因此，张某有权依法拒绝上述安排。某报刊公司以张某不服从工作安排为由与其解除劳动合同不符合法律规定。故仲裁委员会依法裁决某报刊公司支付张某违法解除劳动合同赔偿金。

5. 处理加班费争议，如何分配举证责任

《劳动争议调解仲裁法》第六条规定："发生劳动争议，当事人对自己提出的主张，有责任提供证据。与争议事项有关的证据属于用人单位掌握管理的，用人单位应当提供；用人单位不提供的，应当承担不利后果。"《最高人民法院关于审理劳动争议案件适用法律问题的解释（一）》（法释〔2020〕26号）第四十二条规定："劳动者主张加班费的，应当就加班事实的存在承担举证责任。但劳动者有证据证明用人单位掌握加班事实存在的证据，用人单位不提供的，由用人单位承担不利后果。"从上述条款可知，主张加班费的劳动者有责任按照"谁主张，谁举证"的原则，就加班事实的存在提供证据，或者就相关证据属于用人单位掌握管理提供证据。用人单位应当提供而不提供有关证据的，可以推定劳动者加班事实存在。

在林某与某教育咨询公司追索劳动报酬纠纷案中，法院认为：虽然员工林某提交的工资支付记录为打印件，但与实名认证的App打卡记录互相印证，能够证明某教育咨询公司掌握加班事实存在的证据。某教育咨询公司虽然不认可上述证据的真实性，但未提交反证或者作出合理解释，应承担不利后果。故仲裁委员会依法裁决某教育咨询公司支付林某加班费。

6. 劳动者超时加班发生工伤，用工单位、劳务派遣单位是否承担连带赔偿责任

《劳动法》第三十八条规定："用人单位应当保证劳动者每周至少休息一日。"第四十一条规定："用人单位由于生产经营需要，经与工会和劳动者协商后可以延长工作时间，一般每日不得超过一小时；因特殊原因需要延长工作时间的，在保障劳动者身体健康的条件下延长工作时间每日不得超过三小时，但是每月不得超过三十六小时。"《劳动合同法》第九十二条第二款规定："……用工单位给被派遣劳动者造成损害的，劳务派遣单位与用工单位承担连带赔偿责任。"《国务院关于职工工作时间的规定》（国务院令第 174 号）第三条规定："职工每日工作 8 小时、每周工作 40 小时。"休息权是劳动者的基本劳动权利，即使在支付劳动者加班费的情况下，劳动者的工作时间仍然受到法定延长工作时间上限的制约。劳务派遣用工中，劳动者超时加班发生工伤，用工单位和劳务派遣单位对劳动者的损失均负有责任，应承担连带赔偿责任。劳动者与用工单位、劳务派遣单位达成赔偿协议的，当赔偿协议存在违反法律、行政法规的强制性规定，欺诈、胁迫或者乘人之危情形时，不应认定赔偿协议有效；当赔偿协议存在重大误解或者显失公平情形时，应当支持劳动者依法行使撤销权。

在某服务公司等与某传媒公司劳动争议纠纷案中，法院认为：某服务公司和某传媒公司协议约定的被派遣劳动者每天工作时间及每月工作保底工时，均严重超过法定标准。员工李某工亡前每月休息时间不超过 3 日，每日工作时间基本超过 11 小时，每月延长工作时间超过 36 小时数倍，其依法享有的休息权受到严重侵害。某传媒公司作为用工单位长期安排李某超时加班，存在过错，对李某在工作期间突发疾病死亡负有不可推卸的责任。惠某等主张某传媒公司与某服务公司就李某工伤的相关待遇承担连带赔偿责任，应予支持。惠某等虽与某传媒公司达成了赔偿协议，但赔偿协议是在劳动者未经社会保险行政部门认定工伤的情形下签订的，且赔偿协议约定的补偿数额明显低于法定工伤保险待遇标准，某服务公司和某传媒公司应对差额部分予以补足。

7. 用人单位以规章制度形式否认劳动者加班事实是否有效

《劳动合同法》第四条规定："用人单位应当依法建立和完善劳动规章制度，保障劳动者享有劳动权利、履行劳动义务。用人单位在制定、修改或者决定有关劳动报酬、工作时间、休息休假、劳动安全卫生、保险福利、职工培训、劳动纪律以及劳动定额管理等直接涉及劳动者切身利益的规章制度或者重大事项时，应当经职工代表大会或者全体职工讨论，提出方案和意见，与工会或者职工代表平等协商确定。……用人单位应当将直接涉及劳动者切身利益的规章制度和重大事项决定公示，或者告知劳动者。”通过民主程序制定的规章制度，不违反国家法律、行政法规及政策规定，并已向劳动者公示的，可以作为确定双方权利义务的依据。

在常某与某网络公司追索劳动报酬纠纷案中，法院认为：一方面，某网络公司的员工手册规定有加班申请审批制度，该规定并不违反法律规定，且具有合理性，在劳动者明知此规定的情况下，可以作为确定双方权利义务的依据。另一方面，某网络公司的员工手册规定21：00之后起算加班时间，并主张18：00至21：00是员工晚餐和休息时间，故自21：00起算加班。鉴于18：00至21：00时间长达3个小时，远超过合理用餐时间，且在下班3个小时后再加班，不具有合理性。在某网络公司不能举证证实该段时间为员工晚餐和休息时间的情况下，其规章制度中的该项规定不具有合理性，人民法院依法否定了其效力。人民法院结合考勤记录、工作系统记录等证据，确定了常某的加班事实，判决某网络公司支付常某加班费差额。

8. 劳动者在离职文件上签字确认加班费已结清，是否有权请求支付欠付的加班费

《最高人民法院关于审理劳动争议案件适用法律问题的解释（一）》（法释〔2020〕26号）第三十五条第一款规定：“劳动者与用人单位就解除或者终止劳动合同办理相关手续、支付工资报酬、加班费、经济补偿或者赔偿金等达成的协议，不违反法律、行政法规的强制性规定，且不存在欺诈、胁迫或者乘人之危情形的，应当认定有效。”司法实践中，既应尊重和保障双方基于真实自愿合法原则签订的终止或解除劳动合同的协议，也应对劳动者明确持有异议的、涉及劳动者基本权益保护的协议的真实性予以审查，依法保护劳动者的合法权益。

在肖某与某科技公司追索劳动报酬纠纷案中，法院认为：员工肖某认为离职申请交接表“员工确认”一栏不是其真实意思表示，上面记载的内容也与事实不符。该表中“员工离职原因”与“员工确认”两处表述确实存在矛盾。两家公司均未提供与肖某就加班费等款项达成的协议及已向肖某支付上述款项的证据，且肖某否认双方就上述款项已达成一致并已给付。因此，离职申请交接表中员工确认的“现单位已将我的工资、加班费、经济补偿结清，我与单位无其他任何争议”与事实不符，不能认定为肖某的真实意思表示。本案情形并不符合《最高人民法院关于审理劳动争议案件适用法律问题的解释（一）》第三十五条之规定，故二审法院依法支持肖某关于加班费的诉讼请求。

9. 加班费的仲裁时效应当如何认定

《劳动争议调解仲裁法》第二十七条规定：“劳动争议申请仲裁的时效期间为一年。仲裁时效期间从当事人知道或者应当知道其权利被侵害之日起计算。……劳动关系存续期间因拖欠劳动报酬发生争议的，劳动者申请仲裁不受本条第一款规定的仲裁时效期间的限制；但是，劳动关系终止的，应当自劳动关系终止之日起一年内提出。”《劳动法》第四十四条规定：“有下列情形之一的，用人单位应当按照下列标准支付高于劳动者正常工作时间工资的工资报酬……”《关于工资总额组成的规定》（国家统计局令第1号）第四条规定：“工资总额由下列六个部分组成：……（五）加班加点工资……”仲裁时效分为普通仲裁时效和特别仲裁时效，在劳动关系存续期间因拖欠劳动报酬发生劳动争议的，应当适用特别仲裁时效，即劳动关系存续期间的拖欠劳动报酬仲裁时效不受“知道或者应当知道权利被侵害之日起一年”的限制，但是劳动关系终止的，应当自劳动关系终止之日起一年内提出。加班费属于劳动报酬，相关争议处理中应当适用特别仲裁时效。

在张某与某建筑公司追索劳动报酬纠纷案中，法院认为：某建筑公司主张员工张某加班费的请求已经超过了一年的仲裁时效，不应予以支持。人民法院认为，张某与某建筑公司的劳动合同于2019年2月解除，其支付加班费的请求应自劳动合同解除之日起一年内提出，张某于2019年12月提出仲裁申请，其请求并未超过仲裁时效。根据劳动保障监察机构在执法中调取的工资表上的考勤记录，人民法院认定张某存在加班的事实，判决某建筑公司支付张某加班费。

（二）加班未经审批是否一律无需支付加班费

用人单位通过制度规定加班须经审批，不经审批的加班是否无需支付加班费的问题，需考虑制度本身的合法性及制度的执行情况和举证责任的分配等因素。

1. 用人单位与加班审批相关制度的制定程序是否合法

依据《劳动合同法》第四条第二款“用人单位在制定、修改或者决定有关劳动报酬、工作时间、休息休假、劳动安全卫生、保险福利、职工培训、劳动纪律以及劳动定额管理等直接涉及劳动者切身利益的规章制度或者重大事项时，应当经职工代表大会或者全体职工讨论，提出方案和意见，与工会或者职工代表平等协商确定”及第四款“用人单位应当将直接涉及劳动者切身利益的规章制度和重大事项决定公示，或者告知劳动者”之规定，加班时间、加班费支付属于劳动报酬、工作时间等直接涉及劳动者切身利益的范畴，因此制定与加班审批相关制度应经过相应的民主公示流程，即经过工会或职工代表的协商确定，并经过公示或明确告知劳动者。未经过上述民主公示流程的制度，会因制定程序不符合法律规定，而被法院认定为无效。

司法实践中遵循的也是上述原则，如苏州市相城区人民法院民事判决书[①]中载明“原告制定的《员工手册》中虽然规定了加班审批制度，但原告所举证的2011年3月15日职工代表大会开会内容中并不包含该内容，审理中原告也未提供其他证据证实该制度系经过工会或者职工代表大会讨论协商确定，故是否履行加班审批手续不应作为认定被告是否加班的必要条件”。

2. 用人单位与加班审批相关制度在实际工作中是否贯彻执行

结合相关案例可知，司法实践中，法院除了审查与加班审批有关的规章制度本身的法律效力以外，还会就规章制度是否得到了实际执行，也即相应的加班审批手续是否被实际执行进行审查。如肇庆市中级人民法院作出的民事判决书[②]中载明“如果加班审批制度真实执行，某公司应当持有杨某于2015年、2016年、2017年加班期间的相关审批手续，经本院释明某公司在二审期间也未能提供相关审批手续，也不能证实该加班审批制度已真实执行。综上，某公司主张杨某的加班未经公司审批，不属有效加班的理由不成立，本院不予采纳”。

以上可知，若加班审批制度在实际中未得到贯彻执行，那么对劳动者也是

---

① （2013）相民初字第1089号。

② （2018）粤12民终2890号。

不具有约束力的。

3. 加班事实的举证责任

根据《最高人民法院关于审理劳动争议案件适用法律问题的解释（一）》第四十二条之规定，证明加班事实的基本举证责任在劳动者。但实践中，劳动者证明存在加班事实本身是有很大难度的，但也并非完全不可举证。一旦劳动者有充足证据证明加班事实的存在，而用人单位能够进行的相对有效的抗辩理由就是单位存在合法有效且实际执行的加班审批制度，而劳动者知悉但没有履行加班审批程序，即使存在加班事实也是劳动者个人行为，用人单位无需支付加班费。当然，即使用人单位能够证明单位存在加班审批制度，如劳动者能够提出反证，即劳动者证明加班审批制度并未实际执行，则用人单位仍存在支付加班费的法律风险。

综上，针对劳动者因个人原因进行的加班工作，在用人单位制定的相关规章制度合法且规定的加班审批流程得到了实际执行的情况下，规章制度中要求劳动者加班应事先审批的法律效力通常会被认定，可以作为认定加班的依据；否则，不能作为认定加班的依据。

（三）加班导致的“过劳死”问题用人单位会承担哪些责任

这里以“过劳死”为例进行讨论。关于“过劳死”的法律责任性质有以下几种观点：

1. 工伤责任说

目前，我国尚未将“过劳死”纳入工伤保险保障范围。人力资源社会保障部对十二届全国人大五次会议第 8524 号建议的答复（人社建字〔2017〕141 号）中提到，“在工作时间和工作岗位，突发疾病死亡或者在 48 小时内经抢救无效死亡的”可以视同工伤。这一规定，实际上扩大了工伤保险的保障范围，一定程度上保障了“过劳死”人员的权益，体现了“以人为本”的立法原则。

2. 侵权责任说

侵权责任的构成要件包括：违法行为、损害事实、因果关系和主观过错。具体到“过劳死”案件中，用人单位侵害了劳动者享有的休息权、健康权等基本权利，与劳动者死亡的损害结果之间存在直接的因果关系，所以在理论上可以将其归于侵权责任说。同时，从民事侵权的惩罚功能来看，“过劳死”是由于用人单位违反相关法律规定，直接或间接强迫劳动者在超长时间、超大强度下工作而导致。如果由工伤保险承担替代赔偿责任，可能会鼓励企业通过缴纳极少的保险费，而无所顾忌地压榨劳动者为自己谋取最大化利益，引发道德风险。

但是，侵权责任的归责原则是过错责任原则，即需要由劳动者证明用人单位侵权行为的存在，加大了劳动者的举证责任，而且关于用人单位主观过错的证明也存在难度。

从中国裁判文书网中与“过劳死”相关的案例来看，案由分为民事与行政两类。民事案件均属于侵权法律关系，当事人主要以民事侵权为诉由，侵害的是生命健康权。在行政案件中，案由多为受害者不服不予认定工伤的意见。

从目前法律规定来看，“过劳死”不算工伤，但存在一些判决公司承担一定比例侵权责任的案例[①]。

二、实战案例解析

（一）服务行业的加班情形认定

案例一　黄某与某公司劳动合同纠纷民事二审案[②]

1. 基本案情

2017 年 3 月 21 日，黄某进入案外人上海 A 有限公司（以下简称上海 A 公司）工作，负责淮安项目营销条线。2018 年 1 月 1 日，黄某平调至新成立的某公司（即本案被告）招商管理岗，签订期限自 2018 年 1 月 1 日起至 2020 年 12 月 31 日止的劳动合同。在职期间，黄某除完成公司基本日常工作外，还被派至系统单位内案外人上海 A 公司下属公司，即案外人淮安 C 有限公司（以下简称淮安 C 公司）处负责该公司 2017 年筹备立项、2018 年启动销售的江苏淮安在建商业项

---

① 如新疆维吾尔自治区高级人民法院（2019）新 40 民申 129 号、新疆生产建设兵团第（农）八师中级人民法院（2021）兵 08 民终 310 号。

② （2021）沪 02 民终 11392 号。

目“华谊星河商业广场”的全程营销招商工作。自2018年1月1日至2020年8月10日，黄某出差至案外人淮安C公司期间并无休息，包括双休日及法定节假日，被告从未支付过黄某加班工资。2020年8月3日，被告向黄某发送《通知书》，通知黄某双方劳动合同于2020年12月31日到期后不再续签。2020年9月14日，黄某向本市普陀区劳动人事争议仲裁委员会申请劳动仲裁，要求被告支付2018年1月1日至2020年8月10日双休日加班工资、2017年3月21日至2020年8月10日出差补贴中的伙食补贴和2018年1月1日至2020年8月5日双休日值班津贴差额、出差津贴差额及车贴差额。同年11月27日，上海市普陀区劳动人事争议仲裁委员会作出普劳人仲（2020）办字第2335号《裁决书》，裁决：对申请人（即本案黄某）请求事项不予支持。黄某对仲裁裁决不服，故诉至本院，要求判令如其诉请。

2. 案件代理思路

当事人对自己提出的诉讼请求所依据的事实或者反驳对方诉讼请求所依据的事实，应当提供证据加以证明，但法律另有规定的除外。在作出判决前，当事人未能提供证据或证据不足以证明其事实主张的，由负有举证证明责任的当事人承担不利后果。

3. 法院审查要点

本案中，用人单位称：黄某未提供能证明加班事实的证据，应承担无法提供证据的不利后果。且公司制度规定员工加班需要提供加班申请，黄某从未提出过加班申请。除此之外，员工加班公司会安排补休，不补休公司会安排值班津贴，黄某在出差期间周末正常休息，公司发放津贴，黄某另行主张加班费用，不符合法律事实。

法院认为：根据公司的《考勤管理制度》，加班需要经过申请、审批流程。黄某在淮安出差期间若因其个人原因不能返沪休息，周末给予150元津贴。某公司在本院审理中向黄某支付了2019年5月1日、2日、3日以及10月27日的加班费共计3807元，符合法律规定。对于黄某主张的其他加班工资，因其证据不足，本院不予采纳。

案例二　余某与某公司上海静安分公司劳动合同纠纷一审案[①]

1. 基本案情

余某与某公司上海静安分公司于2018年10月8日订立期限自2018年10月9日至2019年10月8日的《劳动合同书》，合同约定余某的试用期为60天，从事服务员工作，试用期月工资3500元，试用期满后月工资3700元。余某在职期间作息制度为做六休一。合同第十四条还约定：实行综合工时制工作制度，某公司上海静安分公司安排余某月工作时间应不超过法律规定的时间，超过的部分应按国家规定支付加班工资。

2. 案件代理思路

当事人对自己提出的诉讼请求所依据的事实或者反驳对方诉讼请求所依据的事实有责任提供证据加以证明，没有证据或者证据不足以证明当事人的事实主张的，由负有举证责任的当事人承担不利后果。

余某已确认公司提供的《劳动合同书》的真实性，双方并不存在未订立劳动合同的事实，即使公司未依法向余某提供劳动合同文本，也非需支付双倍工资的法定情形，余某要求公司支付2018年10月8日至2019年7月31日未签订劳动合同双倍工资差额34100元的诉讼请求，依据不足。公司支付余某合法合理的加班费用即可。

3. 法院审查要点

本案中，用人单位称：单位与原告签订过正式的劳动合同，被告也足额支付了所有薪资，未拖欠原告加班费；原告主动离职，被告无需支付赔偿金。不同意原告的诉请，同意仲裁裁决。

法院认为：被告在审理中确认原告在职期间的作息时间为每周做六休一、每天工作8小时，故被告依法应向原告支付相应的休息日加班工资。被告称原告的工资中已包含加班工资的抗辩意见未获原告认可，亦与劳动合同的约定不符，本院对该抗辩意见不予采纳。且根据被告抗辩的原告工资中已包含加班费的意见可知，被告未在约定的工资外向原告支付过休息日的加班费。本院根据原告在职期间的日期以及不同阶段的工资进行核算，被告应向原告支付2018年

① （2019）沪0106民初46985号。

10月8日至2019年7月31日休息日加班费14436.78元。原告确认被告已支付2019年春节的3天加班费，其余的元旦、清明和劳动节3天法定节假日加班费已获仲裁委支持，仲裁委核算的加班费金额未低于法定标准，被告也未持异议，本院予以确认。对原告主张的其余加班费请求不予支持。

案例三　罗某、某公司劳动合同纠纷民事一审案[①]

1. 基本案情

罗某2019年3月1日前属于劳务派遣，劳务派遣公司名称为前某网络科技（上海）有限公司，罗某从劳务派遣公司离职后入职某公司，罗某于2019年3月1日与某公司签订书面劳动合同，工作时间连续，工作地点未变更，工作岗位为仓管员。其间，某公司每月20日以银行转账方式向罗某发放上月工资，罗某是计件工资，每月工资不固定。且罗某与某公司劳动关系已经解除，罗某最后工作日为2020年6月10日，劳动关系解除前十二个月的平均工资是6182.76元。本案中，罗某要求支付解除劳动合同经济补偿金及代通知金，2012年至2020年的高温补贴，2019年至2020年的休息日加班费以及未休年休假工资。

2. 案件代理思路

对于罗某的四项诉讼请求进行逐一分析，首先，公司解除双方劳动合同是否违反法律规定，罗某诉请公司支付经济补偿金及代通知金是否于法无据；其次，双方需确认罗某是否确实需要在室外工作，是否符合高温补贴发放的基本前提；再次，双方对于加班时长是否有异议；最后，罗某是否能够证明未休年休假的真实性。

3. 法院审查要点

本案中，用人单位称：某公司对罗某提交的上班打卡照片、录音资料的真实性、合法性及关联性均不予以确认。对于打卡照片，首先某公司称打卡图片没有看到任何人像，不能证明是罗某本人打卡，也可以是第三方代为打卡；其次打卡图片也看不出位置，只有一台打卡机，只是显示早上晚上各打卡一次，不能体现整个过程，无法证明罗某实际到岗提供劳动，实际上罗某也没有到岗提供劳动，其属于旷工。某公司称其与罗某解除劳动合同是基于罗某旷工多天，其解除行为合法。

---

① （2020）粤0112民初15015号。

法院认为：双方对于加班时长无异议，本院亦予确认，某公司主张无需支付加班费的抗辩事由于法无据，亦与双方劳动合同的约定不符，本院依法不予采信。某公司应向罗某支付的2019年至2020年的休息日加班费应按该公式（2100元/月÷21.75天×51天×2倍）计算，但鉴于本案劳动仲裁以“2100元/月÷21.75天×53天×2倍”计算罗某加班费为10234.48元后，某公司未申请撤销该仲裁，应视为其同意该仲裁结果。某公司应向罗某支付的2019年至2020年的休息日加班费为10234.48元。

（二）建筑行业的加班情形认定

案例四　刘某与某公司劳动合同纠纷一审案[①]

1. 基本案情

刘某于2010年4月6日入职被告处工作，任职工程师、项目经理等岗位，双方第一份劳动合同期限为2010年4月6日至2012年4月5日。2012年4月某公司安排刘某与某市对外服务有限公司签订劳动合同，派遣刘某至某公司处工作。从2013年10月1日开始，刘某与某公司连续签订两份劳动合同，最后一份合同期限至9月30日。2019年8月9日，某公司向刘某发邮件通知解除劳动合同，2019年9月30日，某公司向刘某出具《合同到期不续签补偿协议》。根据上述事由，刘某主张：1. 违法解除劳动合同赔偿金499605元；2. 2019年9月工资差额10464.21元；3. 请求判令被告支付原告加班工资216099.77元，并主张若无法支持第一项诉讼请求，则愿意将该项诉请更改为请求判令被告支付原告终止劳动合同经济补偿金249802.5元；4. 2019年8月至9月报销费用6125元。

2. 案件代理思路

首先，关于违法解除劳动合同赔偿金，原告主张依照《劳动合同法》第十四条第二款第三项，被告应与原告签订无固定期限劳动合同，被告到期终止劳动合同不再续签属于违法终止，应支付赔偿金。该法律条文的适用情形为双方达成续订劳动合同的一致合意，本案情形并不符合。后原告若愿意变更诉请为终止劳动

① （2020）沪0105民初5358号。

合同补偿金，符合法律规定。其次，关于2019年9月工资差额，对于当月正常工作4天、病假17天的事实双方是否有异议。再次，2019年8月及9月的报销款，被告是否确认已收取报销费用的票据，费用金额计6125元。最后，2016年1月1日至2019年9月30日的加班费，原、被告是否一致确认，被告未支付过原告加班费。

3. 法院审查要点

本案中，用人单位称：公司不同意原告的诉讼请求，认为原、被告间仅存在两份连续的劳动合同。原告提供的考勤邮件系保留在本地盘的Outlook邮箱中，并非原件，不足以证明原告加班事实。原告曾于2013年5月向公司支取备用金1万元，该备用金的冲抵需要提供单据，原告并未用于冲抵项目支出，应在本案中抵扣。

法院认为：双方一致确认原告工作邮箱已于其离职后注销，原告提供其个人邮箱中的考勤邮件、保留在本地Outlook邮箱中经电子签名的考勤邮件、工资单邮件等佐证其加班事实，被告经法庭依法释明后未能提供考勤记录，应承担不利后果。被告主张加班应事先申请，但未提供实际履行中加班申请的相关证据，且被告收到考勤表后从未对考勤表内容提出异议，视为确认原告加班事实，本院对其该项主张不予采信。原告主张以考勤表所载明的出勤日期计算每日8小时工作时间，具有合理性，本院予以采纳。原告以Outlook邮箱工资单邮件载明的每月固定工资收入作为主张加班工资的基数，经审核，该邮件中载明的原告每月工资收入与其银行流水基本一致，形成较为完整的证据链，本院予以采信。

（三）制造行业的加班情形认定

案例五　孟某与某公司劳动合同纠纷民事一审案[①]

1. 基本案情

1997年10月23日，孟某进入上海钟表厂工作，该厂于2000年9月20日

① （2021）沪0114民初8079号。

改制为某公司。孟某继续在某公司工作。2007年12月28日，孟某与某公司签订劳动合同，2014年12月28日签订了无固定期限劳动合同。由于某公司一直未给孟某缴纳住房公积金，孟某于2020年9月3日向上海市××管理中心投诉，后某公司于2020年9月28日非法解除与孟某的劳动关系。孟某提出以下诉讼请求：某公司以孟某睡觉和洗澡为由解除劳动合同，构成违法解除；2020年1月至8月，孟某的岗位工资扣掉社保个人部分后低于上海市最低工资标准，某公司应予补足；2019年4月1日至6月30日孟某加班，某公司仅支付了1倍工资，并未按照双休日2倍的标准支付，故某公司应补足孟某相应加班费差额；2020年孟某可休年休假15天，已休11.5天，还有3.5天年休假未休，某公司应支付孟某未休年休假工资1197.24元。

2. 案件代理思路

首先，关于违法解除劳动合同赔偿金。需要确认劳动者是否严重违反劳动纪律或者用人单位规章制度，若确实存在劳动者严重违纪的现象，用人单位可以解除劳动合同。其次，关于岗位工资差额。原告主张被告每月岗位工资扣掉社保个人部分后低于上海市最低工资标准，存在差额。根据规定加班工资、夏季高温津贴、伙食补贴、上下班交通费补贴、个人依法缴纳的社会保险费和住房公积金不作为月最低工资的组成部分，因此，需要确认原告的主张是否合理合法。再次，关于加班费用，需要双方确认情况是否属实。最后，关于未休年休假工资差额，需要确认原告的实际休假时长，以此来确认是否存在未休年休假工资差额的情况。

3. 法院审查要点

本案中，用人单位称：第一，员工在公司更衣室竹椅上躺卧睡觉，被告找原告和黄某忠谈话，原告没有认识到自己的错误且拒不检讨改正。第二，原告每天下班前擅自离开工作岗位，在厂区公共区域洗头、冲澡，其行为严重违反公司规定，与原告解除劳动合同合法有据。第三，被告已足额支付原告加班工资。

法院认为：关于加班费差额。被告同意支付，于法不悖。判决被告某公司应于本判决生效之日起十日内支付原告孟某2019年4月1日至6月30日加班费差额769.6元。

（四）科技行业的加班情形认定

案例六　某公司与刘某劳动争议一审案[①]

1. 基本案情

某公司的诉讼请求如下：不予支付刘某2019年6月至7月4日工资18942.53元；不予支付刘某解除劳动合同经济补偿金32000元；不予支付刘某周末加班费32366.4元；不予支付刘某2019年度未休年休假工资2942.53元。

2. 案件代理思路

对工资、解除劳动合同经济补偿金、周末加班费以及未休年休假工资的真实性、合法性以及合理性进行分析查阅。

3. 法院审查要点

本案中，用人单位称：关于2019年7月1日至4日的工资。原告主张被告自2019年6月28日后旷工，该期间没有工资。主张被告已于6月28日离职，原告没有安排被告出差。对公证书真实性予以认可，关联性不予认可，主张被告该电子邮件的发送内容并不是发自公司人事主管部门，而是向其他人发送，与公司没有任何关系，公司的考勤记录一直由人事掌控，发给其他人并不能掌控被告真实的出勤记录。

法院认为：原告对该证据真实性予以认可，主张仅是确认了加班的事实，并未显示未休时间是176小时。本院认为，根据《劳动法》第四十四条第二项的规定，休息日安排劳动者工作又不能安排补休的，支付不低于工资的200%的工资报酬。本案中，（2019）西证民字第9183号公证书显示，2019年7月1日某公司的人事行政专员张某通过邮件向被告发送2019年6月考勤汇总表，并回复被告调休时间还剩176小时，且被告提交的工商信息能够证明某公司与原告具有一定的关联性，在没有其他证据的情况下，本院确认被告周末加班未调休时间为176小时。故原告应向被告支付周末加班费32367.82元（16000元/月÷21.75天÷8小时×176小时×200%），被告仅以32366.4元为主张，本院予以支持。

① （2020）粤0306民初4942号。

三、合规操作方案

（一）用人单位规章制度制定或修订要合规

《劳动法》第四条规定：“用人单位应当依法建立和完善规章制度，保障劳动者享有劳动权利和履行劳动义务。”法律在支持用人单位依法行使管理职权的同时，也明确其必须履行保障劳动者权利的义务。用人单位的规章制度以及相应工作安排必须符合法律、行政法规的规定，否则就要承担违法后果。特别是一些用人单位利用在订立劳动合同时的主导地位，要求劳动者签字放弃加班费等，既违反法律规定，也违背公平原则。用人单位应当根据单位实际，制定更为人性化的规章制度，增强劳动者对规章制度的认同感，激发劳动者的工作积极性，从而进一步减少劳动纠纷。

（二）加班审批制度要落实到位

劳动规章制度对用人单位和劳动者都具有约束力，用人单位应严格按照规章制度的规定实施管理行为。一些单位未实际履行加班审批手续，实践中并不影响对“用人单位安排”加班的认定。

（三）包薪制并不是无需支付加班费的挡箭牌

包薪制是指在劳动合同中打包约定法定标准工作时间工资和加班费的一种工资分配方式，在部分加班安排较多且时间相对固定的行业中比较普遍。虽然用人单位有依法制定内部薪酬分配制度的自主权，但内部薪酬分配制度的制定和执行须符合相关法律的规定。用人单位应按照法律规定或地方政策支付劳动者的加班费，且与员工就当月支付加班费以及计算基数予以确认，避免产生歧义。

（四）在岗位之外增加工作任务，用人单位要与劳动者协商一致

允许用人单位与劳动者协商一致变更劳动合同，有利于保障用人单位根据生产经营需要合理调整用工安排的权利。但要注意的是，变更劳动合同要

遵循合法、公平、平等自愿、协商一致、诚实信用的原则。工作量、工作时间的变更直接影响劳动者休息权的实现，用人单位对此进行大幅调整，应与劳动者充分协商，而不应采取强迫或者变相强迫的方式，更不得违反相关法律规定。

另外，针对加班过程中可能发生的工伤风险，提醒用人单位应依法为职工参加工伤保险，保障职工的工伤权益。

第八章

保密与竞业限制

第一节　脱密期与辞职提前通知期

一、脱密期与辞职提前通知期问题解析

> 负有保密义务的劳动者可否约定辞职提前通知期长于三十天？

《劳动合同法》第三十七条规定："劳动者提前三十日以书面形式通知用人单位，可以解除劳动合同。劳动者在试用期内提前三日通知用人单位，可以解除劳动合同。"那么，用人单位是否可以和负有保密义务的劳动者通过协议约定长于三十天的辞职提前通知期呢？

首先，从法律规范的角度来看，部分地区存在明确的规定，如《北京市劳动合同规定》第十八条："用人单位在与按照岗位要求需要保守用人单位商业秘密的劳动者订立劳动合同时，可以协商约定解除劳动合同的提前通知期。提前通知期最长不得超过6个月，在此期间，用人单位可以采取相应的脱密措施。"《上海市劳动合同条例》第十五条第二款："对负有保守用人单位商业秘密义务的劳动者，劳动合同当事人可以就劳动者要求解除劳动合同的提前通知期在劳动合同或者保密协议中作出约定，但提前通知期不得超过六个月。在此期间，用人单位可以采取相应的脱密措施。"《江苏省劳动合同条例》第二十七条："用人单位与劳动者可以在劳动合同中约定保守用人单位的商业秘密和与知识产权相关的保密事项。对负有保密义务的劳动者，用人单位可以与其在劳动合同或者保密协议中，就劳动者要求解除劳动合同的提前通知期以及提前通知期内的岗位调整、劳动报酬作出约定。提前通知期不得超过六个月。"

其次，从司法实践的角度来看，通过检索近年来全国范围内的司法判例，

我们发现，各地区法院对于此问题持不同观点。如一部分案例中，如果用人单位和劳动者通过签署相关协议的形式就辞职提前通知期进行过特殊约定，法院一般倾向于认定该约定有效。其背后的法理依据在于，只要双方在不违背真实意思的情况下签订了有关辞职提前通知期的协议，可以视为劳动者放弃了《劳动合同法》赋予的提前三十日通知单位即可单方解除劳动合同的权利。并且该协议的合法性有相关地方性法规作为支持，不存在违反法律、法规的强制性规定的问题。另一部分案例中，法院更倾向于认为用人单位和劳动者就辞职提前通知期签订的协议无效。因为《劳动合同法》中明确规定了劳动者提前三十日书面通知用人单位即可单方面解除劳动合同，地方性法律法规或劳动者与用人单位双方签订的协议如与上述规定相违背的，应属无效。

根据《反不正当竞争法》第九条第四款的规定，商业秘密是指不为公众所知悉、具有商业价值并经权利人采取相应保密措施的技术信息、经营信息等商业信息。为保护公司的商业秘密，企业确实有设置脱密期的客观需求。尽管曾经有相关法律规范支持，也有司法实践中案例支持，但从规范层面来看，法律角度并未对劳动者的保密义务与主动辞职提前通知期之间的关系进行规定，当用人单位与劳动者就脱密期影响主动辞职提前通知期的约定是否有效发生争议时，往往需要法官通过行使自由裁量权来进行判决。

二、实战案例解析

【设立脱密期延长辞职提前通知期得到支持的案例】

（一）基本案情[①]

伍某某于2013年5月21日入职某银行上海分行，职务为资产业务的业务经理。双方签订了期限为2013年5月21日至2016年5月20日的劳动合同。同时双方还签订了一份《某银行上海分行保密协议（劳动合同制）》（以下简称《保密协议》），其中有如下约定："……鉴于乙方（伍某某）与甲方（某银行上

① （2018）沪02民终7189号。

海分行）建立劳动合同关系，成为甲方重要员工，已知或可能知悉某银行上海分行商业秘密、重要工作信息并对某银行上海分行的竞争优势具有重要影响，为保护双方的合法权益，……订立本协议。……双方同意，在劳动合同终止前或伍某某提出解除劳动合同时应履行某银行上海分行规定的脱密管理，并按下列约定期限提前书面通知某银行上海分行，某银行上海分行在伍某某脱密期间，有权调整其工作岗位和薪酬。（一）分行部门总经理助理、支行行长助理及以上管理人员、具有资产业务的客户经理的脱密期为6个月；……”伍某某于2017年8月29日申请辞职，最后工作至2017年9月28日。2018年1月5日，某银行上海分行为伍某某办理就业终止日期为2018年1月2日的退工备案登记。2018年1月16日，某银行上海分行向伍某某出具退工单，并归还伍某某劳动手册。

2017年11月6日，伍某某向上海市静安区劳动人事争议仲裁委员会申请仲裁，要求：某银行上海分行支付2017年9月29日至仲裁裁决之日延误办理退工手续造成伍某某无法就业的经济损失。2017年12月15日，上海市静安区劳动人事争议仲裁委员会作出静劳人仲（2017）办字第2508号裁决书，裁决：伍某某要求某银行上海分行支付2017年9月29日至仲裁裁决之日延误办理退工手续造成伍某某无法就业的经济损失的请求，不予支持。裁决后，伍某某不服，诉至法院。

（二）案件代理思路

本案的争议焦点是，双方签订的《保密协议》是否有效。《上海市劳动合同条例》第十五条第二款规定：“对负有保守用人单位商业秘密义务的劳动者，劳动合同当事人可以就劳动者要求解除劳动合同的提前通知期在劳动合同或者保密协议中作出约定，但提前通知期不得超过六个月。在此期间，用人单位可以采取相应的脱密措施。”在诉讼中，用人单位可主张与劳动者签署了《保密协议》，其中约定了劳动者在提出辞职时需遵守保密期制度。该协议的签署系双方真实意思表示，且不违反法律、法规的强制性规定，协议合法有效，双方均应依约履行。

（三）法院审查要点

本案的争议焦点在于双方劳动合同解除时间。伍某某称，其于2017年8月

29日提交书面辞职报告，根据法律规定，双方劳动合同于2017年9月27日解除。某银行上海分行称，双方签订的《保密协议》约定，伍某某提出解除劳动合同存在六个月脱密期，故虽然伍某某于2017年8月29日提交书面辞职报告，但双方劳动关系并非于2017年9月27日解除；某银行上海分行在伍某某提出辞职后经过了稽核、问责等程序，并于2018年1月5日为伍某某办理了合同解除日期为2018年1月2日的退工备案登记，故双方劳动合同解除日期为2018年1月2日。

一审法院认为：第一，双方签订的《保密协议》明确约定，具有资产业务的客户经理在提出解除劳动合同时应履行双方约定的六个月的脱密管理。基于权利可以放弃的原则，伍某某作为具有资产业务的客户经理签署《保密协议》应视为放弃《劳动合同法》赋予的关于单方解除劳动合同的三十日提前通知期。第二，《上海市劳动合同条例》明确规定，对负有保守用人单位商业秘密义务的劳动者，劳动合同当事人可以就劳动者要求解除劳动合同的提前通知期在劳动合同或者保密协议中作出约定，但提前通知期不得超过六个月。综上，该《保密协议》系双方当事人真实意思表示，且没有违反法律、法规的强制性规定，双方均应按约履行。故伍某某提出解除劳动合同，应履行六个月脱密期的规定。

二审法院认为：根据相关规定，对负有保守用人单位商业秘密义务的劳动者，劳动合同当事人可以就劳动者要求解除劳动合同的提前通知期在劳动合同或者保密协议中作出约定，但提前通知期不得超过六个月。由上述规定可知，用人单位和劳动者可以在特定情况下就劳动者解除劳动合同的提前通知期进行特别约定。本案中，伍某某系银行从业人员，用人单位根据行业特殊性及员工履职过程中可能掌握用人单位商业秘密等情况对于离职员工设立问责机制并与劳动者另行约定脱密期并无不妥，亦于法无悖。本案双方当事人自保密协议之后未再对解除劳动合同的提前通知期另行约定，双方应当遵照保密协议之约定执行。伍某某提出离职后，某银行上海分行对其进行了相应的审核并实际对其名下业务进行了问责，在上述程序结束后立即为伍某某办理了退工手续，并未超过双方约定的期限。需要指出的是，根据双方约定，某银行上海分行在伍某某提出离职至双方解除劳动合同之间有权调整伍某某的工作岗位或薪酬，此系用人单位的权利更是某银行上海分行之义务。本案中，某银行上海分行未考虑员工在此期间的基本生活问题，未对伍某某作任何安排，有失妥当。但伍某某因此主张双方之间的约定无效依据不足，本院难以支持。

【设立脱密期延长辞职提前通知期未得到支持的案例】

（一）基本案情[①]

周某某于2018年1月1日与某公司签订无固定期限《劳动合同书》，该合同第三十一条约定："乙方（周某某）提前三十日以书面形式通知甲方（某公司），可以解除劳动合同。"2018年1月1日，某公司（甲方）与周某某（乙方）签订《保密合同书》，其中第五条约定："保密期：由于乙方岗位系涉密岗位，乙方在离职前，应经6个月脱密期。脱密期未满，非经甲方书面同意，乙方不得离职……"周某某于2020年3月5日向某公司提交《员工辞职申请书》，该申请书上显示周某某于2020年3月5日以个人原因申请离职，部门经理处有×××于2020年3月16日签署的"同意"字样。周某某于2020年3月27日向某公司发送《周某某离职申请》邮件，内容为："今天我最终决定要离开公司……最终考虑还是今天（2020年3月27日）提出这个离职报告……我从今天起不会再来公司上班了。"周某某自2020年3月30日起未向某公司提供劳动。2020年4月7日，某公司向北京经济技术开发区劳动人事争议仲裁委员会（以下简称开发区仲裁委）申请仲裁，要求：1. 周某某继续履行《劳动合同书》至2020年10月27日；2. 周某某按照《保密合同书》第五条赔偿违约金180000元。2020年6月8日，开发区仲裁委作出京开劳人仲字（2020）第1635号裁决书，裁决：驳回某公司的全部申请请求。某公司不服仲裁裁决，于法定期限内提起诉讼。

（二）案件代理思路

本案的争议焦点是，劳动者是否需要按照《保密合同书》中的约定在正式离职前经过6个月的脱密期。用人单位可主张与劳动者签署了《保密协议》，其

---

① （2021）京02民终3847号。

中约定了劳动者在提出辞职时需遵守保密期制度。该协议的签署系双方真实意思表示，且不违反法律、法规的强制性规定，协议合法有效，双方均应依约履行。但是，鉴于缺乏法律明文规定，对于此种约定的合法有效性仍然需要依赖个案中法官的认定。

（三）法院审查要点

法院认为，根据《劳动合同法》第三十七条之规定，“劳动者提前三十日以书面形式通知用人单位，可以解除劳动合同。劳动者在试用期内提前三日通知用人单位，可以解除劳动合同”。现周某某于2020年3月5日以个人原因为由提交的辞职申请经过部门经理同意及签字，视为其通过书面形式通知某公司，履行了法定的通知义务，某公司认可周某某工作至2020年3月29日，而某公司所持脱密期仍为双方劳动关系存续期间的主张，缺乏依据，法院不予采信，故对于某公司主张周某某继续履行《劳动合同书》至2020年10月27日的诉讼请求，法院不予支持。

三、合规操作方案

虽然用人单位通过脱密期制度与劳动者约定长于三十日的辞职提前通知期并没有以法律法规的形式得以明确肯定，但是如用人单位与劳动者通过协商一致的方式作出约定的，该约定并不当然无效。例如上海市、江苏省等地区已经通过地方性规范的形式明确肯定了上述约定的有效性。我们认为，在用人单位确有通过脱密期保护商业秘密合法性及合理性的基础上，双方关于脱密期的约定并不存在违反法律法规的情形，不宜武断仅因为与《劳动合同法》有关主动辞职的规定不同而认定为无效。

在实际操作层面，用人单位在执行脱密期管理时，应当事先与涉密人员进行充分的协商，在签订的协议中对员工同意延长提前通知期并接受非涉密岗位的调岗调薪事宜的背景充分披露，说明此种管理措施的合法性、正当性、必要性，表达出员工充分理解、同意并放弃《劳动合同法》第三十七条赋予的提前三十日通知单位即可单方解除合同的权利的意思表示。

第二节　竞业限制纠纷

一、竞业限制纠纷问题解析

了解竞业限制是什么？竞业限制对象能否扩大到员工亲属？竞业限制的范围到底能有多广泛？竞业限制补偿应当如何约定？竞业限制违约金应当如何约定？

（一）什么是竞业限制

根据《劳动合同法》第二十四条的相关规定，竞业限制是指用人单位的高级管理人员、高级技术人员和其他负有保密义务的人员，在解除或者终止劳动合同后的一定期限内，不得到与本单位生产或者经营同类产品、从事同类业务的有竞争关系的其他用人单位，或者自己开业生产或者经营同类产品、从事同类业务。近些年来，商业秘密在企业竞争中起到越来越重要的作用，而竞业限制作为用人单位保护商业秘密的一种主要手段，也被越来越多地应用到实践中来。

（二）竞业限制的范围

《劳动合同法》第二十四条第一款规定："竞业限制的人员限于用人单位的高级管理人员、高级技术人员和其他负有保密义务的人员。竞业限制的范围、地域、期限由用人单位与劳动者约定，竞业限制的约定不得违反法律、法规的规定。"从此条法律规定可以看出，对于竞业限制的范围，可以由用人单位与劳动者自行约定。而对于竞业限制的人员，则仅限于用人单位的高级管理人员、高级技术人员和其他负有保密义务的人员这三类。其中前两类人员在实务中一般没有太大争议，而对于"其他负有保密义务的人员"应该如何界定，属于竞业限制纠纷中较为常见的一个争议焦点。通过检索既往司法判例，我们发现，对于当事人是否属于"其他负有保密义务的人员"，有些法院是通过用人单位与劳动者的书面约定来认定的，比如用人单位在劳动合同或竞业限制协议中明确约定劳动者所担任的岗位负有保密义务。还有些法院会通过审查劳动者所具体从事的工作内容是否涉及用人单位的商业秘密来进行实质性的判断。

竞业限制纠纷中另一个常见的争议焦点是，劳动者的家属是否也应受到竞业限制条款的约束？对于此问题，实践中主要有两种观点。第一种观点是：竞业限制人员范围超过法定范围的，如对员工的亲属进行竞业限制的条款，应为无效条款。理由是竞业限制协议具有相对性，其调整的是用人单位和劳动者双方的权利义务。而劳动者家属作为第三人，不应受到协议的限制。第二种观点是：竞业限制人员范围超过法定范围的并不当然被认定为无效，个案中需结合亲属关系远近程度、员工是否实际参与等因素综合考虑。理由是实践中掌握用人单位商业秘密的员工不一定非要自行从事与原单位具有竞争关系的业务，其完全可以将相关秘密告知自己的近亲属，由近亲属来进行实际操作。在上述两种观点中，第一种观点是实务中的主流观点，因为第二种观点中对用人单位的举证要求较高。

（三）竞业限制补偿应当如何约定

《最高人民法院关于审理劳动争议案件适用法律问题的解释（一）》第三十六条规定：“当事人在劳动合同或者保密协议中约定了竞业限制，但未约定解除或者终止劳动合同后给予劳动者经济补偿，劳动者履行了竞业限制义务，要求用人单位按照劳动者在劳动合同解除或者终止前十二个月平均工资的30%按月支付经济补偿的，人民法院应予支持。前款规定的月平均工资的30%低于劳动合同履行地最低工资标准的，按照劳动合同履行地最低工资标准支付。”从此条规定可知，对于竞业限制的补偿，可以由用人单位与劳动者自行约定。如果双方没有约定，法院可以支持的最高限度是劳动者在劳动合同解除或者终止前十二个月平均工资的30%。实务中，我们建议用人单位根据劳动者在职时所掌握的商业秘密的重要程度和劳动者的薪资水平、违约金的金额等因素合理约定竞业限制补偿的金额。如果约定的标准过低，相应也不会支持高额的违约金，缺乏实际管理效果，反而徒增用人单位的管理成本。

（四）竞业限制违约金应当如何约定

《劳动合同法》第二十三条规定：“用人单位与劳动者可以在劳动合同中约

定保守用人单位的商业秘密和与知识产权相关的保密事项。对负有保密义务的劳动者，用人单位可以在劳动合同或者保密协议中与劳动者约定竞业限制条款，并约定在解除或者终止劳动合同后，在竞业限制期限内按月给予劳动者经济补偿。劳动者违反竞业限制约定的，应当按照约定向用人单位支付违约金。”由此条规定可知，对于违反竞业限制协议的违约金金额，可以由用人单位与劳动者自行约定。实践中经常可以见到一些用人单位在竞业限制协议中约定了“天价”违约金，对于违约金的合理范围是什么？超过合理范围的违约金是否影响竞业限制协议的效力，现行法律并没有明确规定，更多的还是需要通过个案中法官结合实际情况自由裁量。通过梳理近两年的案例，我们发现，不管用人单位如何与劳动者约定违约金，在司法实践中都有可能会被法院调整。综合相关案例看，法院一般会考虑员工过错程度、仲裁诉讼过程中是否采取补救措施（离职、注销公司等）、竞业限制协议履行情况、员工的工资收入等情况，对竞业限制约定的违约金予以调整。

二、实战案例解析

【竞业限制协议的对象能否扩大到员工亲属】

（一）基本案情[①]

罗某某与某公司于2010年4月15日建立劳动关系，罗某某在某公司处先后任产品研发中心产品主管、产品研发中心开发二部副经理等职务。2010年12月8日，罗某某作为乙方、某公司作为甲方签订《竞业禁止协议》，该协议第2条第3款约定：“无论因何种原因从甲方离职，离职后2年内，在中国范围内，不得在与甲方有竞争关系的行业、企业内工作”；第4款约定：“不论因何种原因从甲方离职，离职后2年内，在中国范围内，不得自办与甲方有竞争关系的企业，或者从事与甲方商业秘密有关的产品的生产。”2016年3月9日，罗某某以个人创业为由向某公司提出离职，某公司予以批准，双方劳动关系于当日解除。

① （2018）沪01民终1118号。

2015年12月3日，罗某某的妻子王某设立了A公司，其经营范围与某公司的经营范围有重合之处。2017年5月23日，某公司向上海市松江区劳动人事争议仲裁委员会申请仲裁，请求：罗某某立即停止违反竞业限制行为，按照约定继续履行竞业限制义务，并支付约定的违约金。仲裁委员会在此后的裁决中支持了某公司的请求，罗某某不服仲裁裁决，向法院提起诉讼。

（二）案件代理思路

本案中，某公司需证明与罗某某签订了合法有效的竞业限制协议，且罗某某存在实质性的违约行为。虽然与某公司存在竞争关系的A公司系由罗某某的妻子设立，但是在案件审理的过程中，某公司向法庭提供了A公司及罗某某身穿A公司工作服的照片，可以反映出罗某某实际为A公司工作，所涉及的内容还包括电机销售等事宜，明显和某公司主营范围存在关联，以上证据让法官更加确信了罗某某存在实质性的违反竞业限制协议约定的行为。

（三）法院审查要点

一审法院认为，用人单位与劳动者可以在劳动合同中约定保守用人单位的商业秘密和与知识产权相关的保密事项。对负有保密义务的劳动者，用人单位可以在劳动合同或者保密协议中与劳动者约定竞业限制条款，并约定在解除或者终止劳动合同后，在竞业限制期限内按月给予劳动者经济补偿。劳动者违反竞业限制约定的，应当按照约定向用人单位支付违约金。本案中，罗某某和某公司签有竞业限制协议，对于竞业限制作出明确约定，罗某某负有相应的竞业限制和保密义务。然，根据某公司提供的证据，可以反映罗某某的妻子王某系A公司法定代表人，而该公司和某公司经营范围重合、存在竞争关系。在夫妻婚姻关系存续期间，夫妻一方进行投资、收益行为，一般可以推定另一方参与投资、经营行为。即使双方财产上相互独立，但对于信息、渠道等仍存在共享，其妻子从事同一行业对于某公司的经营难免产生影响。此外，夫妻一方的收益一般均用于家庭生活，罗某某亦可从中受益，该公司的经营状况及经营成果和罗某某也密不可分。由此可以反映出，罗某某所应遵守的竞业限制约定包括对于家庭成员的约束。尤其罗某某作为产品研发部门的管理人员，可以接触、掌握某公司的产品规格、工艺等机密信息，更应尽到相应的忠诚义务，避免出现利益冲突的情况，而罗某某对其妻子设立和某公司经营范围重合的公司的行为既未阻止，亦未告知某公司，其行为已经违反了竞业限制的约定。另，根据某公司提供的录音及照片，也可以反映出罗某某实际为A公司工作，所涉及的内容还包括电机销售等事宜，明显和某公司主营范围存在关联，更加印证了某公司的主张。综上，一审法院认为，罗某某在离职后确有违反竞业限制约定的行为。

关于该案争议焦点，二审法院认同一审的观点，罗某某的妻子系A公司的法定代表人，该公司的经营范围与某公司有所重合。某公司提供的录音及照片可以证明罗某某在离职后，实际为A公司工作，所涉及的内容包括电机销售业务，而该业务与某公司的经营业务构成竞争关系。罗某某显然违反了双方签订的《竞业禁止协议》，应立即停止该违约行为，继续履行竞业限制义务，并承担相应的违约责任。

【竞业限制协议的启动及违约金标准问题】

（一）基本案情[①]

刘某某于2015年12月31日与某公司建立劳动关系，岗位为总裁，工作内容为负责某公司的全面管理，双方签订了期限为2015年10月19日至2018年12月31日的书面《劳动合同书》及《保密与竞业限制协议》。刘某某于2016年9月29日向某公司提出辞职，最后出勤日为2016年11月4日。

某公司主张，刘某某提出辞职后，该公司最终没有同意，一直在挽留刘某某，且在与刘某某的沟通中也明确表示了如果离职将启动竞业限制程序，刘某某于2016年11月4日后就不再到岗，未进行任何工作交接，该公司在2016年11月11日以快递形式向刘某某邮寄了《竞业限制履行通知书》，同时还以电子邮件形式向刘某某发送了《竞业限制履行通知书》，此外该公司人事部门还给刘某某打了电话，告知竞业限制补偿于每月10日前支付，需要刘某某提供工作说明，询问刘某某在该公司的工资卡是否还在继续使用，刘某某答复不用了，人事部门要求刘某某提供新的银行账户，刘某某答复回头再联系，但之后未再联系，也没有向该公司提供新的银行账户，后该公司发现刘某某已于2016年11月28日入职了宅急送公司，宅急送公司与该公司的经营范围有较大重合之处，属于有

① （2019）京03民终2100号。

竞争关系的企业。故该公司在2017年2月16日向刘某某邮寄了一份《通知书》，内容是告知刘某某该公司已得知其在宅急送公司工作，要求刘某某停止在宅急送公司工作，履行竞业限制义务，2月17日还将通知以电子邮件形式发送给了刘某某，但刘某某至今仍在宅急送公司工作，故该公司要求刘某某支付违约金并继续履行竞业限制协议。

刘某某主张，其于2016年9月29日提出辞职，按照法律规定提前30天通知，其有权在2016年10月29日离职，该日其未收到某公司有关竞业限制的书面通知，竞业限制义务已被免除；某公司不配合办理离职手续，一直拖延，导致其2016年11月4日之后才离职；其于2016年12月入职宅急送公司，职位为总裁；宅急送公司与某公司不存在竞争关系；某公司与其签订的《保密与竞业限制协议》第十一条第十二项写明了与甲方有竞争关系的第三方主要指哪些公司，并没有宅急送公司以及类似的相关快递企业。综上所述本人没有违约行为，无需向某公司支付违约金。

（二）案件代理思路

本案中，某公司主要需向法院证明其与刘某某之间存在合法有效的竞业限制协议，在刘某某离职时某公司明确告知了其需要履行竞业限制义务，以及某公司已经按照竞业限制协议中的约定按时向刘某某支付了补偿金。

（三）法院审查要点

一审法院认为，竞业限制是用人单位对高级管理人员、高级技术人员和其他负有保密义务的人员所做出的择业限制。法律在衡量用人单位的商业利益与劳动者的劳动自由后，允许用人单位与负有保密义务的劳动者约定竞业限制条款，劳动者违反该约定的，需向用人单位支付违约金，其主要目的在于保护用人单位的商业秘密。本案中，刘某某作为某公司的总裁，全面负责公司的运营管理，从事的工作关乎行业核心竞争力和顶层战略布局，接触或掌握着某公司具有商业秘密性质的技术信息和经营信息，属于负有保密义务的高级管理人员。某公司与刘某某签署的《保密与竞业限制协议》系双方真实意思表示，该协议对竞业限制的范围、期限以及双方的权利义务等均进行了明确约定，其内容不违反法律的禁止性规定，合法有效，双方均应依约履行。

关于宅急送公司是否为某公司的竞争企业，根据双方的陈述及举证情况，从经营范围看，两公司的业务范围存在一定的重合；从实际运营看，两公司存在经营同类或类似业务的行为。故，两公司应属竞争企业。从刘某某的职务看，其在两公司均担任总裁，负责两公司的全面运营管理，对于经营同类或类似业务存在竞争风险。刘某某虽称某公司与宅急送公司的主营业务方向不一致，故双方不存在竞争关系，但主营业务方向不同不能直接排除存在竞争关系。刘某某虽主张双方协议中“与甲方有竞争关系的第三方”未列举宅急送公司，故宅急送公司不属于某公司的竞争企业，但竞争关系的判断应以实际是否存在竞争为准，不应苛求列举穷尽，且该条文亦表述为“包括但不限于”。故，对某公司关于宅急送公司为该公司的竞争企业的主张，该院予以采信。

关于竞业限制义务是否被免除，刘某某虽主张某公司并未按照约定在离职时书面告知其是否履行竞业限制义务，而是在离职后半个月才发出书面的竞业限制通知，故其竞业限制义务已在离职时被免除。但刘某某写给某公司董事长的信件可以佐证某公司在2016年10月28日刘某某离职前，就与刘某某有过关于竞业限制义务的沟通，且从信件内容“昨天魏总和赵总一起传达了老板的指示：如果我离职公司就会启动‘竞业限制’条款诉讼”看，某公司不存在免除刘某某竞业限制义务的意愿。刘某某虽主张其于2016年12月入职宅急送公司，但未举证证明，该院不予采信，结合某公司提交的媒体报道材料及对网上信息的查验，对某公司关于刘某某于2016年11月28日入职宅急送公司的主张，该院予以采信。某公司在刘某某离职前至入职宅急送公司前，已多次通过包括书面形式在内的各种方式通知其履行竞业限制义务，故对刘某某有关其2016年10月29日前未收到书面通知即已被免除竞业限制义务的抗辩意见，该院不予采纳。

综上，刘某某在离职某公司后入职该公司的竞争企业宅急送公司，违反了竞业限制约定，刘某某应支付某公司违约金。关于竞业限制违约金是否畸高，显失公平一节，该院认为，当事人主张约定的违约金过高请求予以适当减少的，人民法院应当以实际损失为基础，兼顾合同的履行情况、当事人的过错程度以及预期利益等综合因素，根据公平原则和诚实信用原则予以衡量，并作出裁决。如前所述，竞业限制协议的主要目的在于保护用人单位的商业秘密。原因在于用人单位商业秘密被泄露，有可能会给用人单位造成损失，其中包括有形损失和无形损失，而后者难以用财产形式具体估算。故，竞业限制违约金兼具补偿性及惩罚性，其目的在于降低商业秘密被泄露的可能性，并不以用人单位遭受实际损失为前提，其经济赔偿责任范围较一般的违约赔偿范围要大。但根据公平原则和诚实信用原则，竞业限制违约金不能畸高，不能造成劳动者生活陷入困窘，导致双方权利义务的严重失衡。本案中，刘某某曾在宅急送公司工作17年，最高职位为副总裁，与某公司签订的劳动合同期限为3年，担任总裁，工作1年后再次入职宅急送公司，职位亦为总裁，其职务重要且特殊，对两公司的运营及发展影响巨大，较之一般的劳动者，刘某某应负有更谨慎的注意义务。刘某某若遵守竞业限制协议2年，某公司应向刘某某支付的经济补偿为1124071.20元。若按照双方的约定，刘某某违反竞业限制2年应支付某公司的竞业限制违约金为3372213.60元。刘某某在某公司工作一年收入为1873452元，年薪丰厚，其违反竞业限制义务入职宅急送公司担任总裁而获得的收入亦十分可观。截至目前，刘某某仍任职于宅急送公司，其违约行为已持续2年，但该期间亦属双方争议期间。根据双方签订的竞业限制协议约定，某公司在每月20日前支付竞业限制补偿金，刘某某应在每月支付日前5日内以书面形式向某公司出具当前情况（在职及不在职）说明及相关证明材料。而刘某某在离职后不足1个月即入职竞争企业且未向某公司出具书面说明，某公司未支付竞业限制补偿金并不违反协议约定。故，综合考量劳动者给用人单位造成的损害、劳动者的主观过错程度、劳动者的工资收入水平、劳动者的职务、劳动者的在职时间、违约期间、用人单位应支付的经济补偿数额以及北京市的经济水平等案件具体情况，该院认为双方约定的违反竞业限制违约金数额（即竞业限制期内应支付的竞业限制补偿金总额的3倍）失衡，为平衡用人单位与劳动者的权利，根据公平原则和诚实信用原则，该院对竞业限制违约金数额予以酌减，具体数额该院认为以双方约定的竞业限制补偿金的2倍计算2年为宜。

三、合规操作方案

1. 高级管理人员、高级技术人员及其他负有保密义务的人员属于竞业限制的人员，用人单位应在竞业限制协议中明确其身份，尤其对于其他负有保密义务的人员，建议说明其在工作中知悉公司商业秘密的理由。

2. 竞业限制协议的签署，是启动竞业限制管理的前提条件。因此，需要整体梳理竞业限制协议签署情况。对于入职时即属于竞业限制对象的人员，可以在入职时就签订竞业限制协议；对于在劳动合同履行过程中符合竞业限制对象条件的，可以在其岗位、职务发生变化时及时签订竞业限制协议。在劳动关系存续期间，对于符合竞业限制条件的员工，应当及时签订竞业限制协议。对于已经签订竞业限制协议，后因工作岗位、职务、工作内容等发生变化不需要再进行竞业限制管理的，可以解除竞业限制义务，如果未解除，待劳动合同解除或终止前评估其是否符合竞业限制对象的条件，如果不再符合，可以在劳动合同解除或终止前通知员工解除竞业限制义务。

3. 竞业限制协议签署后，并不意味着离职后一定启动竞业限制。因此，在双方劳动合同解除或终止前，需判断是否需要启动竞业限制。是否需要启动竞业限制，可以由用人部门、法务部门、人力部门等相互配合，综合进行判断。经过判断，需结合是否启动竞业限制，在员工劳动关系解除时启动如下管理行为：需启动竞业限制的，建议向员工送达《启动竞业限制义务通知书》，明确竞业限制期限、竞业限制补偿金、就业告知义务、违约责任等，虽然送达该通知书并非法律规定的程序要求，但可以起到提示和强调的作用。无需启动竞业限制的，应在劳动合同解除或终止前向员工送达《不启动竞业限制义务通知书》，明确告知员工无需履行竞业限制义务，公司亦无需支付竞业限制补偿金。

第九章

董事、经理等高管人员多发争议

《公司法》第二百一十六条规定，“本法下列用语的含义：（一）高级管理人员，是指公司的经理、副经理、财务负责人，上市公司董事会秘书和公司章程规定的其他人员……”以上是公司法语境中高级管理人员（高管）的定义。在劳动法语境中，高管泛指在公司管理中担任重要职务、负责公司经营管理、掌握公司重要信息的人员，除上述公司法语境下的人员范围，公司的法定代表人、股东、董事、监事等人员也在本书的讨论范围之内。

高管因其可能兼具股东、法定代表人、公司管理人员、劳动者等多重身份，同时受到公司法和劳动法的约束，因此高管所涉劳动争议纠纷有其独有的特征，如劳动关系的认定可能存在争议、高管薪酬的确定同时需要适用公司法和劳动法的规范、薪酬结构复杂、职务解聘与劳动关系解除并不当然等同于劳动关系解除，较一般劳动者承担更高的忠实、勤勉义务等。本章节旨在结合高管类劳动争议案件的特征，与读者分享高管用工管理的要点。

第一节　高管的聘任与劳动关系

一、高管的聘任与劳动关系问题解析

> 高管是否与用人单位存在劳动关系？高管人员未签订劳动合同主张二倍工资能否被支持？

（一）高管是否与用人单位存在劳动关系

由于高管的身份特殊，实践中存在用人单位仅通过股东会决议、董事会决议或者聘书的形式确定高管的身份，而未与高管签订书面劳动合同的情况。此时一旦双方产生争议，则会产生双方是劳动关系、股权关系、合伙关系还是委托管理关系的争议。另外，如还存在高管在多家关联企业任职、上级单位委派高管的情形，劳动关系的辨析就更加困难。

而认定双方是否存在劳动关系仍然需要回归到法律规定的以是否具备劳动关系的从属性特征为判断依据。《关于确立劳动关系有关事项的通知》（劳社部发〔2005〕12号）规定："一、用人单位招用劳动者未订立书面劳动合同，但同时具备下列情形的，劳动关系成立。（一）用人单位和劳动者符合法律、法规规定的主体资格；（二）用人单位依法制定的各项劳动规章制度适用于劳动者，劳动者受用人单位的劳动管理，从事用人单位安排的有报酬的劳动；（三）劳动者提供的劳动是用人单位业务的组成部分。""二、用人单位未与劳动者签订劳动合同，认定双方存在劳动关系时可参照下列凭证：（一）工资支付凭证或记录（职工工资发放花名册）、缴纳各项社会保险费的记录；（二）用人单位向劳动者发放的'工作证'、'服务证'等能够证明身份的证件；（三）劳动者填写的用人单位招工招聘'登记表'、'报名表'等招用记录；（四）考勤记录；（五）其他劳动者的证言等。其中，（一）、（三）、（四）项的有关凭证由用人单位负举证责任。"根据上述规定可知，在纷繁复杂的高管劳动关系辨析争议中，仍然需要按照上述劳动关系认定的三要素"主体适格""从属性""业务组成部分"来判断双方是否存在劳动关系。

另外，需要注意的是：我国法律法规中并不否认双重劳动关系。《最高人民法院关于审理劳动争议案件适用法律问题的解释（一）》第三十二条第二款规定，"企业停薪留职人员、未达到法定退休年龄的内退人员、下岗待岗人员以及企业经营性停产放长假人员，因与新的用人单位发生用工争议而提起诉讼的，人民法院应当按劳动关系处理"。《劳动和社会保障部关于实施〈工伤保险条例〉若干问题的意见》（劳社部函〔2004〕256号）第一条规定，"职工在两个或两个以上用人单位同时就业的，各用人单位应当分别为职工缴纳工伤保险费。职工发生工伤，由职工受到伤害时其工作的单位依法承担工伤保险责任"。由以上规定可知，所谓的兼职很可能被认定为双重劳动关系，因此在很多高管争议中，用人单位所主张的高管在其他单位任职并不能当然作为抗辩该用人单位与高管不存在劳动关系的理由。

（二）高管人员未签订劳动合同主张二倍工资能否被支持

在高管与用人单位劳动争议案件中，一类比较常见的争议焦点就是高管要求用人单位支付未签订书面劳动合同的二倍工资。针对高管主张未签订劳动合同二倍工资赔偿，部分地区出台了相关文件明确裁判口径。

高管主张未签订劳动合同二倍工资是否支持

序号	时间	地区	文件名	相关内容
1	2014年5月7日	北京市	北京市高级人民法院、北京市劳动争议仲裁委员会关于劳动争议案件法律适用问题研讨会会议纪要（二）	用人单位法定代表人、高管人员、人事管理部门负责人或主管人员未与用人单位订立书面劳动合同并依据《劳动合同法》第八十二条规定向用人单位主张二倍工资的，应否支持? 用人单位法定代表人依据《劳动合同法》第八十二条规定向用人单位主张二倍工资的，一般不予支持。 用人单位高管人员依据《劳动合同法》第八十二条规定向用人单位主张二倍工资的，可予支持，但用人单位能够证明该高管人员职责范围包括管理订立劳动合同内容的除外。对有证据证明高管人员向用人单位提出签订劳动合同而被拒绝的，仍可支持高管人员的二倍工资请求。
2	2010年12月1日	上海市	上海市高级人民法院关于审理劳动争议案件若干问题的解答	对于企业人力资源高管利用自身的工作或职务便利，故意造成未签订书面合同假象，如何处理的问题。对于一些企业经理、人事主管等负责企业人力资源管理的高管，通过隐匿书面劳动合同等不良手段，使用人单位无法提供已签订过的书面劳动合同，企业高管以此为由主张双倍工资差额的，我们认为，用人单位虽无法提供书面劳动合同的原件，但有其他证据证明双方已签订了书面劳动合同的，不属于《劳动合同法》第八十二条第一款关于用人单位未与劳动者订立书面劳动合同的情形，对其提出要求用人单位支付双倍工资差额的诉请不予支持。

续表

序号	时间	地区	文件名	相关内容
3	2021年10月21日	山东省	山东省高级人民法院办公室关于印发劳动争议热点难点问题诉讼指引的通知	劳动者为用人单位高管或者人力资源管理人员的，应就其是否与用人单位签订劳动合同承担举证证明责任。
4	2011年11月8日	江苏省	江苏省高级人民法院、江苏省劳动人事争议仲裁委员会《关于审理劳动人事争议案件的指导意见（二）》	用人单位未与其高级管理人员签订书面劳动合同，但用人单位能够提供聘任决定或聘任书，证明双方存在劳动权利义务且已实际履行的，高级管理人员以未签订书面劳动合同为由请求用人单位每月支付二倍工资的，不予支持。
5	2015年12月2日	内蒙古自治区	内蒙古自治区高级人民法院、内蒙古自治区劳动人事争议仲裁委员会关于劳动人事争议案件适用法律若干问题的指导意见	用人单位未依法与劳动者订立书面劳动合同的，应当依法向劳动者支付二倍工资，但有下列情形之一的除外…… （3）用人单位法定代表人（或主要负责人）向用人单位主张二倍工资的； （4）用人单位高管人员向用人单位主张二倍工资，用人单位能够证明该高管人员职责范围包括管理订立劳动合同内容的，但有证据证明高管人员向用人单位提出订立书面劳动合同而被拒绝的除外； （5）用人单位的人事管理部门负责人或者主管人员向用人单位主张二倍工资，用人单位能够证明订立劳动合同属于该人事管理部门负责人或主管人员工作职责的，但有证据证明人事管理部门负责人或主管人员向用人单位提出订立书面劳动合同而被拒绝的除外……

续表

序号	时间	地区	文件名	相关内容
6	2016年1月15日	四川省	四川省高级人民法院民事审判第一庭关于印发《关于审理劳动争议案件若干疑难问题的解答》的通知	用人单位高管人员依据《劳动合同法》第八十二条规定向用人单位主张未签劳动合同二倍工资的，可予支持，但用人单位能够证明该高管人员职责范围包括管理订立劳动合同内容的除外。对有证据证明高管人员向用人单位提出签订劳动合同而被拒绝的，仍可支持高管人员的未签劳动合同二倍工资请求。
7	2016年8月19日	湖南省	湖南省人力资源和社会保障厅关于印发《湖南省劳动人事争议仲裁办案若干标准》（试行）的通知	对人力资源管理、劳动合同签订工作负有领导、管理和经办职责的用人单位高管人员，人力资源部门工作人员，除能有充分的证据证明自己已经尽到了职责的外，其本人主张与用人单位未签订书面劳动合同二倍工资的，不予支持。

根据上述规定，可以看出，大部分地区认为如高管人员职责范围包括管理订立劳动合同，则一般不支持高管人员主张未签订劳动合同双倍工资的主张，除非高管有证据证明其主张签订劳动合同被单位拒绝；法定代表人主张二倍工资的，一般不能得到支持。

二、实战案例解析

（一）基本案情

赵某原系A公司法定代表人、董事长、总经理、股东，后由于股东纠纷，自2013年1月8日起，赵某不再担任A公司董事长、总经理，此后，A公司未另行安排赵某工作，也未要求赵某上班。自2013年8月起A公司的办公场所搬迁至新址后，赵某未至新址上班，但称另外租赁办公地点单独办公。2014年5月16日，赵某不再担任A公司法定代表人。2013年1月以前，A公司每月向赵某发放工资，此后A公司未再向赵某支付工资，但为赵某缴纳社会保险直至2014年11月。2014年11月26日，A公司为赵某开具退工证明。2014年11月30日，赵某提起劳动仲裁要求A公司支付2013年1月1日至2014年11月27日期间的工资等。仲裁委以赵某与A公司之间的争议不属于该委受理范围为由不予受理。

（二）案件代理思路

本案中劳动者具有法定代表人、董事长、总经理、股东等多重身份，在考量双方的法律关系过程中，一方面从劳动者是否实际提供劳动的角度，另一方面结合工资支付情况、社保缴纳情况、劳动关系解除通知的发出情况综合认定双方是否存在劳动关系，仍然要从劳动者是否符合劳动关系认定的三要素，即“主体适格”“从属性”“业务组成部分”进行考量，如满足三要素的，则双方存在劳动关系。

（三）法院审查要点

一审法院认为，赵某担任A公司法定代表人和董事长，其身份据上海市第一中级人民法院涉高管劳动争议案件审判白皮书有特殊性，法定代表人基于股东会任命而产生，对外代表公司，对内受股东会委托管理公司，赵某与A公司之间并非管理与被管理的关系，并不符合劳动关系的本质特征，故驳回赵某全部诉请。

上海一中院认为，赵某基于法定代表人、总经理的身份，实际履行了公司的日常经营管理职责，并非仅仅是挂名法定代表人，A公司也按月支付其工资，每月为其缴纳社保，还为其办理了退工手续，双方之间的法律关系符合劳动关系的特征，故应当认定双方已形成劳动关系。赵某先后被免去董事长、总经理、法定代表人职务后，A公司并未同时解除双方的劳动关系，而是直至开具退工单时才真正解除双方的劳动关系。在此期间，赵某未提供劳动并非其主观上拒绝履行劳动义务，而是客观上A公司不提供劳动条件所致，属被动缺勤，故A公司仍应向赵某支付劳动报酬。上海一中院遂改判支持赵某要求A公司支付工资的诉请。

三、合规操作方案

从上述解析及案例分析不难看出，虽然高管往往具有多重身份，但是在与用人单位的劳动关系认定上与其他劳动者劳动关系的认定并无本质区别。因此在高管的管理过程中，需要注意以下问题：签订相关协议，明确双方法律关系，避免为不存在劳动关系的高管缴纳社会保险、支付劳动报酬等。如企业明确与其个人股东、法定代表人建立的仅为基于公司法的股权关系或者挂名法定代表人，而不存在实际用工关系的，则应当与个人股东、法定代表人签订相关协议，约定清楚双方法律关系，并且需要避免为个人股东、法定代表人缴纳社会保险，避免以工资薪金名义支付待遇。如企业与高管的确存在实际用工关系的，则建议企业与高管签订书面劳动合同，以避免双方权利义务约定不明确，未签订书面劳动合同支付二倍工资的法律风险。

第二节　高管的解聘与劳动合同解除

一、高管的解聘与劳动合同解除问题解析

> 董监高被解聘职务是否等同于解除劳动合同？用人单位能否以董监高被解聘职务为由解除劳动关系？

公司高管较普通员工的劳动用工管理具有特殊性，一方面，公司高管受公司的聘任行使一定范围内的管理职能，以公司的管理者形象出现，其本身的职责就带有强烈的管理色彩，与用人单位内其他员工形成管理与被管理的关系。双方的法律关系受到《公司法》的调整，高管的聘任与解聘应当遵守《公司法》的规定。另一方面，高管本身有具备劳动法意义上的劳动者身份，高管参与公司的日常经营和管理，付出劳动并由此获得公司支付的劳动报酬，其具有的对普通员工的管理职能并不改变其本身也要受到用人单位劳动用工管理的本质。

因此，用人单位与高管之间建立的劳动关系还应受《劳动合同法》的调整。如果公司依据《公司法》的相关规定对高管解聘，解聘高管职务后的岗位、薪酬如何确定？解聘高管职务后并不意味着劳动关系随之消灭，双方的劳动关系要如何处理？本节将围绕上述问题展开分析，提供解决思路供读者参考。

（一）公司依据董事会决议对高管职务的解聘具有无因性

《公司法》第二百一十六条第一项规定，高级管理人员，是指公司的经理、副经理、财务负责人，上市公司董事会秘书和公司章程规定的其他人员。第四十六条规定“董事会对股东会负责，行使下列职权：……（九）决定聘任或者解聘公司经理及其报酬事项，并根据经理的提名决定聘任或者解聘公司副经理、财务负责人及其报酬事项；……”第四十九条第一款规定，有限责任公司可以设经理，由董事会决定聘任或者解聘。经理对董事会负责。第一百一十三条第一款规定“股份有限公司设经理，由董事会决定聘任或者解聘”。

根据上述规定，公司高管是公司董事会聘任的，高管是行使公司意志的代表，执行公司的决定，对公司负责。公司董事会有权决定聘任或解聘高管，在董事会决议程序符合《公司法》规定的情况下，其聘任或解聘高管的理由不属于司法审查范围。也就是说，公司依据董事会决议解聘高管的职务具有无因性。司法实践中，法院也无需对解聘决议的事实进行审查和认定。如在2012年最高人民法院发布的指导案例10号的裁判要点中指出，人民法院在审理公司决议撤销纠纷案件中应当审查：会议召集程序、表决方式是否违反法律、行政法规或者公司章程，以及决议内容是否违反公司章程。在未违反上述规定的前提下，解聘总经理职务的决议所依据的事实是否属实，理由是否成立，不属于司法审查范围。该案例涉及法院对解聘总经理职务的董事会决议如何进行审查的问题，旨在为明确公司决议撤销之诉的司法审查范围提供指导。

（二）公司解聘高管职务后，公司与高管之间的劳动关系是否解除仍应依据《劳动合同法》的规定进行处理，构成违法解除的，应当支付赔偿金或者继续履行劳动合同

董事会根据《公司法》和公司章程的规定解除公司高管的职务是“无因”

的，解除的是双方在《公司法》下基于聘任而产生的委托或代理的法律关系，并不意味着双方劳动关系必然同时解除，双方基于签订劳动合同或者构成事实劳动关系的，能否解除劳动关系则是“有因”的，应当依据《劳动合同法》判断。

《劳动合同法》第三十九条规定：“劳动者有下列情形之一的，用人单位可以解除劳动合同：（一）在试用期间被证明不符合录用条件的；（二）严重违反用人单位的规章制度的；（三）严重失职，营私舞弊，给用人单位造成重大损害的；（四）劳动者同时与其他用人单位建立劳动关系，对完成本单位的工作任务造成严重影响，或者经用人单位提出，拒不改正的；（五）因本法第二十六条第一款第一项规定的情形致使劳动合同无效的；（六）被依法追究刑事责任的。”

如果高管的行为构成《劳动合同法》第三十九条规定的情形之一，用人单位可以在解聘高管职务的同时依据《劳动合同法》解除与高管人员的劳动合同。但是用人单位需要对解除的合法性承担举证责任，司法审查中也会详细审查解除劳动合同的事实与依据。如果不符合《劳动合同法》的规定解除劳动合同，则构成违法解除，劳动者有权选择主张支付赔偿金或者要求继续履行劳动合同。

例如，在（2015）沪二中民三（民）终字第747号案件（典型案件）中，二审法院认为“我国目前尚未建立独立于劳动关系外的委任制职业经理人制度。对于建立劳动关系后董事会聘任的高级管理人员而言，董事会通过决议解除其职务应视为对其岗位的变更，并不必然导致劳动关系的解除。董事会决议是否有效应根据《公司法》的规定进行审查，公司基于《劳动法》享有的解雇权与其基于《公司法》享用的对高级管理人员的解聘权虽有牵连，但并不冲突”。法院仍然会对公司提出的解除劳动合同的理由“严重失职”及“严重违反规章制度”进行实质审查。最终，法院认定用人单位以王某严重失职、严重违反规章制度为由作出解除劳动合同决定缺乏依据，公司违法解除劳动合同，根据劳动者的主张双方继续履行劳动合同。

二、实战案例解析

（一）基本案情

某公司（甲方）与彭某（乙方）于2017年4月24日签订《劳动合同书》，约定乙方任甲方CEO，劳动合同期限为无固定期限。2019年1月31日，某公司董事长李某若提出解聘议案，该议案中载明：鉴于本公司成立至今近两年以来，公司现任总经理（CEO）彭某在履职尽责、诚实守信等方面存在以下严重问题：第一，根据公司章程第三十一条，董事会对公司总经理进行聘任和授权。根据公司章程第三十二条，总经理应就董事会授权范围内的事项每三个月向董事会书面汇报一次。总经理彭某未按照公司章程规定每三个月就董事会授权范围内的事项向董事会进行书面文件汇报。第二，在某创业领军型团队申报材料及其他向政府部门汇报材料中，多次出现过往经历作假、夸大成绩的现象。作为公司聘任的CEO，不但严重违反《员工手册》《劳动合同书》的相关条款，且为公司埋下重大隐患。第三，作为肩负公司研究开发关键时期重要职责的总经理，明知某项目将占用大量履职时间和精力，在未请示汇报董事会同意的情况下，其个人以公司总经理身份申请“某项目”并私下在申请材料上加盖公司印章。第四，公然不执行董事会明确决议，严重违反总经理/CEO的法定义务和职责。另外，根据初步调查和员工举报，还发现现任总经理（CEO）在执行董事会决议及其他履职尽责等方面的重大失责失误问题。现提请董事会审议，并批准如下董事会决议：1. 某公司董事会自2019年2月20日起解聘彭某的总经理（CEO）职务；2. 自解聘之日起，彭某不得再以某公司总经理（CEO）名义处理任何某公司内外事务，并应于该日向公司指定人员办理工作移交手续及移交属于公司财产的所有物品（包括但不限于公司文件原件、技术文件、电子文档、公车、电脑、公司域名、印鉴等）；3. 董事会将视工作进展情况，适时启动离任财务审计及其他法律审计。保留对其失责失误问题深入调查并追究其法律责任的权利。

2019年2月20日，某公司第一届董事会第八次会议召开，通过了《关于解聘公司现任总理（CEO）彭某的议案》（以下简称解聘议案）并形成董事会决议。当天，某公司向彭某发出《致彭某先生函》，载明：某公司已于2019年2

月20日召开第一届董事会第八次会议并通过有效决议，免去你在公司的总经理（CEO）职务；自即日起，你与某公司之间的劳动法律关系终止并解除，你不得再以公司总经理（CEO）名义处理任何公司内外事务，并应于2月20日16点之前，向公司指定人员办理工作移交手续及移交属于公司的所有物品。

2019年2月21日，彭某因赔偿金、工资等事宜向某劳动争议人事仲裁委员会（以下简称仲裁委）提出仲裁申请，要求某公司支付违法解除劳动合同的经济赔偿金177776元，支付2019年2月工资41379元，支付其个人应享受的奖励补贴500000元。2019年4月15日，仲裁委作出仲裁决定书，决定该案终止审理。后彭某诉至法院，诉请如前。

（二）案件代理思路

依据董事会决议免去总经理职务的法律依据，与用人单位与劳动者解除劳动合同的法律依据并不相同，因此，本案中免去总经理职务的事由并不一定可以构成用人单位合法解除劳动合同的事由。本案中用人单位主要从如下方面举证解除劳动关系的合理性：1. 公司章程规定，总经理应当每三个月向董事会书面汇报一次工作，但是，彭某在近两年时间内从未有任何向董事会书面汇报的文件，其行为符合《劳动合同书》第11.1.b条和《劳动合同法》第三十九条第二款解除劳动合同的规定；2. 彭某在申报2017年创业领军型团队时对其之前的任职经历和经营成绩均有造假，属于《员工手册》第17.1.3条的禁止行为，公司可以与其解除劳动合同；3. 彭某未经公司授权或者许可，擅自在其个人申报“某项目”的材料上加盖公司印章，而私盖公章属于《员工手册》第17.1.6条和《劳动合同书》第11.1.b条的禁止行为，不以公司是否实际受到损害为前提，公司可以依规与其解除劳动合同；4. 彭某将个人向国外高校的捐款在公司报销、在其他公司担任董事及总经理，这些属于解聘议案所指出的另外彭某在执行董事会决议及其他履职有重大失责失误的问题。但是，如果要达到合法解除劳动合同的效果，用人单位罗列的这些事实，还应能够达到对照《劳动合同法》第三十九条规定的劳动者存在过错的情形才能合法解除劳动合同。

（三）法院审查要点

本案二审法官认为：彭某是某公司董事会聘任的总经理，同时与某公司签有劳动合同，该合同明确约定系根据劳动法、劳动合同法以及国家有关法律法规等协商制定，故彭某同时也是与公司签订劳动合同的劳动者，与某公司成立劳动关系。某公司在《致彭某先生函》中已明确了根据董事会决议解聘彭某总经理职务，并解除与其之间的劳动关系，更加可以印证彭某的双重身份。公司董事会决议解聘其总经理职务，系董事会的法定职权，是董事会对公司经营管理的体现，故司法并不介入审查解聘事由。又因劳动合同约定的职位是CEO（总经理），因此，当公司董事会决议解聘彭某总经理职务后，双方履行劳动合同的基础已不存在。

然而，公司根据董事会解聘决议解除与彭某的劳动合同关系，系公司行为而非董事会，因此，董事会的解聘决议并不当然同时合法解除了劳动合同关系，司法还应对公司解除劳动合同行为的正当性进行审查。该司法审查与董事会对公司高级管理人员的无因解聘并不矛盾，故某公司仍应提供证据证明其解除劳动合同的正当性。

某公司在上诉理由中重申解聘议案的事由即为解除与彭某劳动合同关系的依据。对此，本院认为，彭某在上述事由中并不存在严重的违反劳动纪律和公司规章制度的行为，即公司解除劳动合同并不符合《劳动合同书》第11.1.b条的约定。关于汇报工作，彭某在一审时提供的2018年10月10日向董事发送的技术进展、开发计划的报告以及二审提交的三份董事会决议均可以证明其向董事会报告工作的事实，虽然尚不能证明达到汇报的频次要求，但是某公司亦无法证明造成了严重后果。关于经历和过往的业绩，虽然某公司二审提供了申报书等证据，但是，不能证明造成的实际后果，不足以作为解除劳动合同的正当事由。关于某项目，虽然彭某在报名时未征求董事会的意见，确有不妥，但是其实际未入职该项目，且根据其二审提交的证据，彭某报名时在OA系统办理了用章流程，因此，某公司无法证明以该事由解除劳动合同具有合理性。关于董事会决议的执行问题，某公司所称的有关决议已由另案判决认定其不成立，因此，也不能作为解除劳动合同的依据。至于某公司主张的其他事由，既未记载于解聘议案，亦未在《致彭某先生函》中列明，不能作为证明解除劳动关系合法的依据，一审法院不予采纳并无不当。某公司应当承担违法解除劳动合同的法律责任，本院对于彭某主张的赔偿金予以支持。

三、合规操作方案

（一）与高管解除劳动关系同样应送达解除劳动合同通知书

为避免解聘职务不被认定为解除劳动合同，公司在决定与高级管理人员解除劳动合同时，不能只通过股东会或董事会做出决议，而应该与一般劳动者相同，通过发送解除通知、出具离职证明等方式表示公司与该高管解除了劳动合同。

（二）高管被解聘不能作为解除劳动关系的合法事由，用人单位应当谨慎确定解除劳动关系的理由，并且在解除劳动关系通知书中进行明确

在司法实践中用人单位仅以高管被解聘为由解除劳动关系的，一般合法性不被认可，裁判者仍然会从劳动合同法的层面考量用人单位解除劳动关系是否有法律、制度及事实依据，因此用人单位在解除劳动关系时同样应当谨慎确定解除劳动关系的理由，并且在解除劳动关系通知书中进行明确。

第三节　董监高的薪酬管理

一、高管薪酬问题解析

解聘高管职务后劳动关系存续的情况下，如何确定新的岗位、薪酬？

高管被解聘后不再担任原来的高管职务，需要确定其新的工作内容、工作岗位以及劳动报酬，对此，在司法实践中通常会首先查明双方签订的劳动合同的相关约定，并了解用人单位安排高管人员新工作的情况作出判断。对于高管解聘后的工作安排问题，不少企业在聘任高管时都容易忽略。劳动合同条款很少对此进行特别的约定，也导致了双方容易针对新的工作安排产生争议纠纷。

例如在（2015）沪二中民三（民）终字第233号案件中，一审、二审就对于高管人员在被解聘后不服从新的工作安排被解除劳动关系的争议在认定上产生了截然不同的结果。关于解除劳动合同的原因，某汇公司称其因查实袁某某在职期间存在违规和违法行为，故解除了其在某汇公司的总经理职务，将其调动至业务专员岗位，并在袁某某限期未到岗后解除了与袁某某之间的劳动合同，袁某某则称其曾以书面形式反对某汇公司撤销其总经理职务，否认收到某汇公司寄送的调整岗位通知，并称某汇公司从未就调岗一事征求其本人意见。

一审法院认为，根据公司法规定，董事会对股东会负责，有权决定聘任或解聘公司经理及其报酬事宜，故，某汇公司根据股东会和董事会的决议撤销了袁某某的总经理职务并未违反相关法律的规定。在袁某某不具有高管身份之后，某汇公司的确也可以基于其人事管理权变更袁某某的工作岗位，但此种情形属对原劳动合同内容的重大变更，依法应符合劳动法及相关法律法规规定和双方的约定。根据劳动法及劳动合同法的规定，订立和变更劳动合同，应当遵循平等自愿、协商一致的原则，不得违反法律、行政法规的规定。根据双方在劳动合同中的约定，双方在不损害国家、集体和他人利益的情况下以及劳动合同订立时所依据的客观情况发生了重大变化，经协商一致可以变更原合同。故，某汇公司应就更换袁某某劳动岗位事宜与袁某某进行协商，但某汇公司不仅未与袁某某协商，甚至不能提供证据证明其在岗位变动前曾通知过袁某某，此程序显然违反了相关法律规定和双方的约定……故确定某汇公司于2013年5月16日为袁某某办理退工手续行为欠妥，此外，某汇公司尽管还称系因袁某某行为违法或违规故而解除与其的劳动合同，但其提供限期到岗通知中并未对该理由有所涉及，故对某汇公司以此为由解除与袁某某的劳动关系难以采信。综上，某汇公司依法应支付袁某某违法解除劳动合同经济赔偿金。

二审法院则认为，根据公司法规定，袁某某担任某汇公司总经理职务的解聘事宜由董事会决定……董事会决议解除袁某某总经理职务，必然会导致劳动合同约定袁某某为总经理岗位的变更。一旦袁某某职务被解聘，其面临某汇公司重新对其的工作安排。用人单位与劳动者就岗位变更进行磋商时，双方都可以提出具体工作岗位的要求，某汇公司在袁某某未提出岗位要求的情况下，首先以书面通知形式告知袁某某新的岗位为担保业务专员，并规定袁某某在指定时间内到某汇公司报到，表明某汇公司作为用人单位履行了安排员工工作的义务，已就新岗位安排通知袁某某上班工作，该行为本身就是向对方进行工作安排的磋商形式，袁某某如果不同意该岗位安排完全可以向某汇公司提出合理要求，并与某汇公司进一步沟通，且某汇公司根据袁某某不能继续担任总经理这一事实，安排袁某某从事其他工作是正当合理的……由于袁某某未按时到岗报到，双方互不履行各自的劳动权利义务，某汇公司为袁某某办理退工手续，无需承担违法解除劳动合同的法律责任，即某汇公司对双方劳动关系解除不应支付袁某某经济赔偿金。

在上述案例中，与高管人员在劳动合同中约定一旦被解聘后如何确定新的工作岗位和薪酬待遇。不得不说给后续调整工作岗位埋下了隐患，一旦劳动者不服从新的工作安排，则容易将基于《公司法》进行具有正当性的高管解聘导向基于协商变更劳动合同引发的劳动争议的转变，使双方互相折磨消耗，彼此陷入从互信到“较劲”的境地。

二、实战案例解析

（一）基本案情[①]

吉某于 2007 年 7 月 1 日入职 G 公司，双方订立过三份劳动合同。最后一份劳动合同为 2010 年 7 月 1 日起的无固定期限劳动合同，合同第二条约定甲方（G 公司）聘任乙方（吉某）在上海市管理部门从事副总经理工作。

G 公司《章程》第十五条规定：董事会的职权包括决定聘任或者解聘公司总经理、副总经理及其他高级管理人员及其报酬事宜。该事项由出席董事会会议

① （2017）沪 01 民终 2153 号。

的董事的过半数通过。

2015 年 7 月 9 日，G 公司召开临时董事会，主要内容有：决议 1，批准对总经理吉某降职。因吉某对 2014 年度 3 月末计提的坏账准备金负有责任，基于 2015 年 6 月 9 日调查委员会报告书中的处分方案，含野某董事长在内的 3 名董事一致同意：现总经理（兼任销售管理本部长）吉某降职为销售本部统括部长（兼任销售管理本部统括部长）。决议 2，批准对统括部长吉某减薪。因吉某对 2014 年度 3 月末计提的坏账准备金负有责任，2015 年 6 月 9 日的调查委员会报告书中提出了处分方案，出席董事一致同意将吉某的工资从 42000 元减为 32000 元。

全国企业工商公示信息显示 G 公司经理备案信息变更前内容为吉某，变更后内容为无，变更日期为 2016 年 3 月 8 日。

2016 年 5 月 17 日，吉某在仲裁庭审时自述其于 2014 年 3 月调整为总经理，G 公司曾口头通知其岗位从总经理变更为销售总监，降薪 10000 元。

2016 年 4 月 21 日，吉某向上海市长宁区劳动人事争议仲裁委员会申请仲裁，要求裁令 G 公司支付 2015 年 7 月 1 日至 2016 年 3 月 31 日工资差额 9 万元。该委于 2016 年 6 月 2 日作出裁决：对吉某的请求不予支持。吉某不服该裁决，遂诉至原审法院，请求判令 G 公司支付 2015 年 7 月 1 日至 2016 年 3 月 31 日工资差额 9 万元。

（二）案件代理思路

本案中，G 公司于 2015 年 7 月 9 日做出董事会决议，因吉某存在违规行为，根据公司调查结果，做出降职降薪的决议。判决书中并未体现法院具体审查了吉某是否确实存在如公司调查书中所述的造成坏账等违规、损害公司利益的行为。法院认可 G 公司通过董事会决议调整吉某岗位与薪酬，主要基于两点：其一，法院认为公司依据公司章程解聘、调整总经理职务属于公司内部管理事务，未违反公司法的相关规定。其二，在调整岗位与薪酬后，双方已经履行超过一个月，而吉某并未提出异议，法院认为双方已经对岗位与薪酬的调整达成了一致。

（三）法院审查要点

本案中，上诉人吉某主张工资差额，理由是并未发生降职，其仍然担任被上诉人G公司总经理职务，对此提供差旅费报销表等表格证明总经理签名栏仍为其签名，二审中又提供电子邮件证明员工称呼其为“吉总”。然，对于差旅费报销表等表格，G公司解释系因管理制度不完善未能及时在内部表格中增加“统括部长”签署栏导致填写不规范，该解释具有一定合理性；对于电子邮件，均为打印件，在G公司否认真实性的情况下，难以确认；结合吉某在仲裁庭审中自述2015年7月G公司口头通知其岗位和薪资变动事宜以及邮件中吉某回复“本人的工作内容变化”等，本院对其主张难以采信，可以确认G公司于2015年7月对吉某作出调岗调薪的决定。现吉某并未提供证据证明其对该调岗调薪提出过异议，双方就变更后的劳动合同已经实际履行了超过一个月，吉某再以工作岗位未发生变更为由主张工资差额，理由不能成立。

三、合规操作方案

1. 在公司章程、规章制度中明确董事会可以决定高管的任免及薪酬待遇

公司可以在章程或规章制度中明确规定董事会的职权范围，将调整高管岗位、薪酬标准纳入董事会职权。

2. 完善高管不胜任工作情况下的退出机制

建议用人单位从绩效管理的角度在规章制度中设定高管不胜任工作情况下的退出机制，包括明确何种情况属于不胜任工作、不胜任工作后用人单位的调岗、调薪权限。

3. 对高管薪酬进行合理规划，完善绩效奖金发放制度

建议对高管薪酬进行合理规划，其中浮动绩效部分应当与员工工作表现、公司整体经营管理情况挂钩，建议与员工签订绩效考核责任书，明确绩效考核指标、绩效考核办法、绩效考核结果兑现等事项。

4. 确保董事会决议流程合法有效

除上述制度依据外，还需确保董事会作出的决议合法有效。根据《公司法》第二十二条规定“公司股东会或者股东大会、董事会的决议内容违反法律、行政法规的无效。股东会或者股东大会、董事会的会议召集程序、表决方式违反法律、行政法规或者公司章程，或者决议内容违反公司章程的，股东可以自决

议作出之日起六十日内，请求人民法院撤销……”公司需避免出现所列举的情况，保证会议决议合法有效。

5. 建议要求高管参加涉及其切身利益的股东会 / 董事会会议，并在决议上签字确认

如公司决定对某一高管做出调岗调薪的决议，建议请该高管列席会议，并在决议上签字确认，以此代表双方在会议上对调岗调薪事宜做出了协商。

6. 建议签署劳动合同变更协议明确调整后的岗位与薪酬

在司法实践中，董事会决议是否能够成为调整高管岗位、薪酬的依据存在一定的不确定性，因此建议用人单位在做出高管调岗调薪的决议后，落实到劳动合同变更协议上，以此避免调岗调薪行为违法的风险。

第四节　高管违反忠实勤勉义务产生的纠纷

一、高管违反忠实勤勉义务产生的纠纷问题解析

> 什么是高管的忠实勤勉义务？高管的忠实勤勉义务与劳动者的忠实勤勉义务之间有何关联？高管违反忠实勤勉义务时，公司如何追究责任？高管违反忠实勤勉义务时，公司是否能与其解除劳动合同？

企业中的高级管理人员是企业中具有管理权限的人员，这部分权利义务受到公司法调整，同时高管也可以具有劳动者的身份，与企业构成劳动关系，从这个角度看双方在劳动关系领域的权利义务也受到劳动法律法规的调整。高管的特殊身份长期以来在劳动法领域没有单独作为一个问题进行研究，各项劳动法律法规对于高管和普通劳动者的适用未作出层次上的区分。但是在实践中却频频出现让人感到困惑又棘手的“难题”，裁判结果如果背离法律规定，难以解决法理的问题；如果完全符合法律规定，则有违一般常理。实践中不乏出现高管向用人单位主张未签订劳动合同二倍工资差额、高管利用职权向其本人多发工

资奖金、高管未恪守忠实勤勉义务单位却难以解除劳动合同等问题。本书尝试从公司法及劳动法的视角对高管在违反忠实勤勉义务情况下产生的纠纷进行探讨。

（一）什么是高管的勤勉忠实义务

《公司法》第一百四十七条规定，“董事、监事、高级管理人员应当遵守法律、行政法规和公司章程，对公司负有忠实义务和勤勉义务。董事、监事、高级管理人员不得利用职权收受贿赂或者其他非法收入，不得侵占公司的财产”。关于忠实义务和勤勉义务的具体内容，《公司法》并未正向说明。

关于高管的忠实义务以反向列举的方式列出了属于高管违反忠诚义务的行为，《公司法》第一百四十八条列举了八种董事、高级管理人员违反忠实义务的行为，包括：（一）挪用公司资金；（二）将公司资金以其个人名义或者以其他个人名义开立账户存储；（三）违反公司章程的规定，未经股东会、股东大会或者董事会同意，将公司资金借贷给他人或者以公司财产为他人提供担保；（四）违反公司章程的规定或者未经股东会、股东大会同意，与本公司订立合同或者进行交易；（五）未经股东会或者股东大会同意，利用职务便利为自己或者他人谋取属于公司的商业机会，自营或者为他人经营与所任职公司同类的业务；（六）接受他人与公司交易的佣金归为己有；（七）擅自披露公司秘密；（八）违反对公司忠实义务的其他行为。董事、高级管理人员违反前款规定所得的收入应当归公司所有。

关于高管的勤勉义务，《公司法》及相关司法解释既没有正向规定，也没有反向列举。司法实践中判断高管是否尽到勤勉义务会考量如下因素：（1）高管是否出于善意、是否以为了公司的最大利益的方式履行高管职责；（2）处理公司事务时是否尽到了相似位置上的普通谨慎的人在相同或类似情况下所需要的注意义务；（3）是否存在非商业风险和不可抗力情况下的故意或过失。

（二）高管的忠实勤勉义务与劳动者的忠实勤勉义务之间的关联

实际上并非只有高管对用人单位负有忠实勤勉义务，在劳动法律规范体系下，劳动者对于用人单位也在一定程度上负有忠实勤勉义务，虽然没有如《公司法》在条文中直接予以表述，但在相关规定中亦有相应之意。例如：《劳动合同法》第三十九条第四项规定，劳动者同时与其他用人单位建立劳动关系，对完成本单位的工作任务造成严重影响，或者经用人单位提出，拒不改正的，用人单位可以解除劳动合同。第九十条规定，劳动者违反本法规定解除劳动合同，或者违反劳动合同中约定的保密义务或者竞业限制，给用人单位造成损失的，应当承担赔偿责任。《工资支付暂行规定》第十六条规定，因劳动者本人原因给用人单位造成经济损失的，用人单位可按照劳动合同的约定要求其赔偿经济损失。经济损失的赔偿，可从劳动者本人的工资中扣除。但每月扣除的部分不得超过劳动者当月工资的 20%。若扣除后的剩余工资部分低于当地月最低工资标准，则按最低工资标准支付。

高管同样受到上述法律法规的约束，《公司法》与劳动法律法规考虑的问题视角不同，但均考虑在高管或劳动者没有勤勉忠实履行高管职责或劳动合同的情况下，需要承担相应的法律责任。在实践中，高管的某一具体行为有可能导致多项法律后果的竞合。

（三）高管违反忠实勤勉义务公司如何追究责任

如前所述，高管同时具有企业管理者的身份和劳动者的身份，在司法实践中，高管违反忠实勤勉义务，公司多向其提起损害公司利益纠纷，要求高管赔偿公司损失或者要求其因违反忠实勤勉义务所获得的收入归公司。

1. 从公司法的角度，高管违反忠实勤勉义务，公司可以要求其将所得收入归公司

根据《公司法》第一百四十八条的相关规定，高级管理人员未经股东会或者股东大会同意，利用职务便利为自己或者他人谋取属于公司的商业机会，自营或者为他人经营与所任职公司同类的业务，所得的收入应当归公司所有。在（2018）京 01 民终 8010 号判决中，一审法院认为王某为 Z 公司股东并曾长期任公司经理，负责公司大客户往来及部分业务，通过 Z 公司提供的公证邮件内容，应认定王某利用职务便利将 Z 公司部分客户及业务揽入其另行成立的 C 公司，其上述行为严重违反了股东、公司高级管理人员对公司应尽的勤勉、忠诚义务，其上述行为系以损害公司利益为代价而谋取股东个人私利，违反了相关法律规定，侵害了公司的合法权益，C公司作为王某实施上述行为的载体，应视为共同侵权人，其在王某授意下所实施的相关经营行为，亦侵犯了Z公司的合法权益，王某及C公司应共同返还因损害Z公司权益所得收入1916367.64元。

2. 从公司法的角度，高管违反忠实勤勉义务，公司可以要求其赔偿损失

《公司法》第一百四十九条规定，“董事、监事、高级管理人员执行公司职务时违反法律、行政法规或者公司章程的规定，给公司造成损失的，应当承担赔偿责任”。在（2020）京0108民初3101号民事判决书中，法院认为董事、监事、高级管理人员承担赔偿责任的条件有三：其一，执行职务时违反法律、行政法规或公司章程的规定；其二，公司存在实际损害的发生；其三，公司损害的发生与董事、监事、高级管理人员的执行职务行为存在因果关系。季某、沈某分别作为时任Q公司总经理、副总经理，在2018年9月工资审批程序中承担相应的管理职责。现Q公司要求季某、沈某退还2018年9月部分工资款项，系基于季某、沈某作为高级管理人员不当履职行为的主张而提出的损害赔偿，属于高级管理人员损害公司利益责任纠纷案件审理范畴。按照董事会决议内容，季某、沈某调整后的工资标准从2018年9月1日开始执行，季某、沈某作为时任董事，亦在该董事会决议落款签字确认。在此情况下，季某、沈某明知其工资标准已然下调，仍在2018年9月工资发放审批中以原工资标准核定己方工资，导致Q公司对外多支付工资59850元。季某、沈某履职不当，Q公司要求季某、沈某赔偿上述工资支出损失，法院予以支持。

（四）高管违反忠实勤勉义务公司是否能与其解除劳动合同

如前所述，高管存在违反忠实勤勉义务行为的，从公司法的角度和劳动法律规范的角度，均规定了高管的法律责任，用人单位可以向高管主张赔偿损失的责任、主张其收入归公司等。公司一般也会履行公司法层面的内部治理程序对存在此类行为的高管解聘，但是解聘高管职务并不能直接等同于解除劳动合同，解除劳动合同属于《劳动合同法》调整的范畴，用人单位解除高管的劳动合同仍然需要符合《劳动合同法》的规定，否则可能构成违法解除。

二、实战案例解析

（一）基本案情[①]

季某于2017年11月1日入职Q公司，任董事长及总经理职务，并为Q公司股东，双方签订期限为自2017年11月1日起的无固定期限劳动合同。季某入职时月薪为61110元，Q公司经董事会决议调整季某的月薪为21330元，于2018年9月1日开始执行；Q公司于2019年5月20日召开临时股东会，决定解除季某的董事长职务并暂停总经理职务，暂停其一切工作。被解聘总经理职务后，Q公司未再给其安排岗位，故在家待岗。2019年6月13日Q公司召开董事会，决议解除季某总经理职务，2019年8月1日Q公司以季某旷工等为由与其解除劳动合同，季某主张用人单位单方违法解除劳动合同，要求支付违法解除劳动合同赔偿金。双方另存在Q公司向季某提起的损害公司利益纠纷案，其中对于Q公司主张的多项损害公司利益的请求仅支持了季某在明知其工资标准已下调情况下，仍按照原工资标准审核发放自己的工资，给公司造成了5万余元损失，应当予以赔偿。

（二）案件代理思路

本案为劳动争议纠纷，争议焦点是Q公司与季某解除劳动合同是否合法。因此，案件的代理思路是围绕着Q公司解除劳动合同的理由是否符合《劳动合同法》的规定，解除事实是否成立。至于公司已经召开股东会暂停了季某的总经理职务与本案解除合法性没有直接关联。当然，如果在损害公司利益纠纷案件中认定了季某存在损害公司利益的行为，那么需要着重考虑其损害公司利益的行为是否达到了解除劳动合同的程度。

（三）法院审查要点

Q公司向季某送达了书面解除通知，故法院以该通知所载内容审查Q公司解除行为的合法性及合理性。《关于开除季某的决定》中载明的解除事实依据为：

---

① （2021）京01民终10873号。

连续旷工达到4天，累计旷工达到6天；季某对公司签订的研究咨询服务合同，在已支付全款的情况下，长达半年未索要研究成果；利用公司聘用的法律顾问为其个人问题进行法律咨询，后将公司管理制度撰写工作外包给对方，且提供的工作成果严重偏离公司实际情况，严重侵犯了公司利益。

法院分别针对上述解除事由进行了审查。关于旷工，Q公司未就季某在被暂停总经理职务期间需接受考勤管理提交证据予以证明，故Q公司以季某存在旷工为由与其解除劳动合同缺乏充分依据。关于签订研究咨询服务合同未索要研究成果，根据双方损害公司利益纠纷案查明之事实，亦无证据显示季某因此给Q公司造成重大损失。关于利用公司聘用的法律顾问为其个人问题进行法律咨询等，根据《劳动合同法》第三十九条第三项之规定，劳动者严重失职，营私舞弊，给用人单位造成重大损害的，用人单位可与劳动者解除劳动合同。季某作为公司总经理，以Q公司法律顾问为其个人草拟律师函确有不当，但Q公司并未就此给公司造成重大损失提交证据予以证明，故Q公司以此与季某解除劳动合同亦缺乏充分的事实依据及法律依据。综上，Q公司与季某解除劳动合同确有不妥，季某要求Q公司向其支付违法解除劳动合同赔偿金365862.44元并无不当，法院予以支持。

（四）对于高管违反忠实勤勉义务符合劳动合同法解除理由的，用人单位可以合法解除劳动合同

北京市海淀区法院2015年度发布高管和高级技术人员涉诉情形十大典型案例之案例二为高级管理人员营私舞弊，用人单位可依法解除劳动关系的案件。在该案中，法院经审理认为，张某入职医疗公司担任营业部长，从事医疗器械的销售工作。其未经公司批准，在某友公司兼职，并将公司的医疗器械低价转卖给某友公司，给其公司造成经济损失，公司因此与其解除劳动合同。张某的配偶孙某是该公司的唯一股东，张某是某友公司的监事。张某任职医疗公司营业部长期间，参与医疗公司与某友公司采血器销售的审议并出具低价销售的意见，明确建议两家公司签订经销合同，其行为违反了医疗公司《就业规则》的规定，亦有违基本的职业操守，张某存在营私舞弊的行为，医疗公司据此解除双方劳动关系并无不当。

三、合规操作方案

首先，公司应当确认高管的身份，如劳动者为高管身份，则同时受到《公司法》及《劳动合同法》的约束；如劳动者不具有高管身份，则用人单位应当以《劳动合同法》为处理依据。

其次，公司应当确定追究高管违反忠实勤勉义务法律责任的路径。如果高管违反忠实义务，公司可以要求其将因违反忠诚义务的收入所得归公司所有；如果公司因其违反忠实勤勉义务而受到损失的，亦可以追究其损失赔偿责任；如果高管人员违反忠实勤勉义务的行为同时达到了解除劳动合同的程度的，公司可以与其解除劳动合同。

最后，在解除劳动合同的操作层面需要回归到《劳动合同法》，满足《劳动合同法》规定的解除劳动合同的合法性，包括实体上的合法以及程序上的合法。高管违反忠实勤勉义务通常可能涉及的解除劳动合同的理由为《劳动合同法》第三十九条的规定，高管严重违反用人单位规章制度；严重失职、营私舞弊给用人单位造成损害；同时与其他用人单位建立劳动关系拒不改正或者对完成本单位的工作任务造成严重影响。在解除前仍然需要围绕上述解除依据进行法律分析才能保证解除劳动合同的合法性。

第十章

协商解除劳动合同与劳动者辞职

第一节　协商解除的情形

一、协商解除问题解析

口头协商解除，是否存在法律风险？员工签订协商一致解除协议后发现怀孕，反悔怎么办？协商一致解除协议中约定的经济补偿标准低于法定的标准，是否有效？

（一）什么是协商解除

当事人协商一致解除劳动合同即劳动合同的协议解除。劳动合同是用人单位和劳动者基于建立劳动关系的合意订立的，自然双方当事人也可以合意解除劳动合同。[①]根据《劳动合同法》第三十六条的规定，用人单位与劳动者协商一致，可以解除劳动合同。

（二）口头协商解除，是否存在法律风险

解除劳动合同的意思表示可以通过书面方式，也可以通过口头方式，即口头协商解除劳动合同是有效的。但口头协商解除如果发生争议，一旦劳动者反悔，用人单位举证就比较困难，而一旦无法举证，则无法证明双方之间劳动关系已经解除，用人单位与劳动者应当依法继续履行劳动合同义务。后续若存在违反法律规定或劳动合同义务的行为则应当承担相应的法律责任。

① 林嘉：《劳动法和社会保障法（第四版）》，中国人民大学出版社 2009 年版，第 149 页。

（三）员工签订协商一致解除协议后发现怀孕，反悔怎么办

对于签订协商解除协议后发现怀孕，员工能否反悔，主张恢复劳动关系问题，司法实践一般不支持员工恢复劳动关系的主张。

根据《最高人民法院关于审理劳动争议案件适用法律问题的解释（一）》第三十五条规定，对“三期”女职工的保护，法律对用人单位单方解除、终止劳动合同作出相应限制，但并未对双方协商一致解除劳动关系作出排除适用。

根据《最高人民法院关于审理劳动争议案件适用法律问题的解释（一）》第三十五条规定：劳动者与用人单位就解除或者终止劳动合同办理相关手续、支付工资报酬、加班费、经济补偿或者赔偿金等达成的协议，不违反法律、行政法规的强制性规定，且不存在欺诈、胁迫或者乘人之危情形的，应当认定有效。前款协议存在重大误解或者显失公平情形，当事人请求撤销的，人民法院应予支持。简而言之，如果协议不存在重大误解或者显失公平情形时，劳动者不可以要求撤销。

北京地区有明确规定，《北京市高级人民法院、北京市劳动争议仲裁委员会关于劳动争议案件法律适用问题研讨会会议纪要（二）》45. 女职工在未知自己怀孕的情况下与用人单位协商解除劳动合同后，又要求撤销解除协议或者要求继续履行原合同的，如何处理？女职工与用人单位协商解除劳动合同后，发现自己怀孕后又要求撤销协议或者要求继续履行原合同的，一般不予支持。所以，只要解除协议是双方当时的真实意思表示，且不存在欺诈、胁迫或者乘人之危情形的，协议经双方签字后生效，女职工在签署协商一致解除协议后发现自己怀孕，反悔又要求撤销解除协议或者要求继续履行原合同的，一般不予支持。

（四）协商一致解除协议中约定的经济补偿标准低于法定的标准，是否有效

针对该情形，《最高人民法院关于审理劳动争议案件适用法律问题的解释（一）》第三十五条规定：“劳动者与用人单位就解除或者终止劳动合同办理相关手续、支付工资报酬、加班费、经济补偿或者赔偿金等达成的协议，不违反法律、行政法规的强制性规定，且不存在欺诈、胁迫或者乘人之危情形的，应当认定有效。前款协议存在重大误解或者显失公平情形，当事人请求撤销的，人民法

院应予支持。”

据此，对于劳动者与用人单位之间就解除合同达成的关于经济补偿金的协议，需要审核以下三个方面内容：1. 是否违反法律、行政法规的强制性规定；2. 是否存在欺诈、胁迫或者乘人之危的情形；3. 是否存在重大误解或者显失公平的情形。

首先，关于是否违反法律、行政法规的强制性规定。《劳动合同法》第四十七条规定了关于经济补偿金的计算标准，关于该法律规定是否属于上述司法解释中的“强制性规定”并无定论。

关于强制性规定的概念，民法上的强制性规定指当事人在实施法律行为的过程中，不可以通过约定排除或者变更适用的法律规范，当事人约定如此适用的法律效果是无效的[①]。关于劳动法上的强制性规定当前并无明确概念界定，有学者认为劳动法上的强制性规定是指维护劳动者基本生存权益，任何人不得通过约定任意变更适用的法律规范[②]。强制性规定旨在维护劳动者的基本权益，具有维护劳动力市场秩序、建立健全劳动制度之效用。除概念不明确外，关于劳动法强制性规定的认定标准及识别方法也并无定论，因此上述关于经济补偿金标准的法律规定是否属于强制性规定存在不同的观点。

一种观点认为，《劳动合同法》第四十七条关于经济补偿金的规定属于法律的强制性规定，用人单位与劳动者协商一致解除经济补偿金数额低于法定标准的，属于违反法律的强制性规定，该协议无效。

另一种观点认为，该规定并不属于强制性规定，本着意思自治原则，劳动者与用人单位双方有权对经济补偿金数额进行协商，该协商属于在法律规定的范围内自行处分民事权利，应被准许。

在劳动法律实务中，第二种观点得到更多法院的认可，即用人单位与劳动者协商一致解除经济补偿金的，该协议并不当然无效。如在（2022）京 03 民终 4683 号判决书中，针对劳动者与用人单位签订《协商一致解除劳动合同协议书》后请求支付经济补偿金差额的，法院认为劳动者一方作为完全民事行为能力人，应当对其所签署的文字材料负有适当的注意义务，对其所从事的民事行为承担

① 王泽鉴：《民法总则》，中国政法大学出版社 2009 年版，第 281 页。

② 孙国平、冯紫榆：《论劳动法强制性规范之识别》，载《河北法学》2022 年第 40 卷第 10 期，第 15—39 页。

相应的法律责任，签署协议书为其真实意思表示且内容不违反法律、法规的相关规定，应属合法有效，双方理应遵守。

在认可第二种观点的基础上，也有法院认为用人单位与劳动者协商一致解除的经济补偿金低于法定标准的，需劳动者明确表示放弃差额部分，否则仍可诉请用人单位支付该部分差额。如在（2021）赣0981民初2274号判决书中，法院认为该案为用人单位提出动议协商解除劳动合同，但该协议书中对解除劳动关系经济补偿约定的数额低于法定标准，且劳动者并未明确表示放弃对不足额部分追索的权利，故被告用人单位应按法定标准补足经济补偿的差额部分。

该观点要求用人单位在协商过程中主动告知劳动者经济补偿金的法定标准，劳动者在知晓该标准且明确表示放弃差额的，则该低于法定标准的补偿金条款有效。该观点认为协商一致解除的经济补偿金属于劳动者有权自行处分的范围，但也在一定程度上考虑劳动者的弱势地位，避免因双方地位不平等导致协商实质失衡，以追求双方真实的意思表示。

因此，协商一致经济补偿金低于法定标准的，一般不被认定为违反法律、行政法规的强制性规定，而视为当事人对自己权利的处分和放弃。

其次，关于是否存在欺诈、胁迫或者乘人之危的情形。《民法典》第一百四十八条、第一百五十条分别规定了欺诈、胁迫民事法律行为的情形。

欺诈的构成要件包括：第一，有欺诈的故意，指使被欺诈人陷于错误认识及使其基于错误认识而为意思表示的意思；第二，有欺诈行为，指使被欺诈人陷入、维持或加深错误认识而虚构、变更、隐匿事实的行为；第三，被欺诈人因受欺诈而陷入认识错误，即欺诈行为与认识错误存在因果关系；第四，被欺诈人基于错误认识而为意思表示，即错误认识与意思表示之间存在因果关系。

胁迫的构成要件包括：第一，有胁迫的故意，使被胁迫人产生恐惧及使其基于该恐惧而为意思表示的意思；第二，有胁迫行为，即以加害威胁被胁迫人；第三，胁迫行为不具有正当性，包括胁迫手段或目的或手段与目的结合不具有正当性；第四，被胁迫人因受胁迫陷入恐惧，即陷入恐惧与胁迫行为存在因果关系；第五，被胁迫人基于恐惧而为意思表示，即意思表示与胁迫之间存在因果关系。[1]

① 王泽鉴：《民法总则》，中国政法大学出版社2009年版，第187页。

关于乘人之危的认定，《民法典》将乘人之危与显失公平合并为一类可撤销合同事由，在此不再讨论。

在签订协商一致解除劳动合同协议时，若存在上述法定事由的，当事人可主张其为无效协议，主张无效的当事人应当举证。

最后，关于是否存在重大误解或显失公平的情形。

重大误解是在双方当事人实施的民事法律行为中，行为人因自身重大过失，对法律行为认识错误，以错误的认识订立了民事法律行为使自己的利益受到损害[①]。《民法典》第一百四十七条规定了基于重大误解实施的民事法律行为的效力。《全国法院贯彻实施民法典工作会议纪要》第二条："行为人因对行为的性质、对方当事人、标的物的品种、质量、规格和数量等的错误认识，使行为的后果与自己的意思相悖，并造成较大损失的，人民法院可以认定为民法典第一百四十七条、第一百五十二条规定的重大误解。"因此，只有"重大误解"才可以构成被撤销的理由。重大误解的构成要件包括以下几点：第一，须有意思表示且意思与表示不一致；第二，表意人须有不符合事实的认知错误；第三，表意人须无使表示与意思不一致的故意；第四，错误与意思表示之间须具有因果关系；第五，错误须在合同签订中被认定为重大误解。

显失公平在协商一致解除协议经济补偿金低于法定标准的情形中经常被劳动者作为提起撤销的事由。《民法典》第一百五十一条规定，一方利用对方处于危困状态、缺乏判断能力等情形，致使民事法律行为成立时显失公平的，受损害方有权请求人民法院或者仲裁机构予以撤销。显失公平的构成要件有两个方面：一是客观上当事人之间利益不平衡；二是主观上一方故意利用其优势或相对方轻率、无经验等订立了显失公平的合同。关于客观"利益不平衡"的标准，法律并未作明确规定。已失效的《最高人民法院关于适用〈中华人民共和国合同法〉若干问题的解释（二）》第十九条第二款规定"转让价格达不到交易时交易地的指导价或者市场交易价百分之七十的，一般可以视为明显不合理的低价……"上述标准仍具有一定参考意义。对于协商解除经济补偿金低于法定标准的情形，可将法定补偿标准的70%作为显失公平的标准，另外考虑劳动法对

① 杨立新：《债与合同法》，法律出版社2012年版，第409页。

劳动者的倾斜保护，在该基础上进行一定程度的从宽认定。

综上所述，协商解除劳动合同经济补偿金低于法定标准的，该协议在满足《民法典》第一百四十三条关于民事法律行为有效条件的前提下，还需要审核是否存在违反法律、行政法规的强制性规定，是否存在欺诈、胁迫或者乘人之危情形及是否存在重大误解或者显失公平情形。对于主张存在上述无效或可撤销情形的当事人，对其主张的事由负有举证责任。

二、实战案例解析

（一）基本案情

2006 年 1 月 13 日，孙某与甲公司签订《培训协议》，约定：孙某应聘乙公司的空勤乘务员职位，乙公司在孙某参加空乘职位的培训并取得合格证书后正式与其签订劳务合同。2006 年 9 月 1 日，孙某与上海甲公司签订《上海甲公司雇员合同》，合同期限为 2006 年 4 月 30 日至 2008 年 4 月 29 日。2008 年 4 月 18 日，甲公司与孙某签订期限《劳动合同书》，期限为 2008 年 4 月 30 日至 2010 年 4 月 29 日，后延续至 2011 年 4 月 29 日。2011 年 4 月 30 日，甲公司与孙某签订期限为 2011 年 4 月 30 日至 2015 年 10 月 29 日的《协议书》。同时，乙公司与孙某签订合同情况如下：（1）期限为 2006 年 4 月 30 日至 2008 年 4 月 29 日的《雇佣合同》；（2）期限为 2008 年 4 月 30 日至 2010 年 4 月 29 日的《续签函》；（3）双方于 2010 年 4 月签订《雇佣合同修订》将雇佣期限从 2010 年 4 月 29 日延长至 2011 年 4 月 29 日；（4）双方于 2011 年 4 月 30 日签订新的《续签函》，对原合同进行修订，将合同终止期限从 2011 年 4 月 30 日延长至 2015 年 10 月 29 日。

2015 年 10 月 29 日，劳动合同及派遣协议到期，但因孙某处于哺乳期内，其劳动合同及派遣关系处于续延状态。其间孙某多次向乙公司申请续签劳动合同，但遭到乙公司人事经理否定。2016 年 5 月，孙某与乙公司、甲公司签订《协议书》，该协议显示：……空乘派遣期限于 2015 年 10 月 29 日到期，不予续签，劳动合同也于 2015 年 10 月 29 日到期，不予续签。但因派遣期限和劳动合同到期时，孙某处于哺乳期内，其派遣关系及劳动合同依法顺延至法定情形消失时终止。孙某本人确认，其哺乳期于2016年5月11日期满结束。各方现就乙公司终止空乘聘用以及孙某和甲公司到期终止劳动合同和其他事项达成一致，具体如下：……2.乙公司须通过甲公司向孙某支付经济补偿金151444.50元人民币……3.3本协议履行完毕后，各方均将不会就甲公司派遣孙某到乙公司工作的任何相关事宜，向另外两方提起法律诉讼或者劳动仲裁……5.3协议方不存在任何其他争议。2016年7月7日，孙某收到甲公司支付的经济补偿金。

后孙某因《协议书》中经济补偿金数额事宜等问题向北京市朝阳区劳动人事争议仲裁委员会（以下简称朝阳仲裁委）申请劳动仲裁，后续提起诉讼及上诉。

北京市第三中级人民法院审理后作出终审判决，甲公司须支付孙某解除劳动合同的经济补偿金差额54624.3元，乙公司对此承担连带责任。

（二）案件代理思路

本案的主要争议是关于劳动合同解除协议的效力问题。

孙某主张，在协商过程中曾发送电子邮件询问补偿金数额，但乙公司以还要扣税不好确定为由拒绝告知，但根据法律规定，补偿金无需扣税，乙公司故意隐瞒告知其应得权益。且人事经理明确表示，不签该解除协议就不发放补偿金，甲公司向其发送的通知办理离职手续的电子邮件也严重声明，离职15日内不签协议后果自负。综合以上情形，孙某为了维系家庭生计，被迫在最后期限前往上海签订了三方协议以领取补偿金，在双方地位极其悬殊的情况下，其作为弱者没有选择的权利。孙某称其在签协议时才看到补偿金数额为151444.5元，其询问公司工作人员具体计算标准未得到明确答复，只催促其先签字再问乙公司。因为是最后一天期限，其只能签字；此后因为所发数额与协议数额不一致，其经多次询问两单位，得知乙公司给其的补偿金计算标准中，存在工龄计算比其实际工龄少2年的情况，且补偿金的工资基数也低于其离职前一年的实际工资数额。孙某认为该协议完全不公平，侵害了其合法的劳动权益。

甲公司及乙公司主张三方已就解除劳动合同自愿订立了《协议书》，且《协议书》已由各方履行完毕，孙某与乙公司的雇佣关系于2016年5月11日终止，甲公司业已通知孙某终止劳动合同，履行了告知义务，且孙某同意终止劳动合同，接受了经济补偿金，并催促甲公司尽快办理合同终止手续，故孙某与两单位签订《协议书》为其自愿自主行为，该协议约定了劳动合同的终止时间，并就经济补偿金数额达成一致，没有违反国家法律法规的强制性规定，且孙某未证明公司存在欺诈、胁迫或乘人之危的情形，协议合法有效，各方均应按照协议内容履行。现乙公司已按照协议约定的金额通过甲公司向孙某支付了约定的费用，履行了全部的金钱给付义务，故不同意孙某的相关诉讼请求。

用人单位在劳动合同期满前可与劳动者协商解除劳动合同。但双方就解除协议的效力产生争议，本案的核心争议焦点为该《协议书》的效力如何认定。

（三）法院审查要点

针对劳动合同的解除，北京市朝阳区人民法院在（2018）京0105民初15332号判决书指出：因孙某在签订《协议书》时处于哺乳期，基于我国劳动法律法规对于女性职工的特别保护，本案涉及在诸如诚实信用原则、意思自治原则等体现契约精神的法理之间如何进行个案衡平，本院将从以下几个方面予以考量：

第一，《最高人民法院关于审理劳动争议案件适用法律若干问题的解释（三）》第十条[①]规定，劳动者与用人单位就解除或者终止劳动合同办理相关手续、支付工资报酬、加班费、经济补偿或者赔偿金等达成的协议，不违反法律、行政法规的强制性规定，且不存在欺诈、胁迫或者乘人之危情形的，应当认定有效。前款协议存在重大误解或者显失公平情形，当事人请求撤销的，人民法院应予支持。根据该条款的规定，协议的效力由两方面决定：一是协议的内容是否违反法律或行政法规的强制性规定；二是是否存在欺诈、胁迫或乘人之危的情形。

首先，本案中，甲公司、乙公司与孙某三方所签《协议书》系对劳动关系的解除事宜进行约定，经审查，该协议所涉及内容未违反法律、行政法规的强制性规定。其次，孙某称其系被迫签订《协议书》，但并未举证证明两单位存在欺诈、胁迫或乘人之危的情形，故三方签订的《协议书》合法有效。

第二，《最高人民法院关于审理劳动争议案件适用法律若干问题的解释

---

① 该规定已被废除，现规定为《最高人民法院关于审理劳动争议案件适用法律问题的解释（一）》第三十五条。

（三）》第十条第二款赋予了劳动者对相关协议的撤销权，撤销权的适用有两种情形：一是协议签订方对于所签订的协议是否存在重大误解；二是协议内容是否存在显失公平的情形。本案中，孙某主张《协议书》所载明的补偿金数额低于法定计算标准，该协议存在显失公平的情形，应予以撤销。本院认为，《协议书》是否存在显失公平的情形，应从以下三方面予以衡量：

1.《协议书》约定的补偿金数额是否低于法定计算标准。庭审中，甲公司称关于协议约定的补偿金数额之计算基数，因孙某离职前的月工资数额超过 2015 年上海市社会平均工资 5939 元的三倍 17817 元，故其以 17817 元作为计算基数，以 8.5 个月的工资作为补偿金的金额。《劳动合同法》第四十七条第二款规定，劳动者月工资高于用人单位所在直辖市、设区的市级人民政府公布的本地区上年度职工月平均工资三倍的，向其支付经济补偿的标准按职工月平均工资三倍的数额支付。本案中，甲公司为三方劳务派遣关系中的用人单位，其住所地为北京市朝阳区，故计算经济补偿时应以北京市社会平均工资的三倍作为衡量标准。现两单位虽称孙某的月工资数额为 15400 元，却以 2015 年上海市社会平均工资的三倍 17817 元作为计算经济补偿的工资基数，其未能就此作出合理解释，结合各方的举证情况，本院对孙某关于其离职前 12 个月的月平均工资数额为 19625.6 元的主张予以采信，因该数额低于 2015 年北京市社会平均工资 7086 元的三倍，故本院确认应以 19625.6 元作为计算经济补偿的工资基数。

另，孙某主张其自 2006 年 4 月 30 日起经甲公司派遣至乙公司工作，仲裁裁决孙某与甲公司于 2006 年 4 月 30 日至 2016 年 5 月 11 日期间存在劳动关系，甲公司及乙公司对此均无异议，本院对此亦予以采信。根据我国劳动法律法规的相关规定，孙某与甲公司存在劳动关系的期间不足十年半，应以 10.5 个月的工资作为经济补偿的法定标准。经计算，甲公司应支付的经济补偿法定数额为 206068.8 元，故《协议书》中约定的补偿金数额显著低于法定计算标准。

2. 三方签订《协议书》的行为是否产生排除劳动者合法权益的法律后果。本案中，截至三方签订《协议书》之日，孙某与甲公司、乙公司建立劳务派遣关系的时间超过十年，孙某与甲公司亦签订了两次以上的劳动合同，乙公司虽主张根据其国内相关规定，荷兰的航空公司与外籍空乘人员建立雇佣关系的期限受到限制，但甲公司作为用人单位系中国的企业法人组织，根据我国劳动合同法的规定，孙某与甲公司满足签订无固定期限劳动合同的条件，而《协议书》约定“协议方不存在任何其他争议”，故《协议书》的签订已产生排除孙某要求签订无固定期限劳动合同权利的法律后果。

3. 孙某是否存在应予以考虑的特殊情节。甲公司、乙公司与孙某签订《协议书》期间，孙某正处于哺乳期即将结束的时刻，除了“空乘”这个身份之外，其同样也是两个孩子的母亲，并且其中一个孩子还只是襁褓中的婴儿。在一般的大众认知中，女性劳动者基于其生理特点及家庭角色，往往会遇到特殊困难，需要付出更多的精力才能正常履行工作职责，这也是为何我国制定了专门保护女性劳动者劳动权益的《女职工劳动保护特别规定》。虽然，相关法律法规未对用人单位与女性劳动者签订的协商解除或终止劳动关系的协议作出进一步的规定，亦未对如何判断是否显失公平作出明确解释，而是将判断的权力交付于法官的自由心证，但当女性劳动者对协议提出质疑时，法官应以更为审慎的态度结合协议签订时的语境审查协议的公平性。

综上，孙某已在乙公司工作达十年之久，《协议书》的签订将解除其与甲公司的劳动关系以及与乙公司的用工关系，而《协议书》的内容排除了孙某的部分权益，约定的补偿金数额却低于法定计算标准。我国劳动法律法规虽未规定双方约定的补偿金数额不得低于法定标准，亦未禁止双方意定形成补偿的金额，但由于劳动者对于用人单位存在一定的人身依附性，通常处于相对弱势的缔约地位，用人单位应举证证明补偿数额系经双方充分协商予以确定。本案中，两单位未就各方对补偿金数额的确定进行充分协商举证，本院综合考虑上述三方面的因素，对该《协议书》显失公平的主张予以采信，故该协议应属可以被撤销的情形。

第三，《协议书》被撤销后的法律后果，包括：

1.《协议书》被撤销是否导致甲公司被认定为违法解除劳动合同及乙公司被认定为违法解除用工关系。本院认为，三方所签《协议书》约定的劳动合同终止时间为孙某哺乳期结束后，即将劳动合同延长至法定情形消失之日，未违反女职工哺乳期内不得解除或终止劳动合同的规定。本案中，三方就劳动合同的解除进行了协商，《协议书》的签订体现了三方解除劳动合同的真实意愿，且孙某在签订《协议书》后亦要求甲公司尽快办理劳动合同解除的相关手续，《协议书》虽因显失公平被撤销，但不能就此否定三方协商解除劳动合同的事实，故本案仍应认定为协商解除劳动合同，孙某要求两单位支付违法解除劳动合同的赔偿金并无依据，本院不予支持。

因违法解除劳动合同赔偿金及协商解除劳动合同经济补偿的诉求均基于劳动合同如何解除这一争议事实的认定而产生，故本院出于方便当事人诉讼，减少诉累的考虑，直接对经济补偿的差额予以裁判。现甲公司已支付的补偿金数额低于法定计算标准，故其应支付经济补偿的差额 54624.3 元，乙公司应对此承担连带责任。

后孙某不服，上诉至北京市第三中级人民法院，北京市第三中级人民法院经审理作出（2019）京 03 民终 16320 号判决书，判决：驳回上诉、维持原判。

三、合规操作方案

第一，协商解除应当签署书面解除协议。用人单位与员工协商劳动合同解除事宜，双方达成一致后，应当及时签署书面解除协议，固定协商解除的结果，避免产生不确定风险。

第二，涉及劳动法律关系解除或者终止的法律行为和法律事实要明确。解除或者终止劳动关系的，要注明解除或者终止劳动关系的原因。协商一致解除劳动关系的，要注明哪一方先行提出解除劳动关系的要求。

第三，平等磋商，善意履行告知义务。离职原因往往比较复杂，HR 在处理时尽量避免发生矛盾。对于法律上明确要求的告知义务，要明确地写在离职协议书上。比如解除或者终止劳动合同可能涉及提前 30 日通知，又如经济补偿金应当告知劳动者法定的标准，协议内容最好能体现充分协商的过程，从而确保解除协议是劳动者的真实意思，如协议可以写明：劳动者知悉法定的经济补偿金标准，但是考虑到单位经营困难等原因，经平等协商，自愿放弃部分权益，最终双方协商一致解除劳动关系，本协议不违反法律、行政法规的强制性规定，且不存在欺诈、胁迫或者乘人之危情形，劳动者认可协议不存在重大误解或者显失公平情形。

第四，涉及事项要全面、明确、具体、便于操作。离职协议书的内容尽量全面，特别是可能产生争议的问题，更要明明白白地写在协议书上。补偿、赔偿与工作交接等互为条件的事项要写明具体操作办法，避免产生新的争议。

第二节　劳动者辞职的情形

一、劳动者辞职相关问题解析

劳动者口头辞职可以吗？劳动者不到岗上班，是否可以认定为自动离职？患有精神疾病的员工辞职是否有效？劳动者辞职的离职时间如何确定？劳动者提出离职后，用人单位又以严重违纪为由解除劳动关系，劳动关系解除的理由最终如何认定？

（一）劳动者口头辞职可以吗

《劳动法》第三十一条与《劳动合同法》第三十七条规定，劳动者提前三十日以书面形式通知用人单位，可以解除劳动合同。劳动者在试用期内提前三日通知用人单位，可以解除劳动合同。但法律并没有对口头辞职作出具体的规定。实践中一般认为劳动者以口头、书面、微信、邮件等形式辞职，只要是劳动者的真实意思表示，即应有效。而邮件、微信辞职也是书面的一种呈现方式，实践操作中的难题是劳动者口头辞职时用人单位如何进行举证。如果劳动者通过口头方式提出解除劳动合同的，用人单位应及时处理，一是可以要求员工及时补上书面离职申请及手续。二是可以对口头离职的内容进行确认，比如通过录音的形式。用人单位可以在电话通话中对其主动提出离职的事实予以确认，同时还需要注意在通话中明确公司的名称及沟通人员的姓名、员工的姓名、员工提出解除劳动合同的时间、公司同意员工的解除决定、双方解除劳动关系的时间。为增强录音证据的可采性也可用公证的形式对录音进行取证。如果不能做到上述两点，应当及时发送到岗通知，并根据规章制度对劳动合同解除进行及时处理，避免形成劳动关系一直存续的状态。

（二）劳动者不到岗上班，是否可以认定为自动离职

我国现行法律并未规定劳动者不到岗上班属于劳动者用行为表示其自愿离

职，如果用人单位放任不辞而别的员工，劳动者可能在某一天再回来要求恢复劳动关系。即员工不辞而别后，双方劳动关系仍处于存续状态。用人单位之所以面临这样的风险，原因在于我国现行法律对于劳动合同的解除模式是法定的，即劳动者申请离职；双方协商一致；用人单位合法的单方解除。劳动者不辞而别显然不能属于前两种情况，所以，用人单位必须采取相应的行动方能将不辞而别的员工真正与单位终结劳动关系。对于不辞而别的劳动者，如果用人单位有相应合法的规章制度，且规定了旷工解除的话，那用人单位应当在不辞而别员工达到旷工解除的条件时，及时送达解除通知。当然，如果用人单位希望最大限度降低风险的话，对于不辞而别的员工，单位可以首先发出一份到岗通知，并明确到岗时间，随后，再发出解除通知。

（三）患有精神疾病的员工辞职是否有效

现今社会生活节奏快，竞争压力大，精神疾病高发，精神健康也越来越多地受到社会各界的重视。与其他疾病相比，精神疾病有其特殊性，它不仅可能对员工的心理状态产生影响，还可能会影响到行为人从事的民事法律行为的效力。那么对于企业来讲，在这种情况下如果患有精神疾病的员工辞职是否有效呢？《民法典》在其第一编第二章第一节“民事权利能力和民事行为能力”及第二节“监护”中对包含精神病人在内不能完全辨认自己行为能力的自然人的法律行为效力作出了规定。《民法典》第二十八条规定，无民事行为能力或者限制民事行为能力的成年人，由下列有监护能力的人按顺序担任监护人：（一）配偶；（二）父母、子女；（三）其他近亲属；（四）其他愿意担任监护人的个人或者组织，但是须经被监护人住所地的居民委员会、村民委员会或者民政部门同意。第一百四十五条规定，限制民事行为能力人实施的纯获利益的民事法律行为或者与其年龄、智力、精神健康状况相适应的民事法律行为有效；实施的其他民事法律行为经法定代理人同意或者追认后有效。相对人可以催告法定代理人自收到通知之日起三十日内予以追认。法定代理人未作表示的，视为拒绝追认。民事法律行为被追认前，善意相对人有撤销的权利。撤销应当以通知的方式作出。

用工管理过程中如果遇到员工患有精神疾病，涉及劳动合同解除终止或重大事项处理，则应适用《民法典》的相关规定。用人单位需要联系员工的配偶；

员工没有配偶或者配偶去世的，联系员工的父母或子女；没有配偶，也没有父母、子女的，联系其他亲属，或获得居民委员会、村民委员会或者民政部门同意后，联系其他愿意担任监护人的个人或者组织。实践中，员工患有精神类疾病提交的辞职申请或者签署的协商解除协议是否有效？显然，根据上述规定，在法律效力上是存在瑕疵的，发生争议的，员工家属或监护人很可能会主张确认员工自行处理的行为无效，进而与用人单位的初衷相悖。故此，建议用人单位在处理可能被认定为无民事行为能力或限制民事行为能力的精神疾病员工辞职时，可以通过书面通知法定代理人确认或者法定代理人签字确认的方式来进行风险管控。（2021）青 01 民终 2434 号就有这样的表述：本院认为，首先，精神分裂症是一组病因未明的精神病，多起病于青壮年，常有感知、思维、情感、行为等多方面的障碍和精神活动的不协调。一般无意识障碍和智能障碍病程多迁延。经赵某家人向医疗机构反映，赵某系糖尿病、高血压患者，自 2017 年左右出现精神问题。2018 年 8 月 21 日赵某被青海省第三人民医院临床诊断为精神分裂症。青海昆仑司法鉴定中心出具的司法鉴定意见书记载“被鉴定人 2018 年医院就诊，病情反复，病程迁延。被评定为赵某系精神疾病，目前属疾病缓解期，具有限制民事行为能力”。根据以上事实，可以认定赵某在签署辞职申请及《解除劳动合同协议书》时不排除属患病期。其次，根据《职业病防治法》第三十五条的规定，对从事接触职业病危害的作业的劳动者，用人单位应当按照国务院卫生行政部门的规定组织上岗前、在岗期间和离岗时的职业健康检查，并将检查结果书面告知劳动者。职业健康检查费用由用人单位承担。用人单位不得安排未经上岗前职业健康检查的劳动者从事接触职业病危害的作业；不得安排有职业禁忌的劳动者从事其所禁忌的作业；对在职业健康检查中发现有与所从事的职业相关的健康损害的劳动者，应当调离原工作岗位，并妥善安置；对未进行离岗前职业健康检查的劳动者不得解除或者终止与其订立的劳动合同。从文意上看，该规定系用人单位具有法定义务定期向从事接触职业病危害作业的劳动者提供职业健康检查。本案审理过程中，二上诉人均未举证证实赵某在岗时、离岗时的身体健康情况。赵某提供的医院病历、残疾人证、司法鉴定意见书等证据及结合本案事实，能够证实赵某在签署辞职申请及《解除劳动合同协议书》时处在患病期，该协议的签订存在违背其真实意思表示的情节，故一审法院确认某公司与赵某签订的《解除劳动合同协议书》及某公司所出具的《解除劳动合同证明书》无效，并无不当。

（四）劳动者辞职的离职时间如何确定

1. 劳动者主动提出辞职后，虽未满三十日，但与用人单位双方可以就解除劳动合同的具体日期进行协商，时间协商一致的，解除劳动合同的时间以双方协商一致的时间为准。但这里值得注意的是，此处协商的结果仅影响解除劳动合同的具体日期，并不影响解除劳动合同本身的性质系员工主动提出辞职。在孙某与某公司劳动争议（2016）苏 01 民终 3716 号、3894 号民事裁定书中，法院认为，从离职申请、离职证明、协议书、离职确认书的内容可以看出，孙某系因个人原因，向某公司提出解除劳动合同，与某公司协商一致后解除了劳动合同关系，并确认在协商支付费用支付完毕后，双方不再存在任何经济关系及劳动争议纠纷。此种解除劳动合同的情形，不属于《劳动合同法》第四十六条第二项规定的应当支付经济补偿金的情形，亦不属于法律规定的用人单位应当支付经济补偿金的其他情形。《劳动合同法》第三十七条规定“劳动者提前三十日以书面形式通知用人单位，可以解除劳动合同”，并非指劳动合同关系须等到三十日满才解除，用人单位在三十日内同意劳动者的离职申请的，劳动合同关系即行解除（结合判决上下文，我们理解，此处所谓用人单位同意，是指用人单位与劳动者均同意劳动者在三十日内解除劳动合同，无需等到三十日期满，需要双方协商一致）。孙某申请离职至双方劳动合同关系解除的期间不满三十日，孙某以此为由主张其非主动离职，不能成立。

2. 劳动者主动提出辞职后，若双方没有就解除的具体日期达成一致，用人单位需要等待三十日期满，其间不得减损劳动者的待遇。在某公司、杨某医疗保险待遇纠纷（2019）鄂 01 民终 2048 号民事判决书中，杨某因个人原因向某公司提出离职，属于《劳动合同法》第三十七条规定的“劳动者预告解除劳动合同”的情形，根据该条规定，劳动者提前三十日以书面形式通知用人单位，可以解除劳动合同。劳动者“预告解除”为附期限的民事法律行为，当预告期满时劳动合同解除，在预告期内用人单位与劳动者的劳动合同关系仍然存续，用人单位应缴纳社会保险费，及代扣代缴劳动者应缴社会保险费。本案中，某公司办理杨某社保减员手续时，杨某发出解除劳动合同通知也未满三十日，双方劳动关系仍然存续，某公司为杨某办理社保减员没有事实和法律依据。该不当行为导致杨某医疗费无法获得报销，某公司应承担相应的责任，向杨某支付医疗费用 33902.40 元。

3. 劳动者主动辞职后便擅自不上班，不再为用人单位提供劳动的，应当认为其擅自不上班之日为解除劳动合同之日，用人单位有权就劳动者违法解除劳动合同的行为主张损失赔偿。在冯某与某公司劳动争议（2018）鲁 01 民终 5435 号判决书中，2018 年 3 月 4 日，冯某以“回家乡泰安发展”为由向公司提出辞职申请，当日下午，冯某不再到该公司上班。2018 年 3 月 19 日，公司向冯某邮寄“辞退通知函”一份，主要内容为冯某提出的辞职申请在未被批准的情况下，擅自离职，未能依法提前三十天提出离职申请，冯某未能办理工作交接给其公司造成了巨大损失，其公司保留后期追究冯某民事责任的权利，并决定以旷工违纪为由与冯某解除劳动关系。法院认为，劳动者享有自由择业的权利，该自由既包括与用人单位建立劳动关系的自由，也包括与用人单位解除劳动关系的自由。但该自由并非绝对自由，劳动者行使自由择业权时应当受到法律规定的约束。具体到与用人单位解除劳动关系自由的约束而言，即《劳动法》第三十一条以及《劳动合同法》第三十七条的规定，经过试用期后，劳动者解除劳动合同的，应当提前三十日通知用人单位。本案中，冯某于 2018 年 3 月 4 日提出辞职的申请后，便不再到某公司工作。虽然其辩称系某公司通知其等待审批消息，但其未能就该主张提交证据证明，一审法院对该主张不予采信。冯某的辞职行为违反了上述法律规定，属于劳动者违法与用人单位解除劳动合同的情形。因自 2018 年 3 月 4 日后，冯某实际也不再向某公司提供劳动，故一审法院认定双方劳动关系于该日，因冯某违法解除劳动合同而解除。某公司还提出了因冯某的上述行为违法，也未同意冯某的辞职申请，故在 2018 年 3 月 4 日后冯某不提供劳动的行为构成旷工，应当以向冯某发出的辞退函认定双方劳动关系解除的原因和时间的主张。一审法院认为，冯某辞职系其权利，虽然其该权利的行使没有依照法定程序行使，但某公司并不享有双方劳动关系是否解除的批准权。即使公司不同意冯某提前离职，也无权强制冯某在提出辞职的申请后，工作满三十日后再离职。因为此种行为违背了不能强制劳动者为用人单位提供劳动的基本原则。当然，如果冯某违法提前解除劳动合同的行为给该公司造成了损失，该公司有权要求冯某予以赔偿。同时，冯某违法提前解除劳动合同与无故拒不提供劳动的旷工性质也不相同。

4. 若劳动者提出辞职后虽未在三十日内离职，但系履行工作交接义务，而非正常履行劳动合同，仍应当以三十日期满为劳动合同解除之日。

（五）劳动者提出离职后，用人单位又以严重违纪为由解除劳动关系，劳动关系解除的理由最终如何认定

在劳动争议纠纷中，关于劳动关系解除而发生的纠纷层出不穷，特别是关于劳动关系解除事由是否合法的问题，往往成为双方争议的焦点。那么，司法实践中，劳动者提出离职后，单位表示不同意或者在劳动者提出离职到正式离职的30日内，用人单位又以严重违纪为由解除劳动关系的，劳动关系解除的理由最终如何认定呢？对于劳动者提出离职的时间如何确定，我们在上面已有专门论述，这里就不再赘述，对于解除的理由最终如何认定，我们下面通过一个实战案例进行详细解析，从中我们也不难看出，劳动者的辞职权是法律赋予的权利，用人单位并没有权利拒绝。若用人单位不同意劳动者辞职的，不影响劳动合同的解除效力，劳动合同仍于劳动者书面通知用人单位后30日解除。同样如下面案例所述，劳动者享有自由择业的权利，该自由既包括与用人单位建立劳动关系的自由，也包括与用人单位解除劳动关系的自由，在劳动者提出辞职后，用人单位又以严重违纪为由解除劳动关系的理由也不会被支持和认可，如果单位认为劳动者有提出离职未满30日，就提前解除劳动合同的行为，此行为也确实给该公司造成了损失，单位有权要求劳动者予以赔偿，但这并不影响劳动合同解除的最终认定理由，仍应是劳动者提出辞职。我们建议，作为用人单位应当从提高公司就业环境和劳动者待遇等积极的方面来避免劳动者辞职，而不是通过不同意辞职、变相为难劳动者等行为阻止劳动者辞职。

二、实战案例解析

（一）基本案情

阎某于2015年5月26日入职A公司处工作，签订了一份期限从2018年5月26日起至2021年5月25日止的劳动合同，该劳动合同约定：阎某的工作岗位为仓库管理员，月工资标准为2200元/月，阎某每周工作5天。劳动合同约定阎某每月15日以银行转账、微信转账形式领取上个月工资。2020年12月25日，阎某申请劳动仲裁后通过快递将《依法解除劳动合同关系通知书》寄送至A公司，A公司于同月28日收到快递；当日阎某前往公司，因没有见到领导，故在生产中心内部沟通微信群发送通知书，并私信发送给工厂经理何某均，发送通知后就被移出该微信群；A公司在2020年12月29日、30日到劳动合同载明的阎某的通信地址寻找阎某，但没有找到阎某通信地址中的一街一号，故将旷工解除劳动关系通知书张贴到一街一巷一号的门上。阎某于2020年12月25日向广州市天河区劳动人事争议仲裁委员会申请仲裁，仲裁请求：一、2020年10月1日至12月25日期间工资14850元；二、解除劳动关系经济补偿金29700元；三、补齐2020年2月1日至9月30日期间克扣工资15617.5元。该委于2021年4月2日作出穗天劳人仲案（2021）1247号仲裁裁决书，裁决：1. A公司支付阎某2020年2月1日至29日期间工资差额1225.34元；2. A公司支付阎某2020年10月1日至12月24日期间工资差额1655.87元；3. A公司支付阎某解除劳动关系经济补偿金26522.24元。A公司不服广州市天河区劳动人事争议仲裁委员会作出的劳人仲案（2021）1247号仲裁裁决书，向一审法院起诉请求：1. A公司无需支付阎某2020年2月1日至2月29日期间工资差额1225.34元及2020年10月1日至12月24日期间工资差额1655.87元。2. A公司无需支付阎某解除劳动关系经济补偿金26522.24元。3. 本案全部诉讼费用由阎某承担。一审法院依照《劳动合同法》第三十八条、第四十六条、第四十七条，《民事诉讼法》第六十四条第一款之规定，参照《广东省高级人民法院、广东省人力资源及社会保障厅关于印发〈关于审理涉新冠肺炎疫情劳动人事争议案件若干问题的解答〉的通知》（粤高法〔2020〕38号）第六条之规定，判决：一、A公司于判决发生法律效力之日起三日内，向阎某支付2020

年2月1日至29日期间工资差额1225.34元。二、A公司于判决发生法律效力之日起三日内，向阎某支付2020年10月1日至12月24日期间工资差额1655.87元。三、A公司于判决发生法律效力之日起三日内，向阎某支付解除劳动关系经济补偿金23347.1元。四、驳回A公司其余诉讼请求。如未按判决指定的期间履行给付金钱义务，应当依照《民事诉讼法》第二百五十三条之规定，加倍支付迟延履行期间的债务利息。一审案件受理费10元，由A公司负担。A公司不服一审判决，上诉至广东省广州市中级人民法院请求：1. 撤销一审判决，改判支持A公司在一审中的全部诉讼请求；2. 一审、二审的诉讼费用全部由阎某承担。广东省广州市中级人民法院经过审理，认为一审判决认定事实清楚，判决并无不当，予以维持。依照《民事诉讼法》第一百七十七条第一款第一项的规定，作出（2022）粤01民终7612号终审判决：驳回上诉，维持原判。二审案件受理费10元，由A公司负担。

（二）案件代理思路

本案首先要看劳动者以单位拖欠工资为由辞职，且发送被迫解除劳动合同通知书中的拖欠工资是否成立。其次就是劳动关系解除原因的认定。阎某在2020年12月25日通过快递将《依法解除劳动合同关系通知书》寄送至A公司，快递显示2020年12月28日已经签收的情况下，A公司仍在2020年12月29日、30日到劳动合同载明的阎某的通信地址寻找阎某，但没有找到阎某通信地址中的一街一号，故将旷工解除劳动关系通知书张贴到一街一巷一号的门上，那么对于劳动关系的解除原因应如何认定呢？

（三）法院审查要点

首先，关于拖欠工资问题。A公司称该司于2020年2月至3月受新冠疫情影响基本停产，但在扣除社保及公积金的单位代缴代扣部分共计655.84元后A公司仅支付了阎某2020年2月1日至29日期间工资318.86元，在此情况下一审法院认定在该工资支付周期内A公司应当按照劳动合同约定的月工资标准支付阎某工资差额1225.34元，符合相关规定。另外，关于阎某2020年10月至12月24日期间的工资差额，一审经核算确定A公司应支付阎某该期间工资12407.47元，并无不当。综上，A公司应支付阎某2020年2月1日至2月

29 日期间工资差额 1225.34 元及 2020 年 10 月 1 日至 12 月 24 日期间工资差额 1655.87 元。A 公司关于其已足额向阎某支付上述期间工资的上诉主张理由不充分，本院不予支持。

其次，关于劳动合同的解除。根据《劳动合同法》第三十八条规定，用人单位有下列情形之一的，劳动者可以解除劳动合同：……（二）未及时足额支付劳动报酬的……如前所述，阎某 2020 年 10 月的工资直至 2021 年 1 月 4 日才发放，且 2020 年 2 月 1 日至 29 日、10 月至 12 月 24 日工资亦未足额发放，阎某已通过顺丰快递的方式将《依法解除劳动合同关系通知书》快递至 A 公司的注册地址并显示前台签收，另通过微信将该通知书发送给部门主管，A 公司主张阎某的解除行为并非有效解除，对此一审法院认为，第一，阎某邮寄送达地址为 A 公司的注册地址，该地址与劳动合同约定的 A 公司通信地址均在光大银行大厦 25 楼，《快递单详情》已显示由前台签收；第二，除通过快递方式送达上述通知书外，A 公司还向其部门主管微信发送该通知书，无法当面送达部门主管的原因为主管外出不在工厂办公室；第三，从 A 公司绩效主管谢某娜与阎某于 2020 年 12 月 28 日通过微信核对工资及公积金时的聊天记录可知，A 公司系依据公司针对离职员工的政策与阎某进行核对公积金应退还金额。综上，一审法院认定，阎某的《依法解除劳动关系通知书》已于 2020 年 12 月 28 日有效送达 A 公司。故根据《劳动合同法》第四十六条、第四十七条之规定，剔除阎某领取的 2020 年 3 月 1 日至 31 日期间的生活费，A 公司应支付阎某解除劳动关系经济补偿金为 23347.1 元。

三、合规操作方案

以下对于用人单位在劳动者主动辞职的管理流程处理上提出 5 点建议。

1. 在劳动者主动辞职的情况下，应当留存主动辞职的书面证据，如书面签字的辞职书，其他方式还包括电子邮件、微信等电子数据方式，但采用电话数据方式的，应当另行通过其他方式补充证据，核实劳动者的意思表示，如进一步电话沟通或者当面沟通并进行录音录像；要求辞职劳动者填写用人单位的离职申请等。

2. 视劳动者交接工作所需时间长短，用人单位可以与劳动者协商具体解除日期，若双方均同意劳动者在30日内解除劳动合同，无需等到30日期满，由劳动者在相关文件上签字确认解除劳动合同的日期及个人原因辞职。

3. 基于现行的法律规定，若用人单位不同意劳动者辞职的，不影响劳动合同的解除效力，劳动合同仍于劳动者书面通知用人单位后30日解除。自解除之日，用人单位有义务为劳动者开具解除劳动合同证明，劳动合同解除后15日内，用人单位有义务为劳动者办理社会保险及档案转移。

4. 若用人单位同意劳动者辞职，但劳动者并未按照用人单位的要求办理离职手续的，用人单位应当在劳动者提出辞职满30日内（若已经超过30日则应当尽快）通知劳动者劳动合同于何时因其辞职解除，于何时办理工作交接，应当签署哪些文件，于何时领取解除劳动合同证明，于何时办理档案转移和社保转移等细节。

5. 若用人单位与劳动者双方协商继续留用的，如劳动者是持续在用人单位工作的，建议由劳动者个人单方承诺或者由双方签订补充协议，明确双方继续履行原劳动合同；如劳动者曾短期内离开又再次返岗的，建议用人单位与劳动者重新签订劳动合同。

第三节　开具离职证明纠纷

一、开具离职证明纠纷问题解析

> 不开离职证明劳动者怎么办？离职证明上记载内容有什么要求？不开具离职证明的法律后果有哪些？

（一）不开离职证明劳动者怎么办

《劳动合同法》第五十条第一款规定，用人单位应当在解除或者终止劳动合同时出具解除或者终止劳动合同的证明，并在十五日内为劳动者办理档案和社会保险关系转移手续。因此，出具离职证明是用人单位的法定责任，用人单位无权拒绝。然而，我们总能遇到不少因为用人单位拒绝为劳动者开具离职证明而引发的劳动争议案例，对于用人单位拒绝开具离职证明的情况，劳动者应该怎么办呢？首先，对于不开具离职证明的，劳动者可以向劳动保障行政部门投诉，经调查属实，劳动保障行政部门将责令公司改正，根据《劳动保障监察条例》第三十条第一款第三项的相关规定，经劳动保障行政部门责令改正拒不改正，或者拒不履行劳动保障行政部门的行政处理决定的，处 2000 元以上 2 万元以下的罚款。其次，如果单位拒绝开具离职证明给劳动者造成损害的，应当承担赔偿责任，劳动者应当对实际造成的损失承担证明责任。

（二）离职证明上记载内容有什么要求

《劳动合同法实施条例》（以下简称《实施条例》）第二十四条规定，用人单位出具的解除、终止劳动合同的证明，应当写明劳动合同期限、解除或者终止劳动合同的日期、工作岗位、在本单位的工作年限。由上述条文可知，法律明确规定了离职证明中所应载明的内容。离职证明中能否增加员工违纪等离职原因的表述，目前法律并无明文规定。我们检索了近两年关于劳动者主张“重新开具离职证明”的相关案例。就北京地区而言，法院裁判结果一般支持离职证明中不应增加员工违纪等表述。

法院一般支持离职证明中不应增加员工违纪等表述，主要有以下几种裁判理由：

（1）离职证明中所表述的离职原因本身没有事实依据和法律依据，故不得记载；也有法院认为，已有生效判决认定的离职原因可以在离职证明中记载。例：某电器（中国）有限公司与尚某劳动争议一案［（2022）京 03 民终 1552 号］，本案中，法院认定公司与尚某解除劳动合同属于违法解除，故法院认为：关于出具离职证明的问题，由于某公司解除劳动关系的行为违法，故其原出具的离职证明载明的事实和理由缺乏依据，应当根据实际情况予以重新出具。

（2）即使是客观描述，离职证明中也不应包含对劳动者不利的离职原因，不应为劳动者再就业增加不利因素。例：北京某建设发展有限公司与杨某劳动争议一案［（2020）京 01 民终 5967 号］，本案中，员工未主张公司违法解除劳动合同，仅主张公司重新出具离职证明。一审法院认为：《实施条例》第二十四条规定了离职证明中应当包含的内容，其中并未包括解除劳动关系的原因或涉及劳动者能力、品行等情况的描述。本案中，某公司出具的离职证明涉及对劳动者能力、品行等情况的描述，为杨某再就业增加了不利因素，故杨某要求某公司重新为其开具符合相关法律规定的离职证明，于法有据，法院应予支持。某公司坚持要在离职证明中书写离职原因及是否与某公司存在劳动争议的情况进行客观描述，该内容不利于杨某再次就业，亦不符合相关法律规定，故对某公司的答辩意见不予采纳。

（3）离职证明中一般不应包含不易证明、容易引起争议的内容。例：北京某科技有限公司与王某劳动争议一案［（2021）京 01 民终 7043 号］，虽然此案的争议焦点并非离职证明中是否可以增加违纪等内容，但此判决中法院较为详细地论述了离职证明中不应包含不易证明、容易起争议的内容的理由。法院认为：离职证明是用人单位在解除或者终止劳动合同时向劳动者出具的证明，其功能是证明劳动者与原用人单位劳动合同的履行、解除或者终止情况，从而有利于劳动者与新的用人单位建立劳动关系。因向劳动者出具离职证明被规定为用人单位的一项法定义务，所以离职证明基本上由用人单位单方制作，其具体内容往往亦未经与劳动者协商一致达成。因此，为防止离职证明载明的内容与实际不符，侵害劳动者的合法权益，《实施条例》第二十四条特地以列明的方式规定了离职证明应当载明的内容。从该条文来看，离职证明应当载明的只是有关双方劳动合同履行的基本信息，这些信息具有易于证明、不容易起争议的特点。

（4）离职证明中只能包含《实施条例》第二十四条规定的内容。例：曹某与某股份有限公司西安分公司劳动争议一审民事判决书［（2021）陕 0113 民初 15055 号］，此裁判理由虽属于个案，但也能够反映地区法院对此种情形的裁判倾向。根据《实施条例》第二十四条规定，公司为曹某开具的离职证明中“其在职及工作交接期间，清空删除我司电脑所有资料，其违规行为我司已进行报备，我们要求其赔偿损失，并保留追究其法律责任的权利”的内容不符合法律规定，应为曹某重新出具劳动合同的证明（写明劳动合同期限、解除劳动合同的日期、工作岗位、在本单位的工作年限）。

（三）不开具离职证明的法律后果有哪些

对于不开具离职证明的，劳动行政部门将责令改正；根据《劳动保障监察条例》第三十条第一款第三项的相关规定，经劳动保障行政部门责令改正拒不改正，或者拒不履行劳动保障行政部门的行政处理决定的，处2000元以上2万元以下的罚款。由于拒绝开具离职证明给劳动者造成损害的（如果劳动者能举证证明对其造成实际损失的），用人单位要承担相应的赔偿责任。《劳动合同法》第八十九条规定，用人单位违反本法规定未向劳动者出具解除或者终止劳动合同的书面证明，由劳动行政部门责令改正；给劳动者造成损害的，应当承担赔偿责任。因此，法院可能支持用人单位承担员工所遭受的合理损失，但员工应承担遭受实际损失的证明责任。例：北京某科技有限公司与闫某劳动争议一案[（2022）京02民终3216号]，闫某提交的再就业公司《证明》、社保缴纳记录及转账记录相互印证，可以证明闫某所主张的其2021年10月入职新用人单位以及其工资标准10000元/月。因某公司未依法开具离职证明造成其无法被新用人单位录用，闫某据此要求某公司支付未开具离职证明造成的损失10000元并无不妥。

二、实战案例解析

（一）基本案情

杨某于2019年9月20日入职A公司，工作岗位为法务（双方均承认实为法务主管，隶属于财务部），入职后双方签订了劳动合同书，约定劳动合同期限为2019年9月20日至2022年9月19日，其中试用期为2019年9月20日至12月19日。杨某最后在岗上班的时间为2019年12月12日，当天下班后双方劳动合同解除。A公司于当日向杨某送达了《试用期解除劳动合同通知书》和《离职证明》。解除劳动合同通知书中载明解除劳动合同的原因为“不符合法务主管岗位要求”。杨某收到该通知书后在通知书的下方写明：“只认可公司单方违法解除并收到通知书，对于解除理由、原因不予认可。”在《离职证明》中载明：离职原因：不符合任职要求，劝退离职。在处罚记录中载明：不符合任职要求，收到不符合任职要求通知单2次/张。在列举的多项不良行为表现中在“有”处勾选了3项。

杨某于2019年12月13日向北京市延庆区劳动人事争议仲裁委员会（以下简称延庆仲裁委）提起仲裁申请，要求裁决A公司为其重新开具解除劳动合同证明。同日，杨某还就A公司未支付其工资报酬及违法解除劳动合同赔偿金等事项另行申请仲裁。延庆仲裁委于2020年3月3日作出京延劳人仲字〔2020〕第132号裁决书，裁决：自裁决书生效之日起七日内，A公司重新为杨某开具离职证明。杨某不服该仲裁裁决及另外两个仲裁裁决，于法定期限内将A公司诉至法院。诉讼中，A公司表示会按照法律规定重新为杨某开具解除劳动合同证明，包括但不限于《实施条例》第二十四条那些要素，还要对杨某离职原因以及是否与A公司存在劳动争议的情况进行客观描述。杨某表示，A公司只能按照《劳动合同法实施条例》第二十四条规定的内容出具离职证明，不得添加任何内容。一审法院依照《劳动合同法》第五十条第一款，《实施条例》第二十四条之规定，判决：A公司于判决生效后七日内重新为杨某出具符合《实施条例》第二十四条规定内容的解除劳动合同的证明。A公司不服北京市延庆区人民法院（2020）京0119民初2728号民事判决，向北京市第一中级人民法院提起上诉，北京市第一中级人民法院作出终审判决：驳回上诉，维持原判。二审案件受理费10元，由A公司负担（已缴纳）。

（二）案件代理思路

本案案件比较简单，《实施条例》第二十四条规定：“用人单位出具的解除、终止劳动合同的证明，应当写明劳动合同期限、解除或者终止劳动合同的日期、工作岗位、在本单位的工作年限。”双方的争议焦点就在于对上述规定中没有提到的离职证明中是否可以写入离职原因：不符合任职要求，劝退离职？是否可以在处罚记录中载明：不符合任职要求，收到不符合任职要求通知单2次/张？是否可以在列举的多项不良行为表现中在“有”处勾选了3项？

（三）法院审查要点

一审法院认为，《劳动合同法》第五十条第一款规定：用人单位应当在解除或者终止劳动合同时出具解除或者终止劳动合同的证明，并在十五日内为劳动者办理档案和社会保险关系转移手续。《实施条例》第二十四条规定：“用人单位出具的解除、终止劳动合同的证明，应当写明劳动合同期限、解除或者终止劳动合同的日期、工作岗位、在本单位的工作年限。”从上述引用条文可知，用人单位出具解除或终止劳动合同证明仅限于写明劳动合同期限、解除或终止劳动关系日期、工作岗位、在本单位的工作年限，并未包括解除劳动关系的原因或涉及劳动者能力、品行等情况的描述。本案中，A公司于2019年12月12日为杨某出具了离职证明，但该证明并未按照上述法律规定的内容进行书写，且涉及对劳动者能力、品行等情况的描述，为杨某再就业增加了不利因素，故杨某要求A公司重新为其开具符合相关法律规定的离职证明，于法有据，法院应予支持。A公司虽然同意为杨某重新出具离职证明，但坚持要在离职证明中书写离职原因及是否与A公司存在劳动争议的情况进行客观描述，该内容不利于杨某再次就业，亦不符合相关法律规定，故对A公司的答辩意见不予采纳。

一审法院依照《劳动合同法》第五十条第一款，《实施条例》第二十四条之规定，判决：A公司于判决生效后七日内重新为杨某出具符合《实施条例》第二十四条规定内容的解除劳动合同的证明。

二审中，当事人没有提交新证据。二审法院对一审查明的事实予以确认。

二审法院认为，《实施条例》第二十四条规定：“用人单位出具的解除、终止劳动合同的证明，应当写明劳动合同期限、解除或者终止劳动合同的日期、工作岗位、在本单位的工作年限。”A公司为杨某出具解除劳动合同证明应当符合上述法律规定。现A公司主张在离职证明中增加离职原因为“不符合录用条件”及“双方存在劳动争议”等内容，缺乏法律依据，二审法院不予支持。综上所述，A公司的上诉请求不能成立，应予驳回；一审判决认定事实清楚，适用法律正确，应予维持。依照《民事诉讼法》第一百七十条第一款第一项规定，二审法院判决如下：驳回上诉，维持原判。二审案件受理费10元，由A公司负担（已缴纳）。

三、合规操作方案

开具离职证明或者重新开具离职证明在劳动争议案件中屡见不鲜，对此我们提出如下建议：

1.《劳动合同法》第五十条第一款规定，用人单位应当在解除或者终止劳动合同时出具解除或者终止劳动合同的证明，并在十五日内为劳动者办理档案和社会保险关系转移手续。因此，出具离职证明是用人单位的法定责任，建议用人单位在员工离职时及时为其开具离职证明，避免因为不开具离职证明给员工造成实际损失而需要赔偿。

2.《实施条例》第二十四条规定，用人单位出具的解除、终止劳动合同的证明，应当写明劳动合同期限、解除或者终止劳动合同的日期、工作岗位、在本单位的工作年限。由上述条文可知，法律明确规定了离职证明中所应载明的内容，建议用人单位在开具离职证明时按照以上要素开具，不要去增加一些可能会影响劳动者再次就业的内容，避免产生不必要的劳动争议。

第十一章

用人单位单方解除劳动合同

第一节　试用期解除纠纷

一、试用期解除纠纷问题解析

试用期不满意就可以解除吗？试用期录用条件有哪些？

（一）试用期不满意就可以解除吗

1. 什么是试用期

《劳动法》《劳动合同法》以及相应的法律法规中并没有对试用期直接的定义，我们理解，试用期是从维护用人单位为每个工作岗位找到符合要求的员工的角度，以便用人单位可以在一定期间内，通过符合法律规定的程序对员工进行是否符合录用条件的考核认定，当员工存在不符合录用条件的情况时，用人单位可以单方解除劳动合同且不承担任何经济补偿。

2. 试用期解除的解除方式和法律依据

对于用人单位来说，在试用期内解除与员工的劳动合同，实际上有三种方式：

（1）试用期内不符合录用条件的解除

根据《劳动合同法》第三十九条第一项的规定，如果员工在试用期内不符合录用条件的，用人单位可以单方解除，且不承担任何经济补偿金或赔偿金。

（2）协商一致解除

根据《劳动合同法》第三十六条的规定，用人单位与员工协商一致，可以解除劳动合同。协商一致解除适用于劳动合同履行期间的任何一个阶段，当然也适用于试用期阶段的解除。

（3）用人单位依法单方解除

因为试用期是包括在劳动合同期限内的，双方是正式的劳动关系，因此，除了法律特殊规定的试用期解除情形外，如果员工出现法律所规定的其他可以单方解除情形时，也可以依法单方解除，例如，当员工存在严重违反公司规章制度情形时，用人单位就可以依据《劳动合同法》第三十九条第二项的规定解除双方劳动关系。

3. 试用期解除的条件

如上所述，用人单位在试用期期间可以单方解除的方式有几种，本节仅对试用期不符合录用条件的解除进行阐述，其他解除方式见本书其他章节。

《劳动合同法》第三十九条第一项明确规定了，当员工在试用期间不符合录用条件的，用人单位可以单方解除。该条看似简单，实际上用人单位想以此条解除的，需要满足以下几个条件：

（1）双方在劳动合同中明确约定了试用期，并且试用期合法有效；

（2）员工尚处于试用期期间；

（3）双方有明确的录用条件的确定，并且录用条件合理、合法；

（4）对于员工不符合录用条件，用人单位有有效的事实依据；

（5）在试用期内解除。

综上所述，因为在试用期内，员工与用人单位是劳动关系，因此用人单位在试用期内与员工解除劳动合同也要满足法律所规定的情形时才能与员工解除，即使在员工出现可以单方解除的情形时，也要根据可以解除实际情形选择解除依据并履行法定的程序，否则就需要承担违法解除的责任和风险。

（二）试用期录用条件有哪些

用人单位在招聘新员工时可以设置录用条件，一般而言录用条件是用人单位根据生产经营的实际需要，给应聘员工设置的符合相应岗位的基本要求，也是用人单位考核员工是否符合用人需求的主要依据。虽然试用期录用条件是用人单位用工自主权的一种体现，但所设置的录用条件也不是没有任何限制，其内容需要与招聘岗位的工作相关、合理、清晰、明确，并且不能与法律法规相冲突。一般情况下，可以从以下几个方面设置录用条件。

1. 与诚信、道德品质相关的条件；

2. 与工作能力相关的条件；

3. 与工作态度相关的条件；

4. 与是否契合公司企业文化的条件；

5. 其他与工作岗位需求有关的条件。

二、实战案例解析

案例一　试用期不胜任工作而解除

（一）基本案情[①]

席某于2021年4月12日入职北京某信息咨询有限公司（以下简称某公司），担任PHP工程师岗位。2021年4月26日，某公司向席某提出解除劳动合同，解除理由是席某在试用期不具备录用条件，具体表现为：1.正常的环境搭建工作，大多数员工普遍只需要半天，而席某花费了3天；2.主管指出了席某代码中的低级错误，其完全不理解，证明其不具备撰写基础代码的能力，不能胜任现有工作，并导致公司的项目延后；3.由于席某原因致使某公司损失流调系统项目开发费用25440元。对于某公司的解除，席某于2021年4月27日申请劳动仲裁，要求某公司支付违法解除赔偿金4800元。某公司为了证明席某在试用期内不符合录用条件，提交了以下证据：1.席某与部门主管工作对接微信记录。证明席某在试用期内不能独立完成岗位工作，不具备撰写基础代码的能力，存在工作拖沓，消极怠工的行为，未完成公司下达的任务。2.某公司与开发公司的付款凭证，项目合同、验收单。证明某公司项目开发验收流程及实际支付款项证明。可以看出某公司要求项目开发周期是10天，席某入职公司14天都没有完成基础的系统搭建工作，造成项目延迟。3.服务合同。证明因席某工作延误工时，导致某公司不能与项目系统的甲方临汾市中心医院签订服务合同。4.招聘要求及岗位职责说明书内容、席某求职信息、员工履历表及简历、PHP工程师职业要求（百

① （2021）京0115民初17135号。

度百科)。证明席某对个人能力未能做到客观评价，未达到PHP工程师的岗位要求，未做到最基础的“熟练应用PHP编程语言”不具备适用PHP语言开发互联网应用程序的岗位能力。5.员工手册、员工履历表、在职档案。证明某公司具有合法合理的转正流程，有试用期员工月报制度，提出转正申请后需通过试用期员工考核，由员工直属上级部门负责人对该员工进行能力考核与评价，考核合格后方属于符合录用条件。6.试用期员工考核表，证明席某未通过PHP工程师这一岗位考核要求，不能独立完成岗位工作，不符合某公司的录用条件。

(二)案件代理思路

本案中，从某公司的主张可以看出，某公司认为席某在试用期内不符合录用条件，而不胜任工作是不符合录用条件的情形，因此，本案的争议焦点为：1.试用期内不胜任工作是不符合录用条件情形之一；2.席某在试用期内不胜任工作。如果某公司不能证明不胜任工作是不符合录用条件之一的，也可以根据《劳动合同法》第四十条的规定以不胜任工作解除劳动合同，但需要注意的是，如果以不胜任工作解除的，就需要在认定员工不能胜任工作之后经调岗或培训仍然不能胜任工作后才能解除。而本案中某公司的主张，可以看出某公司是以不符合录用条件解除的，因此，某公司既要举证证明席某不胜任工作，又要举证证明不胜任工作属于不符合录用条件的情形。但某公司在提交证据时并没有提交录用条件以及与能够证明席某不符合录用条件的证据，虽然最终法院没有支持某公司解除的理由是某公司的解除欠缺证据，但并没有对某公司解除是否符合试用期不符合录用条件进行认定，因此，本案即使某公司能够证明席某不胜任工作，其在不能证明该不胜任工作属于不符合录用条件或已经调岗或培训后仍不能胜任工作的情形下，也很难获得法院的支持。

(三)法院审查要点

本案中，双方争议的焦点在于：席某在试用期内是否存在不符合录用的情形。因某公司将试用期内不胜任工作作为录用条件之一，因此，本案在审理过程中法院主要对于席某是否存在不胜任工作情形作为本案的审核要点。最终法院认为，某公司当庭明确席某不能胜任工作的主要表现为：1.根据公司部署环境文档搭建开发环境——用时3日，严重超出常规用时；2.负责临汾市洪洞县成人呼吸系统疾病谱调调研项目系统开发——在给定时间内基础部分未完成。关于搭建开发环境，席某解释称系某公司提供的电脑有问题，导致了延误，虽某公司对此不认可，但结合某公司提交的证据，在席某入职初期，与部门主管就工作进行多次沟通，并未就“搭建开发环境”超时一事明确提出异议，仅为对工作情况的沟通交流。此外，某公司主张席某未在给定的时间内完成系统开发，某公司并未举证证明其曾要求席某在10日内完成系统开发。据此，某公司解除劳动关系的理由欠缺依据，本院认定某公司属于违法解除劳动关系，应支付席某违法解除赔偿金。

案例二　不符合录用条件而解除

（一）基本案情[①]

祝某于2020年1月6日入职某软件（北京）有限公司（以下简称某公司），担任亚太地区及日本地区合规经理岗位，试用期6个月。2020年1月22日，某公司解除了与祝某的劳动合同，解除理由是：1.工作能力、个人性格、文化不能融入公司；2.违反公司制度问题，祝某存在到处打听期权情况，违反了保密规定。祝某对于某公司的解除向劳动仲裁委员会申请了仲裁，要求撤销某公司作出的《试用期解除劳动合同通知书》，并继续履行劳动合同。某公司为了证明其是合法解除，提交了以下证据：1.试用期解除通知书；2.2020年1月9日、18日、20日邮件及翻译件；3.SUSE《行为准则》摘要及翻译件；4.祝某阅读并知悉截图；5.SUSE客户信息。某公司提交以上证据用以证明祝某不符合录用条件，且有严重违反公司规章制度的行为：1.祝某性格与表现，与某公司企业文化不符，且不具备良好的沟通能力，不符合录用条件；2.祝某的沟通能力及职业素养，不符合应聘的亚太地区及日本地区合规经理的岗位要求；3.祝某在职的短暂时间内，与多个部门同事及客户发生争吵，态度傲慢，无法妥善处理与各部门同事的关系，缺乏基本沟通能力，严重影响办公秩序，不符合录用条件；4.严重违反员工对薪酬福利保密的基本常识及录用通知书的约定。

（二）案件代理思路

在本案中，某公司解除的依据有两个：1.祝某在试用期间不符合录用条件；

① （2021）京0105民初59222号。

2. 祝某存在严重违反公司规章制度的情形。就某公司认为祝某存在不符合录用条件方面，需要由某公司从以下几个方面完成举证：1. 有不符合录用条件的具体约定或规定；2. 祝某存在不符合录用条件的情形及具体行为；3. 在解除时将祝某不符合录用条件作为解除依据。但从本案中某公司提交的证据，可以看出某公司并未提交证据证明与祝某之间有关于不符合录用条件情形的确认，也未能够提供证据证明祝某有不符合录用条件情形的具体行为，因此，法院最终认定某公司没有具体认定不符合录用条件的标准，从而认为某公司的解除行为不符合法律规定。

（三）法院审查要点

本案中，法院认为双方的主要争议焦点是：1. 祝某是否存在不符合录用条件的情形；2. 祝某是否存在严重违反公司规章制度的情形。因此，法院将某公司解除理由是否属于不符合录用条件作为本案的主要审核要点之一。最终，法院认为祝某主张某公司的解除劳动关系事由与试用期解除通知书载明的解除事由一致，故本院采信祝某关于某公司提出解除关系的事由为“工作能力、个人性格、文化不能融入公司，不符合岗位要求”的主张。试用期解除通知书载明的工作能力、个人性格、文化相关问题不甚具体，未明确具体认定标准，且某公司提交的 2020 年 1 月 9 日、18 日、20 日邮件等证据不足以证明祝某存在相关严重问题，某公司解除双方劳动关系不符合相关法律规定。故，本院认定某公司违法解除双方劳动关系。

三、合规操作方案

因为试用期并不是独立于劳动合同之外的法律关系，也是劳动合同期间的一部分，其他用人单位解除劳动合同的情形也一样适用于试用期内解除，但为了让用人单位能选取到适合本单位的员工，因此在试用期内特别规定了当员工不符合录用条件时，用人单位可以解除劳动合同，并且可以免除解除的经济补偿金或赔偿金责任。但为了避免用人单位滥用该解除权，在司法实践中的审查重点主要是不符合录用条件情形的约定以及员工是否存在不符合录用条件的情形。就此，我们建议用人单位在招聘员工时，要有明确的不符合录用条件情形的约定，并且要有一套健全的考核认定程序，具体如下：

1. 在招聘时，根据所招聘岗位特点，设定合理、合法的录用条件以及确定不符合录用条件的情形；

2. 将录用条件和不符合录用条件的情形，明确告知新员工，并由新员工签字确认；

3. 根据劳动合同期限，确定符合法律规定的试用期；

4. 根据岗位特点和单位的要求，与新员工确定明确的工作任务和其他要求，并且工作任务和其他要求是客观、可量化的；

5. 将试用期考核要求及流程明确告知新员工；

6. 在试用期届满前，按照试用期考核的流程对试用期员工进行客观评价、考核，并将评价、考核结果告知该员工；

7. 如果员工出现不符合录用条件情形，且用人单位决定解除劳动合同时，用人单位应当在试用期届满前做出相应决定，如果决定解除的，应当在试用期内通知员工解除时间、解除理由；

8. 如果用人单位有解除程序要求的，用人单位需要按照规定的解除程序处理，并且要将解除一事通知工会。

第二节　严重违反规章制度解除纠纷

一、严重违反规章制度解除纠纷问题解析

> 严重违反规章制度解除用人单位胜诉要点及败诉要点是什么？在用人单位没有明确规定的情形下，是否用人单位一律不得以严重违纪为由解除劳动关系？劳动者受到行政处罚，用人单位是否可以严重违纪为由解除劳动关系？员工行政处罚期间，用人单位是否可以旷工为由解除劳动关系？

严重违反公司规章制度，有时也称“严重违纪”，是指员工的行为违反了公

司规章制度，且超过“一般”程度而达到了“严重”的程度，用人单位依法及公司规章制度解除劳动合同，且无需支付任何经济补偿金、赔偿金。用人单位单方解除劳动合同在劳动合同领域是对劳动者所能做出的最严重的处罚，故公司在解除劳动合同时应当具有充分的事实依据和法律依据，并对解除承担举证责任。并且，在司法实践中，法院对于公司举证员工严重违纪的标准比较严格，其合法性、真实性、关联性缺一不可。

（一）严重违反规章制度解除的诉讼要点

以严重违反公司规章制度解除，是用人单位单方解除劳动合同时经常使用的方式，司法机关在审理这类案件时，通常会对以下问题进行审查：

1. 解除劳动合同的意思是否已经告知员工

根据现有法律规定，用人单位解除劳动合同是用人单位行使解除权，而解除权属于形成权，送达到对方才生效，因此，需要用人单位将解除的意思表示送达到员工才能对员工产生解除的效力。而对于是否送达到员工，则由用人单位举证予以证明。需要说明的是，解除通知不以书面形式为要件，即只要有证据证明用人单位将解除的意思表示告知给员工即可。

2. 解除劳动合同的通知或告知中是否有明确的事实和法律依据

根据《最高人民法院关于审理劳动争议案件适用法律问题的解释（一）》第四十四条“因用人单位作出的开除、除名、辞退、解除劳动合同、减少劳动报酬、计算劳动者工作年限等决定而发生的劳动争议，用人单位负举证责任”的规定，解除劳动合同的通知或告知中，应当具有解除的事实依据和法律依据等内容，如果没有这类内容或者所依据的事实内容缺失，则存在裁判机构认为没有解除事实依据和法律依据，继而认定违法解除的风险。

3. 解除劳动合同所依据的规章制度是否经过民主制定程序和公示程序

用人单位以员工严重违反规章制度为由进行解除，前提是有生效的规章制度，根据《劳动合同法》第四条的规定，规章制度要经过民主制定程序和公示程序后才能对员工生效，二者缺一不可。如果用人单位是以员工严重违反规章制度为由解除的，对于裁判机关，首要审核的就是规章制度是否经过民主制定程序并公示给该员工，不论缺少哪个程序，都将会导致直接认定用人单位的解除没有依据。

4. 规章制度的合法性、合理性

规章制度除了要经过民主制定程序和公示程序外，内容不但要合法还要有合理性。对于合法性的要求，只要不违反法律明确的禁止性规定即可，但对于合理性问题，在实践操作中则容易产生较大争议，通常会根据当地的善良公俗进行评判。

5. 用人单位是否有明确并有效的证据证明劳动者存在严重违反规章制度的行为

根据《劳动争议调解仲裁法》第六条、《最高人民法院关于审理劳动争议案件适用法律问题的解释（一）》第四十四条对于举证责任的规定，用人单位解除劳动合同的应当由用人单位对解除事由承担举证责任，对于此类争议，就需要用人单位对劳动者违反规章制度的行为，以及规章制度是经过民主制定程序、公示程序等进行举证，并且要提供原件或原始载体当庭核实。

6. 解除程序合法，包括经过工会以及通知程序的合法性等

如果用人单位有工会的，根据《劳动合同法》第四十三条的规定，应当事先将理由通知工会，如果未通知工会的，存在认定因程序违法的违法解除。除了通知工会的程序外，有的用人单位对解除程序作出了明确的规定，则在解除劳动合同时，要按照用人单位的规定程序办理，否则也存在认定未按照解除程序的违法解除。

（二）在用人单位没有明确规定的情形下，用人单位能否以严重违纪为由解除劳动合同

对于劳动者存在严重违纪行为用人单位可以单方解除的情形，实际有两部法律作出了明确的规定，即《劳动法》和《劳动合同法》，因为《劳动合同法》颁布实施的时间晚于《劳动法》，并且实践操作中适用《劳动合同法》较多，但如果出现《劳动合同法》未规定的情况下，依然可以适用《劳动法》的规定。

《劳动合同法》对于严重违纪的规定，主要是第三十九条，例如第三十九条第二项："严重违反用人单位的规章制度的"，但在实践操作中，因规章制度的相对滞后性，同时客观上也无法将所有违纪行为在规章制度中全部列明，就会导致某些行为超出了规章制度规定的范围，但该行为又明显属于比较恶劣、严

重的情形，不对该行为进行处理将导致其他劳动者效仿甚至影响用人单位正常经营管理，在此种情况下虽然不能依据严重违反规章制度进行处理，或者用严重违反规章制度处理的风险较高，可以适用《劳动法》第二十五条第二项“严重违反劳动纪律……”的规定，单方解除与劳动者的劳动合同。

（三）劳动者受到行政处罚，用人单位是否可以严重违纪为由解除劳动合同

对于劳动者受到行政处罚用人单位是否可以单方解除，实践操作中存在两种截然不同的观点。支持可以单方解除观点的认为，劳动者被行政处罚说明其已经违反了国家强制性规定，是违反法律规定的行为，不论用人单位是否对此进行规定，作为一般公民都应该遵守国家法律法规的规定，劳动者的违法行为尤其是被处罚的违法行为，也属于严重违纪行为，因此，用人单位对于被行政处罚的可以严重违纪为由解除，但需要用人单位将被行政处罚明确规定为严重违纪行为。持反对观点的认为，用人单位对劳动者的管理应当受到时间、空间以及是否与工作有关的限制，在这个限制之外，劳动者的行为属于个人行为，与用人单位无关，并且相应行政处罚已经对劳动者的违法行为进行了处罚，根据一事不再理原则，用人单位也不应当就同一个行为再作出相应处罚。

本文作者更倾向于后者的观点，即用人单位对劳动者的管理应当有边界而不能无限扩张，明显在工作时间、工作地点之外并且与工作无关的行为导致被行政处罚的，用人单位不宜再以严重违纪处理。但因个案差异较大，对于个案还应当从劳动者行为是否给用人单位造成损失等方面进行个案分析，同时也建议用人单位在规章制度中将被行政处罚作为严重违纪行为。

（四）员工在行政拘留期间，用人单位是否可以旷工为由解除劳动合同

因被行政拘留期间客观上无法到岗上班，用人单位以旷工为由解除劳动合同是一种常见做法，实践操作中支持与不支持的案例都有，主要的争议点在于此种旷工是无故旷工还是有故旷工。

对于什么是旷工，参照原劳动部《关于〈企业职工奖惩条例〉有关条款解

释问题的复函》（劳力字〔1990〕1号）“‘职工无正当理由经常旷工……’一般是指：除有不可抗拒的因素影响，职工无法履行请假手续情况外，职工不按规定履行请假手续，又不按时上下班……”的规定，以及常识理解，“旷工”是劳动者无正当理由未到岗提供劳动的行为。而对于何谓无正当理由，有两种不同的观点，一种观点认为，旷工应当是无故旷工，应当是指劳动者在既没有向用人单位说明事由请假，也没有任何正当理由或其他不可抗因素的情况下，出于主观动机不到岗，而被行政拘留虽然不能说是正当理由，但对于劳动者来说是不可抗拒的客观因素，并且劳动者主观上没有故意不到岗的动机，因此，被行政拘留导致旷工属于有故旷工；另一种观点认为，劳动者被行政拘留的原因通常为劳动者可以选择的行为，劳动者对于违法行为可能被限制人身自由的法律后果以及被限制人身自由会导致不能到岗上班的后果也并非不可预见，但仍然作出被行政拘留行为的，对于劳动者来说不属于不能到岗上班的正当理由和不可抗拒因素，因此被行政拘留导致的旷工为无故旷工。

本文作者更倾向于第一种观点，因为对是否无故旷工更应该为劳动者是否主观追求不到岗上班，而被行政拘留导致的旷工通常并不是劳动者主观追求的后果，并且劳动者已经被有权机关做出相应处罚，也不宜再以同一事由给予劳动者处罚。但需要提示的是，因为劳动争议的地域性较强，并且以上两种观点都有合理性，用人单位在处理类似情况时，应当谨慎处理。

二、实战案例解析

（一）基本案情①

王某于2018年12月6日入职某公司，担任营业员岗位。离职前12个月平均工资为5657.07元。2020年8月17日，某公司向王某送达解除劳动合同通知书，主要内容为：我司与你2018年12月6日所签订的劳动合同，现因你个人行为（包括未按操作规程或流程作业、疏忽大意或有意等行为）致公司经济损失人民币500元或以上（含人工成本），严重违反我公司的规章制度，根据《劳动合同法》

① （2022）京03民终5049号。

第三十九条、我司《员工手册》第Q条第3款的相关规定，我司决定从2020年8月17日起解除与你的劳动合同关系，请你于劳动合同解除之日起三日内到店铺办理劳动合同解除手续，工资结算将于2020年9月15日发至你的工资卡内；逾期不办理手续者，将作自动离职处理，工资需等解除手续办理完成后，到公司财务部以现金形式领取，工资保留到2020年12月31日。

王某认为公司单方解除系违法解除，提起劳动争议并主张：1. 支付2018年12月6日至2020年8月17日违法解除劳动合同赔偿金20000元；2. 开具离职证明。

本案经过一裁两审，仲裁阶段裁决驳回了王某违法解除的请求；一审法院判决认定某公司系违法解除；二审法院判决维持一审判决，支持王某请求。

（二）案件代理思路

在本案中，双方的主要争议焦点为：1. 王某是否存在销售错误货品的事实；2. 某公司是否有权解除与王某的劳动关系。本案是法院在审理以严重违反公司规章制度解除时对是否构成严重标准进行审核的典型案例，一审法院虽然认为某公司的解除是违法解除，但并没有从是否达到严重程度进行认定，而二审法院在一审法院认定的基础上，对是否构成严重标准作出了进一步的认定，并提出：虽然对何谓“严重违反”并没有明确的法律予以界定，但从合理性角度来看，是否严重应当从以下几个方面进行综合分析、考虑，对类似案件有一定的借鉴意义：

1. 应当从行为的次数、后果影响进行综合考虑；一般情况下多次或者影响严重，可以认定为严重。

2. 要考虑不同行为对不同性质企业的不同影响。

3. 对于公司规章制度的严重标准的合理性也要进行认定。

4. 劳动者或用人单位是否对减损作出相应努力。

（三）法院审查要点

1. 王某是否存在销售错误货品的事实

根据查明的事实，王某在谈话录像中自认销售单由其开具，其虽在审理过程中不认可系其将货品交付给客人，但其未向法院提交充分有效证据证明该主张，法院不予采信。某公司向法院提交的谈话录像、货品销售单、2019 年 7 月奖金明细汇总、工资明细及发放记录已形成完整证据链，法院采信其关于王某将涉案货物出售的主张。而关于涉案货物是否出售错误。根据查明的事实，某公司向法院提交的货品追踪记录单、系统内部截图、系统内部导出视频、现存货物的激光编码、王某在视频中对自己没核对好货物的自认等证据，形成完整证据链，有较大盖然性，足以证明王某将涉案货品出售错误。

2. 某公司是否有权解除与王某的劳动关系

用人单位以劳动者严重违反规章制度解除劳动合同的，用人单位应当承担的举证责任包括：（1）证明劳动者存在严重违反规章制度的行为；（2）证明用人单位有合法有效的规章制度可以作为规范员工行为的依据，且劳动者已知晓该规章制度；（3）证明解除劳动合同的程序合法，如已通知工会等。除此之外，本院认为因实践中劳动者在劳动关系中往往处于弱势地位，为了更好地保护劳动者合法权益不受侵害，在用人单位完成前述三项证明责任后，法院还应当对规章制度进行合法性审查。本案某公司已提供证据证明据以解除劳动合同的《员工手册》系经过合法程序制定、《员工手册》的内容已告知王某及解除劳动合同的程序合法，双方争议焦点在于王某的行为是否达到严重违反规章制度的程度，用人单位可以劳动者严重违反用人单位规章制度为由解除劳动合同，对于何谓“严重违反”并没有明确的法律界定，本院认为应从行为的次数、后果影响等方面综合考虑，如果造成的影响严重或者多次违反，一般应可以认定为严重违反，同时也要考虑到不同行为对不同性质企业的不同影响，故本案王某行为的严重程度应结合企业的性质综合分析。本案中某公司系一家以销售珠宝为主要业务的企业，根据一般社会常识，珠宝的价值较高，如依据员工手册的规定，以造成损失 500 元（含人工成本）作为认定严重违反公司规章制度的标准则显得极为苛刻，对于劳动者而言亦有失公平。本案中王某虽有销售错误商品的事实，但考虑到其造成上述销售错误在主观上并非出于故意或重大过失，且某公司可通过买卖合同法律关系向顾客主张权利挽回损失，而根据某公司自述，其仅通过电话与客人联系，未进行其他进一步措施。某公司二审中提交的《说明》亦不足以证明其损失情况。一审法院考虑到某公司在本案审理中主张解除劳动合同的依据与其在书面解除劳动合同通知依据的员工手册中的条款不相对应，亦未能举证证明其损失已经实际产生，且其拒绝王某自行与客户联系解决问题请求的情形下，径行解除与王某之间的劳动关系构成违法解除并无不当。

三、合规操作方案

用人单位依据《劳动合同法》第三十九条的规定解除与劳动者劳动关系的，是对劳动关系最严厉的一种处理方式，并且劳动者也无法获得任何经济补偿或赔偿金，裁判机关在审理类似案件时通常都会非常严格，一旦发现解除存在瑕疵的时候，往往会作出对用人单位极其不利的裁判，因此建议用人单位在适用严重违反规章制度解除时，应当做好以下工作：

1. 用人单位所适用的规章制度要符合法律规定

根据《劳动合同法》第四条的规定，规章制度要经过民主制定程序和公示程序才能对劳动者发生法律效力。尤其是用人单位在制定、修改或决定有关劳动报酬、工作时间、休息休假、劳动安全卫生、保险福利、职工培训、劳动纪律以及劳动定额管理等直接涉及劳动者切身利益的规章制度时应遵守的程序，其中与员工讨论、协商并公示或告知是必经程序，未经过民主制定程序和公示程序的，则对员工没有约束力。

另外，规章制度的内容不能违反法律规定，并且要具备合理性。例如规章制度规定连续旷工 3 日及 3 日以上的属于严重违反规章制度的行为，裁判机构在审理案件时，不但要审核该条是否违反法律规定，同时也要对连续 3 日旷工是否合理，如果单位规定的不是 3 日而是 2 日，则存在裁判机关认为该规定不合理从而认定用人单位单方解除系违法解除的风险。

2. 劳动者违反规章制度的行为应是客观存在，并且能够举证证明

根据《最高人民法院关于审理劳动争议案件适用法律问题的解释（一）》第四十四条的规定，用人单位需要对解除的事实和依据承担举证责任，而解除事实就是劳动者存在严重违反规章制度的行为，用人单位就需要对劳动者的严重违规行为承担举证责任，如果不能提供证据予以证明，或者所提供的证据没有原件或原始载体予以核实的，裁判机关也很难支持。

3. 劳动者违反规章制度的行为，要达到“严重”的程度

（1）一定时期内反复多次的违规行为，经劝告、教育或处理多次屡教不改的。

（2）其行为对用人单位有重大影响，例如对生产经营秩序、管理秩序有较大损害的行为；对用人单位造成重大利益损失，包括经济损失及无形资产损失；行为影响恶劣，以至于影响到规章制度的权威性和正常施行等。

（3）可用量化标准界定严重违反规章制度，例如“一个月内连续旷工 × 次或累计旷工 × 次是严重违纪”“造成直接经济损失 ××× 元以上为重大损失”等。

（4）劳动者是否积极减少行为产生的影响、损失，并且是否实际减损。

4. 用人单位对劳动者的处理要符合法律法规和本单位规章制度规定的程序

（1）根据《劳动合同法》第四十三条的规定，用人单位单方解除劳动合同的，应当事先将理由通知工会。如果工会有异议的应当研究工会的意见，并将处理结果书面通知工会。

（2）如果用人单位有解除程序规定的，要按照规定程序进行。

（3）单位的解除通知要实际送达给劳动者，并且有送达留痕。

第三节　严重失职，营私舞弊，给用人单位造成重大损害解除纠纷

一、严重失职，营私舞弊，给用人单位造成重大损害解除纠纷问题解析

> 什么是严重失职？什么是营私舞弊？重大损害如何界定？是否需要前三者同时具备，还是可以单一理由解除？给用人单位造成声誉损失，是否属于重大损害？

《劳动合同法》第三十九条在规定劳动者“严重违反用人单位的规章制度”可以单方解除之后，又规定了“严重失职，营私舞弊，给用人单位造成重大损害”

可以单方解除，但因为该款的规定由两个条件构成，并且严重失职、营私舞弊行为，以及给用人单位造成重大损失，因为不同行为本身性质以及重大损害事实本身，均有可能单独作为严重违反规章制度的情形，或者因为该款规定本身需要几个条件同时达成，以至于实践操作中适用该款的案件量相对要少于严重违反公司规章制度的案件量。

（一）什么是严重失职

严重失职虽然是耳熟能详的一个用语，但法律并没有对什么是失职、什么是严重失职直接作出规定。从字面意义理解，严重失职是由两部分构成，一个是失职，另一个是严重，即失职达到严重程度时才构成严重失职。因此，在判断什么是严重失职前，应当先明确什么是失职。根据汉语词典的解释，失职是指没有履行自己的职责，或属于职务未尽职责。而根据《刑法》第一百六十八条国有公司、企业、事业单位人员失职罪的规定，当工作人员严重不负责任或滥用职权造成国有公司、企业破产或者严重损失的，要承担刑事责任。从中也可以看出，失职就是未履行自己的职责、职务或者滥用职权，而严重失职就是未履行自己的职责、职务或者滥用职权达到了严重的程度。

（二）什么是营私舞弊

根据汉语词典的查询，营私舞弊是指为了谋求私利以欺骗的方式或玩弄手段的方式做违法乱纪的事。

（三）重大损害如何界定

重大损害是指劳动者的不当行为给用人单位造成的重大不利的后果，一般不只财产的损失，也包括对用人单位的管理秩序的侵害和对用人单位的形象、名誉、声誉等造成的无形的损失。实践中，对于损害相对比较容易理解，但对于何谓重大，因为法律法规并没有直接作出规定，司法实践中对于重大损害的认定标准一般参考原劳动部出台的《关于〈劳动法〉若干条文的说明》（劳办发〔1994〕289号）第二十五条第三款规定，“本条中的‘重大损害’由企业内部规章来规定。因为企业类型各有不同，对重大损害的界定也千差万别，故不便对重大损害作统一解释。若由此发生劳动争议，可以通过劳动争议仲裁委员会对其规章规定的重大损害进行认定”。而用人单位因为不同行业、不同类型在规定重大时也存在一定的差异。对于用人单位管理秩序、名誉等损失如何认定重大，只能根据个案的不同情形进行认定，实践中也面临着很大的不确定性。而对于财产方面，一般只要达到通常意义上的数额较大即可，但从类似案例的生效裁判文书来看，各地法院确实也存在不同的理解和认定，因此，根据上述规定，用人单位在规章制度中量化“重大损害”就显得非常重要，建议用人单位在规章制度中直接规定经济损失达到一定的数额则为“重大损害”，避免因没有确定标准而导致的诉讼风险。

（四）是否需要前三者同时具备，还是可以单一理由解除

关于《劳动合同法》第三十九条第三项规定的“严重失职，营私舞弊，给用人单位造成重大损害”，是否需要三个条件同时具备才能解除的问题，一般认为“严重失职，营私舞弊”实际包括两种情况：一是劳动者严重失职，给用人单位造成重大损害；二是劳动者营私舞弊，给用人单位造成重大损害。出现上述任意一种情况，用人单位均可以解除劳动合同，而不需要“严重失职”“营私舞弊”同时具备。

（五）给用人单位造成声誉损失，是否属于重大损害

如上所述，重大损害不应当仅是指财产类的损失，对于用人单位管理秩序的侵害或者名誉、声誉的损失也应当属于重大损害，只是在实践操作中，对于管理秩序的侵害或者名誉、声誉的损失，用人单位很难举证予以证明，或虽能够举证予以证明，但很难证明“重大”。

二、实战案例解析

（一）基本案情[①]

宗某于2014年7月以招聘形式入职某公司，担任主管会计职务（该岗位职

① （2017）鲁01民终2108号。

责包含对员工报销材料的初审和复审)。宗某在某公司工作期间，某公司运输车队员工通过伪造报销材料的方式骗取某公司资金64万余元。后某公司追回上述款项，某公司于2015年12月28日以宗某严重失职为由解除与宗某的劳动合同。宗某于2016年1月4日申请仲裁，要求某公司给付20个月工资的辞退赔偿金。

某公司认为：1. 宗某作为财务主管在其职责范围内应当发现员工通过伪造报销材料骗取公司款项的行为。但其未能发现，说明其对工作严重失职。宗某作为运输车队的财务主管，负有对运输车队报销单据、凭证及各项费用等进行初审及复审的双重职责和义务，负有对签字的报销费用进行财务分析及复核的重任，是凭证装订前的最后一位关键性审核人员。宗某主张，员工将模仿了所有领导签字的单据直接找出纳将款项划走，初审没有经过宗某审查的理由，并不能免除其重大失职的责任，因为在复审及凭证装订时，伪造报销的单据及凭证都会由宗某经手审核及办理，在此时宗某并不是简单地查看报销单上的签字是否为其所签，而是应当对整个报销材料的真实性及合理性作出专业分析。而宗某并未履行该职责，未能发现明显异常及不合理的报销情况，并且对于是不是其经手的报销材料都不能确定，足以说明其对于本职工作严重失职。2. 宗某作为财务主管在其职责范围内完全能够发现员工通过伪造报销材料骗取公司款项的行为，但其未能发现，说明其对工作严重失职。宗某自述其在费用项目分析对比时发现异常，从而将刘某某和何某二人合谋伪造签字的事挖出来。宗某本想以此作为重大立功表现，但这恰恰说明其能够在职责范围内发现伪造报销材料骗取公司款项的行为，但是其在长达一年的时间中都没有发现该行为，说明在此期间其工作严重失职。3. 因被骗取的资金已经全部追回，故未给某公司造成重大损害的认识是错误的，首先，由于宗某工作严重失职，未能及时尽早地发现通过伪造报销材料骗取公司款项的行为，导致某公司被骗取款项本金64万余元，该金额已属特别巨大，明显属于给某公司造成了重大损害。除此之外，某公司还因此遭受了该款项的利息损失，该事件同时给某公司的对外形象造成了极大的负面影响。其次，不能因为被骗取的资金已经全部追回就简单地认定没有对某公司造成重大损害。“造成损害”表达的是一种客观事实，而“造成损失”表达的是一种现实状态。某公司64万余元的资金一旦被骗取就形成了一种客观事实，即对某公司造成了“重大损害”。而某公司64万余元的资金被公安机关追缴回来，公司收到该款项是一种现实状态，即某公司仅就款项本金没有产生“损失”，但不是没有重大损失。

宗某认为：1. 某公司的规章制度不健全，内部管理混乱，财务核算程序不合理，涉案的资金流出之前，相关报销单据没有经过宗某审核。2. 刘某某和何某两人是专业学习美术的人才，其具有超强的模仿笔迹的能力，而在本案中，其二人共模仿某公司十几位领导的签名，而某公司的人员都没有发现，所以宗某对此没有任何过错。骗取的报销款64万余元早已追回，并非某公司所称的造成重大损害。所谓的重大损害，应该由每一个单位或企业的内部规章制度进行规定，宗某不存在给某公司造成重大损害的事实，而法律也明确规定只能因员工有职务过错而导致的重大损害，单位一方才能解除合同，显然本案并非如此。

（二）案件代理思路

对于“严重失职，营私舞弊，给用人单位造成重大损害”的情形，应当从以下几个方面进行认定：

1. 要有有效的规章制度的明确规定

规章制度的明确规定主要体现在两个方面：

（1）裁判机关在审理类似案件时，首先要审查劳动者的职责范围是什么，从而判断劳动者的行为是否失职，以及规章制度中是否对劳动者履职、失职行为作出相应的界定，只有在确认劳动者的行为属于规章制度规定中的职责范围或者规定的行为，才能进一步认定该行为属于严重失职、滥用职权或者营私舞弊。

（2）规章制度的规定要符合合法性和合理性的要求，即规章制度的规定本身不但不能违反法律规定的要求，同时也要具有合理性，并且需要对劳动者的行为有明确的要求，尤其是违反规定的法律后果。

2. 劳动者的行为达到严重程度

因为不同行业、不同岗位会导致不同的认定。例如：酒店服务人员，其会在客人离开的时候进入房间进行打扫，这就需要服务人员不能损坏、偷窃客人的物品，哪怕偷拿客人一个苹果，都将会导致客人对酒店极不信任甚至客人对酒店公开作出负面评价，一旦发生负面评价，将会导致酒店名誉、声誉的破坏，从而导致酒店经营受到严重损失。而对于其他行业，就很少或基本不会因为偷拿公司一个苹果，就认为是严重失职、营私舞弊，也不会认为该种行为会给用人单位造成重大损失。因此，判断劳动者的行为是否达到严重程度，需要根据不同行业、不同岗位进行判断。

3. 劳动者的行为是否给用人单位造成损害后果，以及损害后果是否重大

损害一般不只是财产的损失，也包括对用人单位的管理秩序的侵害和对用人单位的形象、名誉、声誉等造成的无形的损失。只要与劳动者行为有因果关系，就可以认为劳动者行为导致了损害后果。但是否严重，则首先要看公司规章制度是否有明确规定，以及是否有量化标准，如果没有明确规定或者没有量化标准，则存在无法认定是否重大的风险。

（三）法院审查要点

本案实际经过一裁两审、再审四个程序。三级人民法院对于劳动者是否存在严重失职并给用人单位造成重大损失分别进行了认定：

一审法院：某公司与宗某解除劳动合同违法。某公司主张宗某负责对员工的报销材料进行最终审核，若报销中出现失误，宗某负有主要责任，构成工作失职，某公司可以解除合同。宗某主张自己最先发现诈骗事件，对诈骗事件没有过错。一审法院经审查后认为，根据《劳动法》的规定，劳动者严重失职，营私舞弊，给用人单位造成重大损害的，用人单位可以解除劳动合同。本案中，宗某的工作岗位为主管会计，主要负责公司本部、运输车队、检测中心的会计核算工作。某公司运输车队员工通过伪造报销材料的方式骗取资金 64 万余元，宗某对其工作未完全尽责，对其本职工作存在不认真负责的一定过错，但被骗取资金已经全部追回，并未给单位造成重大损害，宗某的行为不构成严重失职，某公司的行为违反了法律规定，其与宗某解除劳动合同属于违法解除，宗某要求某公司支付经济赔偿金符合法律规定，一审法院予以支持。

二审法院：本院认为，《劳动合同法》第三十九条第三项规定，劳动者严重失职，营私舞弊，给用人单位造成重大损害的，用人单位可以解除劳动合同。劳动者严重失职，营私舞弊，给用人单位造成重大损害是指劳动者在履行劳动合同期间，没有按照岗位职责履行自己的义务，违反忠于职守、维护和增进用人单位利益的义务，有未尽职责的严重过失行为或者利用职务之便谋取私利的故意行为，使用人单位的有形财产、无形财产遭受重大损害，但不够刑罚处罚的程度。财政部关于印发《会计基础工作规范》的通知（财会字〔1996〕19号）第二十条规定，会计人员应当按照会计法律、法规和国家统一会计制度规定的程序和要求进行会计工作，保证所提供的会计信息合法、真实、准确、及时、完整。第二十二条规定，会计人员应当熟悉本单位的生产经营和业务管理情况，运用掌握的会计信息和会计方法，为改善单位内部管理、提高经济效益服务。依据上述规定，宗某作为某公司的会计人员，直接负责运输车队的单据报销、会计核算工作，理应在票据的初审、凭据装订前的审核及会计科目数据比对等会计基础工作中认真负责，以原始单据为依据，检查单据是否符合规定，核对单据与账目是否相符，及时发现问题，并向某公司报告。但宗某在本职工作中未做到细致、严谨，直至2015年12月复核单据时，方发现刘某某的单据不符合税法规定，此时距刘某某、何某第一次作案已达一年之久，造成某公司的损失64万余元，虽然事发后，办案机关已将款项追回，为某公司挽回了相关经济损失，但综观整个事件的发生，客观上对某公司的声誉、管理及工作纪律落实等各方面造成重大损害。某公司认为宗某的行为构成严重失职，给单位造成重大损害，并因此与宗某解除劳动合同，于法有据。宗某要求支付违法解除劳动合同赔偿金，本院不予支持

再审法院：宗某的工作岗位为被申请人单位的主管会计，主要职责是负责被申请人公司本部、运输车队、检测中心的会计核算工作，运输车队的单据报销、会计核算属于其职责范围。申请人在二审庭审中亦认可，其岗位职责包含对员工报销材料的初审及后期报销凭证的整理、装订和审核工作。根据财政部1996年印发的《会计基础工作规范》第二十条规定，会计人员应当按照会计法律、法规和国家统一会计制度规定的程序和要求进行会计工作，保证所提供的会计信息合法、真实、准确、及时、完整。但是从本案来看，申请人宗某在履职过程中，对于刘某某、何某伪造的报销单据，未能及时检查出单据不符合规定，未能及时核对出单据与账目不相符，对单据上伪造的其自己的签名也未及时发现，致使刘某某、何某在近一年的时间里通过伪造报销单据、虚报柴油发票的手段，侵占被申请人某公司资金64万多元，应当属于工作重大失职。虽然事发

后，被侵占款项已经被追回，但上述侵占行为已经客观发生，并对公司经营管理产生了重大影响。因此，被申请人某公司解除与申请人宗某的劳动合同于法有据，不属于违法解除。

三、合规操作方案

1. 建立合法有效的规章制度，并且相关规定要符合合法性、合理性要求。

2. 在规章制度中明确劳动者的职责范围，以及违反规定的法律后果，同时对于严重失职、营私舞弊的行为进行明确，并且对于重大损失有明确的定义，能够用量化标准明确的要以量化标准明确。

3. 当劳动者出现严重失职、营私舞弊的行为时，要及时固定有效证据。

4. 用人单位对劳动者的处理要符合法律法规和本单位规章制度规定的程序。

（1）根据《劳动合同法》第四十三条的规定，用人单位单方解除劳动合同的，应当事先将理由通知工会。如果工会有异议的应当研究工会的意见，并将处理结果书面通知工会。

（2）如果用人单位有解除程序规定的，要按照规定程序进行。

（3）单位的解除通知要实际送达给劳动者，并且有送达留痕。

第四节　欺诈胁迫致使劳动合同无效纠纷

一、欺诈胁迫致使劳动合同无效纠纷问题解析

> 欺诈、胁迫如何界定？欺诈、胁迫致使劳动合同无效的标准是什么？高管欺诈胁迫的情形有哪些？学历造假能否解除劳动合同？劳动合同无效的后果有哪些？如高管存在欺诈订立劳动合同的，是否需要退还工资？

对于采取欺诈、胁迫等手段或乘人之危，使对方在违背真实意思表示的情

况下订立或者变更合同的，根据《民法典》第一百四十七条至第一百五十一条的规定，属于可撤销情形，但根据《民法典》第十一条的规定，其他法律对民事关系有特别规定的，依照其规定。而根据《劳动法》第十八条、《劳动合同法》第二十六条的规定，采取欺诈、威胁等手段或乘人之危订立、变更的劳动合同无效。因此，用人单位与劳动者订立或变更的劳动合同，只要有证据证明劳动合同的订立或变更符合《劳动法》第十八条、《劳动合同法》第二十六条规定的条件，劳动合同的订立或变更就无效或者部分无效，并且无效的劳动合同，从订立的时候起就没有法律约束力。

（一）欺诈、胁迫如何界定

对于什么是欺诈、胁迫，最高人民法院在《全国法院贯彻实施民法典工作会议纪要》中作出了相应的界定，欺诈：故意告知虚假情况，或者故意隐瞒真实情况，诱使当事人作出错误意思表示的，可以认定为民法典第一百四十八条、第一百四十九条规定的欺诈；胁迫：以给自然人及其亲友的生命、身体、健康、名誉、荣誉、隐私、财产等造成损害或者以给法人、非法人组织的名誉、荣誉、财产等造成损害为要挟，迫使其作出不真实的意思表示的，可以认定为民法典第一百五十条规定的胁迫。

（二）欺诈、胁迫致使劳动合同无效的标准是什么

是否只要一方采取了欺诈、胁迫的手段，或者存在乘人之危的情形，所签订或变更的劳动合同就一定无效？

根据《劳动法》第十八条、《劳动合同法》第二十六条的规定，劳动合同无效或部分无效的前提由两个条件构成，并且两个条件缺一不可，否则劳动合同的订立或变更并不当然的无效。条件一：是一方采取了欺诈、胁迫的手段或者乘人之危，条件二：是订立劳动合同或者变更劳动合同违背了另一方的真实意思表示，并且另一方签订或变更劳动合同是基于欺诈、胁迫一方的欺诈、胁迫行为而做出的。否则，即使一方采用了欺诈、胁迫手段或乘人之危，也并不导致订立或变更的劳动合同无效。

（三）学历造假能否解除劳动合同

劳动合同的签订或变更，是由用人单位与劳动者双方经协商一致达成的，对于用人单位来说，劳动者的相关信息属于个人信息，通常只有劳动者本人才能提供准确的信息，而劳动者的相关信息对于用人单位是否确定与其签订劳动合同、建立劳动关系的真实意思表示具有重要影响，并且根据《劳动合同法》第八条的规定，用人单位有权了解劳动者与劳动合同直接相关的基本情况，劳动者应当如实说明。如果劳动者隐瞒、虚构的信息与劳动合同订立、履行有密切关系，如订立、履行劳动合同所必需的工作履历、工作技能、学历学位、职业资格等，一般情况下，就属于《劳动合同法》第二十六条第一款第一项规定的劳动合同无效或部分无效的情形。但应当注意的是，这里的隐瞒、虚构信息应仅限于与劳动合同订立、履行直接相关的信息，而与劳动合同订立、履行无关或者不是密切关系的信息，即使存在隐瞒、虚构，也不当然会导致合同无效。

学历造假就是典型的劳动者隐瞒、虚构的信息，但并不是劳动者存在学历造假，就一定导致劳动合同无效，只有在学历与订立、履行劳动合同有密切关系的情况下，才属于《劳动合同法》第二十六条第一款第一项所规定的无效情形，用人单位才可以此请求确认劳动合同无效并解除劳动关系。

（四）劳动合同无效的后果有哪些

根据《最高人民法院关于审理劳动争议案件适用法律问题的解释（一）》第四十一条第一款的规定，劳动合同被确定无效后，涉及工资报酬支付、经济补偿金支付和经济损失赔偿三个方面的内容。

1. 解除劳动合同

因劳动者原因导致劳动合同无效的，用人单位可依据《劳动合同法》第三十九条第五项的规定解除劳动合同，且无需向劳动者支付经济补偿金。因用人单位原因导致劳动合同无效的，劳动者获得解除权，用人单位需要支付劳动者经济补偿金，如果给劳动者造成损失的，还要承担对劳动者损失的赔偿。

2. 关于工资报酬

对于劳动者已经付出劳动的，用人单位应当支付劳动报酬，支付标准依照

《劳动合同法》第二十八条规定确定。如果双方在劳动合同中约定了工资标准的，应当依据约定的标准支付，如果工资支付与绩效考核、工作完成情况有关的，也要依据用人单位有效规章制度进行确定，但不能违反法律、法规和国家规定；如果双方没有在劳动合同中约定工资标准的，但用人单位已经实际支付的，就按照实际支付的标准确定；如果既没有约定也没有实际支付的，应当参照本单位相同或者相近岗位劳动者的工资标准确定。

3. 关于经济补偿

如果是劳动者的原因导致劳动合同属于《劳动合同法》第二十六条第一款第一项规定的无效情形，用人单位可以依据《劳动合同法》第三十九条第五项的规定，解除劳动者的劳动合同，因此，在此情形下，用人单位无需支付经济补偿。

如果是用人单位的原因导致劳动合同无效的，劳动者在确定劳动合同无效后，获得了单方解除权，如果劳动者单方解除了劳动合同的，用人单位应当按照《劳动合同法》第四十六条、第四十七条规定支付经济补偿。

4. 关于经济损失赔偿

由于用人单位原因订立无效劳动合同，给劳动者造成损害的，用人单位应当赔偿劳动者因合同无效所造成的经济损失，该款规定的损害赔偿责任系过错责任，但赔偿损失应当以实际损失为限。

（五）如高管存在欺诈订立劳动合同的，是否需要退还工资

在高管存在欺诈订立劳动合同的情况下，用人单位可以单方解除合同，但是否需要退还工资，在实践操作中存在较大差异。根据《最高人民法院关于审理劳动争议案件适用法律问题的解释（一）》第四十一条的规定，在劳动合同被认定无效后，因为劳动者已经提供了相应劳动，一般会支持用人单位按照法律规定支付工资，但如果确实所提供的劳动与工资报酬差异过大，也有案例支持返回一定的已支付工资，但通常也是在用人单位能够提供明确有效的证据予以证明的情况下才会支持，并且也是由法院根据合理性酌情支持返回一定比例的已支付工资。如果在用人单位没有对此类情况进行明确规定，或者用人单位不能提供相应有效证据予以证明的情况下，要求劳动者返回已支付工资的请求很难得到支持。

二、实战案例解析

（一）基本案情[1]

2020年10月11日，黄某向某公司发送了应聘登记表及硕士学位证书照片，其中登记表记载："黄某教育及学习经历为2003年9月至2006年7月，学校为华南理工大学，专业为计算机科学与技术，学历为硕士。"2020年11月2日，黄某入职某公司，岗位为高级FPGA工程师，双方签订了劳动合同书，并约定"第三条，本合同为固定期限劳动合同，于2020年11月2日生效，其中试用期至2021年5月1日止，本合同于2023年11月1日终止。第四条，乙方同意根据甲方工作需要，担任研发岗位工作……第九条，甲方以货币形式支付乙方工资，按基本工资为4000元执行，乙方在试用期内的基本工资为3700元……第二十三条，本合同的附件如下：……26.《员工奖惩制度》……30.《员工加班管理制度》"。黄某的最后到岗日期为2021年3月31日，某公司支付了黄某2021年3月工资2200元。

2021年4月15日，某公司向黄某以电子邮件及快递的方式发送辞退通知书，记载："由于你在入职时提供了不实信息，上述情形严重违反公司《员工奖惩制度》，依据相关法律法规及公司规章制度，经公司研究决定，于2021年3月31日起终止与你的劳动关系，对你予以辞退。你的工资等款项结算至2021年3月31日，社保按相关规定执行。"

2021年4月8日，黄某以某公司为被申请人到劳动人事争议仲裁委员会申请劳动仲裁，请求：1. 支付2021年3月1日至31日工资35000元；2. 支付2021年2月工资差额3000元；3. 支付违法解除劳动关系赔偿金35000元；4. 支付2020年11月2日至2021年3月31日休息日加班工资24000元；5. 支付2020年11月2日至2021年3月31日延时加班工资12000元。某公司于2021年5月6日以黄某为被申请人提起反申请，请求：1. 认定双方于2020年11月2日签订的劳动合同书无效；2. 退还凭借虚假学历、虚假履历、虚假离职证明多获得的劳动报酬83258.45元。

---

[1]（2022）京02民终2799号。

公司方为了证明黄某存在可以单方解除情形，提交的主要证据：1. 黄某的前程无忧个人简历，证明黄某提供的个人工作经历、学历情况；2. 黄某的员工个人履历表，证明黄某提供的个人工作经历、学历情况；3. 员工背景调查函，证明工作经历与事实不符；4. 学习规章制度确认函、员工奖惩制度及员工加班制度，证明公司辞退依据；5. 2020 年北京市人力资源市场薪酬大数据报告，证明大兴区发布岗位行业薪酬价位。

（二）案件代理思路

在本案中，双方的主要争议焦点为：1. 黄某提供虚假学历、个人履历是否导致劳动合同无效；2. 黄某是否应当返还已支付工资报酬。从《劳动合同法》第八条的规定可以看出，法律既规定了用人单位的告知义务，也规定了劳动者的告知义务。任何一方违反诚实信用原则，采取隐瞒、虚构等与劳动合同订立、履行有密切关系的信息，骗取另一方违背真实意思订立的劳动合同。根据《劳动合同法》第二十六条第一款的规定，属于劳动合同无效或部分无效情形的，任何一方均可主张劳动合同无效，因此，对于用人单位来说，可以根据《劳动合同法》第三十九条规定解除劳动合同并不支付经济补偿。

对于劳动合同无效后，用人单位是否可以主张返还已支付的工资报酬，本案最终支持了用人单位的请求，但司法实践中员工是否需要返还用人单位已经支付的劳动报酬仍存在较大司法实务观点上的差异。但总体来看，多数司法判决对于履行劳动合同期间劳动者所付出的劳动还是秉持认可的态度，只是就应得的劳动报酬多少的尺度衡量问题，还须个案上的确定。

本案判决充分体现了诚实信用也是《劳动合同法》的基本原则，用人单位与劳动者订立劳动合同时都必须遵循诚实信用原则，以此建立合法、诚信、和谐的劳动关系。

（三）法院审查要点

以欺诈、胁迫的手段或者乘人之危，使对方在违背真实意思的情况下订立或者变更的劳动合同无效，用人单位和劳动者均可以解除劳动合同。本案中，黄某认可其简历上的工作经历时间与实际工作经历不符，认可其伪造了与某公司的离职证明，其华南理工大学的毕业证及学位证在学信网上均无法查询。一审法院据此认定因黄某存在不诚信行为，使某公司违背真实意思表示与其签订了劳动合同，故双方于2020年11月2日签订的劳动合同书无效正确。某公司于2021年4月15日以黄某入职时提供了不实信息与其解除劳动合同，符合法律规定。黄某要求某公司支付违法解除劳动关系赔偿金，缺乏法律依据，一审法院未予支持，并无不当。

劳动合同被确认无效，劳动者已付出劳动的，用人单位应当向劳动者支付劳动报酬。劳动报酬的数额，参照本单位相同或者相近岗位劳动者的劳动报酬确定。黄某于2020年11月2日入职某公司，岗位为高级FPGA工程师，工作至2021年3月31日。如上所述，双方签订的劳动合同无效，但黄某确已付出劳动，某公司仍应向其支付相应劳动报酬。一审法院参照北京市职工月平均工资及2020年北京市人力资源市场薪酬大数据报告中大兴区发布岗位行业薪酬价位表中计算机软件及计算机硬件的薪酬指导价位，确定某公司向黄某支付劳动报酬的标准为10934.42元/月，据此核算，某公司已向黄某发放的劳动报酬的数额高于其应得数额，故认定黄某应向某公司返还劳动报酬差额，均无不当。同理，黄某要求某公司支付2021年2月和3月工资，均缺乏事实依据，一审法院未予支持，亦无不当。

三、合规操作方案

1. 招聘要求要明确、准确

用人单位一般都会根据自身需求对外进行招聘，但有的单位为了能够招聘到心仪的员工，存在夸大待遇、工作环境、发展前景等，如果与应聘者签订合同后，被发现与招聘信息不符的，就存在确定劳动合同无效的风险，也有的单位对外发布招聘信息时过于简单笼统，未将需求信息完整、准确地对外表示，就存在明明劳动者不符合要求时，用人单位却无法进行处理的尴尬局面，因此，用人单位在对外发布招聘信息时应当将需求明确并准确地对外表示。

2. 面试登记表的填写

根据用人单位实际需要，让应聘者填写信息登记表，例如应聘岗位、教育背景、工作履历等。并在登记表中明确表述需要应聘者如实填写，以及不如实填写的后果。

3. 背景调查

在征求应聘者同意的情况下，对应聘者进行背景调查，尤其是工作履历和教育背景。

4. 应聘者信息确认及保存

由于简历、登记表等应聘者信息几乎记载着应聘者所有的教育背景、工作履历、获奖经历等，用人单位应当将劳动者的简历、登记表等作为员工的档案资料予以保存，并让劳动者签字确认，同时承诺所提供资料信息真实性，并确定如有隐瞒、虚构，将承担法律后果。

5. 在劳动合同中作出明确约定，或在规章制度中作出明确规定

用人单位可以在劳动合同中约定或在规章制度中规定，如果劳动者存在隐瞒、虚构等欺诈手段的法律后果，如用人单位可以单方解除、工资报酬应当如何确定、对单位造成的经济损失如何赔偿等。

第五节　被依法追究刑事责任解除纠纷

一、被依法追究刑事责任解除纠纷问题解析

> 什么是法律概念中的被依法追究刑事责任？劳动者因涉嫌犯罪被采取强制措施期间，用人单位是否可以解除劳动关系？

（一）什么是法律概念中的被依法追究刑事责任

《劳动合同法》第三十九条规定：“劳动者有下列情形之一的，用人单位可以解除劳动合同：……（六）被依法追究刑事责任的。”那么有哪些情形属于“被依法追究刑事责任”呢？我们去查询《刑法》《刑事诉讼法》中并没有关于什么

是“被依法追究刑事责任”的明确概念。关于这一概念在劳动法领域存在如下进一步的解释：

劳动部办公厅关于印发《关于〈劳动法〉若干条文的说明》（劳办发〔1994〕289号）中说明，本条（《劳动法》第二十五条）中“被依法追究刑事责任”，具体指：（1）被人民检察院免予起诉的。（2）被人民法院判处刑罚（刑罚包括主刑：管制、拘役、有期徒刑、无期徒刑、死刑；附加刑：罚金、剥夺政治权利、没收财产）的。（3）被人民法院依据刑法第三十二条免予刑事处分的。

《关于贯彻执行〈中华人民共和国劳动法〉若干问题的意见》（劳部发〔1995〕309号）第二十九条指出，劳动者被依法追究刑事责任的，用人单位可依据劳动法第二十五条解除劳动合同。“被依法追究刑事责任”是指：被人民检察院免予起诉的、被人民法院判处处罚的、被人民法院依据刑法第三十二条免予刑事处分的。劳动者被人民法院判处拘役、三年以下有期徒刑缓刑的，用人单位可以解除劳动合同。

但上述规定已经不能适应现阶段法律框架体系内关于“被依法追究刑事责任”的认定标准。第一种关于“被人民检察院免予起诉的”问题，这一概念鉴于1979年《刑事诉讼法》，1996年《刑事诉讼法》修订后，已经取消了“免予起诉”的概念。上述劳办发〔1994〕289号、劳部发〔1995〕309号两个文件（现行有效）均是恰逢《刑事诉讼法》修订前出台。因此，在1996年《刑事诉讼法》修订后，已经没有“被人民检察院免予起诉”的概念。

第二种关于“被人民法院判处刑罚”的情形仍然适用，具体判处刑罚的种类分为主刑和附加刑，主刑包括管制、拘役、有期徒刑、无期徒刑、死刑；附加刑包括罚金、剥夺政治权利、没收财产。附加刑可能会与主刑同时适用，但不会单独适用。缓刑不是独立的刑罚种类，仍然属于被人民法院判处刑罚。

第三种关于“被人民法院依据刑法第三十二条免予刑事处分的”，1979年《刑法》第三十二条为“对于犯罪情节轻微不需要判处刑罚的，可以免予刑事处分，但可以根据案件的不同情况，予以训诫或者责令具结悔过、赔礼道歉、赔偿损失，或者由主管部门予以行政处分”。对应现行《刑法》第三十七条，“对于犯罪情节轻微不需要判处刑罚的，可以免予刑事处罚，但是可以根据案件的不同情况，予以训诫或者责令具结悔过、赔礼道歉、赔偿损失，或者由主管部门予以行政处罚或者行政处分”。两版《刑法》的条文差异用下画线标注，本质上没有差异，属于非刑罚性处置措施，在刑法学界被称为“定罪免刑”，性质上仍然属于被人民法院认定为犯罪，只是因情节轻微不需要判处刑罚，不处罚并不是不负刑事责任，性质上仍属于《劳动合同法》规定的“被依法追究刑事责任”的情形。

综上，目前《劳动合同法》规定的用人单位可以依法单方解除劳动合同的情形之一——劳动者被依法追究刑事责任具体包括以下情形：

1. 定罪处刑

被人民法院判处刑罚（刑罚包括主刑：管制、拘役、有期徒刑、无期徒刑、死刑；附加刑：罚金、剥夺政治权利、没收财产）的，在刑事判决书中的表述如：犯盗窃罪，判处有期徒刑三年。

2. 定罪缓刑

被人民法院判处刑罚，但是缓期执行的，在刑事判决书中的表述如：犯盗窃罪，判处有期徒刑三年，缓期四年执行。

3. 定罪免刑

《刑法》第三十七条规定的对于犯罪情节轻微不需要判处刑罚的，可以免予刑事处罚的情形。在刑事判决书中的表述如：犯盗窃罪，免予刑事处罚。

此外，现行《刑事诉讼法》中还有一个概念是“不起诉”，这里的“不起诉”并不是1979年《刑事诉讼法》中“免予起诉”的概念。现行《刑事诉讼法》第一百七十七条第一款、第二款规定，“犯罪嫌疑人没有犯罪事实，或者有本法第十六条规定的情形之一的，人民检察院应当作出不起诉决定。对于犯罪情节轻微，依照刑法规定不需要判处刑罚或者免除刑罚的，人民检察院可以作出不起诉决定”。需要注意，这里检察院作出不起诉决定前者是应当作出，后者是可以作出，对于后者可以作出的情形为“犯罪情节轻微，依照刑法规定不需要判处刑罚或者免除刑罚的”，我们注意到此种表述与《刑法》第三十七条“定罪免刑”的表述实际是一致的，但是对于被告人来说性质却存在本质上的差异。对于检察院不起诉的情形，案件根本没有进入人民法院审理，只有人民法院可以认定是否有罪，也就是说对于检察院不起诉的情形并不被认定为犯罪。而对于法院作出的定罪免刑的情形，却认定了有罪，只是免予刑罚。我们作为劳动法领域的律师，咨询刑法专业律师后了解到，检察院不起诉的犯罪情节轻微与法院作出定罪免刑判决的犯罪情节轻微，在犯罪情节程度上还是存在显著差异的，在检察院不起诉的情形下犯罪情节一般更为轻微，没有被法院认定为犯罪，因此不属于依法被追究刑事责任的情形。劳动和社会保障部办公厅《关于职工被人民检察院作出不予起诉决定用人单位能否据此解除劳动合同问题的复函》（劳社厅函〔2003〕367号）亦予以明确，“人民检察院根据《中华人民共和国刑事诉讼法》第一百四十二条第二款规定作出不起诉决定的，不属于《劳动法》第二十五条第（四）项规定的被依法追究刑事责任的情形。因此，对人民检察院根据《中华人民共和国刑事诉讼法》第一百四十二条第二款规定作出不起诉决定的职工，用人单位不能依据《劳动法》第二十五条第（四）项规定解除其劳动合同。但其行为符合《劳动法》第二十五条其他情形的，用人单位可以解除劳动合同”。

问题延伸——“定罪免刑”对劳动关系解除的影响。“定罪免刑”，也即现行《刑法》第三十七条规定，“对于犯罪情节轻微不需要判处刑罚的，可以免予刑事处罚，但是可以根据案件的不同情况，予以训诫或者责令具结悔过、赔礼道歉、赔偿损失，或者由主管部门予以行政处罚或者行政处分”。根据劳办发〔1994〕289号、劳部发〔1995〕309号两个文件（现行有效）的规定，属于劳动法意义上被依法追究刑事责任的情形，用人单位可以据此依法解除劳动合同。注意，“可以”是用人单位的权利，用人单位并不是必须解除劳动合同，这与公务员或事业单位人员有着本质的不同。

而对于公务员来说则有着不同的适用情形，若公务员被“定罪免刑”的，并不意味着一定会被开除公职。《行政机关公务员处分条例》第十七条第二款规定，“行政机关公务员依法被判处刑罚的，给予开除处分”。从上述规定可以看出：公务员被追究刑事责任但免予刑事处罚的，可以不开除公职；而判处刑罚的，则必须开除公职。

（二）劳动者因涉嫌犯罪被采取强制措施期间，用人单位可否解除劳动关系

当劳动者因各种原因被司法机关采取强制措施时，不管其最终是否被司法

机关追究刑事责任，用人单位出于维护本单位名誉的原因，往往希望能够尽快和涉事员工解除劳动关系。但是，依据上文所述，用人单位以《劳动合同法》第三十九条第六项为由需要满足的法定条件较为严苛，且该条件是否成就是用人单位无法掌控的。在司法机关做出追究刑事责任的判决之前，用人单位贸然单方解除劳动合同具有被认定为非法解除的风险。

（三）劳动者因涉嫌犯罪被采取强制措施期间的待遇问题

根据《关于贯彻执行〈中华人民共和国劳动法〉若干问题的意见》第二十八条的规定："劳动者涉嫌违法犯罪被有关机关收容审查、拘留或逮捕的，用人单位在劳动者被限制人身自由期间，可与其暂时停止劳动合同的履行。暂时停止履行劳动合同期间，用人单位不承担劳动合同规定的相应义务。劳动者经证明被错误限制人身自由的，暂时停止履行劳动合同期间劳动者的损失，可由其依据《国家赔偿法》要求有关部门赔偿。"根据上述规定，劳动者涉嫌违法犯罪被有关机关收容审查、拘留或逮捕的，用人单位可暂时停止履行劳动合同，其无需支付劳动者拘留、逮捕期间的工资。

二、实战案例解析

（一）基本案情①

郭某某于2005年与某集团公司建立劳动关系，其曾于2005年及2013年分别与某集团公司签订劳动合同。某集团公司于2017年4月13日向郭某某邮寄《解除劳动合同通知书》，以郭某某2016年11月25日被司法机关依法追究刑事责任为由，根据劳动合同法第三十九条及相关规定自2017年4月15日与其解除劳动合同。某集团公司就此提交某中级人民法院通知书予以佐证，该通知书系法院通知某集团公司其受理的李某一、郭某某等人内幕交易、隐匿会计凭证、会计账簿、财务会计报告、妨害公务一案，已作出刑事判决，并于2016年11月25日宣判，被告人郭某某犯妨害公务罪，免予刑事处罚。郭某某认可该通知

① （2019）京01民终937号。

书的真实性，但主张其免予刑事处罚，不能被认定追究刑事责任，主张某集团公司属于违法解除劳动关系。

（二）案件代理思路

本案中，用人单位一方解除劳动合同的依据为《劳动合同法》第三十九条第六项。而劳动者辩称，自己虽然被判决有罪，但最终免予刑事处罚，因此不属于《劳动合同法》第三十九条第六项中“被依法追究刑事责任”的情形。因此本案的争议焦点就在于法律的解释，“被依法追究刑事责任”是否包括定罪免刑这一情形。根据上文所述，《劳动合同法》第三十九条中的“被依法追究刑事责任”包括《刑法》第三十七条规定的对于犯罪情节轻微不需要判处刑罚的，可以免予刑事处罚的情形。

（三）法院审查要点

一审法院认为，关于解除问题，《劳动合同法》第三十九条第六项规定，劳动者被依法追究刑事责任的，用人单位可以解除劳动合同。某中级人民法院通知书内容显示郭某某等人妨害公务一案，法院已经作出刑事判决，并于2016年11月25日宣判，被告人郭某某犯妨害公务罪。其虽免予刑事处罚，但仍属于被追究刑事责任，鉴于此，某集团公司以此为由与郭某某解除劳动关系并无不当，郭某某要求违法解除劳动关系赔偿金的请求法院不予支持。后郭某某因不服一审法院判决，上诉至二审法院。关于劳动合同解除的问题，二审法院支持一审法院的观点，认为用人单位系合法解除劳动合同。

三、合规操作方案

用人单位以《劳动合同法》第三十九条第六项为由与劳动者解除合同的，应当注意以下问题：

1.“被依法追究刑事责任”包括如下情形：（1）被人民法院判处刑罚（刑罚包括：主刑：管制、拘役、有期徒刑、无期徒刑、死刑；附加刑：罚金、剥夺政治权利、没收财产）的。（2）被人民法院判处刑罚，但是缓期执行的。（3）《刑法》

第三十七条规定的对于犯罪情节轻微不需要判处刑罚的，可以免予刑事处罚的情形。

2. 用人单位应当在生效刑事案件判决文书作出后，劳动者确“被追究刑事责任的”，才能解除劳动关系，如刑事案件判决文书尚未生效便作出解除决定，存在刑事案件改判不追究刑事责任而导致违法解除的风险。

3. 解除程序亦需要符合法律规定，用人单位应当穷尽一切方式将解除劳动合同通知书送达员工本人。

第六节　医疗期满解除纠纷

一、医疗期满解除纠纷问题解析

医疗期是劳动者患病或非因工负伤停止工作治疗休息，而用人单位不能因此解除劳动合同的法定期间。而劳动者休息治疗的期间也不能无限延长，如果在法定医疗期满后，劳动者不能从事原工作，也不能从事其他工作的，用人单位可以单方解除劳动合同。本节将解答实践中医疗期满解除相关问题，并通过典型案例对此类劳动争议案件进行解析。

（一）医疗期的期限

劳动者的医疗期，根据劳动者的实际工龄和在本单位司龄进行计算（上海地区除外）：

实际工作年限	10 年以下		10 年以上				
本单位工作年限	5 年以下	5 年以上	5 年以下	5 年以上 10 年以下	10 年以上 15 年以下	15 年以上 20 年以下	20 年以上
医疗期	3 个月	6 个月	6 个月	9 个月	12 个月	18 个月	24 个月
累计病休时间	6 个月	12 个月	12 个月	15 个月	18 个月	24 个月	30 个月

注意事项：

（1）医疗期计算应从病休第一天开始，累计计算；

（2）医疗期中“月”的天数，按原劳动部规定是按 30 天核算（上海地区除外）；

（3）连续的医疗期，休息日和法定节假日包括在内（上海地区除外）；

（4）对某些患特殊疾病（如癌症、精神病、瘫痪等）的劳动者，在 24 个月内尚不能痊愈的，经用人单位和劳动主管部门批准，可以适当延长医疗期，也即一般理解患特殊疾病的劳动者的医疗期为 24 个月（部分地区除外，如广东地区），需要视地方规定确定；

（5）医疗期满后，继续留用或者累计计算周期内医疗期未满的，自下一次病休起重新核定医疗期（上海除外）。

（二）医疗期满能否解除劳动关系

根据《劳动合同法》第四十条、第四十二条规定，劳动者患病或者非因工负伤，在规定的医疗期满后不能从事原工作，也不能从事由用人单位另行安排的工作的，用人单位可以提前三十日以书面形式通知劳动者本人或者额外支付劳动者一个月工资后解除劳动合同。但是员工有下列情形之一的，用人单位不能以上述理由与员工解除劳动关系：从事接触职业病危害作业的劳动者未进行离岗前职业健康检查，或者疑似职业病病人在诊断或者医学观察期间的；在本单位患职业病或者因工负伤并被确认丧失或者部分丧失劳动能力的；患病或者非因工负伤，在规定的医疗期内的；女职工在孕期、产期、哺乳期的；在本单位连续工作满十五年，且距法定退休年龄不足五年的；法律、行政法规规定的其他情形。

（三）医疗期内员工劳动合同到期的如何处理

《劳动合同法》第四十五条规定，劳动合同期满，员工尚在医疗期内的，劳动合同应当续延至相应的情形消失时终止。但是，丧失或者部分丧失劳动能力劳动者的劳动合同的终止，按照国家有关工伤保险的规定执行。

二、实战案例解析

（一）基本案情[①]

2006年3月1日，李某入职北京办事处，担任北京大区办事处企划。双方签订了三次固定期限劳动合同，合同期限分别为自2007年12月31日至2010年12月30日、2010年12月31日至2013年12月30日以及2013年12月31日至2016年12月30日。

李某自2016年6月13日起休病假，医疗期为2016年6月13日至2017年6月12日，李某在医疗期均提交病假手续。李某最后一次向北京办事处提交的病假条日期为2017年6月5日，全休两周。

2017年7月6日，北京办事处向李某出具解除劳动关系通知书，内容为“李某女士，自2017年6月19日起，未收到您提供的病假证明或其他请假手续单据。依据公司制度，自2017年6月19日起视为旷工，至今累计旷工15个工作日。公司将于2017年7月11日起与您解除劳动关系。如对以上决定有异议，请于7月10日17时30分前提交相关申诉材料至大区人事部，否则以上决定生效”。

李某于2017年7月7日收到该解除劳动关系通知书。李某于2017年7月10日向北京办事处递交《关于李某申请续签劳动合同的申述》。

李某于2017年7月10日向北京办事处发电报载明，要求与北京办事处续签合同。

2017年7月11日，北京办事处再次向李某出具解除劳动关系通知书，载明：“因您严重违反公司制度，公司决定自2017年7月11日起与您解除劳动关系。”

2018年11月5日，李某申请仲裁，提出继续履行劳动合同等诉求。

（二）案件代理思路

医疗期届满后，员工不能从事原工作，也不能从事另行安排的工作的，用人单位才能解除劳动合同。员工医疗期届满后，用人单位一定要注意履行返岗通知义务、如不能返岗要履行调整岗位义务、如员工仍然不能从事另行安排的

① （2020）京02民终3836号。

工作的需要告知进行劳动能力鉴定，通过上述证据证明员工的确不能从事原工作，也不能从事另行安排的工作，否则有极大可能被认定为违法解除劳动合同，而承担赔偿金或继续履行劳动合同的责任。

（三）法院审查要点

本案中，双方当事人均认可李某医疗期于 2017 年 6 月 12 日届满，但北京办事处在李某医疗期满后并未与李某沟通返岗复工问题，未对李某能否从事原工作及能否从事单位另行安排的工作的情况进行确认，而是径行以李某旷工为由解除劳动合同，缺乏法律依据，系违法解除劳动合同。一审法院判决撤销北京办事处于 2017 年 7 月 7 日作出的解除劳动合同通知书，并无不当。用人单位违法解除劳动合同的，劳动者有权要求继续履行劳动合同。北京办事处虽主张其企业负担重、李某脱岗 3 年、身体状况不佳、跟不上公司发展节奏等故而不符合继续履行劳动合同的条件，但北京办事处并未提供证据证明李某目前的健康状况或个人能力不能胜任工作，亦未举证证明客观上双方已经无法继续履行劳动合同，故对北京办事处的该项主张，本院难以采信。

三、合规操作方案

1. 可以通过协商一致解除劳动合同

《劳动合同法》第三十六条规定："用人单位与劳动者协商一致，可以解除劳动合同。"《最高人民法院关于审理劳动争议案件适用法律问题的解释（一）》第三十五条第一款规定："劳动者与用人单位就解除或者终止劳动合同办理相关手续、支付工资报酬、加班费、经济补偿或者赔偿金等达成的协议，不违反法律、行政法规的强制性规定，且不存在欺诈、胁迫或者乘人之危情形的，应当认定有效。"不论何时，只要双方能够协商一致的，均可解除劳动合同。

2. 发送返岗通知书

需要向员工发送《医疗期满返岗通知书》，通知员工医疗期满，应当返岗。如果员工在收到返岗通知之后仍然不返岗的，视为医疗期满后不能从事原工作，公司仍需要另行为员工安排工作，并且再次发送返岗通知书，如果员工仍不能返岗从事另行安排的工作的，公司才能以《劳动合同法》第四十条第一项进行解除。

3. 进行劳动能力鉴定

根据《企业职工患病或非因工负伤医疗期规定》第七条规定，企业职工非因工致残和经医生或医疗机构认定患有难以治疗的疾病，医疗期满，应当由劳动鉴定委员会参照工伤与职业病致残程度鉴定标准进行劳动能力的鉴定。被鉴定为一至四级的，应当退出劳动岗位，解除劳动关系，并办理退休、退职手续，享受退休、退职待遇。《关于贯彻执行〈中华人民共和国劳动法〉若干问题的意见》第三十五条规定“请长病假的职工在医疗期满后，能从事原工作的，可以继续履行劳动合同；医疗期满后仍不能从事原工作也不能从事由单位另行安排的工作的，由劳动鉴定委员会参照工伤与职业病致残程度鉴定标准进行劳动能力鉴定。被鉴定为一至四级的，应当退出劳动岗位，解除劳动关系，办理因病或非因工负伤退休退职手续，享受相应的退休退职待遇；被鉴定为五至十级的，用人单位可以解除劳动合同，并按规定支付经济补偿金和医疗补助费”。对于医疗期满后仍不能从事原工作也不能从事由单位另行安排的工作的，应当进行劳动能力鉴定。

4. 支付经济补偿金

根据《劳动合同法》第四十六条规定，以《劳动合同法》第四十条第一项“劳动者患病或者非因工负伤，在规定的医疗期满后不能从事原工作，也不能从事由用人单位另行安排的工作的”解除劳动合同均需要支付经济补偿金。

5. 支付医疗补助金

关于支付医疗补助费的标准，虽然《违反和解除劳动合同的经济补偿办法》（劳部发〔1994〕481 号）已经废止，但并没有新的规定对医疗补助费作进一步明确，因此，司法实践中一般还是参照该办法第六条，“劳动者患病或者非因工负伤，经劳动鉴定委员会确认不能从事原工作、也不能从事用人单位另行安排的工作而解除劳动合同的，用人单位应按其在本单位的工作年限，每满一年发给相当于一个月工资的经济补偿金，同时还应发给不低于六个月工资的医疗补助费。患重病和绝症的还应增加医疗补助费，患重病的增加部分不低于医疗补助费的百分之五十，患绝症的增加部分不低于医疗补助费的百分之百”。

第七节　不胜任工作解除纠纷

一、不胜任工作解除纠纷问题解析

> 何谓劳动者不胜任工作？员工不胜任工作公司是否可以立即解除劳动合同？公司如果以员工不胜任工作解除劳动合同的流程是什么？员工不胜任工作的案例解析？员工不胜任工作的合规建议。

（一）不胜任工作的定义

根据《劳动合同法》第四十条第二项规定如下：“有下列情形之一的，用人单位提前三十日以书面形式通知劳动者本人或者额外支付劳动者一个月工资后，可以解除劳动合同：……（二）劳动者不能胜任工作，经过培训或者调整工作岗位，仍不能胜任工作的……”该条文明确规定了，如果劳动者不能胜任工作，用人单位在满足一定的条件下，可以解除劳动合同，但是对于何谓劳动者不胜任工作并没有给出更为清晰的定义。

对此，劳动部办公厅关于印发《关于〈劳动法〉若干条文的说明》的通知第二十六条第三款对于不胜任工作进一步解释如下：“本条第（二）项中的‘不能胜任工作’，是指不能按要求完成劳动合同中约定的任务或者同工种，同岗位人员的工作量。用人单位不得故意提高定额标准，使劳动者无法完成。”该条对于劳动者不能胜任工作进行了相对具象化和客观化的解释，即劳动者不能按要求完成劳动合同中约定的任务或者同工种、同岗位人员的工作量为不能胜任工作。在此，该条文先以劳动合同中的约定作为认定的标准，但是为避免劳动合同中的约定过于苛刻或者是劳动合同中未进行约定等情况，而规定了参考和类比的标准，即同工种、同岗位人员的工作量，只有在劳动者无法完成前述工作任务时方可认定为劳动者不能胜任工作。但是该通知在如何对于不能胜任工作进行具象化和客观化的同时，特意强调用人单位不得故意提高额定标准，使劳动者无法完成，此即防止用人单位为使劳动者不胜任工作，而故意提高相应的标准，以达到使劳动者无法胜任工作之恶意。

综上，我们可以对于劳动者不能胜任工作，分为“不能胜任”和“工作”两个层面予以理解和解释。一是不能胜任，即法律解释的不能完成，然而此处的不能完成，不能简单地理解为劳动者一次无法完成工作即可视为劳动者无法完成工作，实践中须具体考察劳动者的工作内容及性质，在一段时间内劳动者持续或者多次无法完成工作方可视为劳动者不能胜任工作。二是工作即是指用人单位与劳动者在劳动合同中约定的工作，或者是与劳动者工种相同，岗位（职级）相同人员的工作，且法律禁止故意为员工设置较高的工作标准或者内容，而使其无法完成。

（二）不胜任工作的解除流程

以上就不胜任工作的定义进行了分析，接下来就不胜任工作解除员工劳动合同的流程进行探讨。当我们将不胜任工作解除劳动合同这一法定的解除事由进行拆分后会发现，其包括四个流程，一是用人单位与劳动者约定了劳动任务。二是对于劳动者的工作成果进行考核的过程。三是考核认定员工不能胜任工作后对其进行培训或者调岗，此处包括两个流程，用人单位可以任选其一。四是用人单位在员工不胜任工作，对其进行培训或者调岗之后，员工仍不能胜任工作，用人单位提前三十日书面通知劳动者，或者额外支付劳动者一个月工资后解除劳动合同的流程。以下将前述四个流程分别予以叙述。

1. 用人单位与劳动者约定岗位职责

用人单位招用劳动者，必然存在要求劳动者完成一定工作任务，当然一些工作任务约定得较为清晰，如直接约定在劳动合同中，或者在劳动合同中未进行约定，但是约定在其他文件中，如录用通知书、职责岗位要求说明等。当然也存在并无书面明确约定，而是通过口头传达或者一些工作习惯等进行约定的情形。值得注意的是，书面明确的约定对于将来发生争议后，进行举证更为便捷。而且仲裁庭或者司法机关对于用人单位制定的针对劳动的工作要求，通常从程序和实体两个层面考量是否存在，以及是否合理。换言之，即使用人单位针对劳动者的工作岗位，进行了非常清晰和具体的书面要求，仍然可能因约定的内容不合理，被仲裁司法机关认定对于劳动者的工作要求不合理，进而认定依此等标准考核得出劳动者不能胜任工作的结论，并不能充分地认定劳动者不胜任工作。因此用人单位在制定针对劳动者的岗位及职责要求时，既要注重程序上的清晰准确可留痕，也应确保该等工作职责的要求在实体上合理。

2. 用人单位对于劳动者的工作成果进行考核

在用人单位对于劳动者工作进行了清晰和明确的规定后，就需要对劳动者的工作进行考核。对此亦是不同的单位存在不同的考核方式，一些单位的考核流程比较体系和书面化，同样也存在一些单位的考核方式比较主观。且考核的时间亦有不同，一些公司对于员工的工作绩效进行季度或者年度的考核，并根据考核的结果对员工进行打分。一些销售类的岗位，公司可能会为销售制定季度或者年度的销售指标和任务，并根据销售的结果进行打分，进而对销售的业绩进行考核和衡量。

而如果用人单位以劳动者不胜任工作的事由解除劳动合同，就必须在清晰地对劳动者的工作任务进行约定后，再客观公正透明地对劳动者的工作进行考核发现劳动者确实不能胜任工作，方可认定劳动者不能胜任工作。

考核的过程需要客观公正，结果需要予以书面记录，且最好取得劳动者的认可。一些案例中，许多用人单位声称对于劳动者的工作进行了评价，且评价的结果是劳动者的工作不符合要求。然而，用人单位出示的证据很多均是员工上级经理的证言，周围同事的证言，表示该名劳动者不符合工作要求，在实践中，仲裁和司法机关通常认为此等证据不足以证明劳动者不胜任工作。因此，企业在对劳动者制定了合理和书面的工作任务后，对于员工的考核亦应当注重按照合理的流程进行客观、公正透明的考核，并将考核的内容书面化和取得员工的确认，即使员工不认可，亦应予以告知。

3. 用人单位对于不能胜任工作的劳动者进行培训或者调岗

此处包括两个流程，用人单位可以任选其一。因此在对员工进行了绩效考核，考核结果认定为员工的绩效不达标即不能完成工作任务，用人单位并不能径直地解除劳动合同，而是需要对员工进行培训或者调岗，如果员工在经过培训或者调岗后，仍然无法胜任工作，此时用人单位方可解除。因此，培训或者调岗是用人单位以劳动者不胜任工作解除劳动合同的必需步骤，不可跳过。实践中许多案例显示，用人单位一旦考核员工不胜任工作，随即就以员工不胜任工作为由，解除劳动合同，后被仲裁或者司法机关认定用人单位缺少为员工培训或者调岗的步骤而构成违法解除。

另外，需要指出的是，立法者在本条的立意不是以解除劳动合同为目的，而是希望用人单位在劳动者无法胜任现工作时，通过培训或者调整岗位后，使员工可以胜任现工作或者调岗后的工作，即立法者的本意是希望用人单位和劳动者可以将现有的劳动关系继续下去，而非解除。如此就决定了用人单位在发现劳动者不能胜任工作后，应当从帮助员工可以胜任现工作或者本单位其他相似工作岗位的工作之目的出发，为员工提供实质的培训或者进行调岗，以帮助劳动者可以胜任现工作或者调整后的工作。立法的原意为希望用人单位开启这一程序的目的不是解除劳动合同，而是帮助劳动者提高工作能力，或者发挥其工作能力进而可以适应工作，而非从解除劳动合同之目的出发。

厘清了这一点后，对于用人单位应为不能胜任现工作的劳动者提供何种的培训或者进行何种调岗十分有帮助，亦即用人单位应当为劳动者提供实质性的培训以帮助其提高劳动能力，或者依照劳动者的优点为其调整更适合的岗位。实践中许多用人单位忽略这一点，进而导致对于劳动者的培训或者调岗流于形式，以至于被仲裁庭和司法机关认定用人单位并未为劳动者提供实质的培训或者调整工作岗位，进而认定用人单位以该条法律解除劳动合同为违法解除。因此实践中用人单位需注意为不能胜任工作的劳动者提供实质的培训或者进行有效的调岗。

关于对员工进行培训，仲裁庭或者司法机关比较注重的是用人单位是否对员工进行了有助于员工提高工作能力的实质培训，具体到不同的员工和岗位则需要针对不同的员工和岗位进行考察。然而需要引起用人单位注意的是，用人单位对于员工进行培训需要进行有效的记录和留痕确保有充分的证据证明，用人单位对员工进行了相应的培训工作。

关于调岗，则用人单位需要考量员工现岗位的工作内容，以及员工的特点，为员工调整相同或者类似的岗位，另外关于薪资则同样不应有太大的差异，实践中最好取得员工的同意与确认则最为稳妥。当然，即使员工不同意，只要用人单位对于员工的工作岗位的调整具有相应的合理性、无歧视性，且调整工作后的工资基本相当，不会对劳动者履行劳动合同造成重大不便（如调整后的工作岗位位于异地）则属于用人单位的管理权限，员工原则上应予服从，员工拒绝服从的可能构成旷工或者违反用人单位规章制度的情形，可以进行相应的处罚。

总之，用人单位在员工不能胜任工作后为员工提供培训或者调岗，应当秉持如何协助员工提高工作能力或者充分发挥员工的特长适应新的工作之目的实施这一流程。

4. 对于不能胜任工作的员工进行培训或者调岗后的处理

用人单位在员工不胜任工作，对其进行了培训或者调岗之后，仍不能胜任工作的，用人单位应提前三十日书面通知劳动者，或者额外支付劳动者一个月工资后解除劳动合同的流程。此一流程实质上是暗含了两个流程，其一为在用人单位为劳动者提供了培训或者调岗后的一段合理的时间后——通常不应少于2个月再次对于劳动者的工作进行客观、公平、公正的考核。关于在对不能胜任工作之员工进行培训和调岗后，再次对其进行考核的具体流程及标准前文已经进行了相应的介绍，在此不再赘述。

在此，重点讨论在对员工进行了培训或者调岗后再度对员工进行评估后予以处理的流程。如员工经过培训后仍然无法胜任工作，则予以相应的解除，如若员工经过培训后工作能力有一定的提高，或者调岗后在新的工作岗位上表现较好，则不宜解除劳动合同。

在此，存在一种情况即劳动者经过一段时间的培训或者调岗后，其工作表现较之前有了一些进步，但是可能离胜任相应工作还存在一定的差距，尤其是针对量化的考核结果时，则可能存在一定的争议。如员工在第一次的绩效评估后得分为40分，未达到相应工作岗位要求的60分，在经过一段时间培训后，其绩效评估为50分，虽然仍未达到用人单位60分的要求，但是较之前的表现有一些进步。此时用人单位是否可以径直解除员工的劳动合同呢？抑或是给予员工更长的成长时间，允许员工进步成长，在此立法并没有予以说明。从立法的目的来看，如果对员工进行培训或者调岗后其表现有所提高，但是仍无法达到用人单位的要求，不宜径直解除员工的劳动合同，应该进一步培训或者指导，待培训或者指导后再次进行考核，如果劳动者达到了用人单位的要求，则不宜解除劳动合同，如果员工仍不能达到用人单位的要求，用人单位则可以考虑解除劳动合同。

当然此处仍然存在员工此次考核的结果比之前有所提高，但是仍无法达到用人单位要求的情况。那么就存在这样一个问题，在这种情况下用人单位需要重复几次为员工提供培训及调岗的机会呢？对此法律同样并未明确，此处由用人单位自由裁量，通常情况下如果劳动者经过培训后，一直在进步和提高则似乎并无解除劳动合同之必要，当然这种给予劳动者成长的时间亦不可能无限长，通常情况下6个月后劳动者仍然无法达到用人单位的要求，则可以解除。

以上我们就劳动者不胜任工作，用人单位解除劳动合同的定义及流程问题进行了探讨。以下我们将结合实践的案例就这一问题进行进一步的释明。

二、实战案例解析

（一）基本案情[①]

劳动者陈某于2007年5月8日入职被告某某公司，解除劳动合同前，劳动者在用人单位处担任销售经理职务，双方多次签订劳动合同并于2016年5月7日签订无固定期限劳动合同。劳动合同第四十三条约定，被告所有规章制度及其修订将通过以下任一形式公示，包括纸质文件、书面通知、电子邮件形式及公司内网，原告有义务随时阅读了解并遵守。

2021年2月28日，用人单位通过微信群公布了对销售经理的全年任务额：全年任务额为每个销售200万元，将任务额按季度划分好，按月按季度进行考核，一季度不能低于全年的四分之一，劳动者陈某在微信群中回复“收到”，并于2021年2月23日向用人单位发送了《陈某—2021—员工绩效管理表》。

2021年4月13日，用人单位张某向包括陈某在内的各销售经理发送电子邮件，邮件内容显示劳动者第一季度销售任务完成率为0，要求各销售经理对照差距，务必追上。

2021年5月29日用人单位张某向包括劳动者陈某在内的员工发送《销售英雄榜》载明劳动者陈某验收额累计完成值为0，合同额累计完成值为0，并说明

① （2022）辽01民终8685号。

了考核规则：1. 上半年，连续两个季度0业绩的销售经理，公司会结合去年业绩完成情况和7月/8月FCST情况，实行淘汰。2. 从7月开始，每个月滚动看前面连续6个月0业绩的销售经理，结合后续两个月的FCST，实行淘汰，不会等到季度末。3. 每个季度末，考核季度达成率，核算奖励或者淘汰达成率低的。

2021年8月10日，用人单位向劳动者陈某发送邮件告知其截止到第二季度末陈某完成率为0，予以业绩警告，根据绩效结果及公司《绩效管理程序》，陈某的直线经理与陈某沟通并制订《绩效问题改进计划》，绩效改进周期为1个月（2021年8月10日至9月9日），同时用人单位对陈某进行在岗培训，要求陈某准时参加培训，绩效改进周期结束后将对绩效改进结果进行评估，如未能达成绩效目标（仍不能胜任工作），公司将依据相关规定进行处理。

陈某于当日邮件回复HR及领导，承认今年业绩确实不尽如人意，并表示会认真参加培训，尽快提升自己各方面能力，期待早日改善业绩。2021年8月11日，陈某签署了《绩效问题改进计划》表，表中载明：改进周期为2021年8月10日至2021年9月9日，改进期内达成年初制定的任务指标：根据公司对销售考核指标，8月底至少完成全年业绩任务的40%，达到上半年的业绩考核完成比例，每天20点前邮件发送当天的工作总结及第二天工作目标，考核期内完成所辖区域内客户资源地图，保证信息真实有效；未完成绩效改进周期内目标可能采取的人事决策为：解除劳动合同。

2021年8月13日、20日、27日、9月3日，用人单位对劳动者进行了4次关于产品和销售技能的相关培训，劳动者陈某均在培训签到表中签到，但劳动者陈某并未按照整改计划提交日报及工作计划，亦未完成辖区内客户资源地图。

2021年9月9日，用人单位HR向劳动者陈某发送邮件，告知陈某《绩效问题改进计划》已到期，陈某在绩效改进期内未能达成绩效改进目标，仍不能胜任工作，经部门综合评定，此次绩效问题改进考核结果为不达标，上述考核结果将由部门反馈给公司，且陈某的绩效改进考核结果已由US产品营销部经理及US产品事业部总经理确认，如果陈某对上述考核结果有异议，在2021年9月14日12：00前提供充分有效证据向US产品营销部经理、US产品事业部总经理逐级申诉，如在上述规定期限内未提出异议，视为劳动者陈某对附件《绩效问题改进计划》考核结果没有异议。收到邮件后，原告未进行申诉。

用人单位于2021年9月15日以劳动者不能胜任工作，经培训仍不能胜任工作为由解除与劳动者陈某的劳动合同。

（二）案件代理思路

本案中用人单位的主要代理思路为，用人单位在年初即向劳动者陈某发送了业绩要求，并取得了劳动者陈某的同意与认可。后劳动者陈某在第一季度、第二季度的业绩为0未达到用人单位的要求。后用人单位为劳动者设定了绩效改进计划同样亦取得了陈某的同意。后用人单位对劳动者进行了培训，但是劳动者经培训后仍然未完成公司的业绩，且未按照用人单位的要求提交日报及工作计划。因此用人单位以劳动者不胜任工作，经培训后仍不能胜任为由解除了劳动者的劳动合同。

而劳动者陈某的主要抗辩思路为，用人单位制订的绩效问题暂行计划不合理，且用人单位并未对其进行实质的培训，因而不能认定其为不胜任工作。且经培训或者调岗后仍不能胜任工作之情形，用人单位以此为由解除其劳动合同的行为系违法解除。

（三）法院审查要点

本案中一、二审法院，针对用人单位是否为合法解除一事，审查了以下事项。

一、劳动者是否存在不能胜任工作的情形，一、二审法院均认为在劳动者的参与下用人单位制定了全年的销售目标，但是劳动者第一季度、第二季度均未完成销售任务，用人单位认定劳动者不能胜任工作并无不妥。

二、用人单位是否对劳动者进行了培训，一、二审法院均认为，基于劳动者不胜任工作，用人单位为劳动者制订了绩效问题改进计划且取得了劳动者的确认，之后用人单位按照该计划为劳动者提供了培训，该培训行为均有劳动者的签字确认，因此用人单位完成了对劳动者的培训行为。

三、劳动者经过绩效改进计划后是否符合用人单位的用人标准，一、二审法院均认为，经过一个月的绩效改进期，劳动者的销售指标没有任何变动，且劳动者未按照绩效改进计划中的约定每天提交日报，进而认定劳动者经过培训后仍然不能胜任用人单位的工作，用人单位根据《劳动合同法》第四十条解除与劳动者的劳动合同系合法解除。

（四）员工不胜任工作解除劳动合同法院审查要点图示

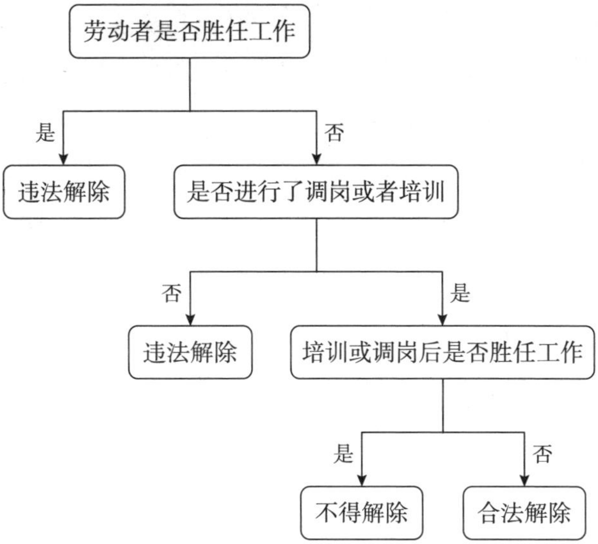

三、合规操作方案

当前企业以员工不胜任工作解除劳动合同的案例，多数被法院和仲裁庭判决为违法解除，具体的原因则是企业在上述流程中存在瑕疵。而且上述流程任何一个环节存在瑕疵均会导致违法解除的结果，因此企业在员工不胜任工作时如何合规地对员工进行管理则成为一个十分重要的问题。对此我们提出如下建议。

首先，企业在招录员工时对于员工的工作职责应当进行清晰的约定，设定可以进行考核的指标和依据，并做好留痕的工作。

其次，企业在对于员工进行考评的时候应当做到客观、公正和透明，并且应当将考核的结果告知员工，并取得员工的同意，对考核的结果和告知取得员工同意的事项进行妥善的留痕。

再次，企业在认定员工不胜任工作后，应当为员工制订相应的绩效提高计划，为员工制定相应的培训课程或者时间，并制定可以进行量化和客观考核的绩效考核指标如要求员工提交日报等，并实施相应的培训和指导等或者为员工进行合理的调岗，并就新的工作岗位职责进行清晰的约定。需要指出的是，用人单位制订的绩效改进计划或者调岗事宜如能取得劳动者的同意则为最佳。当然即使劳动者拒绝接受用人单位制订的合理绩效改进计划或者调岗的，可能构成违反用人单位关于员工的管理制度。故此，用人单位需要关注的是其自身制订的绩效改进计划和调岗行为的合法合理性。

最后，用人单位在对员工进行培训或者调岗后，需要再度对员工的工作进行客观、公正和透明的考核，并根据考核的结果进行相应的处理。

第八节　客观情况发生重大变化劳动合同解除纠纷

一、客观情况发生重大变化劳动合同解除纠纷问题解析

何谓用人单位客观情况发生重大变化？公司客观情况发生重大变化，用人单位是否可以立即解除劳动合同？公司如果以客观情况发生重大变化解除劳动合同的流程是什么？公司如果以客观情况发生重大变化解除劳动合同的案例解析？合规建议。

（一）公司客观情况发生重大变化的定义

根据《劳动合同法》第四十条第三项规定：“有下列情形之一的，用人单位提前三十日以书面形式通知劳动者本人或者额外支付劳动者一个月工资后，可以解除劳动合同：……（三）劳动合同订立时所依据的客观情况发生重大变化，致使劳动合同无法履行，经用人单位与劳动者协商，未能就变更劳动合同内容达成协议的。”该条文明确规定了，如果劳动合同订立时所依据的客观情况发生重大变化，用人单位在满足一定的条件下，可以解除劳动合同。然而，何谓客观情况发生重大变化，本条并未给出清晰的定义和指引。

对此，劳动部办公厅关于印发《关于〈劳动法〉若干条文的说明》的通知第二十六条第四款对于何谓“劳动合同订立时所依据的客观情况发生重大变化”进一步解释如下：“本条中的‘客观情况’指：发生不可抗力或出现致使劳动合同全部或部分条款无法履行的其他情况，如企业迁移、被兼并、企业资产转移等，并且排除本法第二十七条所列的客观情况。”（第二十七条的客观情况为企业濒临破产或者生产经营状况发生严重困难需要裁员的情况）该条将“客观情况”解释为不可抗力或者其他致使劳动合同无法履行的情况，如企业迁移、被兼并、企业资产转移等。虽然该条文尝试就何谓“客观情况”进行明释，但是该明释仍显不足。

因此，一些地方裁判结构通过法院审判纪要的方式就何谓“客观情况发生重大变化”进行进一步的明示。如北京地区发布了《北京市高级人民法院、北京市劳动人事争议仲裁委员会关于审理劳动争议案件法律适用问题的解答》其中第十二条规定：“劳动合同订立时所依据的客观情况发生重大变化”是指劳动合同订立后发生了用人单位和劳动者订立合同时无法预见的变化，致使双方订立的劳动合同全部或者主要条款无法履行，或者若继续履行将出现成本过高等显失公平的状况，致使劳动合同目的难以实现。下列情形一般属于“劳动合同订立时所依据的客观情况发生重大变化”：（1）地震、火灾、水灾等自然灾害形成的不可抗力；（2）受法律、法规、政策变化导致用人单位迁移、资产转移或者停产、转产、转（改）制等重大变化的；（3）特许经营性质的用人单位经营范围等发生变化的。

然而由于“客观情况发生重大变化”本身就存在一定的模糊空间，因此即使上述法律文件均就何谓“客观情况发生重大变化”进行了进一步的明确，然而，在实践中仍然存在认定上的困难。尤其是在发生了法律并未明确列举的情况，是否属于客观情况发生重大变化就存在很大的争议，一些地方的法院的认定尺度相对较大。而另一些法院的裁判尺度则相对严格。

如在（2022）京02民终9489号案件中，北京市第二中级人民法院认为用人单位的业务单元发生调整（具体为物管部、工程部和安保部等基础物业服务工作转至另一个部门）属于客观情况发生重大变化符合劳动合同订立时约定的客观条件发生重大变化，致使原劳动合同无法继续履行的条件。

然而在（2022）辽03民终2328号案件中，辽宁省鞍山市中级人民法院认为用人单位的业务整体外包给第三方经营只是经营方式发生变化，并不属于《劳动合同法》规定所述的客观情况发生重大变化。当然本案件中法院考虑到用人单位将业务外包给的第三方与用人单位同归属于一个母公司进而进一步认定这一调整系用人单位内部的调整，并不是客观情况发生变化导致有关业务调整。在此案件中法院对于客观情况发生变化的认定较为严格。

综上，关于客观情况发生重大变化用人单位可以解除劳动合同中的"客观情况发生重大变化"，在实践中确实存在一些模糊地带。通常裁判机关会考虑发生变化的情况是否属于不受用人单位控制的情况，如用人单位无法控制的不可抗力的情况，以及外部的法律政策的调整导致企业迁移转产等均属于客观情况发生重大变化，但是企业的外部经营环境发生重大变化导致企业的效益下降，进而需要消减部分岗位是否属于客观情况发生重大变化，则存在一定的争议，裁判机关对此的裁判并不一致。如上述案例中，由于母公司的业务调整，导致下级公司的岗位不复存在则一些法院认定为构成客观情况发生重大变化；而在另一些案例中，企业的业务转移给第三方但是由于受让方与企业存在一些联系，则被法院认定为不构成客观情况发生重大变化。

如此可见，衡量客观情况是否发生了重大变化的要旨在与看发生的情况是否属于企业本身可控或者需要企业自身承担的风险的情况，是的话就不属于客观情况发生重大变化，反之则有可能属于客观情况发生重大变化，在实践中还需就具体的情况进行分析。

（二）客观情况发生重大变化的解除流程

以上就客观情况发生重大变化的定义进行了分析，接下来就客观情况发生重大变化解除员工劳动合同的流程进行探讨。当我们将客观情况发生重大变化这一用人单位合法解除劳动合同的法定解除事由进行拆分后会发现，其主要包括三个流程，一是订立劳动合同所依据的客观情况发生重大变化；二是与相关的员工进行协商；三是协商不成解除劳动合同。以下将前述三个流程分别予以叙述。

1. 客观情况发生重大变化

客观情况发生重大变化系双方签订劳动合同所依赖的条件发生了重大变化，

如企业因技术革新导致曾经的许多岗位无任何工作等情况。该等情况的发生动摇了劳动合同继续履行的根基，导致继续履行原来的劳动合同可能会给一方造成严重的不利后果，通常对于用人单位来说可能造成严重的不利后果。关于何谓客观情况发生重大变化，在前文已经进行了详细的探讨，用人单位此时需要审慎地斟酌，所发生的情况是否属于客观情况发生重大变化。一旦确认相关的情况属于客观情况发生重大变化，则可以开启与员工进行协商的流程。

2. 与相关的员工进行协商

在用人单位客观情况发生重大变化后，用人单位可能会采取一系列的调整措施，如调整经营策略，控制成本等，当然也包括调整一些员工的劳动合同，其他的几种调整方式非劳动法方面的事项，因此，本书将不予以探讨。本书将着重探讨涉及员工的劳动合同解除的事项。然而企业并非一旦出现了客观情况发生重大变化即可解除劳动合同，乃是需要有一个与劳动者就调整劳动合同进行协商的流程，而且这一流程是不能跳过或者省略的流程，否则即会构成违法。那么用人单位此时与员工进行协商，变更劳动合同的自由度有多大呢？用人单位此时是否可以任意地变更员工的劳动合同呢？通常情况下，仍然要遵从适度与合理的原则，即用人单位调整员工的劳动合同不能给劳动者的工作和生活造成显著不利影响。轻微的不利影响通常视为可以接受的，如在（2022）吉0106民初3046号案件中，法院认定用人单位将员工从岗位装配工调整到清洁工，在员工不同意的情况下，再次将员工调整到防寒装配工岗位，但员工仍然不同意，法院认定用人单位尽到了与员工协商的义务。

3. 协商不成解除劳动合同

在客观情况发生重大变化后，用人单位与相关的员工进行协商后，如双方不能就变更合同内容达成协议的，用人单位可以提前三十日以书面形式通知劳动者本人或者额外支付劳动者一个月工资后，解除劳动合同。当然此时如果用人单位有工会的，在解除前用人单位还需提前通知工会，再进行解除。需要指出的是，用人单位不能以客观情况发生重大变化，而解除所有员工的劳动合同。法律基于对特定员工的特殊保护，而规定用人单位不能以此事由解除一些员工的劳动合同，如《劳动合同法》第四十二条中的相关规定。

二、实战案例解析

（一）基本案情[①]

劳动者王某所在公司董事会于2013年3月19日作出董事会决议，为了支持公司财务流程整合，决定撤销公司内部相关的职位包括应付款主管职位。2013年5月14日，公司向王某发送电子邮件，请王某于5月16日之前递交沟通函回执，逾期则视为王某拒绝接受相应岗位，并通过快递、他人递交等多种方式多次与王某协商变更劳动合同，但王某拒绝回复。因未收到王某的回复，公司于2013年5月17日征询了工会的意见后，向王某出具解除劳动合同书。

（二）案件代理思路

首先，用人单位需衡量是否发生了客观情况发生重大变化的情况，用人单位根据上级部门要求及自身经营情况作出业务调整，进而导致相应的岗位不存在系《劳动合同法》规定的客观条件发生重大变化，致使原劳动合同无法继续履行。其次，用人单位与劳动者就劳动合同变更进行了协商，用人单位采用留痕的方式如邮件、快递、他人转交等多种方式尝试联系劳动者，并与之进行沟通，但是劳动者拒绝沟通，采取回避的态度，致使协商不成。最后，用人单位在协商不成时依照《劳动合同法》的规定，依法解除了其的劳动合同。

（三）法院审查要点

本案中终审法院，针对用人单位是否为合法解除一事，审查了以下事项。

1. 是否发生了客观情况发生重大变化

法院认为用人单位根据上级部门要求及自身经营情况作出的调整，是行使用人单位的经营自主权和用工管埋权。用人单位的上述决议致使劳动者的工作岗位不复存在，符合劳动合同订立时约定的客观条件发生重大变化，致使原劳动合同无法继续履行。

---

① 参见：（2013）沪二中民三（民）终字第1491号。

2. 用人单位是否与劳动者就劳动合同的变更进行了协商

本案中由于用人单位在客观情况发生了重大变化后，用人单位通过给劳动者发送电子邮件、邮寄快递、他人转交等多种方式多次与劳动者就劳动合同的变更进行协商，但是劳动者拒绝协商，采取回避的态度，致使协商不成。

3. 用人单位是否向劳动者发送了劳动合同解除通知并支付经济补偿金

依照《劳动合同法》第四十六条的规定，用人单位以客观情况发生重大变化双方就劳动合同变更无法达成一致解除劳动合同的须支付经济补偿金的规定，用人单位需要向劳动者支付经济补偿金。如果未提前三十日以书面形式通知劳动者则需要向劳动者额外支付一个月的工资亦即通常所说的代通知金。

（四）客观情况发生重大变化协商不成解除劳动合同法院审查要点图示

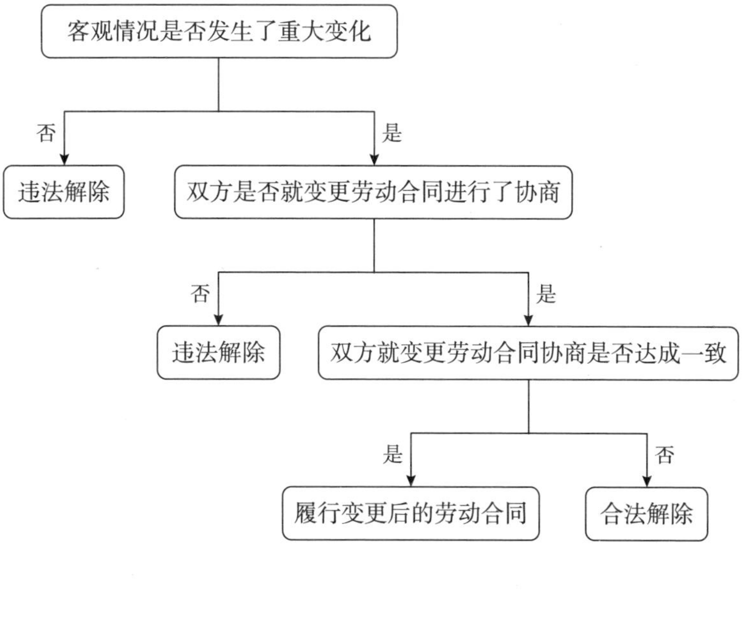

三、合规操作方案

当前企业以客观情况发生重大变化双方就变更劳动合同后协商无法达成一致解除劳动合同的案例，多数被法院判决为违法解除。当然这里不排除更多的纠纷可能通过双方协商就补偿金达成了一致，或者采用人员安置的方式双方接受了人员安置的方案就没有走到诉讼程序。而最后引发诉讼程序的，往往是双方对于是否属于客观情况发生重大变化，以及发生重大变化后双方并没有进行充分的协商，或者说虽然进行了协商但是双方并未就变更劳动合同达成一致，亦未就补偿金达成一致。也就是通常所说的存在争议的案件，而这些被认定为违法解除的案件，通常主要原因有二：其一是裁判机关认为并未发生客观情况发生重大变化的事实；其二是认为用人单位在客观情况发生重大变化后并未履行双方协商的流程直接解除劳动合同属于程序违法，导致的违法解除。对此提出如下合规建议。

首先，企业对于是否属于客观情况发生重大变化，应当进行审慎的判断，虽然目前立法并未就何谓客观情况发生重大变化给出明确和清晰的定义，但是通过相应的案例仍然可以得出通常裁判机关会考虑发生变化的情况是否属于不受用人单位控制的情况，如用人单位无法控制的不可抗力的情况，以及外部的法律政策的调整导致的企业迁移转产等均属于客观情况发生重大变化，但是企业的外部经营环境发生重大变化导致企业的效益下降，进而需要消减部分岗位是否属于客观情况发生重大变化，则存在一定的争议。因此用人单位应当以此标准衡量相应的情况是否属于客观情况发生重大变化。

其次，用人单位在经过评估后认为确实发生了客观情况发生重大变化导致劳动合同无法履行这一事实后，随即需要与劳动者就变更劳动合同进行协商，这一流程是法律规定必须经过的流程，如省略或者跳过这一流程则会被认为违法。一些单位可能会把协商变更劳动合同这一流程与协商解除劳动合同这一流程合并，如此操作则可能产生风险，尤其是协商不成用人单位直接以客观情况发生重大变化，双方未能就变更劳动合同达成一致意见解除劳动合同的，则可能会被认为并未与劳动者就变更劳动合同进行协商。

最后，用人单位在客观情况发生重大变化导致劳动合同无法履行，在与劳动者就变更劳动合同进行协商无法达成一致意见后则可以解除劳动合同并依照法律规定支付经济补偿金。当然用人单位此时需要注意的是排除那些受法律保护不适用此种方式解除的员工。

第九节　经济性裁员劳动合同解除纠纷

一、经济性裁员劳动合同解除纠纷问题解析

> 企业进行经济性裁员的条件是什么？企业以经济性裁员为理由解除劳动合同的流程是什么？企业进行经济性裁员解除劳动合同的案例解析？合规建议。

（一）经济性裁员劳动合同解除的定义解析

根据《劳动合同法》第四十一条规定，有下列情形之一，需要裁减人员二十人以上或者裁减不足二十人但占企业职工总数百分之十以上的，用人单位提前三十日向工会或者全体职工说明情况，听取工会或者职工的意见后，裁减人员方案经向劳动行政部门报告，可以裁减人员：（一）依照企业破产法规定进行重整的；（二）生产经营发生严重困难的；（三）企业转产、重大技术革新或者经营方式调整，经变更劳动合同后，仍需裁减人员的；（四）其他因劳动合同订立时所依据的客观经济情况发生重大变化，致使劳动合同无法履行的。裁减人员时，应当优先留用下列人员：（一）与本单位订立较长期限的固定期限劳动合同的；（二）与本单位订立无固定期限劳动合同的；（三）家庭无其他就业人员，有需要扶养的老人或者未成年人的。用人单位依照本条第一款规定裁减人员，在六个月内重新招用人员的，应当通知被裁减的人员，并在同等条件下优先招用被裁减的人员。该条文明确规定了，如果企业发生前述四种情况可以进行经济性裁员。

条文就经济性裁员的事实条件、人数条件、经济性裁员的流程、优先保留员工的情况，以及在重新招录人员时通知被裁减的人员并在同等条件下优先录用的要求。结合《劳动合同法》第四十二条关于不得进行经济性裁员的情况和第四十六条、第四十七条关于经济性裁员的经济补偿的情况构成了一个较为完整的关于经济性裁员的体系，而且前述的条件和流程均较为清晰，以下将在经

济性裁员劳动合同解除的流程中予以一一阐述。

（二）经济性裁员劳动合同解除流程

以上从经济性裁员劳动合同解除的定义中，抽象出经济性裁员劳动合同解除的几个要件，以下分别予以论述。

1. 经济性裁员劳动合同解除的事实条件

经济性裁员劳动合同解除的事实条件，即企业在哪些条件下可以进行经济性裁员，《劳动合同法》明确列示了四种情形我们将分别予以讨论。

（1）依照企业破产法规定进行重整的，亦即企业正在经历破产重整程序，此时经营当然遇到了极大的困难，可以进行经济性裁员。而且这一条件较为明确，因为企业破产重整通常是向法院进行申请，由法院做出的重整裁定，并进行公示和公告，故相对明确。

（2）生产经营产生严重困难的，此种情况存在一定的模糊空间，何谓生产经营产生严重困难呢？企业如何证明生产经营产生了严重困难呢？在实践中通常是证明企业在经营过程中产生了较大的亏损，实践中通过企业的会计年审报告显示企业实际经营产生了较大的亏损，通常可认定企业生产经营产生了严重的困难。如在（2022）辽01民终9197号案件中，企业通过连续两年的审计报告证明亏损以证明实际经营产生了严重困难，被司法机关所认可。

（3）企业转产、重大技术革新或者经营方式调整，经变更劳动合同后，仍需裁减人员的；此即劳动合同订立时的客观情况发生了重大变化，如企业可能从之前的手工作业，变成了机械化作业，产生了人员富余的情况，在变更劳动合同后仍需要裁减人员的，通常企业需要证明其确实发生了转产或者重大技术更新等造成人员严重富余的情形。

（4）其他因劳动合同订立时所依据的客观经济情况发生重大变化，致使劳动合同无法履行的，此条的实质条件与《劳动合同法》第四十条第三项情况相同，只是实施的流程有区别。一是以客观情况发生重大变化，致使劳动合同无法履行的，需要与劳动者进行协商变更劳动合同；二是如果直接进行经济性裁员的话，则无需走与劳动者进行协商的流程，但是需要满足经济性裁员的人数，以及向工会或者全体员工说明听取意见以及向劳动行政部门进行报备的流程。关于何谓客观情况发生重大变化的定义可以参考上文。

2. 经济性裁员的人数要求

因为经济性裁员会牵涉到向全体员工或工会报备，听取意见并向劳动行政部门进行报备等多个主体，因此法律规定企业在拟解除劳动合同达到一定数量的情况下，方可启动这一程序。具体的要求为需要裁减人员二十人以上或者裁减不足二十人但占企业职工总数百分之十以上。

3. 经济性裁员的程序性要求

企业在进行经济性裁员解除劳动合同时，除了需要满足前述的事实条件和人数条件后，还需要满足法律规定的流程条件，具体为用人单位需提前三十日向工会或者全体职工说明情况，听取工会或者全体职工的意见后，将裁减人员方案向劳动行政部门报告后方可执行。如在（2022）辽01民终9197号案件中企业就裁减人员的方案召开了职工大会，宣布经济性裁员，并就经济性裁员方案征求了工会的意见，并取得了工会的同意，在取得工会的同意向当地的人力资源和社会保障局进行了备案后，进行了裁员，被法院认定为合乎法律的规定。

4. 经济性裁员的优先留用

法律规定在企业发生了实质上可以进行经济性裁员的事实后，在满足人员数量和法律要求的程序后可以进行经济性裁员，但是法律基于对劳动者及其家庭以及社会稳定的保护规定了优先保留的员工。因为往往工作牵涉到一个人的生活以及一个家庭的生活，而且经济性裁员涉及的人员往往较多，可能在某些情况下还会涉及社会的稳定。因此立法规定在进行经济性裁员时须优先保留如下几类员工：（一）与本单位订立较长期限的固定期限劳动合同的；（二）与本单位订立无固定期限劳动合同的；（三）家庭无其他就业人员，有需要扶养的老人或者未成年人的。

5. 经济性裁员后再次招录人员时的优先录用

法律在允许企业发生经营困难，可以经济性裁员的同时，又出于保护劳动者就业的目的，规定如果企业在经济性裁员的六个月内，再次招录员工时，应通知被裁减的人员，在同等条件下需要优先录用被裁减的人员。此一要求属于或然性要求，亦即只有企业在裁减人员后六个月内招录人员时，方才需要遵循这一流程，但是这一流程同样亦是不可或缺的。如在（2019）桂11民终1359

号案件中由于用人单位在裁减人员后，在六个月内又招录了其他的人员，而没有通知被裁减的人员，导致法院认定企业的经济性裁员不合法，因为裁判机关认为经济性裁员系企业的经营情况发生了变化，而非企业对于某些劳动人员不满意，对其进行解雇的行为。如果企业在经济性裁员后，在六个月内又招录了其他人员，且未通知之前被裁减的人员时，很容易导致裁判机关认为，企业其实并没有发生经营困难，只是想裁减部分员工招录其他员工，如此即动摇了企业进行经济性裁员的事实基础。

6. 不得进行经济性裁员的员工

《劳动合同法》第四十二条，劳动者有下列情形之一的，用人单位不得依照本法第四十条、第四十一条的规定解除劳动合同：（一）从事接触职业病危害作业的劳动者未进行离岗前职业健康检查，或者疑似职业病病人在诊断或者医学观察期间的；（二）在本单位患职业病或者因工负伤并被确认丧失或者部分丧失劳动能力的；（三）患病或者非因工负伤，在规定的医疗期内的；（四）女职工在孕期、产期、哺乳期的；（五）在本单位连续工作满十五年，且距法定退休年龄不足五年的；（六）法律、行政法规规定的其他情形。法律出于对前述患病或者再就业困难的员工的特殊保护特别强调企业在进行经济性裁员时不得对前述员工进行解除劳动合同。

7. 经济性裁员解除劳动合同的经济补偿

按照《劳动合同法》第四十六条和第四十七条的规定向劳动者支付经济补偿，亦即通常所说的按照劳动者在本单位工作的年限，每满一年支付一个月工资的标准向劳动者支付。六个月以上不满一年的，按一年计算；不满六个月的，向劳动者支付半个月工资的经济补偿。

二、实战案例解析

（一）基本案情[①]

劳动者朱某某所在公司由于工程项目进入尾声，依据工程进度及客观经济

① （2022）辽01民终9197号。

情况即连续两年公司处于亏损状态决定裁减人员25人。用人单位提前三十日向工会征询意见并取得工会同意，召开了全体职工大会说明情况，并将裁减人员方案向劳动行政部门进行了备案，而后进行了经济性裁员，被裁判机关认定为符合经济性裁员的条件，故以经济性裁员对劳动者的劳动合同进行解除属于合法解除。

（二）案件代理思路

首先，用人单位确实发生了进行经济性裁员的事实，即工程项目接近尾声且企业连续两年处于亏损状态，企业的生产经营发生严重困难符合经济性裁员的事实条件，且企业拟裁减的人数符合法律的规定；其次，企业按照法律的流程，召开了全体职工大会就经济性裁员这一事实进行了情况说明，并取得了工会的同意，亦向劳动行政部门进行了报备，符合法律规定的经济性裁员的流程；再次，用人单位本次经济性裁员的人员中不存在优先留用和不得解除的情况；最后，用人单位依法按照经济性裁员的要求对劳动者进行了通知并支付了经济补偿金符合法律的事实和程序的要求不属于违法解除。

（三）法院审查要点

本案中终审法院，针对用人单位是否为合法解除一事，审查了以下事项。

1. 是否发生了经济性裁员的事实情况

法院认为，劳动者朱某某所在公司由于工程项目进入尾声，且公司连续两年处于亏损状态符合法律规定的事实条件。

2. 是否符合法律规定的程序及人数要求

本案中法院认为，用人单位在满足经济性裁员的事实条件后，裁减的人员为25人占职工总数的12.5%符合法律关于人数的要求，且召开了职工大会说明了裁员的情况，亦取得了工会的同意且向劳动行政部门进行了报备符合法律的规定。

3. 用人单位是否向劳动者发送了劳动合同解除通知并支付经济补偿金

本案中法院认为，用人单位在满足了法律规定的经济性裁员的事实和程序条件后，且向劳动者发出了《解除劳动合同告知书》并依法支付了经济补偿金，符合法律的规定。

（四）经济性裁员解除劳动合同法院审查要点图示

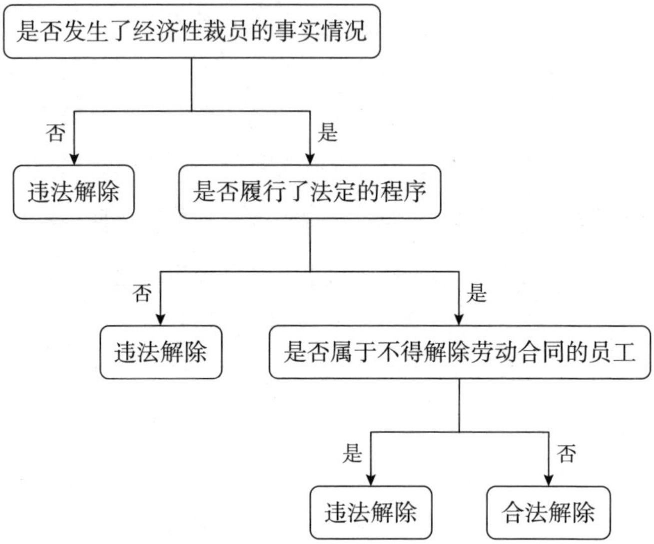

三、合规操作方案

当前企业以经济性裁员为由解除劳动合同的案例较多，多数的案例被法院判定为违法解除，当然实践中肯定有更多合法解除的案例，并没有引发争议进而导致诉讼，所以引发争议进而导致诉讼的案件多数为存在争议的案件。具体引发争议的事由大致可以归为两类，一类是关于实际是否发生了可导致经济性裁员的事由；另一类则是企业在进行经济性裁员时并未履行法律规定的程序。

因此企业在进行经济性裁员的时候，首先要注意评估是否具有法律规定可以进行经济性裁员的客观事实，只有在具有该等事实后方可进行经济性裁员。其次，企业应当严格按照法定的程序即提前 30 天通知，取得工会的同意，向劳动行政部门备案等。再次，企业在进行经济性裁员时需要注意优先留用法律规定需要优先留用的人员，以及不得裁减法律保护的特殊群体。最后，企业应当向员工依法发送解除通知书和支付经济补偿金。

第十节　征求工会意见问题

一、征求工会意见问题解析

> 根据《劳动合同法》第四十三条规定，用人单位单方解除劳动合同，应当事先将理由通知工会。用人单位违反法律、行政法规规定或者劳动合同约定的，工会有权要求用人单位纠正。用人单位应当研究工会的意见，并将处理结果书面通知工会。
>
> 实践中，如不征求工会意见直接解除，可能导致哪些法律后果？在工会不同意解除的情况下，用人单位仍坚持解除是否必定会导致违法解除？

（一）如不征求工会意见直接解除，可能导致哪些法律后果

从工会的性质上来看，工会是维护职工合法权益、对用人单位实施的将对职工利益产生影响的行为进行监督的组织。《劳动法》第七条第二款明确规定，工会代表和维护劳动者的合法权益，依法独立自主地开展活动。

《劳动合同法》第四十三条规定，用人单位单方解除劳动合同应事先将解除理由通知工会。本条规定为对于用人单位单方解除劳动合同情况下的程序性要求。那么，如果用人单位不征求工会意见直接解除，可能导致哪些法律后果呢？

根据《最高人民法院关于审理劳动争议案件适用法律问题的解释（一）》第四十七条，建立了工会组织的用人单位解除劳动合同符合劳动合同法第三十九条、第四十条规定，但未按照劳动合同法第四十三条规定事先通知工会，劳动者以用人单位违法解除劳动合同为由请求用人单位支付赔偿金的，人民法院应予支持，但起诉前用人单位已经补正有关程序的除外。

因此，根据上述规定可以看出，对于建立了工会组织的用人单位，即便其单方解除劳动合同的行为符合劳动合同法第三十九条、第四十条规定，但未履

行征求工会意见的程序的，仍需要承担违法解除赔偿金的法律后果。但上述条款也给予了用人单位挽救的机会，即在一审起诉前用人单位已经补正有关程序的，可以不承担违法解除支付赔偿金的法律后果。

（二）在工会不同意解除的情况下，用人单位仍坚持解除是否必定会导致违法解除

《劳动合同法》第四十三条规定，用人单位单方解除劳动合同应事先将解除理由通知工会。《工会法》对此亦有相关工会职权方面的规定，《工会法》第二十二条规定，企业、事业单位、社会组织处分职工，工会认为不适当的，有权提出意见。用人单位单方面解除职工劳动合同时，应当事先将理由通知工会，工会认为用人单位违反法律、法规和有关合同，要求重新研究处理时，用人单位应当研究工会的意见，并将处理结果书面通知工会。职工认为用人单位侵犯其劳动权益而申请劳动争议仲裁或者向人民法院提起诉讼的，工会应当给予支持和帮助。那么，如果用人单位将解除某员工劳动合同决定通知工会后，工会给出不同意解除的意见时，用人单位能否解除劳动合同呢？

根据对条款字面上的理解，《劳动合同法》明确了用人单位单方解除劳动合同时，工会享有知情和纠正的权利。该规定是一个意见征求程序，当工会认为用人单位违反法律、行政法规规定解除劳动合同时，有权向用人单位提出纠正意见。用人单位接到工会的纠正意见后，经认真研究后，应书面通知工会处理结果。

但在通知程序正确的前提下，工会更多的是参与权，不是决定权，不管是在《劳动合同法》还是《工会法》中都没有赋予工会决定权。因此，事先将解除理由通知工会，不是让工会审议通过，而是意见的征求，对于工会的意见建议，用人单位认为正确的应当采纳，如果认为理由不成立的，仍然可以解除劳动合同。

当然，用人单位在单方解除劳动合同时，仍应当慎重对待工会的意见，对于工会提出的意见应当研究并答复。

（三）未建立工会，用人单位解除劳动合同前如何履行工会通知程序

在实践中，不少用人单位出于各种原因尚未建立工会，那么当此类单位单方解除劳动合同时该如何履行通知义务呢？或者是否必须通知工会呢？对此，司法实践中有不同的观点。

1. 观点一：未建立工会的，通知用人单位所在地工会或者征求职工意见或者告知总工会

部分法院认为，虽然《劳动合同法》以及相关司法解释中并未明确规定用人单位在未建立工会的情况下单方解除劳动合同是否需要履行告知程序义务，从避免用人单位随意解除劳动合同和保护劳动者利益的角度出发，单位单方解除劳动合同时履行告知义务是不可少的法定程序。与此同时，若不建立工会，用人单位单方面解除劳动合同便不需要通知工会，将鼓励企业不建立工会，显然与建立工会保护职工合法权益的立法初衷相悖。

除此之外，部分地区有明确规定，比如江苏，根据《江苏省劳动合同条例》第三十一条规定，“用人单位解除或者终止劳动合同，应当符合法定的条件和程序。用人单位单方解除劳动合同，应当事先将理由通知工会；用人单位尚未建立工会的，通知用人单位所在地工会”。大丰惠民某有限公司与吴某劳动争议一案［（2021）苏09民终2812号］即采取该观点，法院认为公司在尚未建立工会的情况下，应当以告知并听取职工代表意见的方式来履行民主程序。类似案例还有很多，比如某医院与尹某劳动争议一案［（2020）湘05民终734号］、某（上海）有限公司与王某某劳动合同纠纷一案［（2013）沪二中民三（民）终字第1015号］等。

2. 观点二：未建立工会是否应当履行告知程序义务无明确法律规定，不能作为主张违法解除的依据

部分法院认为，《劳动合同法》第四十三条的适用应以用人单位已建立工会为前提，若用人单位未建立工会，则无从履行通知程序，而对未建立工会的用人单位单方解除劳动合同之时向谁履行通知程序并没有明确的法律规定，劳动者以用人单位未履行通知程序为由主张单方解除劳动合同违法不具有法律依

据。比如范某与某劳务服务有限公司劳动合同纠纷一案［（2018）辽02民终6374号］，法院认为，建立工会是企业职工的自愿行为，法律对工会的建立没有强制性规定。

《劳动合同法》第四十三条虽规定建立了工会组织的用人单位解除劳动合同应当事先通知工会，劳动者以用人单位违法解除合同为由要求支付赔偿金的，人民法院应予支持。本案中，在某劳务服务有限公司并未建立工会的前提下，范某认为某劳务服务有限公司解除劳动合同未通知工会系违法解除的主张，不具有法律依据，本院不予采纳。再如，北京某有限公司广州分公司与蔡某劳动争议一案［（2019）粤0112民初1442号］，法院认为法律规定建立了工会的用人单位需要在单方解除劳动合同时事先通知工会，而对于未建立工会的用人单位则未作要求。现用人单位未建立工会，故对于员工以用人单位未通知工会为由主张其解除劳动合同的行为属于违法解除，不予支持。

因此，对于尚未建立工会的用人单位，在单方解除时应当关注当地司法实践中对于此种情况下通知工会程序的要求。

二、实战案例解析

（一）基本案情[①]

2009年10月26日，徐某与旅行社签订期限自2009年11月1日起至2011年12月31日止的劳动合同。之后，双方又于2012年签订自2012年1月1日起的无固定期限《劳动合同书》。

2016年10月26日，旅行社在公司公告栏张贴搬迁通知。在搬迁后，公司多次催促徐某到岗，徐某等人未到新办公室上班，公司认定其自2016年10月31日至11月7日，连续旷工6天。

2016年11月15日，旅行社向公司工会发出《关于解除××等37名员工劳动关系的通知》，写明徐某等37名员工严重违反公司规章制度，拟解除劳动关系，并通知工会于2日内向公司提出意见，公司将对工会的意见，进行研究，最后

① （2017）苏01民终10882号。

作出决定。

2016年11月17日，公司工会向旅行社发出《收到〈关于解除××等37名员工劳动关系的通知〉的回复》，其中写明公司搬迁过程中不广泛征求员工意见、不与部门和员工沟通，而对于拒绝搬迁仍在原址坚守岗位的员工，总经理用多种手段进行打压，但包括徐某在内的37名员工仍继续到岗上班，公司所述“连续旷工的严重过失行为”不存在，并建议进行协商处理。

2016年11月21日，旅行社作出《解除劳动关系决定书》，以严重违反公司规章制度，存在连续旷工的过失行为为由，解除与徐某的劳动关系。

（二）案件代理思路

本案的争议焦点之一为用人单位在解除劳动合同前征求工会意见，工会不同意解除的，用人单位是否构成违法解除。作为案件中单位的代理人，我们应将重点放在对《劳动合同法》第四十三条规定的理解上。根据《劳动合同法》第四十三条的规定，工会更多的是参与权，不是决定权。在用人单位已经履行解除劳动合同前征求工会意见程序的情况下，即便工会不同意解除，最终的解除决定权仍在用人单位。

（三）法院审查要点

法院认为，《劳动合同法》第四十三条规定：“用人单位单方解除劳动合同，应当事先将理由通知工会。用人单位违反法律、行政法规规定或者劳动合同约定的，工会有权要求用人单位纠正。用人单位应当研究工会的意见，并将处理结果书面通知工会。”《最高人民法院关于审理劳动争议案件适用法律若干问题的解释（四）》（已废止）第十二条规定：“建立了工会组织的用人单位解除劳动合同符合劳动合同法第三十九条、第四十条规定，但未按照劳动合同法第四十三条规定事先通知工会，劳动者以用人单位违法解除劳动合同为由请求用人单位支付赔偿金的，人民法院应予支持，但起诉前用人单位已经补正有关程序的除外。”本案中，旅行社已于2016年11月15日将与徐某解除劳动合同的理由通知该公司工会，后于2016年11月21日与徐某解除劳动合同，符合法定程序。徐某以工会不同意解除劳动合同为由，主张旅行社解除劳动合同的行为违法，缺乏法律依据，法院不予采信，认定旅行社与徐某解除劳动合同合法。

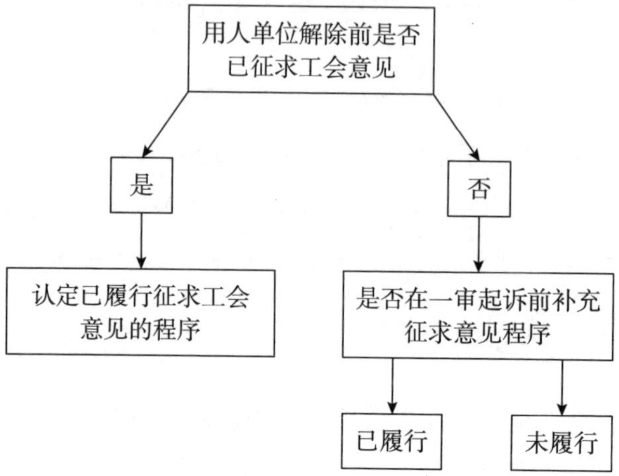

征求工会意见纠纷审查要点图示

（四）征求工会意见问题在举证层面的注意事项

用人单位应当妥善留存征求工会意见函件的相关征询意见的记录，如快递单凭据、征询工会意见的记录、工会意见的回函等，以便在发生争议时可以进行举证。

三、合规操作方案

用人单位在根据《劳动合同法》第三十九条及第四十条单方解除某员工前，应当按照第四十三条的规定，将解除员工的事由提前书面通知工会，征求工会的意见，并妥善留存已征求过工会意见的记录，包括但不限于征询意见函，会议纪要等。在保留征求工会意见的证据后，还应当获得并保留工会回复意见的书面证据。

第十一节　解除通知送达问题

一、解除通知送达问题解析

解除劳动合同通知书的送达程序是用人单位单方解除劳动合同的必经程序。《劳动合同法》第三十九条、第四十条、第四十一条规定了用人单位可以单方解除劳动合同的情形，用人单位的单方解除权属于要式法律行为，在司法实践中，如果用人单位无法证明其已依法向劳动者履行送达程序，则可能会被劳动争议仲裁机构或者人民法院认定为用人单位与劳动者的劳动关系没有解除。此外，送达也与双方劳动关系解除的时间点相互关联，解除的时间点为通知到达员工时。

实践中，用人单位有哪些送达解除劳动合同通知书的方式？在送达解除劳动合同通知书时，可能会存在哪些困难？

（一）用人单位有哪些送达解除劳动合同通知书的方式

《劳动部办公厅关于通过新闻媒介通知职工回单位并对逾期不归者按自动离职或旷工处理问题的复函》（劳办发〔1995〕179 号，以下简称《复函》）虽然已经失效，但对于在职员工仍然具有参照意义。根据上述文件及实践情况，用人单位通常可以采用的送达方式主要有：直接送达、邮寄送达和公告送达。

1. 直接送达

用人单位应当采取直接送达的方式，将解除劳动合同通知书送达劳动者本人，并保留相应的证据。直接送达劳动者的方式包括：

（1）当面送达纸质解除通知并取得签收回执

最直接的方式是，当面将解除劳动合同书面通知送达给劳动者本人，并保留劳动者的签收记录。

（2）当面宣读解除通知内容并进行录音（录像）

在单方解除的情形下，经常会发生劳动者拒绝签收解除通知的情形，此时，用人单位可以向劳动者当面宣读解除劳动合同通知书的内容，并留存录音证据。录音中应当体现出劳动者在场接收解除通知内容的声音，如为录像，录像应当同时有录音。

（3）电话通知本人并进行录音

有些情况下，劳动者已经不再出勤，用人单位可以通过电话与员工本人联系，电话告知解除通知书的内容并告知其到单位领取解除通知，同时进行录音取证，录音中应当体现出劳动者在场接收解除通知内容的声音。

（4）通过短信、微信、电子邮件等方式发送给劳动者本人并取得回复

用人单位在不能当面送达、不能电话通知劳动者本人的情况下，可以保留客观上已经采取上述送达程序操作的证据，同时，以短信、微信、电子邮件等方式向劳动者发送解除通知。当然发送短信的，应当证明该电话号码为劳动者所使用；发送微信的，应当证明该微信为劳动者拥有；发送电子邮件的，应当证明该邮件地址为劳动者拥有，同时，应当取得劳动者收到该通知的回复。

2. 邮寄送达

用人单位在采取上述直接送达劳动者本人的方式（并留存相应证据）后，仍然无法直接送达解除通知的，可以通过邮寄寄送至员工劳动合同中或相关约定中体现的劳动者的联系地址，快递单上需写明解除劳动合同通知书字样。邮寄后，注意查询邮寄结果，并保留签收记录的证据。不能成功送达的原因可能多种多样，常见的情形包括拒收、无此地址、此地址查无此人等。如果是后两者，无此地址或此地址查无此人，那么可以说明该地址无法送达劳动者，不能认为已经完成了通知的送达。如拒签的，也不能当然地认定为送达，建议再次核实地址进行邮寄，并以电话、邮件、微信等形式向员工送达《解除劳动合同通知书》，并且做好录音和邮件记录、聊天记录原始载体的留存。

3. 公告送达

在穷尽上述送达步骤并留存相应证据后，仍然无法有效送达劳动者的，用人单位可以采取公告送达的方式。《复函》中规定，“按照《企业职工奖惩条例》（国发［1982］59 号）第十八条规定精神，企业对有旷工行为的职工做除名处理，

必须符合规定的条件并履行相应的程序。因此，企业通知请假、放长假、长期病休职工在规定时间内回单位报到或办理有关手续，应遵循对职工负责的原则，以书面形式直接送达职工本人；本人不在的，交其同住成年亲属签收。直接送达有困难的可以邮寄送达，以挂号查询回执上注明的收件日期为送达日期。只有在受送达职工下落不明，或者用上述送达方式无法送达的情况下，方可公告送达，即张贴公告或通过新闻媒介通知。自发出公告之日起，经过三十日，即视为送达。在此基础上，企业方可对旷工和违反规定的职工按上述法规做除名处理。能用直接送达或邮寄送达而未用，直接采用公告方式送达，视为无效”。

尽管《复函》已经失效，但是其规定的内容仍然有一定的实践参考价值，公告送达应为穷尽所有送达方式后仍然无法送达的情况下最后使用的送达手段。在此需要强调的是，我们并未将上述规定中将通知交其同住成年亲属的方式列为直接送达的方式，在采取此种方式时用人单位应当更加谨慎，一是因为用人单位需要证明与劳动者同住的成年亲属的身份关系；二是因为用人单位还需要证明向其同住亲属送达了解除通知；三是因为解除通知中有可能会涉及劳动者不愿为他人所知的内容，有可能引起家庭纠纷（如性骚扰导致的解除）。

（二）在送达解除劳动合同通知书时，可能会存在哪些困难

1. 劳动者拒收劳动合同解除通知的，是否影响解除劳动合同的效力

在实践中，用人单位在邮寄劳动合同时常会遇到劳动者预留地址有误、地址变更或员工拒收等情况。如果解除劳动合同通知书被劳动者拒收，可能将无法产生双方劳动合同已经解除的效力。

在“（2015）泰中民终字第 00996 号”案件中，法院认为，关于公司是否违法解除劳动合同的问题。根据劳动合同法的相关规定，用人单位以劳动者有过错单方作出解除劳动合同的，当解除通知到达劳动者时发生法律效力。公司邮寄的解除通知被退回，故该通知未能到达张某，不能产生用人单位期待的解除后果，对张某无约束力。因张某后提出仲裁、诉讼，双方一致确认以 2013 年 12 月 20 日作为劳动合同解除之日，原审法院予以照准并无不当。

2. 公告送达需要注意措辞使用的谨慎

根据拟送达员工文件的类型不同，公告送达的内容随之调整。对于解除劳

动合同而言，公告送达的内容可采用解除劳动合同通知书模板的内容，但是在涉及严重违纪的情况下对于用语应特别谨慎，并且对于严重违纪的证据应达到充分的证明力度，否则可能存在侵犯员工名誉权的风险。

在“（2021）京0114民初18271号”一案中，2020年12月29日，某某公司在中国商报上刊登《公告》，载明：依据公司规章制度及我国《劳动合同法》第三十九条规定，现通知如下：因徐某（员工号：063029）严重违反公司规章制度，您与公司2020年5月8日所签的《劳动合同书》于2020年12月24日正式解除，请您于登报之日7天内，来人力资源部办理解除劳动合同及工作交接手续，逾期不办理手续后果自负。法院认为，生效判决已认定“在事发过程中，被告（徐某）也有不当和过激行为，存在一定的过错，然而此种过激行为并未达到严重违纪的程度”，但某某公司在中国商报上刊登的《公告》中载明“严重违反公司制度”的内容，该解除劳动合同关系情形与实际情况不符，且经生效判决认定，某某公司已构成违法解除。《公告》中“严重违反公司制度”的内容是对原告劳动、工作情况的负面评价，该不实评价存在于求职市场，为相关用人单位所知悉，事实上降低了对原告的社会评价，并对其就业、求职产生了一定的负面影响，亦会对原告造成一定的精神损害，已构成对原告名誉权的侵犯。

二、实战案例解析

（一）基本案情[①]

王某于2011年4月7日入职公司，担任OEM经理，双方签订劳动合同期限至2019年4月6日。2014年公司指派王某担任某洲公司的法定代表人、执行董事和经理。2019年4月30日某洲公司法定代表人变更为杨某菲。

公司于2019年4月3日以王某在某洲公司担任法定代表人期间严重失职、营私舞弊、给公司造成重大损失为由与王某解除劳动合同，2019年4月3日公司人力将解除通知书送达王某，王某以不认可解除理由拒收，公司通过邮寄的方式向王某送达，王某于2019年4月4日拒收。就此，公司提交了2019年4月3日解

① （2022）京03民终1617号。

除劳动合同通知书，2019年4月3日向王某送达解除通知书的录像光盘、邮寄回执。

（二）案件代理思路

本案的争议焦点之一为用人单位是否将解除劳动合同通知书送达给劳动者以及双方劳动关系的解除时间点的认定。作为案件中单位的代理人，我们应将重点放在如何证明劳动者已经知悉用人单位已作出与其解除劳动关系的决定上。在用人单位已经提前当面告知员工解除劳动合同的决定，并且有视频记录为证的情况下，劳动者单纯拒收解除劳动合同通知书快递的行为不影响劳动者已经知悉用人单位已作出与其解除劳动关系的决定。因此，在劳动者拒收解除劳动合同通知书快递的情况下，用人单位应当尽快通过电话、当面沟通的方式再次告知劳动者用人单位已作出与其解除劳动关系的决定，并做好录音录像记录留存。在选择邮寄解除劳动合同通知书前也可以先向劳动者当面告知用人单位已作出与其解除劳动关系的决定，并做好录音录像记录留存。

（三）法院审查要点

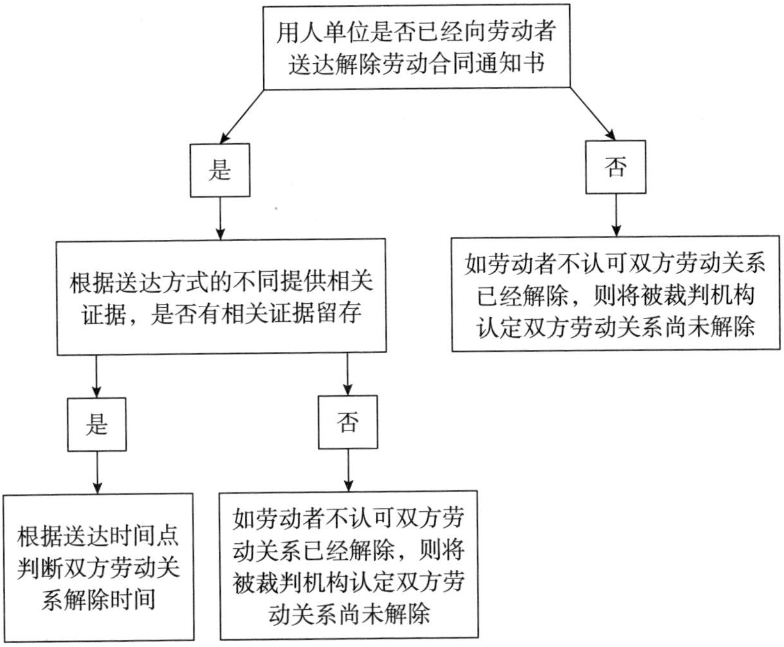

解除通知书送达纠纷审查要点图示

当事人对于自己提出的主张，负有举证的义务。关于劳动合同的解除时间，根据公司提交的视频光盘可见 2019 年 4 月 3 日其向王某送达解除通知，王某拒收，当日又向王某邮寄，王某于 4 日再次拒收。公司关于视频中《劳动合同通知书》的行数与诉讼中提交的《劳动合同通知书》行数不一致问题的解释具有合理性，法院予以采纳。法院认为王某不认可解除劳动关系的理由并不影响用人单位已经作出解除劳动合同的意思表示，王某应该知晓双方的劳动合同于 2019 年 4 月 3 日解除的情况。

（四）解除通知书送达问题在举证层面的注意事项

根据送达方式的不同，用人单位应当妥善留存解除通知书送达劳动者的相关送达记录，如员工签收单、快递单凭据等，以便在发生争议时可以进行举证。

三、合规操作方案

用人单位在根据《劳动合同法》第三十九条及第四十条单方解除某员工前，应当按照《复函》的要求向劳动者履行送达解除《劳动合同通知书》的证明材料，比如通过员工向用人单位留存的地址、邮箱、联系电话、微信等送达，将《解除通知书》以邮寄、短信、微信、电子邮件等形式发送至员工，并妥善留存相关证明材料（如快递单和送达记录、微信记录，邮件记录等）。

如果用人单位无法证明其已依法向劳动者履行送达程序，则可能会被劳动争议仲裁机构或者人民法院认定为用人单位与劳动者的劳动关系没有解除。

第十二章
劳动合同的终止

第一节 劳动合同到期终止

一、劳动合同到期终止问题解析

根据《劳动合同法》第四十四条第一项规定，劳动合同期满的，劳动合同终止。需要注意的是，除上海地区外，上述条款仅适用于用人单位与劳动者双方第一次签订固定期限劳动合同期满的情形。此外，在某些特殊情形下，劳动合同需要顺延至相应情形消失时终止。

实践中，劳动合同期满终止需要履行哪些步骤？在用人单位提出不续签的情况下需要承担哪些成本？

（一）劳动合同期满终止需要履行哪些步骤

1. 发送续签（不续签）劳动合同意向征询书

我们建议，在员工劳动合同到期前，用人单位可向劳动合同将要到期的员工发送续签（不续签）劳动合同意向征询书。

以北京市为例，根据《北京市劳动合同规定》第四十条的规定："劳动合同期限届满前，用人单位应当提前30日将终止或者续订劳动合同意向以书面形式通知劳动者，经协商办理终止或者续订劳动合同手续。"因此，用人单位在续订劳动合同前向员工发送续订意向通知的做法符合法律规定。具体而言，此种操作方式对用人单位来说具有如下意义：

（1）若用人单位维持或者提高劳动合同约定条件续订劳动合同，但劳动者不同意续订的，劳动合同期满终止时用人单位无需向劳动者支付经济补偿金。

根据《劳动合同法》第四十六条第五项的规定，除用人单位维持或者提高劳动合同约定条件续订劳动合同，劳动者不同意续订的情形外，劳动合同期满终止的，用人单位应当向劳动者支付经济补偿金。如涉及劳动争议纠纷案件，用人单位应当证明“用人单位维持或者提高劳动合同约定条件续订劳动合同，劳动者不同意续订”。若用人单位不能举证证明，则有可能需要向劳动者支付经济补偿金。

（2）若用人单位未能在劳动合同期满前与劳动者续订劳动合同而又在劳动合同期满后继续用工的，用人单位有可能因未与劳动者订立书面劳动合同而需要向劳动者每月支付二倍的工资。发送续签（不续签）劳动合同意向征询书有助于用人单位尽快确认接下来的操作步骤。

根据《劳动合同法》第八十二条的规定，用人单位自用工之日起超过一个月不满一年未与劳动者订立书面劳动合同的，应当向劳动者每月支付二倍的工资。而在续订劳动合同时则没有“超过一个月”的宽限期，实践中，续订劳动合同有可能因劳动者出差、假期等原因在前一份劳动合同期满后仍未签订，一旦出现没有签订书面劳动合同而又实际用工的情况，用人单位将要面临向员工支付二倍工资的风险。

鉴于上述原因，我们认为用人单位有必要在劳动合同期满前 30 日向员工发送续签（不续签）劳动合同意向征询书。此外，需要提示用人单位注意，若第一次固定期限劳动合同期满用人单位决定不与员工续订劳动合同或者员工不符合签订无固定期限劳动合同的条件用人单位终止劳动合同的，用人单位也应当提前 30 日书面通知员工，否则，根据《北京市劳动合同规定》第四十七条的规定，终止劳动合同未提前 30 日通知劳动者的，以劳动者上月日平均工资为标准，每延迟 1 日支付劳动者 1 日工资的赔偿金。

2. 如用人单位选择不与员工续签劳动合同，在劳动合同到期前，及时向员工发送到期不续签通知书

如用人单位选择不与员工续签劳动合同，应当在劳动合同到期前，及时向员工发送书面到期不续签通知书，并对送达记录进行充分留痕，避免被员工主张劳动合同到期后双方劳动关系仍存续。

（二）在用人单位提出不续签的情况下需要承担哪些成本

1. 终止劳动合同的经济补偿金

根据《劳动合同法》第四十六条第五项规定，除用人单位维持或者提高劳动合同约定条件续订劳动合同，劳动者不同意续订的情形外，依照本法第四十四条第一项规定终止固定期限劳动合同的，用人单位应当向劳动者支付经济补偿。

因此，如果用人单位提出不续签劳动合同的情况下，用人单位需要根据《劳动合同法》第四十七条等规定支付员工经济补偿金。

2. 如果劳动合同到期终止，在未提前一个月通知的情况下，需要支付员工“代通知金”吗

该情形不属于代通知金。代通知金在劳动法上有着专属意义，根据《劳动合同法》第四十条规定如果没有提前30日通知解除的，额外支付的一个月工资为代通知金。

对于“劳动合同到期终止，需要提前一个月告知员工，如果未提前告知，需要向员工支付一个月的工资”，首先，《劳动法》和《劳动合同法》并未作出明确规定。其次，个别地区有相关规定，如北京，2001年12月24日北京市人民政府发布的《北京市劳动合同规定》第四十条规定：“劳动合同期限届满前，用人单位应当提前30日将终止或者续订劳动合同意向以书面形式通知劳动者，经协商办理终止或者续订劳动合同手续。”以及第四十七条规定：“用人单位违反本规定第四十条规定，终止劳动合同未提前30日通知劳动者的，以劳动者上月日平均工资为标准，每延迟1日支付劳动者1日工资的赔偿金。”因此，仅就北京地区而言，若劳动合同终止前用人单位未提前30日通知劳动者的，以劳动者上月日平均工资为标准，每延迟1日支付劳动者1日工资的赔偿金。再如山东淄博，2000年9月29日山东省淄博市十一届人大常委会第十八次会议通过的《淄博市劳动合同条例》（现已失效）第二十六条规定：“劳动者解除劳动合同，应当提前三十日以书面形式通知用人单位。”第四十六条规定：“用人单位终止或者依据本条例第二十三条规定解除劳动合同未提前三十日书面通知劳动者的，应当支付劳动者一个月平均工资的赔偿金。”从北京和淄博的规定也可以

看出，不提前30日通知的法律后果还是有些差异的，北京是按照迟延天数计算，而淄博是按月计算。最后，其他未规定的地区，从工作角度以及工作交接等问题，包括尽可能让员工有期待时，尽量提前通知还是必要的。同时，用人单位提前征求劳动者是否同意续签还关涉如果一旦不续签是否需要支付经济补偿金等问题。为此，不论法律或当地司法实践是否有特殊规定，提前30日征求相关意见是必要的。对于个别地区有特殊规定的，应当按照当地规定执行。

二、实战案例解析

（一）基本案情[①]

李某在某某汽车公司从事出租车驾驶员工作。2020年6月9日，李某向某某汽车公司提交“幻觉和妄想状态，休30天”的医院诊断证明后未上班工作。某某汽车公司向李某出具《终止劳动合同证明书》，内容载有“我单位与李某签订的劳动合同从2017年12月13日起至2020年6月30日止。根据《劳动合同法》第四十四条规定，于2020年6月30日到期终止”。

2020年9月，李某申请劳动争议仲裁，要求某某汽车公司支付违法解除劳动关系经济赔偿金、病假工资。

（二）法院审查要点

法院认为，《劳动合同法》第四十二条、第四十五条规定，劳动者患病或者非因工负伤，在规定的医疗期内劳动合同期满的，劳动合同应当续延至相应的情形消失时终止。根据查明的事实，某某汽车公司虽出具提前征询到李某不续签劳动合同意向的回执，但某某汽车公司在李某已向其公司提交了就医诊断证明处于病假休息期内的情况下，径行于劳动合同期满日终止劳动合同，有违劳动合同法关于劳动合同期满终止除外情形的规定，故一审对李某要求某某汽车公司支付违法终止劳动合同赔偿金的请求予以支持，并无不当。某某汽车公司认可接收了李某的病假证明及李某自此停止工作病休。某某汽车公司现以对

① （2022）京02民终2261号。

李某病休诊断证明上所载病状诊断的依据有质疑，以及李某入职其他单位的体检报告内容与病休诊断证明所体现的李某身体健康状况不相符为由，主张其公司于李某劳动合同到期日终止劳动合同合法，事实及法律依据不足，故某某汽车公司请求改判无需支付违法终止劳动合同赔偿金，本院不予支持。

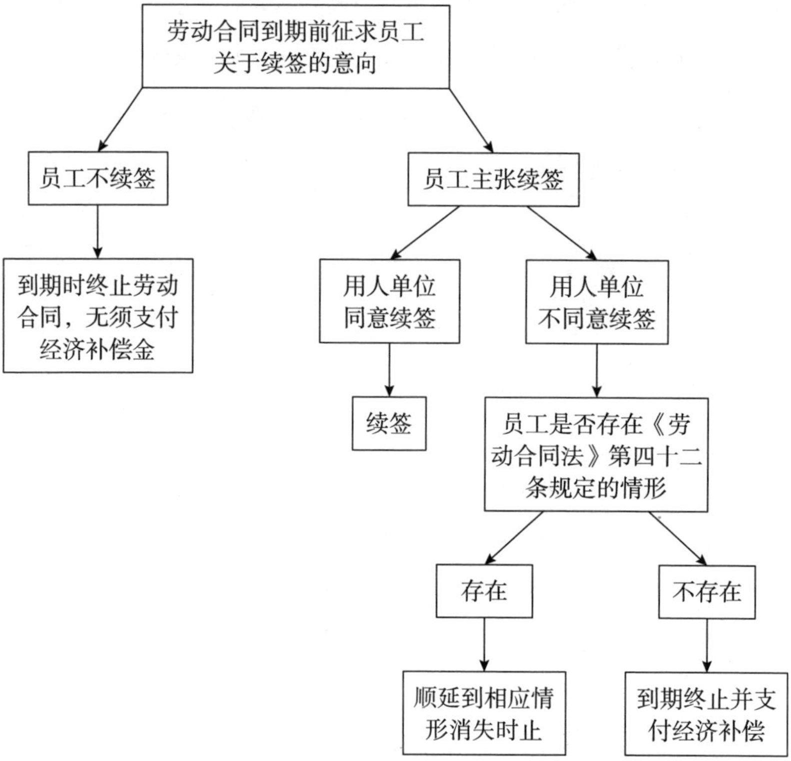

劳动合同到期终止问题纠纷审查要点图示

（三）劳动合同到期终止问题在举证层面的注意事项

用人单位应当妥善留存征求员工续签意向、终止劳动合同通知书的相关送达记录，如快递单凭据、员工的回函等，以便在发生争议时可以进行举证。

三、合规操作方案

在第一次签订固定期限劳动合同的情况下，劳动合同期满前（部分地区要求在期满30日前）用人单位应当通知员工是否续签劳动合同，如果用人单位同意续签的，应当将用人单位续签的意愿告知劳动者，并要求劳动者对于其是否同意续签作出明确的意思表示。劳动者同意续签的，用人单位应当在劳动合同期满前与劳动者续订劳动合同，劳动者不同意续签的，建议用人单位在劳动合同期满前告知劳动者双方劳动合同于期满时终止。如果用人单位不同意续签的，应当在劳动合同期满前告知劳动者劳动合同期满时终止，不再续签。在劳动合同终止时及时为劳动者开具离职证明，避免继续用工。

第二节　女职工退休年龄认定问题

一、女职工退休年龄认定问题解析

女职工退休年龄有50岁和55岁之分，特定情形下有60岁，因为退休年龄与女职工身份和岗位性质认定直接相关，因此，有关女职工身份与岗位性质经常产生争议，本节通过对法律规定、各地司法实践的梳理，对该问题进行分析。

（一）女职工退休年龄认定依据的变化——从身份到岗位的转变

1. 干部与工人身份决定女职工退休年龄的时代

根据《国务院关于安置老弱病残干部的暂行办法》和《国务院关于工人退休、退职的暂行办法》（国发〔1978〕104号）规定：党政机关、群众团体、企业、事业单位的干部，符合下列条件之一的，都可以退休：男年满六十周岁，女年满五十五周岁，参加革命工作年限满十年的。全民所有制企业、事业单位和党政机关、群众团体的工人，符合下列条件之一的，应当退休：男年满六十周岁、女年满五十周岁，连续工龄满十年的。

原劳动和社会保障部办公厅《关于企业职工"法定退休年龄"涵义的复函》

（劳社厅函〔2001〕125号，现已失效）进一步规定：国家法定的企业职工退休年龄，是指国家法律规定的正常退休年龄，即：男年满60周岁，女工人年满50周岁，女干部年满55周岁。

2. 打破“干部”与“工人”的界限，走向管理岗位与非管理岗位的区别

国家经贸委、人事部、劳动和社会保障部联合发出的《关于深化国有企业内部人事、劳动、分配制度改革的意见》（国经贸企改〔2001〕230号）要求，“打破‘干部’和‘工人’的界限，变身份管理为岗位管理”“管理人员是指企业内部担任各级行政领导职务的人员、各职能管理机构的工作人员以及各生产经营单位中专职从事管理工作的人员”。

3. 部分岗位特殊规定

（1）女性高级专家

根据《人事部关于高级专家退（离）休有关问题的通知》第二条规定，女性高级专家，凡身体能坚持正常工作，本人自愿，可到六十周岁退（离）休。对年满六十周岁的少数女性高级专家，确因工作需要延长退（离）休年龄的，按国发〈1983〉141号和劳人科〈1983〉153号文件规定执行。高级专家的判断标准（即《人事部关于高级专家退（离）休有关问题的通知》中第二条的适用范围）按照《国务院关于高级专家离休退休若干问题的暂行规定》和《劳动人事部关于印发两个“说明”的通知》中的附件一执行，主要包括正副教授、正副研究员、高级工程师、高级农艺师、正副主任医师、正副编审、正副译审、正副研究馆员、高级经济师、高级统计师、高级会计师、特级记者、高级记者、高级工艺美术师，以及文艺六级以上的专家。

（2）会计岗位

根据《会计专业技术人员继续教育规定》（财会〔2018〕10号）第二条规定，国家机关、企业、事业单位以及社会团体等组织具有会计专业技术资格的人员，或不具有会计专业技术资格但从事会计工作的人员继续教育，适用本规定。

《北京市深化会计人员职称制度改革实施办法》（京人社事业发〔2022〕9号）第三条第一款规定，1. 拓展会计人员职业发展空间，增设正高级职称。会计专业高级职称分设副高级和正高级，初级职称只设助理级。初级、中级、副高级和正高级职称名称依次为助理会计师、会计师、高级会计师和正高级会计师。

2. 各层级职称与事业单位专业技术岗位等级相对应。正高级对应专业技术岗位一至四级，副高级对应专业技术岗位五至七级，中级对应专业技术岗位八至十级，初级对应专业技术岗位十一至十三级。但需要注意的是，上述规定仅适用于北京市的事业单位，而非全部的企事业单位。

4. 事业单位的特殊规定

根据《关于机关事业单位县处级女干部和具有高级职称的女性专业技术人员退休年龄的通知》（组通字〔2015〕14 号）规定，事业单位中县处级女干部和女性高级专家可到 60 周岁退休。

以上是目前女职工退休年龄的相关法律规范与历史发展演变，上述演变加持现实的各种复杂情况，实践中处理该问题并不简单。

（二）女职工岗位认定主体

女职工的岗位认定与公司规章制度有关，也与人社局的认定有关。

1. 各地人社局的认定

各地人社局在自身的退休办理政策中逐渐明确，女职工退休年龄的认定以其岗位为判断依据，不再以干部、工人身份作为判断依据。

部分地区人社局的认定标准可从退休申报材料中得以体现，如《北京市人力资源和社会保障局关于进一步加强基础管理、规范退休核准工作有关问题的通知》（京人社养发〔2011〕49 号）附件一规定，正常退休条件为：男年满 60 周岁，女管理和专业技术岗位年满 55 岁，女非管理岗位年满 50 周岁，缴费年限（含视同缴费年限）累计满 15 年。正常退休基本材料为职工档案、《北京市基本养老保险待遇核准表》等。按非管理岗位办理退休的女职工需提供本人退休申请及劳动合同书、岗位协议等其他相关证据材料。

部分地区人社局直接制定出台关于以岗位性质判断女职工退休年龄的规定，并对证明材料的形式进行了规定，如《上海市社会保险管理局关于印发〈关于审核本市企业职工办理退休退职手续若干问题的规定〉的通知》规定，女职工年满 50 周岁（从事管理和技术岗位工作满 55 周岁），并符合退休（职）条件的，可按有关规定办理退休、退职手续；女职工原从事管理和技术岗位工作，后因合同期满或其他工作需要又改为从事生产服务工作岗位的，经单位出具有关证明后，可按其实际从事的岗位核定退休、退职年龄。

《江苏省企业职工基本养老保险实施办法》（苏人社规〔2022〕1号）第十四条第一款、第二款规定，企业应当制定本单位的岗位目录（包括岗位名称、岗位性质等），经职工大会或者职工代表大会通过后，提供给人力资源社会保障部门，作为确定女职工退休年龄和办理退休手续的依据之一。企业应当按照双方签订的劳动合同和本单位的岗位目录，确定女职工所从事岗位的性质。女职工从事岗位的性质发生变动时，应当及时通过签订岗位变动协议或者变更劳动合同等合法有效形式确定，并向社会保险经办机构申报变更岗位性质信息。海南省、成都市等地区亦有与上述要求相似的规定。

2. 司法实践

由于有些地区、行业可能未明确如何判断女职工的岗位，或在用人单位与女职工实际用工的过程中并未留存当地人社局所规定的认定女职工岗位的相关材料时，如何认定女职工退休年龄往往会发生争议，根据我们对司法实践的检索，总结出以下裁判观点：

（1）不属于劳动争议受理范围

由于对女职工属于管理还是技术岗位实际上很难用法律进行衡量，往往属于管理性质的问题，故部分裁判者认为此类案件不属于劳动争议受理范围。在“（2020）沪02民终5528号”案件中，法院认为，关于用人单位中女性工作人员适用55周岁退休的条件需按其岗位是否属于管理、技术岗位来确定。用人单位作为企业法人，依法自主经营，法律赋予其施行企业管理制度的权利，可以根据企业自身需求设定各类工作岗位，也包括设定对应于原干部身份的管理、技术岗位类别；员工是否达到退休年龄，实质还是在于其是否属于管理或技术岗位。一审据此认定本案不属于劳动争议案件的受理范围，并对员工该诉请不予处理，并无不当。在“（2018）沪02民终2854号”案件中，法院持同样的观点。

（2）不属于法院受理范围，但尊重用人单位的自主用工管理权

在“（2017）最高法行申8303号”案件中，法院认为，对于职工退休时工作岗位性质属于管理或技术岗位还是操作、生产或服务岗位，已办理内退的情况如何处理等，则要结合企业内部岗位分类管理文件和职工档案等综合认定，

属于企业的用工自主管理权范畴。×× 市烟草局经过职工代表大会通过的《管理办法》并不违反法律、法规的禁止性规定，可作为 ×× 市烟草商业系统内签订劳动合同的职工岗位性质认定和内退情形办理退休手续的参考依据，一审判决驳回冯某诉讼请求，二审维持原判并无不当。

法院认为，姜某在其 2019 年 2 月即将满 50 周岁前向 ×× 银行提出退休申请，×× 银行以其为干部退休年龄应为 55 周岁为由不予办理。对于职工退休时工作岗位性质属于管理或技术岗位还是操作、生产或服务岗位，属于企业的自主用工管理权范畴。双方有分歧的，由劳动行政部门在办理退休时审查。因为劳动者是否符合退休条件由劳动行政部门审核，所以姜某要求 ×× 银行办理退休的请求不属于人民法院民事案件受案范围。

（3）从实质上考察女职工的工作内容，判断是否属于管理岗或专业技术岗

北京地区近年来的案例普遍根据女职工的实际工作岗位和工作内容，从实质上判断是否属于管理岗、专业技术岗。认定女职工的工作岗位及工作内容以书面文件（如劳动合同约定、岗位说明书等）、双方当事人开庭时的陈述以及其他能够体现女职工的工作岗位及工作内容的证据进行判断。在判断女职工所在的工作岗位是否属于管理岗、专业技术岗方面，法院根据认定的工作岗位及该岗位所需要从事的实际工作内容，结合针对该工作岗位的相关外部政策、单位内部规定、社会经验等进行综合认定，在认定过程中，如果没有明确内外部政策规定的情况下，法院的自由裁量权存在较大的施展空间。

二、实战案例解析

职工权益维护关系社会稳定，如处理不妥当有引发群体性事件的风险，实践案件处理时，可以通过多种方式化解实际问题和法律规定之间的矛盾。

（一）基本案情[①]

刘某于 2011 年 4 月 20 日与某某广告分公司签订了起始期限为 2011 年 5 月

① （2021）京 0106 民初 5778 号。

1日的无固定期限劳动合同，约定其担任广告业务相关岗位（工种）工作。2018年2月1日，刘某岗位职级调整为运营管理中心运行部高级专员，调整后的月固定工资为6440元/月，月绩效基数为3584元/月。运营管理中心运行部内部设有运行部总监、部门总监、主管、高级专员、专员岗位。在职期间，刘某在中国之声审听发播岗位，主要负责对即将播出的音频进行完整核对、审听，根据广告节目单对每个时段的广告音频逐条审听，及时发现错误或问题，及时反馈，保证安全播出等。刘某于2020年1月25日年满50周岁。因部分社会保险在山西缴纳及人事档案存放在山西，某某广告分公司于2020年2月至7月与刘某沟通社会保险异地转移及办理退休手续事宜，沟通过程中刘某询问是否需要上班，公司答复在没有办妥之前，按照之前正常工作。2020年8月12日，某某广告分公司向刘某发送《关于尽快完善社保异地转移接续并办理退休手续的通知》，通知要求刘某争取在2020年9月30日前完成异地社保转移接续工作，以尽快办妥退休手续，并告知刘某自8月1日起不再发放工资，于8月1日至9月30日期间发放基本生活费并代扣社保费。

2020年9月24日，刘某向北京市丰台区劳动争议仲裁委员会（以下简称丰台仲裁委）提起仲裁，要求某某总公司、某某广告分公司共同支付2020年8月1日至27日工资差额10394.28元、2020年1月1日至8月27日未休年休假工资12087.54元及违法解除劳动合同赔偿金525809.88元。2020年11月25日，丰台仲裁委作出京丰劳人仲字（2020）第5371号裁决书，裁决驳回刘某的各项仲裁请求。刘某不服仲裁裁决结果，起诉至法院。

（二）案件代理思路

本案的争议焦点是刘某的岗位是否为管理岗或专业技术岗，在双方无明确书面约定，用人单位无明确规章制度规定的情况下，我们应当结合刘某岗位在组织架构中的地位、作用、刘某实际的工作内容说明刘某实质上属于非管理岗、专业技术岗的人员。

（三）法院审理思路

法院认为，刘某在某某广告分公司担任高级专员，主要工作职责是审听发播，具体工作内容包含对即将播出的音频进行完整核对、审听，根据广告节目单对每个时段的广告音频逐条审听，及时发现错误或问题，及时反馈，保证安全播出等。根据刘某的岗位于公司管理结构中序位及该岗位的工作内容，难以认定该岗位为管理岗位。现双方提交的证据中亦未显示刘某的工作岗位具有相应专业技术需求，从双方均认可的刘某工作内容分析亦难以得出其需相应专业技术的结论，故难以认定刘某为专业技术岗位工作人员。根据北京市相关规定，女职工管理和专业技术岗位退休年龄为55周岁，非管理岗位退休年龄为50周岁。故刘某与某某广告分公司签订的劳动合同于2020年1月25日因其年满50周岁终止。

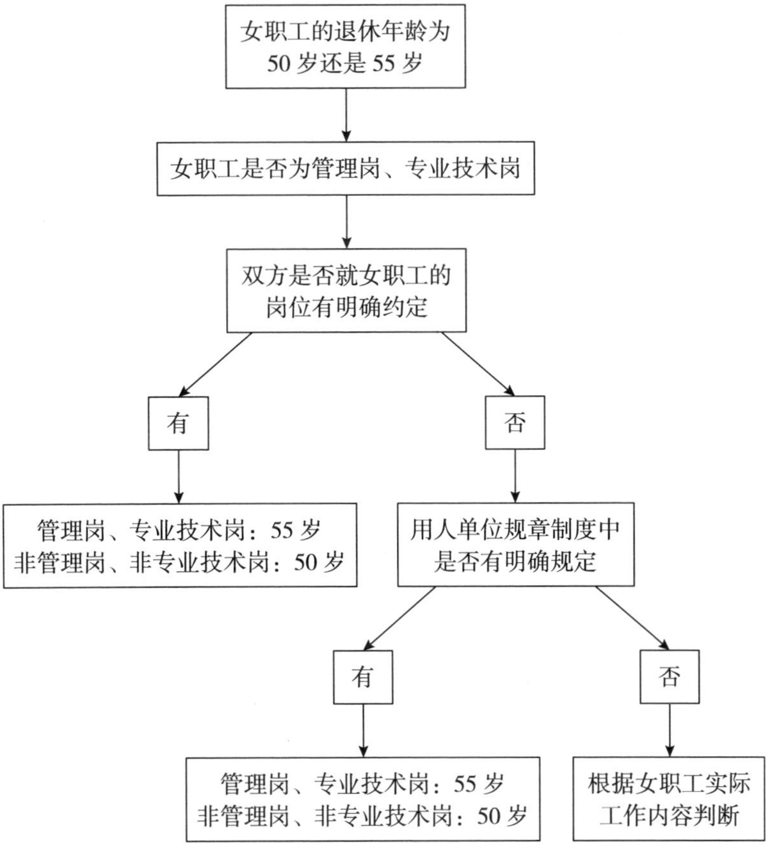

女职工退休年龄纠纷问题审查要点图示

三、合规操作方案

（一）用人单位规章制度中明确管理岗、技术岗和非管理岗的范围

首先，用人单位可以在规章制度中明确行业内部岗位划分、对象适用、生效期限等内容。比如在用人单位规章制度中明确规定管理岗的、技术岗和非管理岗的员工等级的划分，明确哪些类型的人员属于管理岗、技术岗和非管理岗。其次，在规章制度中明确规定非管理岗转管理岗、技术岗的程序。对于之前适用身份认定退休年龄标准的职工，可以自主决定是否适用的岗位分类，比如可以规定通过变更劳动合同中身份和岗位信息的方式，由劳动者签字确认。同时可以在办公系统中变更劳动者的身份和岗位信息。

（二）劳动合同中明确约定职工所属岗位类型

用人单位在劳动合同中明确约定劳动者的岗位类型以及所在部门，对于转制前以身份为界定标准的劳动者在签订劳动合同时，也应当明确劳动者的岗位性质和类型，并以此为依据确定劳动者的岗位类型，以免产生退休年龄的争议。

（三）劳动者达到法定退休年龄届满前需发送劳动合同终止通知书以及办理退休的通知

考虑到司法审判和人社部在劳动合同终止的认定存在差异，首先，建议用人单位仍应当按照劳动行政部门的要求提起告知办理退休的通知书以及劳动合同终止的通知书以及办理退休的通知书。其次，对于达到法定退休年龄仍未享有养老保险待遇的人，如必须用的，则签署劳务协议并建议购买雇主责任险。

第三节　用人单位决定提前解散终止劳动合同

一、用人单位决定提前解散终止劳动合同问题解析

> 用人单位提前解散的标志是什么？劳动合同依法终止的基准日如何确定？用人单位是否需要支付经济补偿金？

《劳动合同法》第四十四条第五项规定，用人单位被吊销营业执照、责令关闭、撤销或者用人单位决定提前解散的，劳动合同终止。《公司法》第一百七十九条第一款规定，公司解散的，应当依法办理公司注销登记。所谓公司注销，对应劳动合同法层面的劳动合同终止的情形为用人单位决定提前解散。用人单位决定提前解散是法定的劳动合同终止的情形，在实践中影响劳动者利益的主要问题为：一是劳动合同终止的基准日是什么；二是经济补偿金如何计算，特别是在涉及2008年之前的工作年限时是否计算经济补偿。

（一）用人单位决定提前解散劳动合同终止的基准日

在实务过程中，用人单位从拟决定解散或收到上级单位要求其解散的通知，再到开始实施清算，再到最终完成工商注销是一个持续性的活动，往往很难一蹴而就，在此过程中用人单位何时可正式终止劳动合同，是否存在一个明确的时间节点呢？通过案例检索发现，法院一般不会对终止劳动合同的时间标准作出直接解释，而是通过审查用人单位是否存在解散事实而对用人单位终止劳动合同的合法性作出认定。如果用人单位能够证明其已经组织实施了解散活动，则可以依法向劳动者发出终止劳动合同通知。对于用人单位是否存在解散的事实，一般结合以下几个方面进行认定：1. 是否已经作出解散决议：包括上级单位下发的决定、单位董事会等机构作出的解散决议等。2. 是否已经启动清算程序：包括成立清算小组、发布债权人公告等。3. 是否启动注销程序：包括刊登注销登记等。对于已检索的案例进行分类，可以看到实践中以下终止劳动合同的时间节点可以得到支持：

1. 在收到上级解散决定，并实质进行大部分人员安置后

如在（2021）京02民终4346号案件中，2018年某中心收到改制解散的决定，决定文件中载有："适时停止某大厦对外经营，注销某中心，公开招标引进新物业管理公司，做好有序衔接"，以及"妥善做好某中心服务人员疏解和再就业安置工作。采取双向选择方式，加强与新物业管理公司的沟通与协调，最大限度安排现有服务人员再就业。对部分无就业意向人员，按照劳动合同法等相关规定，做好补偿安置工作"等内容。2019年5月底某中心与绝大部分员工都已解除合同，只保留了几个员工处理后续事宜。2019年11月19日某中心在《中国老年报》刊登拟注销公告，显示某中心经主管单位决议解散，现拟申请注销。2020年4月24日税务部门出具清税证明，显示某中心所有税务事项已结清。在这个过程中，2019年5月31日某中心向李某发送《解除（终止）劳动关系通知书》，告知双方劳动关系于2019年5月31日终止。李某后提起仲裁要求认定违法解除劳动合同，法院认为结合上级单位的决定以及上述事实足以证明某中心决定提前解散的事实成立，认定某中心并未违反《劳动合同法》的规定终止劳动合同，李某关于支付违法解除劳动合同赔偿金的请求无事实依据。

2. 在作出解散决定并停止运营后

在（2022）京03民终6767号案件中，2021年7月30日，某水电公司通知高某公司于2021年8月31日停止运营，决定提前解散，故一审法院根据某水电公司解散、双方劳动合同履行等情形确定双方劳动关系于2021年8月31日终止。

3. 在作出解散并成立清算组进入清算后

在（2021）京0107民再9号案件中，2018年1月29日，被告公司召开董事会，该董事会审议了解散被告公司的议案，并最终形成《北京某信息技术有限公司二届三次董事会决议》，决议决定于2018年1月29日成立清算委员会，该决议有董事会成员的签字，盖有某股份有限公司和某控股（香港）有限公司的公章。2018年6月底，原告收到被告公司于2018年6月24日作出的《劳动合同终止通知书》，载明："因客观原因，公司决定提前解散并已于2018年1月进入清算程序，故特此通知您与本公司的劳动合同关系将于2018年6月30日终止。"法院认为结合本案，被告公司经董事会决议解散公司后做出与原告终止劳动合同属法定情形，不存在违法解除的情况，故对原告要求被告按经济补偿金的二倍支付因违法解除劳动合同的赔偿金，依据不足，本院不予支持。

在（2021）京 0115 民初 17271 号案件中，法院认为，根据《劳动合同法》第四十四条第五项之规定，用人单位决定提前解散的，劳动合同终止。本院综合庭审陈述及双方证据能够认定，某销售公司于 2021 年 8 月 30 日经股东决定启动清算注销程序。某销售公司于 2021 年 8 月 31 日通知柴某变更劳动合同主体，柴某于 2021 年 9 月 1 日回复称不同意变更，因此某销售公司于 2021 年 9 月 8 日向柴某发出终止劳动合同通知书并无不当。

以上案例中，并不强制要求用人单位应当在某个时间点作出终止劳动合同的通知，影响劳动合同终止合法性的实质条件是，依据证据证明的事实链条，能否认定用人单位已经进入了解散注销程序，其中实质因素包括作出解散决议、成立清算组、开展清算活动、停止经营活动，辅助条件还包括对大部分员工启动或进行了安置。而并不要求用人单位在完成工商注销登记后才可与员工终止劳动合同。

（二）用人单位决定提前解散如何支付经济补偿金

根据《劳动合同法》第四十六条的相关规定，用人单位决定提前解散终止劳动合同的应当向劳动者支付经济补偿金，也就是实践中通常说的 N 倍（N 为经济补偿金，支付标准为工作每满一年支付一个月工资；工作六个月以上不满一年的，按一年计算；工作不满六个月的，向劳动者支付半个月工资）的经济补偿金。《劳动合同法》于 2008 年 1 月 1 日施行，对于 2008 年之后的经济补偿金计算依照《劳动合同法》的规定并无疑问，但对于 2008 年之前的工作年限是否应当支付经济补偿、依据什么支付、如何支付则存在争议和分歧。原因在于《劳动合同法》施行前后支付经济补偿金的依据不同，《劳动合同法》施行前的有关规定对于用人单位应当支付经济补偿金的情形规定不一致。当然，这种分歧会随着时间的推移逐渐消除。

《劳动合同法》第九十七条第三款规定，“本法施行之日存续的劳动合同在本法施行后解除或者终止，依照本法第四十六条规定应当支付经济补偿的，经济补偿年限自本法施行之日起计算；本法施行前按照当时有关规定，用人单位应当向劳动者支付经济补偿的，按照当时有关规定执行”。我们对《劳动合同法》施行前后的经济补偿金规定以及具体适用情形进行了梳理，详见下表。

解除或终止劳动合同用人单位需要支付经济补偿金的情形汇总表

劳动合同法施行之日存续的劳动合同在本法施行后解除或者终止，依照本法第四十六条规定应当支付经济补偿的，经济补偿年限自本法施行之日起计算；本法施行前按照当时有关规定，用人单位应当向劳动者支付经济补偿的，按照当时有关规定执行。

2008 年以后					2008 年以前			
序号	解除 / 终止类型	解除 / 终止理由	法律规定	经济补偿金的计算	序号	解除 / 终止理由	法律规定	经济补偿金的计算
1	协商一致解除劳动合同	用人单位与劳动者协商一致	《劳动合同法》第三十六条、第四十六条	经济补偿按劳动者在本单位工作的年限，每满一年支付一个月工资的标准向劳动者支付。六个月以上不满一年的，按一年计算；不满六个月的，向劳动者支付半个月工资的经济补偿	1	经劳动合同当事人协商一致	《劳动法》第二十八条（1995.1.1） 《违反和解除劳动合同的经济补偿办法》（1995.1.1）	每满一年发给相当于一个月工资的经济补偿金，最多不超过十二个月。工作时间不满一年的按一年的标准发给经济补偿金
2	劳动者解除劳动合同	未按照劳动合同约定提供劳动保护或者劳动条件的	《劳动合同法》第三十八条、第四十六条	劳动者月工资高于用人单位所在直辖市、设区的市级人民政府公布的本地区上年度职工月平均工资三倍的，向其支付经济补偿的标准按职工月平均工资三倍的数额支付，向其支付经济补偿的年限最高不超过十二年	2	未按照劳动合同约定支付劳动报酬或者提供劳动条件的	《最高人民法院关于审理劳动争议案件适用法律若干问题的解释》第十五条（2001.4.30）	—

续表

2008 年以后					2008 年以前			
序号	解除 / 终止类型	解除 / 终止理由	法律规定	经济补偿金的计算	序号	解除 / 终止理由	法律规定	经济补偿金的计算
3	劳动者解除劳动合同	未依法为劳动者缴纳社会保险费的	《劳动合同法》第三十八条、第四十六条			—	—	—
4	劳动者解除劳动合同	用人单位的规章制度违反法律、法规的规定，损害劳动者权益的	《劳动合同法》第三十八条、第四十六条			—	—	—
5	劳动者解除劳动合同	用人单位以欺诈、胁迫的手段或者乘人之危，使对方在违背真实意思的情况下订立或者变更劳动合同，致使劳动合同无效的	《劳动合同法》第二十六条第一款、第三十八条、第四十六条		3	由于用人单位的原因订立的无效合同，对劳动者造成损害的，应当承担赔偿责任，应当比照违反和解除劳动合同经济补偿金的支付标准	《最高人民法院关于审理劳动争议案件适用法律若干问题的解释》第十四条（2001.4.30）	—

续表

2008 年以后					2008 年以前			
序号	解除 / 终止类型	解除 / 终止理由	法律规定	经济补偿金的计算	序号	解除 / 终止理由	法律规定	经济补偿金的计算
6	劳动者解除劳动合同	用人单位免除自己的法定责任、排除劳动者权利的，致使劳动合同无效的	《劳动合同法》第二十六条第一款、第三十八条、第四十六条					—
7	劳动者解除劳动合同	用人单位违反法律、行政法规强制性规定的，致使劳动合同无效的	《劳动合同法》第二十六条第一款、第三十八条、第四十六条					
8	劳动者解除劳动合同	法律、行政法规规定劳动者可以解除劳动合同的其他情形	《劳动合同法》第三十八条、第四十六条			—	—	—

续表

2008 年以后					2008 年以前			
序号	解除 / 终止类型	解除 / 终止理由	法律规定	经济补偿金的计算	序号	解除 / 终止理由	法律规定	经济补偿金的计算
9	劳动者解除劳动合同	用人单位以暴力、威胁或者非法限制人身自由的手段强迫劳动者劳动的，或者用人单位违章指挥、强令冒险作业危及劳动者人身安全的	《劳动合同法》第三十八条、第四十六条		4	以暴力、威胁或者非法限制人身自由的手段强迫劳动的	《最高人民法院关于审理劳动争议案件适用法律若干问题的解释》第十五条（2001.4.30）	—
10	用人单位解除劳动合同	劳动者患病或者非因工负伤，在规定的医疗期满后不能从事原工作，也不能从事由用人单位另行安排的工作的	《劳动合同法》第四十条、第四十六条		5	劳动者患病或者非因工负伤，医疗期满后，不能从事原工作也不能从事由用人单位另行安排的工作的	《劳动法》第二十八条 《违反和解除劳动合同的经济补偿办法》（1995.1.1）	工作时间每满一年发给相当于一个月工资的经济补偿金

续表

2008 年以后					2008 年以前			
序号	解除 / 终止类型	解除 / 终止理由	法律规定	经济补偿金的计算	序号	解除 / 终止理由	法律规定	经济补偿金的计算
11	用人单位解除劳动合同	劳动者不能胜任工作，经过培训或者调整工作岗位，仍不能胜任工作的	《劳动合同法》第四十条、第四十六条		6	劳动者不能胜任工作，经过培训或者调整工作岗位，仍不能胜任工作的	《劳动法》第二十八条 《违反和解除劳动合同的经济补偿办法》（1995.1.1）	用人单位应按其在本单位工作的年限，工作时间每满一年，发给相当于一个月工资的经济补偿金，最多不超过十二个月
12	用人单位解除劳动合同	劳动合同订立时所依据的客观情况发生重大变化，致使劳动合同无法履行，经用人单位与劳动者协商，未能就变更劳动合同内容达成协议的	《劳动合同法》第四十条、第四十六条		7	劳动合同订立时所依据的客观情况发生重大变化，致使原劳动合同无法履行，经当事人协商不能就变更劳动合同达成协议的	《劳动法》第二十八条 《违反和解除劳动合同的经济补偿办法》（1995.1.1）	工作时间每满一年发给相当于一个月工资的经济补偿金

续表

2008 年以后					2008 年以前			
序号	解除 / 终止类型	解除 / 终止理由	法律规定	经济补偿金的计算	序号	解除 / 终止理由	法律规定	经济补偿金的计算
13	用人单位解除劳动合同	依照企业破产法规定进行重整的；生产经营发生严重困难的；企业转产、重大技术革新或者经营方式调整，经变更劳动合同后，仍需裁减人员的；其他因劳动合同订立时所依据的客观经济情况发生重大变化，致使劳动合同无法履行的，需要裁减	《劳动合同法》第四十一条第一款、第四十六条		8	用人单位濒临破产进行法定整顿期间或者生产经营状况发生严重困难，确需裁减人员的，应当提前三十日向工会或者全体职工说明情况，听取工会或者职工的意见，经向劳动行政部门报告后，可以裁减人员	《劳动法》第二十八条 《违反和解除劳动合同的经济补偿办法》（1995.1.1）	工作时间每满一年发给相当于一个月工资的经济补偿金

续表

2008 年以后					2008 年以前			
序号	解除 / 终止类型	解除 / 终止理由	法律规定	经济补偿金的计算	序号	解除 / 终止理由	法律规定	经济补偿金的计算
14	用人单位解除劳动合同	人员二十人以上或者裁减不足二十人但占企业职工总数百分之十以上的，用人单位提前三十日向工会或者全体职工说明情况，听取工会或者职工的意见后，裁减人员方案经向劳动行政部门报告，可以裁减人员						

续表

2008 年以后					2008 年以前			
序号	解除 / 终止类型	解除 / 终止理由	法律规定	经济补偿金的计算	序号	解除 / 终止理由	法律规定	经济补偿金的计算
15	用人单位终止劳动合同	除用人单位维持或者提高劳动合同约定条件续订劳动合同，劳动者不同意续订的情形外，劳动合同期满终止固定期限劳动合同的	《劳动合同法》第四十四条第一项、第四十六条			—	—	—
16	用人单位终止劳动合同	用人单位被依法宣告破产的	《劳动合同法》第四十四条第四项、第四十六条			—	—	—
17	用人单位终止劳动合同	用人单位被吊销营业执照、责令关闭、撤销或者用人单位决定提前解散的	《劳动合同法》第四十四条第五项、第四十六条			—	—	—

续表

2008 年以后					2008 年以前			
序号	解除 / 终止类型	解除 / 终止理由	法律规定	经济补偿金的计算	序号	解除 / 终止理由	法律规定	经济补偿金的计算
18	其他应当支付经济补偿的情形	法律、行政法规规定的其他情形	《劳动合同法》第四十六条			—	—	—
19	其他应当支付经济补偿的情形	以完成一定工作任务为期限的劳动合同因任务完成而终止的	《劳动合同法》第四十六条 《劳动合同法实施条例》第二十二条			—	—	—
20	其他应当支付经济补偿的情形	用人单位自用工之日起超过一个月不满一年未与劳动者订立书面劳动合同的，劳动者不与用人单位订立书面劳动合同的，用人单位应当书面通知劳动者终止劳动关系	《劳动合同法》第四十六条 《劳动合同法实施条例》第六条			—	—	—

对比之下我们可以发现，在《劳动合同法》施行之前，与用人单位经营状况相关的需要支付经济补偿金的情形包括《违反和解除劳动合同的经济补偿办法》规定的“用人单位濒临破产进行法定整顿期间或者生产经营状况发生严重困难，确需裁减人员”的情形，并不包含企业提前解散、注销的情形。对此司法实践是如何理解的呢？让我们来看一下裁判案例的观点。

1. 劳动者 2008 年 1 月 1 日前的工作年限应当计入经济补偿金年限

持有此种裁判观点的法院倾向于认为提前解除是因用人单位自身的原因而导致的，且劳动者无过错，因而将用人单位提前解散的情形解释为非因劳动者原因而提前解除劳动合同的情形，且认为属于劳动合同订立时所依据的客观情况发生重大变化，致使原劳动合同无法履行，适用《劳动法》第二十六条[①]第三项的规定，劳动合同订立时所依据的客观情况发生重大变化，致使原劳动合同无法履行，用人单位可以解除劳动合同并应当支付经济补偿金。此外，还有法院根据具体案情将企业提前解散解释为生产经营状况发生严重困难，确需裁减人员的情况。

例如，在（2015）成民终字第 273 号案件判决书中，原告某百货清算组诉称，成都商厦某百货公司是一家中外合资企业，因中方与外方就第三阶段的合作条件未达成一致，经 2012 中国贸促京裁字第 0200 号《仲裁裁决书》裁决双方终止合作。成都市投资促进委员会同意中外合作企业提前解散并要求按照法律程序进行清算。某百货公司清算组请求法院判令其不支付苏某某 2008 年 1 月 1 日前的经济补偿金。法院认为，某百货公司提前解散所引起的与苏某某的劳动关系的终结的后果，在当时应视为双方劳动合同在未到期的情况下提前解除，且提前解除是因某百货公司自身的原因导致的，苏某某作为劳动者无过错，故本案可以适用《劳动法》第二十六条、第二十八条，《违反和解除劳动合同的经济

① 《劳动法》第二十六条规定：有下列情形之一的，用人单位可以解除劳动合同，但是应当提前三十日以书面形式通知劳动者本人：

（一）劳动者患病或者非因工负伤，医疗期满后，不能从事原工作也不能从事由用人单位另行安排的工作的；

（二）劳动者不能胜任工作，经过培训或者调整工作岗位，仍不能胜任工作的；

（三）劳动合同订立时所依据的客观情况发生重大变化，致使原劳动合同无法履行，经当事人协商不能就变更劳动合同达成协议的。

补偿办法》第八条的规定。某百货公司清算组应当按照苏某某1994年9月1日至2007年12月31日的工作年限，工作时间每满一年发给相当于一个月工资的经济补偿金，因此需发给苏某某相当于13个月工资的经济补偿金。

在广东省高级人民法院（2019）粤民申1278号案件中，关于经济补偿金计算年限的问题。C公司主张周某某2008年1月1日前的工作年限不应计入其经济补偿金的年限，法院认为C公司停业亦属“劳动合同订立时所依据的客观情况发生重大变化，致使原劳动合同无法履行”的情形，故二审据此认定周某某的经济补偿金年限应自其入职时即2002年12月开始计算，并无不当。

在广东省东莞市中级人民法院（2018）粤19民终1555号案件中，法院认为，用人单位决定提前解散或者停产歇业，无论是劳动合同订立时所依据的客观情况发生重大变化致使原劳动合同无法履行，还是用人单位生产经营状况发生严重困难，确需裁减人员，用人单位均需支付劳动者经济补偿金。因此，蒋某主张应从其入职之日2004年2月10日起计算经济补偿金，符合上述法律规定，本院予以支持。

2. 经济补偿金的年限应从2008年1月1日起算

持有此种裁判观点的法院认为，根据现行法律规定，劳动合同法实施之前，相关的劳动法律、法规并未规定用人单位提前解散需向劳动者支付经济补偿，故根据《劳动合同法》第九十七条第三款的规定，用人单位决定提前解散的，劳动合同终止，应当向劳动者支付经济补偿，支付经济补偿金的年限自2008年1月1日起计算。

例如，在深圳市中级人民法院（2018）粤03民终1975号案件中，关于解除劳动合同经济补偿金的认定，徐某某上诉主张H公司应当支付其1998年11月1日至2007年12月30日期间的经济补偿金。法院认为，徐某某起诉以及上诉均要求H公司支付其1998年11月1日至2007年12月30日期间的经济补偿金以及代通知金，本院认为，《劳动合同法》系自2008年1月1日起实施，在此之前并无相关法律规定“用人单位决定提前解散的”需支付劳动者经济补偿金，故徐某某要求2008年1月1日以前工作年限的经济补偿金，缺乏法律依据，本院不予支持。在（2015）粤高法民申字第2035号、第2036号，（2015）深中法劳终字第864—867号案件中基本也是持《劳动合同法》施行前并无关于用人单位提前解散应当支付经济补偿金的观点。

从上述裁判案例中，我们发现，即便发生在同一省份的案件裁判结果和裁判观点也并不一致，不同法院对于是否支持将2008年之前的工作年限计入经济补偿年限的观点并不统一。

对于企业提前解散、注销情况下，是否应当就劳动者2008年以前的工作年限进行补偿的问题，我们很难给出决定性倾向的意见，与用人单位提前解散相似的情形还包括企业破产等，均面临与本文探讨问题相类似的情形。当然，在具体案件中还需要注意，本文表格中整理的为2008年前国家层面关于支付经济补偿金的规定，不少地方性规定还存在与国家层面规定不一致的情形，例如，《上海市劳动合同条例》（2002年5月1日生效）规定，用人单位破产、解散或者被撤销的，劳动合同终止。用人单位应当根据劳动者在本单位工作年限，每满一年给予劳动者本人一个月工资收入的经济补偿。在实践中，需要企业结合法律规定与客观实际情况本着解决问题的目的制定解决方案。

二、实战案例解析

（一）基本案情[①]

2020年6月25日，某公司发出召开全体员工会议通知。2020年7月3日，某公司发出《公告》：由于本公司决定提前解散，根据《劳动合同法》第四十四条之规定，本公司与各员工间的劳动合同相应终止，以公司董事会决议所确定的公司进入解散清算程序之日为劳动合同终止日。2020年11月16日，某公司作出董事会决议，鉴于市场环境及公司实际经营状况，自2020年11月16日起公司进入解散清算程序，提前解散公司。2020年11月25日，某公司以短信方式向徐某送达《终止劳动合同通知书》，“由于本公司董事会于2020年11月16日作出关于提前解散公司的正式决议，根据《劳动合同法》第四十四条第五项之规定，本公司与贵方的劳动合同于2020年11月19日终止。……”徐某主张某公司于2020年11月25日违法解除，理由是某公司并未实际进行清算注销等

① （2022）京03民终9265号。

程序，而是借“提前解散终止劳动合同”之名，行违法解除劳动关系之实。徐某就此主张向法庭提供微信群截屏、维修保养合同、民事调解书、网站截屏等证据，证明某公司仍在正常经营，并在2021年2月5日设立福久岛北京分公司，这个公司的经营范围与某公司基本一致。2020年12月1日，北京市怀柔区市场监督管理局向某公司作出《备案通知书》，内容为“某公司：经审查，你单位提交的清算组备案申请，材料齐全，符合法定形式，我局予以备案”。法院认定，徐某上诉主张某公司未进行真实解散清算，其以提前解散公司为由与员工终止劳动合同，系违法解除。

（二）案件处理思路

用人单位提前解散的可以终止劳动合同，此类案件的关键在于用人单位能否证实在通知员工终止劳动合同时已经确定用人单位进入解散程序，完整的证明链条应当包括解散决议、成立清算组、开展清算活动、停止经营活动，以及对其他员工也作出了安置或者终止了劳动合同，此外还需要注意证实已经向员工支付了经济补偿金。

（三）法院审查要点

本案中，法院认为，某公司董事会决议解散公司，成立了清算组，在报纸上发布债权人公告开始清理债权债务，可认定某公司已实际开始进行清算程序。徐某的工作岗位为售后支持，与清算活动无关，属于可终止劳动合同的范围。某公司履行了向全体员工的通知义务，并与多数员工就离职问题进行协商并达成协议。综合上述事实，某公司以公司提前解散为由与徐某终止劳动合同具有事实和法律依据。

三、合规操作方案

用人单位应当注意在面临提前解散终止劳动合同的情况下，劳动者对于将要面临的情况以及产生此种情况的原因难以事先预见，解散原因、解散程序对劳动者公开、透明，争取劳动者的理解，才能避免劳动争议的发生。因此，建议用人单位向劳动者告知解散的依据，在进入解散程序后成立清算组并停止经营活动，不从事除清算工作外的其他活动，制定合法合理的安置方案，可以先与员工协商解除劳动合同，对于不能协商解除的员工，依法终止劳动合同，并向劳动者支付经济补偿金。

第十三章

经济补偿金、赔偿金与损失赔偿

第一节 经济补偿金、经济赔偿金计算年限争议

一、经济补偿金计算年限争议问题解析

关联主体连续用工，工龄是否连续计算？经济补偿金在2008年前后是否分段计算，如何分段计算？现行劳动合同法规定的应当支付经济补偿金的情形在2008年前的状态以及现阶段解除是否应当计算2008年之前的工作年限？经济赔偿金在2008年之前的工作年限如何计算？

（一）经济补偿金与赔偿金

经济补偿金和赔偿金是日常生活中常说的所谓N和2N。并不是所有解除或终止劳动合同的情形用人单位都需要支付经济补偿金，《劳动合同法》对于用人单位应当支付经济补偿金与赔偿金的情形作出了规定，以下我们为读者解读什么情况下解除或终止劳动合同需要支付N，什么情况下解除劳动合同需要支付N+1，什么情况下需要支付2N。

1. 以下情形解除或终止劳动合同的，用人单位需要向劳动者支付N倍的经济补偿金

《劳动合同法》第四十六条规定，“有下列情形之一的，用人单位应当向劳动者支付经济补偿：（一）劳动者依照本法第三十八条规定解除劳动合同的；（二）用人单位依照本法第三十六条规定向劳动者提出解除劳动合同并与劳动者协商一致解除劳动合同的；（三）用人单位依照本法第四十条规定解除劳动合同的；（四）用人单位依照本法第四十一条第一款规定解除劳动合同的；（五）除用人单位维持或者提高劳动合同约定条件续订劳动合同，劳动者不同意续订的情形

外，依照本法第四十四条第一项规定终止固定期限劳动合同的；（六）依照本法第四十四条第四项、第五项规定终止劳动合同的；（七）法律、行政法规规定的其他情形”。按照上述法律规定，用人单位因以下理由解除或终止劳动合同的，应当支付经济补偿金：

（1）用人单位未按照劳动合同约定提供劳动保护或者劳动条件，劳动者解除劳动合同的；

（2）用人单位未及时足额支付劳动报酬，劳动者解除劳动合同的；

（3）用人单位未依法为劳动者缴纳社会保险费，劳动者解除劳动合同的；

（4）用人单位的规章制度违反法律、法规的规定，损害劳动者权益，劳动者解除劳动合同的；

（5）用人单位以欺诈、胁迫的手段或者乘人之危，使劳动者在违背真实意思的情况下订立或者变更劳动合同致使劳动合同无效，劳动者解除劳动合同的；

（6）法律、行政法规规定劳动者可以解除劳动合同的其他情形，劳动者解除劳动合同的；

（7）用人单位以暴力、威胁或者非法限制人身自由的手段强迫劳动者劳动，劳动者解除劳动合同的；

（8）用人单位违章指挥、强令冒险作业危及劳动者人身安全，劳动者解除劳动合同的；

（9）用人单位向劳动者提出解除劳动合同并与劳动者协商一致解除劳动合同的；

（10）劳动者患病或者非因工负伤，在规定的医疗期满后不能从事原工作，也不能从事由用人单位另行安排的工作，用人单位与劳动者解除劳动合同的；

（11）劳动者不能胜任工作，经过培训或者调整工作岗位，仍不能胜任工作，用人单位与劳动者解除劳动合同的；

（12）劳动合同订立时所依据的客观情况发生重大变化，致使劳动合同无法履行，经用人单位与劳动者协商，未能就变更劳动合同内容达成协议，用人单位与劳动者解除劳动合同的；

（13）用人单位依照《劳动合同法》第四十一条的规定，需要裁减人员二十人以上或者裁减不足二十人但占企业职工总数百分之十以上的；

（14）除用人单位维持或者提高劳动合同约定条件续订劳动合同，劳动者不同意续订的情形外，劳动合同期满终止的；

（15）用人单位被依法宣告破产，劳动合同终止的；

（16）用人单位被吊销营业执照、责令关闭、撤销或者用人单位决定提前解散，劳动合同终止的；

（17）法律、行政法规规定的其他情形。

除上述情形外，劳务派遣单位与劳务派遣员工解除应当支付经济补偿金的情形还有：

用工单位存在《劳动合同法》第四十条第三项、第四十一条规定情形；用工单位被依法宣告破产、吊销营业执照、责令关闭、撤销、决定提前解散或者经营期限届满不再继续经营的；劳务派遣协议期满终止的，用工单位将被派遣劳动者退回劳务派遣单位，劳务派遣单位重新派遣时维持或者提高劳动合同约定条件，被派遣劳动者不同意的，劳务派遣单位可以解除劳动合同。

2. 以下情形解除劳动合同，用人单位如果未提前三十日以书面形式通知劳动者，则需要支付 N+1

《劳动合同法》第四十条规定，“有下列情形之一的，用人单位提前三十日以书面形式通知劳动者本人或者额外支付劳动者一个月工资后，可以解除劳动合同：（一）劳动者患病或者非因工负伤，在规定的医疗期满后不能从事原工作，也不能从事由用人单位另行安排的工作的；（二）劳动者不能胜任工作，经过培训或者调整工作岗位，仍不能胜任工作的；（三）劳动合同订立时所依据的客观情况发生重大变化，致使劳动合同无法履行，经用人单位与劳动者协商，未能就变更劳动合同内容达成协议的”。

只有上面三种情形下用人单位解除劳动合同涉及支付 N+1 的问题，其中的“1”是额外支付的一个月工资，应当按照该劳动者上一个月的工资标准确定。

3. 用人单位在违法解除或终止劳动合同的情况下支付赔偿金（2N）

《劳动合同法》第四十八条规定，“用人单位违反本法规定解除或者终止劳动合同，劳动者要求继续履行劳动合同的，用人单位应当继续履行；劳动者不要求继续履行劳动合同或者劳动合同已经不能继续履行的，用人单位应当依照本法第八十七条规定支付赔偿金”。赔偿金为经济补偿标准的二倍。

4. 经济补偿金的计算方法

经济补偿按劳动者在本单位工作的年限，每满一年支付一个月工资的标准向劳动者支付。六个月以上不满一年的，按一年计算；不满六个月的，向劳动者支付半个月工资的经济补偿。劳动者月工资高于用人单位所在直辖市、设区的市级人民政府公布的本地区上年度职工月平均工资三倍的，向其支付经济补偿的标准按职工月平均工资三倍的数额支付，向其支付经济补偿的年限最高不超过十二年。

月工资是指劳动者在劳动合同解除或者终止前十二个月的平均工资，按照劳动者应得工资计算，包括计时工资或者计件工资以及奖金、津贴和补贴等货币性收入。劳动者在劳动合同解除或者终止前十二个月的平均工资低于当地最低工资标准的，按照当地最低工资标准计算。劳动者工作不满十二个月的，按照实际工作的月数计算平均工资。

（二）在《劳动合同法》施行前的工作年限是否支付经济补偿金

《劳动合同法》第九十七条第三款规定，“本法施行之日存续的劳动合同在本法施行后解除或者终止，依照本法第四十六条规定应当支付经济补偿的，经济补偿年限自本法施行之日起计算；本法施行前按照当时有关规定，用人单位应当向劳动者支付经济补偿的，按照当时有关规定执行”。由此可见，若劳动关系建立在 2008 年之前，但解除或终止发生在 2008 年之后，经济补偿金应当以 2008 年为界限分段考虑。依照《劳动合同法》第四十六条应当支付经济补偿金的年限自 2008 年 1 月 1 日起计算，此前的工作年限，应按照当时有关规定确定用人单位是否应当支付经济补偿金。因此，在涉及劳动者 2008 年之前的工作年限是否应当支付经济补偿的问题时，用人单位应当关注当时有效的规定，包括《劳动法》及其配套规定，如《违反和解除劳动合同的经济补偿办法》（劳部发〔1994〕481 号，已失效），以及地方性法规、规范性文件等。

违法解除或终止劳动合同赔偿金不涉及分段计算，《劳动合同法实施条例》第二十五条规定，“用人单位违反劳动合同法的规定解除或者终止劳动合同，依照劳动合同法第八十七条的规定支付了赔偿金的，不再支付经济补偿。赔偿金的计算年限自用工之日起计算”。也就是说，如果用工之日在 2008 年之前，违法解除或终止劳动合同在 2008 年之后，在计算赔偿金时从 2008 年之前的用工之日起计算。

《劳动合同法》实施前后支付经济补偿金在计算方法上有所差异，详见下表：

	2008 年 1 月 1 日之前	2008 年 1 月 1 日之后
经济补偿金计算方法的法律依据	《违反和解除劳动合同的经济补偿办法》（劳部发〔1994〕481 号）	《劳动合同法》第四十七条
补偿年限	用人单位应根据劳动者在本单位工作年限，每满一年发给相当于一个月工资的经济补偿金，工作时间不满一年的按一年的标准发给经济补偿金。	经济补偿按劳动者在本单位工作的年限，每满一年支付一个月工资的标准向劳动者支付。六个月以上不满一年的，按一年计算；不满六个月的，向劳动者支付半个月工资的经济补偿。
年限封顶	协商一致解除劳动合同或不能胜任解除劳动合同，用人单位支付劳动者的经济补偿金最高不超过 12 个月。	劳动者月工资高于用人单位所在直辖市、设区的市级人民政府公布的本地区上年度职工月平均工资三倍的，向其支付经济补偿的标准按职工月平均工资三倍的数额支付，向其支付经济补偿的年限最高不超过十二年。
计算基数	经济补偿金的工资计算标准是指企业正常生产情况下劳动者解除合同前十二个月的月平均工资。 用人单位依据《违反和解除劳动合同的经济补偿办法》第六条、第八条、第九条[①]解除劳动合同时，劳动者的月平均工资低于企业月平均工资的，按企业月平均工资的标准支付。	月工资是指劳动者在劳动合同解除或者终止前十二个月的平均工资。

---

① 《违反和解除劳动合同的经济补偿办法》第六条　劳动者患病或者非因工负伤，经劳动鉴定委员会确认不能从事原工作、也不能从事用人单位另行安排的工作而解除劳动合同的，用人单位应按其在本单位的工作年限，每满一年发给相当于一个月工资的经济补偿金，同时还应发给不低于六个月工资的医疗补助费。患重病和绝症的还应增加医疗补助费，患重病的增加部分不低于医疗补助费的百分之五十，患绝症的增加部分不低于医疗补助费的百分之百。

第八条　劳动合同订立时所依据的客观情况发生重大变化，致使原劳动合同无法履行，经当事人协商不能就变更劳动合同达成协议，由用人单位解除劳动合同的，用人单位按劳动者在本单位工作的年限，工作时间每满一年发给相当于一个月工资的经济补偿金。

第九条　用人单位濒临破产进行法定整顿期间或者生产经营状况发生严重困难，必须裁减人员的，用人单位按被裁减人员在本单位工作的年限支付经济补偿金。在本单位工作的时间每满一年，发给相当于一个月工资的经济补偿金。

（三）支付经济补偿金或赔偿金时劳动者在不同单位的工作年限是否连续计算

《最高人民法院关于审理劳动争议案件适用法律问题的解释（一）》第四十六条规定，劳动者非因本人原因从原用人单位被安排到新用人单位工作，原用人单位未支付经济补偿，劳动者依据劳动合同法第三十八条规定与新用人单位解除劳动合同，或者新用人单位向劳动者提出解除、终止劳动合同，在计算支付经济补偿或赔偿金的工作年限时，劳动者请求把在原用人单位的工作年限合并计算为新用人单位工作年限的，人民法院应予支持。

用人单位符合下列情形之一的，应当认定属于“劳动者非因本人原因从原用人单位被安排到新用人单位工作”：

（一）劳动者仍在原工作场所、工作岗位工作，劳动合同主体由原用人单位变更为新用人单位；

（二）用人单位以组织委派或任命形式对劳动者进行工作调动；

（三）因用人单位合并、分立等原因导致劳动者工作调动；

（四）用人单位及其关联企业与劳动者轮流订立劳动合同；

（五）其他合理情形。

由此可见，若劳动者符合上述情形，在计算经济补偿金年限时其在不同单位的工作年限应当连续计算。

二、实战案例解析

（一）基本案情[①]

2008年3月3日，毛某入职A公司，担任零售发行工作。在劳动合同期满前，毛某与A公司签订解除劳动合同协议书，协议载明自愿与公司终止劳动关系。2009年8月11日，毛某与A公司签订数份劳动合同。2014年8月7日，毛某向A公司签订辞职申请书，称因个人原因提出离职申请。同日，毛某与B公司

---

① （2022）京02民终3386号。

签订派遣员工劳动合同书，被派往A公司。2014年10月20日，毛某又与C公司签订非全日制劳动合同，负责报纸投递工作。2016年10月9日，毛某与C公司签订劳动合同书，此后又数次与C公司签订固定期限劳动合同，最后一份劳动合同期限为2019年12月1日至2020年11月30日。2020年12月1日，C公司向毛某发出劳动合同终止通知书，称再次与毛某确认，毛某与C公司签订的劳动合同于2020年11月30日到期，鉴于未能续签劳动合同，毛某与C公司的劳动关系于2020年11月30日终止。

本案查明，C公司成立于2004年8月9日，A公司系C公司的独资法人股东，持股比例100%。

毛某提起诉讼，主张自2008年3月3日入职至2020年11月期间一直在C公司工作，要求判令C公司支付终止劳动合同经济补偿金12万元，工作年限从2008年至2020年共计12年，补偿金应当为12个月。

（二）案件代理思路

在处理计算经济补偿金年限时，是否应当计算原用人单位工作年限这个问题，主要的法律依据为《最高人民法院关于审理劳动争议案件适用法律问题的解释（一）》第四十六条，如果劳动者非因本人原因从原用人单位被安排到新用人单位工作，且原用人单位未支付经济补偿的，在计算经济补偿金时劳动者在原用人单位的工作年限应当计入新用人单位的工作年限一并支付经济补偿。

司法实践中，一些用人单位为了逃避支付经济补偿金的法定义务，经常会通过让劳动者签署主动辞职信、变换用人单位、变更用工方式为劳务派遣，甚至要求劳动者签订非全日制劳动合同等行为，阻断工作年限的连续计算。在此类案件中，不能仅以劳动者签字的书面文件作为判断依据，即使用人单位持有劳动者本人签字的辞职信，作为代理人也需要进一步了解实际用工情况，如：劳动者是在什么背景下签署的辞职信、是否为用人单位的安排、劳动者在签署辞职信前后的工作场所、工作内容是否发生变化、签署前后与用人单位是否存在关联关系等。如果用人单位恶意规避连续计算劳动者的工作年限，但劳动者实际上仍然在原工作场所、工作岗位工作，只是劳动合同主体由原用人单位变更为新用人单位的，那么，在支付经济补偿金时，劳动者在原用人单位的工作年限应当计入新用人单位。

（三）法院审查要点

本案的争议焦点为毛某自 2008 年 3 月 3 日以来在原用人单位的工作年限是否应当合并计入 C 公司的工作年限。庭审中，毛某坚持认为，自 2008 年 3 月 3 日入职 A 公司以来，至 2020 年 11 月 30 日 C 公司以劳动合同到期不续订终止，中间不论是谁来签合同，自己一直都是给 A 公司和 C 公司干活，两家公司是一回事。毛某称从没有提出过离职，C 公司说的离职申请有其签名，都是按照公司要求做的。毛某提交了北京市社会保险个人权益记录，显示养老保险单位变动记录 2009 年 8 月至 2014 年 9 月的缴费单位为 A 公司，2014 年 12 月至 2015 年 5 月、2015 年 7 月至 2020 年 4 月期间的缴费单位为 C 公司。经询问，C 公司认可上述社保断档期间，公司给毛某发工资。

本案中，根据在案查明的毛某劳动合同签订情况、社保交纳情况、工资发放情况及工作内容等不难看出，原用人单位 A 公司及其全资子公司 C 公司，通过采用让劳动者在劳动合同期限内签订自愿离职申请，重新签订劳动合同，采用劳动派遣方式用工，关联企业签订劳动合同，变换劳动合同性质名称，签订两次及以上固定期限合同后不依法签订无固定期限合同，签订劳动合同的起始日期、终止日期不接续等多种方式，规避签订无固定期限劳动合同和连续计算劳动者工作年限，严重侵害了劳动者的合法权益。因此，依据《最高人民法院关于审理劳动争议案件适用法律问题的解释（一）》的规定，毛某要求在计算经济补偿金时连续计算工作年限的主张，合理合法，法院予以支持。

C 公司虽上诉称毛某的工龄不应连续计算，但二审法院认为，根据已查明的事实可以看出，自 2008 年 3 月至 2020 年 11 月期间，毛某在劳动合同期限内签订自愿离职申请，重新签订劳动合同，作为派遣员工从事工作、签订非全日制从业人员劳动合同书以及签订起始、终止日期不接续的劳动合同等均系原用人单位 A 公司或其全资子公司 C 公司安排。一审法院对毛某要求在计算经济补偿金时连续计算工作年限的主张，予以支持，有事实和法律依据，本院予以确认。

法院另外指出，C 公司在与毛某多次签订固定期限劳动合同后，依法应当与毛某签订无固定期限劳动合同，但是仍以合同到期不续订为由终止双方之间的

劳动关系，属于违法终止劳动合同。（本案中劳动者要求C公司给付终止劳动合同经济补偿金）

三、合规操作方案

在劳动者工作场所、工作岗位没有发生变化的情况下变更用人单位主体，或者在关联公司之间对劳动者进行“调动”，都属于劳动者非因本人原因从原用人单位被安排到新用人单位工作的情形，新老用人单位应当与劳动者就计算经济补偿金年限从原用人单位的工作年限予以明确。

可以由原用人单位、新用人单位与劳动者三方签订协议或者由新用人单位与劳动者双方签订协议，明确劳动者在原用人单位的工作年限，以及本次变更用人单位主体不需要支付经济补偿金，在新用人单位应当支付经济补偿金的情况下，原用人单位的工作年限连续计算。

第二节　工作交接纠纷

一、工作交接纠纷问题解析

> 工作交接的内容如何确定？用人单位主张劳动者未妥善进行工作交接是否都能获得支持？劳动者未妥善进行工作交接承担何种责任？返还用人单位资产是否属于工作交接，是否属于劳动争议？（如借款、公司财产等）

（一）工作交接是劳动者的后合同义务

《劳动合同法》对劳动者进行工作交接作出了如下规定：第五十条规定，“用人单位应当在解除或者终止劳动合同时出具解除或者终止劳动合同的证明，并在十五日内为劳动者办理档案和社会保险关系转移手续。劳动者应当按照双方约定，办理工作交接。用人单位依照本法有关规定应当向劳动者支付经济补偿的，在办结工作交接时支付。用人单位对已经解除或者终止的劳动合同的文本，至少保存二年备查”。工作交接又被称为后合同义务，是劳动者的法定义务，也就是说劳动合同虽然解除或终止了，但是劳动者仍然负有向用人单位进行工作交接的义务，而不是一旦劳动合同解除或终止就可以在不进行工作交接的情况下“一走了之”。

因具体的岗位工作内容不同，法律无法规定劳动者具体的工作交接范围，《劳动合同法》确定由用人单位与劳动者双方按照约定办理。用人单位普遍较为忽视法律赋予的权利，在法律规定可以与劳动者约定工作交接事项的前提下，应当约定劳动者的工作交接范围，并注意在日常工作中对劳动者承担的工作任务、掌握的用人单位财物进行证据留痕。实践中比较常见的工作交接内容有交还办公电脑、门禁卡、办公用品和因工作所掌握、占有的各种文件资料，以及对离职前负责的业务资料、业务进展的交接。

需要注意的是，用人单位与劳动者约定工作交接内容时需要在合理范围内，像类似“核对应收、应付账款并协助追收应收账款，核对并交接进销存台账，盘点核查库存，核对业务销售系统台账，盘点核查库存，核对业务系统台账、库存台账、财务台账并解决三账不符的情况[①]”等情形的工作交接内容，裁判机关认为在双方没有特别约定的情况下，被告要求原告在离职交接中承担的上述工作尤其是对账和追收应收账款已经超出一般经理岗位的工作交接范畴，而属于为被告提供劳动或为被告工作的行为。此外，依照常识或证据判断应当被用人单位掌握的事项亦不能作为劳动者必须进行的工作交接范畴[②]。

（二）如劳动者不按照约定办理工作交接承担何种责任

法律规定工作交接应当按照双方约定办理，如劳动者不按照约定办理工作交接，给用人单位造成损失的，应当承担赔偿责任[③]。如在（2021）闽06民终

① （2020）粤0303民初9314号。

② （2021）鲁08民终207号。

③《劳动合同法》第九十条规定：“劳动者违反本法规定解除劳动合同，或者违反劳动合同中约定的保密义务或者竞业限制，给用人单位造成损失的，应当承担赔偿责任。”因劳动者本人原因给用人单位造成经济损失，用人单位可以按照劳动合同的合法约定以及依法制定的规章制度要求其赔偿经济损失。

585号案件中，法院认为郭某未办理工作交接即自行离职，经安某兴公司多次通知其回公司按合同约定办理离职手续并当面移交工作，但郭某不予理会，拒不未回安某兴公司办理相关手续，应对因此给安某兴公司造成的经济损失承担相应的赔偿责任。虽安某兴公司在本案中提交的证据无法证明其所主张的305250元费用损失均是由于郭某未办理工作资料移交和工作交接手续所直接导致，但考虑到郭某未办理工作资料移交和工作交接手续客观上会对安某兴公司造成一定的损失，故应酌情予以确定。

但我们检索案例发现，在此类案件中，用人单位败诉的案件居多，原因在于裁判机关对于用人单位就损失的存在以及劳动者未履行工作交接义务与损失之间存在因果关系等事实的举证责任有严格的要求，往往以用人单位没有证据或者证据不足以证明其主张为由，驳回用人单位请求劳动者承担赔偿责任的仲裁或诉讼请求。

二、实战案例解析

（一）基本案情①

程某自2020年12月24日至2021年5月12日期间在安某公司工作，岗位为法务经理，双方签署了期限自2020年12月24日至2023年12月23日的劳动合同。程某于2021年5月6日向安某公司提出辞职申请，双方劳动关系于2021年5月12日解除。

安某公司主张程某离职时未办理工作交接，应向公司交接以下资产或文件：1.Orico奥睿科2.5英寸移动硬盘五个，每个容量1T（内存储中汇电子支付有限公司客户数据）；2.程某从法务部文件柜上拿走的4本书籍（见我司提交的监控照片）；3.网金汇某（厦门）融资租赁有限公司诉张某追偿权纠纷（2020）闽0206民初8323号案一审判决书原件；4.其笔记本电脑及内部存储的工作资料电子数据；5.前同事韦某离职时交给程某的工作资料；6.山西汇某恒丰科技有限公司诉张家口亿某化妆品有限公司、郭某、史某、朱某保理合同纠纷案（标的额683843.63元）向张家口市桥东区

① （2022）京01民终8922号。

人民法院邮寄立案的邮寄底单等邮寄手续和记录；7. 山西汇某恒丰科技有限公司诉马某、银川金某洲商贸有限公司、王某、马某1等保理合同纠纷案（标的额712034.95元）向银川市兴庆区人民法院邮寄立案的邮寄底单等邮寄手续和记录。

（二）案件代理思路

实践中，用人单位要求劳动者返还财物属于工作交接的一部分，若用人单位与劳动者就此产生纠纷，属于劳动争议的受案范围，用人单位可通过劳动仲裁的方式要求劳动者办理工作交接，给用人单位造成损失的，还可以主张赔偿。该类案件中用人单位需举证证明：1. 双方就工作交接的内容进行了约定，并且在劳动者离职时提出交接要求；2. 劳动者掌握用人单位的财物且未完成交还等交接工作；3. 工作交接未完成，给用人单位造成了损失；4. 劳动者未完成工作交接与损失之间存在因果关系。

（三）法院审查要点

我们检索因工作交接产生纠纷，进而主张赔偿的案件中，法院通常会从以下角度综合考量：

一是用人单位是否有关于工作交接事项的制度规定或劳动合同的约定。作为用人单位一方，不能将工作交接作为一种主张劳动者损失赔偿的筹码，这个筹码是否成立，前提在于用人单位是否能够证明其所主张的劳动者未完成的工作交接事项成立。法院在审查时会着重考虑用人单位与劳动者是否存在工作交接的约定、是否存在规章制度的规定、用人单位是否在解除或终止劳动合同过程中要求劳动者进行工作交接。

二是劳动者是否持有用人单位所主张需要交接的内容、用人单位要求劳动者工作交接的内容是否合理。上述案件中，安某公司主张程某持有Orico奥睿科2.5英寸移动硬盘五个及笔记本电脑，但未就其将上述物品交付给程某提交证据，在仲裁阶段亦未主张程某持有笔记本电脑。安某公司虽主张程某从法务部文件柜上拿走了4本书籍，但其提交的监控录像截图无法看出程某将书籍拿出办公场所。安某公司要求程某交接文件及数据，未就程某仍持有上述文件及数据提交证据。且安某公司自认程某已完成离职审批流程，依据常理，其亦已完成工作交接。法院认为，安某公司要求程某办理工作交接，依据不足。

三是用人单位因劳动者未履行工作交接义务受到损失的客观事实。本案中安某公司未就程某给公司造成损失的具体情况及金额提交证据证明。

四是用人单位能够证实劳动者的行为与损失之间存在因果关系。

三、合规操作方案

1. 为避免劳动者拖延、不配合办理工作交接，也为保证日后有追责依据，用人单位应当在劳动合同或规章制度中对劳动者离职时的工作交接进行明确，作出详细规定。包括：应当交接哪些内容、如何进行交接、交接的期限、不按时交接的法律责任等。

2. 劳动合同解除或终止后，及时要求劳动者进行工作交接，如果劳动者拒不配合，反复进行通知、催告，必要时可以发律师函，载明要求劳动者办理工作交接并载明不配合的后果与法律责任。

第三节　损失赔偿纠纷

一、劳动者赔偿用人单位损失纠纷问题解析

> 员工因工作失误给单位造成损失，是否需要赔偿？是否需要全额赔偿？赔偿款是否能够在工资中予以扣除？

（一）哪些情形下，劳动者应当向用人单位赔偿损失

1. 劳动者未提前三十日以书面形式通知用人单位解除劳动合同，给用人单位造成损失的

《劳动合同法》第三十七条规定，劳动者提前三十日以书面形式通知用人单位，

可以解除劳动合同。依据《劳动合同法》第九十条的规定，若劳动者未提前三十日通知用人单位解除劳动合同，给用人单位造成损失的，应当承担赔偿责任。

2. 劳动者违反保密义务或竞业限制，给用人单位造成损失的

《劳动合同法》第二十三条规定，用人单位与劳动者可以在劳动合同中约定保守用人单位的商业秘密和与知识产权相关的保密事项。对负有保密义务的劳动者，用人单位可以在劳动合同或者保密协议中与劳动者约定竞业限制条款，并约定在解除或者终止劳动合同后，在竞业限制期限内按月给予劳动者经济补偿。劳动者违反竞业限制约定的，应当按照约定向用人单位支付违约金。若劳动者违反保密义务和竞业限制，给用人单位造成损失的，依据《劳动合同法》第九十条的规定，劳动者应当承担赔偿责任。

3. 劳动者故意或重大过失给用人单位造成经济损失

《工资支付暂行规定》第十六条规定，因劳动者本人原因给用人单位造成经济损失的，用人单位可按照劳动合同的约定要求其赔偿经济损失。《民法典》第一千一百九十一条第一款规定，用人单位的工作人员因执行工作任务造成他人损害的，由用人单位承担侵权责任。用人单位承担侵权责任后，可以向有故意或者重大过失的工作人员追偿。依据上述法律法规，劳动者因故意或重大过失给用人单位造成经济损失的，用人单位可以向劳动者主张赔偿经济损失。如果属于用人单位经营风险范畴，非因劳动者故意或重大过失，不应当由劳动者承担赔偿责任。

（二）劳动者向用人单位赔偿损失的范围及比例

劳动者因故意或重大过失给用人单位造成损害的，应当承担赔偿责任，但是对于劳动者承担赔偿责任的比例法律法规未作出明确的规定。在司法实践中，通常会根据劳动关系的从属性、劳动者的工作性质、薪酬待遇、用人单位的经营利益以及双方的过错程度和对风险的承受能力等因素综合确定承担赔偿责任的比例。一般非劳动者故意造成的损失，不应按照 100% 的比例承担赔偿责任。首先，用人单位在生产经营过程中可能因劳动者过失受到的损失本身就是经营风险的一部分，且劳动者提供劳动，其获得的收益仅是其提供的劳动价值中的一部分，其余部分则作为运营成本及经营收益归于用人单位，要劳动者承担全额的赔偿，显然收益与风险不对称，对于劳动者而言不合理、不公平。其次，劳动者提供劳动，是代表用人单位及为了用人单位利益的行为，因此，这种行为带来的不良后果用人单位也不应全部免除责任。

（三）赔偿金额是否能够在工资中直接扣除

《工资支付暂行规定》第十六条规定，因劳动者本人原因给用人单位造成经济损失的，用人单位可按照劳动合同的约定要求其赔偿经济损失。经济损失的赔偿，可从劳动者本人的工资中扣除。但每月扣除的部分不得超过劳动者当月工资的20%。若扣除后的剩余工资部分低于当地月最低工资标准，则按最低工资标准支付。由此可见，用人单位可以从劳动者本人工资中直接扣除劳动者应当承担的赔偿金额，但是需要保障劳动者的生存权，即每月扣除的部分不超过劳动者当月工资的20%，扣除后不得低于当地最低工资标准。

二、实战案例解析

（一）基本案情[①]

邱某于2019年4月1日入职某建筑设计公司，担任会计及财务主管，月工资6000元。某建筑设计公司未建立规范的财务制度，平时对外付款流程为出纳出示付款申请单，交由邱某审核确认后，再由出纳与邱某操作U盾协作完成付款。2019年6月13日，某建筑设计公司出纳的QQ账号收到与公司经理姓名一致的QQ账号发来的付款信息，出纳向邱某出具付款申请单，告知邱某公司经理指示付款，两人均未通过其他途径向公司经理核实确认，随后两人操作U盾对外付款42万元。付款后邱某得知公司经理未发送上述付款信息，向出纳发送付款信息的QQ账号系伪造。某建筑设计公司向公安机关报案后损失未能追回。2019年6月19日，邱某签署财务主管失职检讨书，自认失职，并表示愿意赔偿公司的经济损失。2020年4月，双方未能就赔偿金额达成一致，某建筑设计公司向仲裁委提出仲裁申请，要求邱某赔偿因其重大过失造成的经济损失20万元。

① 2021年北京市劳动人事争议仲裁十大典型案例之六。

（二）案件代理思路

邱某与某建筑设计公司之间存在劳动关系，其在工作过程中未尽到审慎义务，从而导致某建筑设计公司遭受损失。邱某自认失职，并表示愿意赔偿，但双方未能就赔偿金额达成一致。双方是在履行劳动合同过程中发生的纠纷，属于劳动争议的受案范围。某建筑设计公司可以通过劳动仲裁的方式要求邱某承担赔偿责任。在该类案件中，用人单位需要就劳动者存在故意或重大过失的行为、用人单位受到的损失、损失与劳动者行为之间具有因果关系承担举证责任。此外，还可以举证证明劳动者的工资收入水平等影响劳动者承担损失赔偿比例的因素。

（三）裁判机关审查要点

在用人单位向劳动者追偿损失的过程中，法院通常会从以下角度综合考量：

1. 用人单位主张损失赔偿的法律依据

《北京市劳动合同规定》（北京市人民政府令第 91 号）第三十条第三项规定，严重失职、营私舞弊，对用人单位利益造成重大损害的，用人单位可以解除劳动合同。第五十条规定："因劳动者存在本规定第三十条第（二）项、第（三）项规定的情形，被用人单位解除合同，且给用人单位造成损失的，应当承担赔偿责任。"因此，劳动者在工作中由于故意或重大过失等原因给用人单位造成经济损失，应承担赔偿责任。

2. 用人单位受到损失的客观事实

本案中，邱某收到付款申请单后未向公司经理核实确认，对外付款 42 万元。付款后邱某得知公司经理未发送上述付款信息，某建筑设计公司遭受诈骗。

3. 劳动者主观上是否存在故意或重大过失

仲裁机关认为，某建筑设计公司遭受诈骗，对外付款损失 42 万元，实施欺诈行为的主体应为主要承担赔偿责任人，但在付款过程中，邱某作为会计及财务主管，应具备职务所需的专业知识技能并负有岗位所需的审慎义务，其仅凭出纳口头告知公司经理要求付款即审核汇款行为，不符合会计工作的审慎性要求，存在重大过失。

4. 劳动者的行为与损失之间存在因果关系

因邱某未尽到审慎义务，使某建筑设计公司遭受42万元经济损失。

5. 赔偿比例的确定

除前述考量因素外，裁判机关在确定是否支持赔偿，以及赔偿金额确定过程中，也会结合劳动者的过错程度、工作岗位、行为性质、薪资水平、入职年限、赔偿能力、在劳动关系中所处的地位、用人单位的管理指示疏漏等多种因素综合判断酌情确定劳动者的赔偿责任。本案中，裁判机关认为某建筑设计公司无健全的财务管理制度，对受诈骗产生的损失也应承担相应责任。最终仲裁委裁决邱某赔偿某建筑设计公司损失2万元。

三、合规操作方案

（一）用人单位应依法制定规章制度并在劳动合同中合理约定损失赔偿条款

单位应尽到在先义务：用人单位负有进行职业培训、保障劳动者工作环境和相关劳动法权利的义务，在考量因劳动者导致损失的时候，需要判断用人单位是否尽到了在先的义务，例如是否对劳动者进行了职业培训、是否存在因超时加班导致劳动者过度劳累引发风险的可能，也即，用人单位应当首先履行法律规定的义务，避免损失的发生。

用人单位应在劳动合同中约定或者在合法有效的规章制度中规定，劳动者因故意或重大过失导致用人单位受到损失的，应当在合理范围内予以赔偿，同时可以明确责任承担的比例和原则。可以将赔偿责任与个人的劳动收入挂钩，约定“应赔偿全部责任”的条款反而对用人单位合理确定劳动者的赔偿责任不利。此外，即使劳动者需要承担赔偿责任，基于保护劳动者的原则，最终承担的金额可能也仅为一小部分，因此建议用人单位应当完善自身的相关制度和流程，加强员工的培训和纪律要求，从源头上避免损失的发生。

（二）用人单位对劳动者进行索赔扣工资应提前告知

《广东省工资支付条例》规定，因劳动者过错造成用人单位直接经济损失的，应当赔偿，但在工资中扣除时，应提前告知。该条例第十五条规定：“因劳动者过错造成用人单位直接经济损失，依法应当承担赔偿责任的，用人单位可以从其工资中扣除赔偿费，但应当提前书面告知扣除原因及数额；未书面告知的不得扣除。扣除赔偿费后的月工资余额不得低于当地最低工资标准。”

（三）用人单位对劳动者进行索赔扣工资的限额

《工资支付暂行规定》第十六条规定：“……经济损失的赔偿，可从劳动者本人的工资中扣除。但每月扣除的部分不得超过劳动者当月工资的 20%。若扣除后的剩余工资部分低于当地月最低工资标准，则按最低工资标准支付。”从该规定看，用人单位向劳动者主张的经济损失存在一定的限额，即每月扣除的部分不得超过劳动者当月工资的 20%。

第十四章
其他纠纷类型

第一节　名誉权纠纷

一、名誉权纠纷问题解析

名誉权侵权的构成要件是什么？用人单位的用工管理行为是否存在侵犯劳动者名誉权的风险？劳动者的不当言论是否侵犯用人单位的名誉权？用人单位因名誉权受损与劳动者解除劳动合同是否合法？劳动关系中的名誉权侵权可能面临哪些法律责任？名誉权受损可以提出哪些请求？

（一）名誉权侵权的构成要件是什么

我国《宪法》第三十八条[①]关于人格尊严保护的规定是自然人名誉权受我国法律保护的渊源和基础。根据《民法典》第一百一十条[②]和第一千零二十四条[③]的相关规定，民事主体享有名誉权，名誉是对民事主体的品德、声望、才能、信用等的社会评价，自然人和法人均享有名誉权，其名誉权受法律保护，任何组织或者个人不得以侮辱、诽谤等方式侵害他人的名誉权。

名誉权侵权适用一般侵权责任的规定，即过错责任原则，其构成要件为确有名誉被损害的事实（损害结果）、行为违法（危害行为）、因果关系以及过错，具体如下。

① 《宪法》第三十八条规定：中华人民共和国公民的人格尊严不受侵犯。禁止用任何方法对公民进行侮辱、诽谤和诬告陷害。

② 《民法典》第一百一十条规定：自然人享有生命权、身体权、健康权、姓名权、肖像权、名誉权、荣誉权、隐私权、婚姻自主权等权利。法人、非法人组织享有名称权、名誉权和荣誉权。

③ 《民法典》第一千零二十四条规定：民事主体享有名誉权。任何组织或者个人不得以侮辱、诽谤等方式侵害他人的名誉权。名誉是对民事主体的品德、声望、才能、信用等的社会评价。

第一，相对人名誉被损害的事实，即造成受害者社会评价降低的损害结果。所谓“社会评价”，要求受害者所遭受的不利评价受众广泛或具有不特定性。所谓“降低”，要求受害者的社会评价相较侵权行为未发生时低。

第二，行为人的行为违法。《民法典》第一千零二十四条[①]规定，不得以侮辱、诽谤等方式侵犯他人的名誉权。侮辱和诽谤是侵犯名誉权最主要的方式。侮辱是指通过言语、文字或者行为举止等方式贬低他人人格、毁损他人名誉的行为，对他人的能力、德性、身份、身体状况等相关方面予以轻蔑的价值判断，以致他人名誉损害。是否构成侮辱，关注的是行为人作出的评价是否客观。诽谤是指捏造并散布虚构的事实，以贬损他人人格和破坏他人名誉。是否构成诽谤，关注的是行为人传播的事件是否真实。当然，侵害他人名誉的行为还有其他表现形式，但其他行为的认定标准通常比侮辱和诽谤更加严格，一般由法官在具体个案中行使自由裁量权。

第三，违法行为与相对人名誉受损之间存在因果关系，即受害者社会评价降低是行为人的行为所致。

第四，行为人存在过错，即行为人的主观状态，包括故意和过失。故意，指已经预见到自己行为的损害后果，希望或者放任其发生的主观状态。过失，指应当预见到损害后果却因疏忽大意没有预见，或者已经预见到但是轻信能够避免。名誉权侵权案件中的过错以故意为主。

劳动争议领域，劳动者和用人单位之间的名誉权纠纷主要有劳动者不当言论侵害用人单位名誉权和用人单位不当用工管理行为侵害劳动者名誉权两种类型。

（二）用人单位的用工管理行为是否存在侵犯劳动者名誉权的风险

当用人单位对劳动者进行管理时，其对劳动者作出不符合客观事实的负面评价并进行公开，导致劳动者社会评价降低的，即可能构成侵犯劳动者的名誉权。

---

① 《民法典》第一千零二十四条规定：民事主体享有名誉权。任何组织或者个人不得以侮辱、诽谤等方式侵害他人的名誉权。名誉是对民事主体的品德、声望、才能、信用等的社会评价。

1. 用人单位用工管理权和劳动者名誉权之间的关系

劳动关系存续期间，用人单位对劳动者享有管理权，用人单位享有依据规章制度或合同约定对劳动者作出评价结论或处理决定的自主权，对劳动者的内部用工管理行为受法律保护。然而，用人单位的用工管理权需依法行使，不得损害劳动者的名誉权。如果用人单位对劳动者作出的评价结论或处理决定违背事实或程序要求，或者在非必要范围内进行广泛公布，损害劳动者的社会评价，则需承担侵犯名誉权的法律责任。例如，在（2021）川01民终9336号案例中，法院认为，公司将载有于某违纪情况的函件发送给第三方的行为超出了劳动合同履行的目的，已非单纯的内部管理问题，涉及于某名誉权是否受损的认定，不能排除于某向法院寻求司法保护的权利。

2. 实践中用人单位侵犯劳动者名誉权的情形

实践中，用人单位的用工管理行为侵犯劳动者名誉权的常见场景为：第一，对违纪行为处理决定进行公开通报侵犯了劳动者名誉权。第二，退工通知书、离职证明或其他劳动关系解除证明文件记载的内容侵犯了劳动者名誉权。第三，入职背景调查的陈述内容侵犯了劳动者名誉权。常见手段为侮辱和诽谤，具体如下：

第一，采取侮辱手段，对劳动者作出的评价结论或处理决定超出必要限度，包含贬损其人格的道德性评价。例如，评价劳动者道德败坏、屡教不改等。

第二，采取诽谤手段，对劳动者作出的负面评价结论或处理决定且没有事实依据。用人单位对劳动者作出的评价结论或处理决定的依据来源于劳动者平时的工作表现或对某一特定事件的专门调查，如果用人单位在调查过程中，尚未掌握确凿证据的情况下即对劳动者作出负面评价结论或处理决定，则可能侵犯劳动者的名誉权。例如，《最高人民法院公报》2006年第12期公布的徐某诉上海某建设公司侵犯名誉权纠纷案例中，徐某已申请辞职并完成工作交接后，用人单位又以其无故旷工违反劳动纪律为由解除劳动合同，致使徐某在求职市场上存在不良记录，法院认定用人单位侵犯了徐某的名誉权。

（三）劳动者的不当言论侵犯用人单位名誉权的情形

为表达对用人单位的不满情绪，劳动者通过电子邮件、微博、微信等社交媒体或在其他公开场合发表有关用人单位的失实负面言论，造成用人单位社会评价降低的，可能涉嫌侵犯用人单位的名誉权。

1. 劳动者的言论自由与不当言论之间的关系

我国《宪法》第三十五条[①]规定了公民的言论自由。《劳动法》第六条[②]提倡劳动者向用人单位提出建议；第八条[③]规定了劳动者可以就维护其合法权益通过职工大会、职工代表大会或者其他形式与用人单位进行协商。因此，劳动者在公民普遍享有的言论自由之外，还有权发表关于用人单位的言论，可以对用人单位提出意见。保护劳动者的言论自由，不仅有利于矫正劳动者在劳动关系中的弱势地位，而且有利于劳动者对用人单位不合理的管理行为进行监督与矫正。

然而，劳动者的权利需依法行使，同时应履行法定义务，不得损害用人单位的利益。《宪法》第五十一条规定[④]，公民行使权利和自由时不得对他人造成损害。《劳动法》第三条第二款规定[⑤]，劳动者应遵守劳动纪律和职业道德。劳动者在发表言论时，应注意不得损害用人单位的利益，并且应履行忠实义务，遵守用人单位的纪律和职业道德。如果劳动者发表的言论导致用人单位社会评价降低，则超过了言论自由的界限，应承担法律责任。

2. 实践中劳动者行为侵犯用人单位名誉权的情形

第一，采取侮辱手段，使用贬损、攻击性语言评价用人单位。例如，在（2019）京 0113 民初 297 号案例中，劳动者在新浪微博等社交平台发布评价用人单位的文章，使用“无情压榨”“霸凌”“威慑欺骗”“恶毒的手段”等词语评价用人单位，法院认定其行为侵犯了用人单位的名誉权。

值得注意的是，由于劳动者在劳动关系中处于弱势地位，为使劳动者更好地行使言论自由和建议监督的权利，用人单位对劳动者发表的言论负有一定的

---

① 《宪法》第三十五条规定：中华人民共和国公民有言论、出版、集会、结社、游行、示威的自由。

② 《劳动法》第六条规定：国家提倡劳动者参加社会义务劳动，开展劳动竞赛和合理化建议活动，鼓励和保护劳动者进行科学研究、技术革新和发明创造，表彰和奖励劳动模范和先进工作者。

③ 《劳动法》第八条规定：劳动者依照法律规定，通过职工大会、职工代表大会或者其他形式，参与民主管理或者就保护劳动者合法权益与用人单位进行平等协商。

④ 《宪法》第五十一条规定：中华人民共和国公民在行使自由和权利的时候，不得损害国家的、社会的、集体的利益和其他公民的合法的自由和权利。

⑤ 《劳动法》第三条第二款规定：劳动者应当完成劳动任务，提高职业技能，执行劳动安全卫生规程，遵守劳动纪律和职业道德。

容忍义务，法官对劳动者侵犯用人单位名誉权行为的认定标准亦会稍微放宽。因此，如果劳动者发表不利于用人单位的主观评价，但其评论事项确有事实依据且不构成言辞过激的，不应被认定为侵害了用人单位的名誉权。

第二，采取诽谤手段，对用人单位进行没有事实依据的评价。如果劳动者发表的关于用人单位的负面评价缺乏基本的事实基础，完全与客观实际情况不符，则侵犯了用人单位的名誉权。例如，在（2020）京0491民初8691号案例中，员工潘某在无确凿证据的情况下在互联网平台发布与原单位有关的一系列负面不实言论，最终法院认定其行为侵犯了原单位的名誉权。

（四）用人单位因名誉权受损与劳动者解除劳动合同是否合法

当劳动者发布对用人单位不利的言论、损害其名誉权时，用人单位除通过民事诉讼依法维权外，可以依据本单位的规章制度与劳动者解除劳动合同或对劳动者进行其他处分。从司法实践来看，若用人单位采取与劳动者解除劳动合同的方式，但缺乏事实依据、制度或合同依据或处罚方式不合理的，可能面临违法解除的法律风险。

第一，缺乏事实依据。若劳动者发表的言论不构成对用人单位名誉权的侵犯，由此而解除劳动合同的行为违法。例如，在（2019）沪01民终9108号案例中，因公司没有提供证据证明曹某在微信朋友圈中有发布不恰当言论的行为，已经导致公司的名誉、信用受到伤害，即无法证明劳动者侵犯其名誉权，法院认定劳动者的行为没有达到公司规章制度中规定的可以解除劳动合同的严重违纪的程度，判定公司解除劳动合同违法。

第二，缺乏制度或合同依据。关于劳动者发表不利于用人单位的言论、侵害其名誉权将面临的行为后果，如果用人单位没有明确的规章制度条款或在劳动合同中进行明确约定，或该规章制度因未依法经过民主制定程序和公示程序而对劳动者不适用，用人单位据此解除劳动合同的行为，可能由于缺乏制度或合同依据而被判决违法。

第三，处罚方式不合理。若劳动者的确存在侵害用人单位名誉权、违反用人单位规章制度的行为，用人单位对其进行处罚时，除具备合法性要求外，还应当具有合理性，即处罚方式应当与名誉权受损害的程度相适应。若损害程度较轻，可先进行教育或警告。若不区分损害程度而直接解除劳动合同，则有可能被法院认定为违法解除。

若用人单位被依法认定为违法解除劳动合同，依据《劳动合同法》第四十八条[①]的规定，用人单位将面临继续履行劳动合同或支付赔偿金的法律责任。

（五）劳动关系中的名誉权侵权可能面临哪些法律责任

在劳动关系中，劳动者和用人单位侵犯相对方的名誉权，均需要承担相应的法律责任。

1. 民事侵权责任

《民法典》第九百九十五条[②]规定，人格权受到侵害时，受害人有权请求行为人承担民事责任。名誉权属于人格权的一种，当劳动者或用人单位侵犯他人名誉权时，可能承担民事侵权责任。

2. 行政责任

《治安管理处罚法》第四十二条第二项[③]规定，公然侮辱他人或者捏造事实诽谤他人的，可能被处以拘留或罚款。《劳动法》第九十六条规定，侮辱劳动者的，由公安机关对责任人员处以十五日以下拘留、罚款或者警告。因此，用人单位以侮辱手段侵害劳动者名誉权的，单位责任人员需要承担行政责任。

3. 刑事责任

《刑法》第二百四十六条[④]规定，公然侮辱他人或者捏造事实诽谤他人，情

---

① 《劳动合同法》第四十八条规定：用人单位违反本法规定解除或者终止劳动合同，劳动者要求继续履行劳动合同的，用人单位应当继续履行；劳动者不要求继续履行劳动合同或者劳动合同已经不能继续履行的，用人单位应当依照本法第八十七条规定支付赔偿金。

② 《民法典》第九百九十五条规定：人格权受到侵害的，受害人有权依照本法和其他法律的规定请求行为人承担民事责任。受害人的停止侵害、排除妨碍、消除危险、消除影响、恢复名誉、赔礼道歉请求权，不适用诉讼时效的规定。

③ 《治安管理处罚法》第四十二条规定：有下列行为之一的，处五日以下拘留或者五百元以下罚款；情节较重的，处五日以上十日以下拘留，可以并处五百元以下罚款：……（二）公然侮辱他人或者捏造事实诽谤他人的……

④ 《刑法》第二百四十六条规定：以暴力或者其他方法公然侮辱他人或者捏造事实诽谤他人，情节严重的，处三年以下有期徒刑、拘役、管制或者剥夺政治权利。前款罪，告诉的才处理，但是严重危害社会秩序和国家利益的除外。通过信息网络实施第一款规定的行为，被害人向人民法院告诉，但提供证据确有困难的，人民法院可以要求公安机关提供协助。

节严重的，可能被处三年以下有期徒刑、拘役、管制或者剥夺政治权利。《劳动法》第九十六条规定，用人单位侮辱劳动者，构成犯罪的，对责任人员依法追究刑事责任。因此，用人单位以侮辱手段侵害劳动者名誉权的，单位责任人员需要承担行政责任和刑事责任。

（六）名誉权受损可以提出哪些请求事项

1. 以侵犯名誉权为由要求行为人承担停止侵害、赔偿损失、消除影响、恢复名誉、赔礼道歉等民事法律责任

如以名誉权纠纷为由提起诉讼，属于侵权之诉，根据《民法典》第一百二十条①、第一百七十九条②的规定，受害者可以要求行为人承担停止侵害、赔偿损失、消除影响、恢复名誉、赔礼道歉等民事法律责任。其中，损失的赔偿包括《民法典》第一千一百八十二条③因名誉损害而造成财产损失的赔偿和第一千一百八十三条④的精神损害赔偿。

实践中，当受害人一方为劳动者时，通常会主张精神损害赔偿。例如，在（2021）川01民终9336号案例中，用人单位在于某的离职证明中记载其涉嫌违法违纪和受贿，于某认为用人单位作出的评价不实，损害其名誉，请求用人单位赔偿精神损失费2万元。当受害人一方为用人单位时，由于其性质为法人，其主张损害赔偿时，需要就名誉权受侵犯而导致收入减少等实际财产损失进行举证，但该项举证存在较大困难，请求往往难以得到全部支持。例如，在（2020）京0491民初8691号案例中，潘某离职后在知乎上发布“管理人员素质极差”“威

① 《民法典》第一百二十条规定：民事权益受到侵害的，被侵权人有权请求侵权人承担侵权责任。

② 《民法典》第一百七十九条规定：承担民事责任的方式主要有：（一）停止侵害；（二）排除妨碍；（三）消除危险；（四）返还财产；（五）恢复原状；（六）修理、重作、更换；（七）继续履行；（八）赔偿损失；（九）支付违约金；（十）消除影响、恢复名誉；（十一）赔礼道歉。法律规定惩罚性赔偿的，依照其规定。本条规定的承担民事责任的方式，可以单独适用，也可以合并适用。

③ 《民法典》第一千一百八十二条规定：侵害他人人身权益造成财产损失的，按照被侵权人因此受到的损失或者侵权人因此获得的利益赔偿；被侵权人因此受到的损失以及侵权人因此获得的利益难以确定，被侵权人和侵权人就赔偿数额协商不一致，向人民法院提起诉讼的，由人民法院根据实际情况确定赔偿数额。

④ 《民法典》第一千一百八十三条第一款规定：侵害自然人人身权益造成严重精神损害的，被侵权人有权请求精神损害赔偿。

胁员工”等关于公司的不良言论。公司称该行为损害了其名誉权，请求潘某赔偿10万元经济损失。法院最终仅支持了1万元。

2. 以受到侮辱、诽谤为由要求行为人承担刑事责任

当劳动者或用人单位因受到侮辱、诽谤行为导致名誉权受损，可以依据《刑法》第二百四十六条依法提起刑事自诉案件。

二、实战案例解析

（一）基本案情[①]

吴某是公司的产品检验员。2019年客户向公司反映其提供的产品质量远低于标准值。公司复检后发现此批不合格产品的检测报告上有认定为合格产品的吴某的签名。因上述质量瑕疵产品，公司返修并承担了返修的往返运费。2019年5月，公司启动对案涉产品质量的调查。2019年7月31日，吴某从公司离职，公司向吴某出具了一份《离职证明》，确认双方于2019年7月31日解除劳动关系。2019年8月30日，公司向所有部门发送产品质量事故的调查报告。报告中载明检测员吴某存在失职行为，“在膜式壁车间未根据终验要求对产品进行一一检测，导致8片管屏漏检”，根据员工手册，吴某的失职行为造成公司直接经济损失1万元以上属于严重违纪行为，经公司酌情考虑，决定给予吴某开除处分。吴某认为该报告与事实不符，对其名誉造成严重损害，遂诉至法院请求公司恢复其名誉，要求公司向全员发送说明邮件，并支付其名誉权损失和精神损失费14万余元。法院支持了吴某的部分请求，判决公司向吴某赔礼道歉并将赔礼道歉的内容以电子邮件的形式向公司的所有部门发送，并赔偿吴某精神损失1万元。

（二）案件代理思路

本案系名誉权纠纷，涉及名誉权侵权责任认定的问题。法院在审理名誉权纠纷案件中，一般会从侵权的构成要件入手进行分析判断。就本案而言，第一，用人单位是否实施了侮辱、诽谤等行为。第二，劳动者的社会评价是否降低。

① （2021）鄂01民终3424号。

第三，用人单位的用工管理行为与劳动者社会评价降低之间是否具有因果关系。第四，用人单位是否存在过错。

如果用人单位未实施侵害劳动者名誉权的行为，可以结合侵权的构成要件进行抗辩：第一，用人单位未实施侮辱、诽谤等行为。此处可主张用人单位作出的决定有事实依据，且客观，不存在对劳动者的道德评价。第二，劳动者社会评价未降低。此处可主张用人单位作出决定的影响范围有限，未向社会大众公开。第三，劳动者社会评价降低与用人单位行为之间无因果关系。此处可主张有其他因素导致劳动者社会评价降低。第四，用人单位无过错。

（三）法院审查要点

法院认为，民事主体享有名誉权。公民的名誉权是公民对其全部活动所产生的社会评价而享有的不受他人侵害的权利。以书面或口头等形式捏造事实公然诋毁他人产品，以及用侮辱或诽谤等方式损害个人名誉，造成一定影响的，应当认定为侵害名誉权的行为。

本案中，公司在吴某 2019 年 7 月 31 日离职时未提及产品质量事故，却在吴某离职后 2019 年 8 月 30 日的产品质量事故调查报告中作出给予吴某开除处分的决定，并通过电子邮件的方式发送给公司的每一个员工。因吴某离开公司系正常离职，公司开除一事不属实，公司在向其员工发送的调查报告中作出给予吴某开除处分的决定，明显诋毁、损害了吴某的名誉及其社会评价，构成侵权，应当承担相应的民事责任。关于名誉权损失、精神损失费，结合案情，最终法院酌定由公司向吴某赔偿精神损失 1 万元。

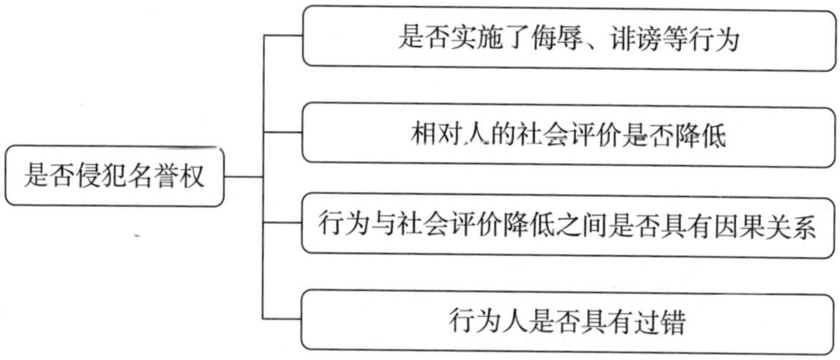

名誉权纠纷审查要点图示

（四）名誉权纠纷在举证层面的注意事项

名誉权纠纷，属于民事侵权的案件类型范畴，适用民事侵权纠纷中“谁主张，谁举证”的举证规则。因此，对于用人单位是否实施了侵犯名誉权的行为，劳动者一方负有举证责任。此外，在证实用人单位实施了侵犯名誉权的行为后，劳动者一方还应当举证用人单位侵犯名誉权的行为导致其社会评价降低。在劳动者一方完成前述证明责任后，如用人单位否认侵犯劳动者名誉权，应证明其处理决定有事实依据且未造成劳动者社会评价降低的损害结果。如用人单位不能就其抗辩理由举证的，应当承担不利后果，其行为构成侵犯名誉权，将面临承担法律责任的风险。

其中，社会评价降低与否，不仅是权利人举证的关键，也是相对方抗辩的关键。从用人单位侵害劳动者名誉权的视角进行分析，第一，考量用人单位所作结论或处理决定的公开范围。若仅传达给劳动者本人，未向他人公开，则不构成对劳动者名誉权的侵犯。例如，在（2020）京 02 民终 57 号案例中，《解除劳动关系通知书》中载明劳动者骚扰他人，但该通知书仅向劳动者邮寄送达，未对外公开发布，法院认定无法对劳动者的社会评价造成影响。若公开范围限于公司内部，例如通过内网公布、张贴在布告栏上和电子邮件发送全体员工等方式公开，是否影响劳动者的社会评价，存在争议。第二，考量用人单位的结论和处理决定是否客观真实。若用人单位的结论和处理决定客观真实，则在单位内部公开不影响劳动者的社会评价。例如，在（2021）粤 0303 民初 21503 号案例中，用人单位依据充足的证据认定员工姜某存在职场性骚扰行为并在公司范围内通报。由于作出的决定客观真实，法院认定未侵害姜某名誉权。但是，若用人单位的结论和处理决定不客观不真实，即使仅在单位内部公开，仍影响劳动者的社会评价。第三，通过对劳动者后续就业的影响进行判断。如果因用人单位公开的结论或处理决定导致劳动者后续就业困难，则可认定劳动者社会评价降低。例如，在《最高人民法院公报》2006 年第 12 期公布的名誉权纠纷案例中，徐某因原用人单位错误的处理决定而在新公司中入职失败，由此可认定其社会评价已降低。

三、合规操作方案

第一，注重完善日常用工管理行为。用人单位对员工的考核评价及处分，不应当以牺牲员工的名誉权为代价。首先，在涉及对劳动者的处理决定或评价时，内容应客观。用人单位应仅对相关事件进行客观描述，不对劳动者作道德评价。用语应严谨，避免使用丑化劳动者人格的词语。例如，不应在决定或评价中出现道德败坏等用词。其次，在涉及对劳动者的处理决定或评价时，依据应真实。用人单位在作出处理决定或评价前应充分调查，掌握足够的证据。在处理决定或评价中应充分说明理由。最后，合理控制处理决定或评价的公开范围。若无公开必要的，送达劳动者本人即可。若必须公开的，应控制公开范围。考虑仅在中高层领导范围内公布，或仅在员工所在部门公布。如确实有必要，才在全单位范围内公布。同时注意，仅在合理期限内公布，不延长公布时间。对于涉及员工隐私的应不予公布，必要时作匿名化处理。

第二，关于劳动者发表不当言论的行为管理及后果处置，制定并完善相应的规章制度。该规章制度应经过民主公示程序，取得劳动者遵守制度的承诺。规章制度的内容应明确具体，明确违反规章制度后用人单位可采取的处理措施。对侵权劳动者进行处罚时注重合理性原则。依据用人单位规章制度和名誉权受侵害的程度处理侵权事件。如果劳动者侵权的程度较轻，可以予以警告。用人单位应当注意谨慎使用解除劳动合同这一严厉的处理措施。

第三，畅通内部信息披露途径和意见反馈渠道。劳动者对于工作中的不满情绪，致使其在公开场合发表关于用人单位的不当言论，主要原因在于没有合理的反映渠道或未从该渠道得到及时有效的反馈。用人单位应畅通用工管理信息披露途径，设置沟通和意见收集的渠道，为劳动者获取信息、合法合理表达意见和诉求提供条件，避免引起劳动者不必要的误会和猜疑。

第四，妥善处理名誉权危机，防止损失扩大。当出现名誉权危机时，用人单位应当及时收集和保全证据，查明侵权人身份。对于以电子数据形式表现的侵权内容应及时公证。汇总业务和运营数据，以计算因此遭受的损失。同时，积极与劳动者沟通，稳定其情绪并商量解决方案。公关部门或其他部门及时采取澄清等措施，必要时应当寻求律师帮助。

就劳动者而言，劳动者应当意识到用人单位名誉权受法律保护，劳动者应当基于诚信原则、忠实义务约束自己的言行，合理合法地行使言论自由和监督建议权。例如，向上级反映或与工会沟通等。谨慎采取以公开方式发表关于用人单位的不利言论，避免陷入名誉权纠纷中。

第二节　职场性骚扰纠纷

一、职场性骚扰纠纷问题解析

> 职场性骚扰行为的构成要件是什么？防止职场性骚扰的法律法规及指导意见有哪些？用人单位对于职场性骚扰负有哪些法定的管理义务？用人单位不履行职场性骚扰管理义务可能承担哪些法律责任？用人单位履行对于职场性骚扰管理义务不当可能承担哪些法律责任？劳动者可以向用人单位提出哪些争议请求事项？

职场性骚扰不仅侵害劳动者的人格权，基于侵权人与被侵权人之间存在工作关系、发生在工作场所的特点，职场性骚扰同时影响了劳动者平等就业权和劳动权的实现。用人单位对职场性骚扰的态度和处理方式直接反映了其价值观、企业文化和企业形象。出于劳动者权利保护和单位自身利益维护的目的，用人单位应防治职场性骚扰。准确认知职场性骚扰，了解关于防治职场性骚扰的法律法规，知悉职场性骚扰不作为或不当作为的法律风险，有利于用人单位更合法有效地防治职场性骚扰。

（一）职场性骚扰行为的构成要件

职场性骚扰，是指发生在工作场所的，以动作、语言、文字、图片、电子信息等方式实施的，与性有关的、违背员工意愿的行为。职场性骚扰主要包括两种类型。第一，条件交换型性骚扰。行为人利用职权、地位和优势，通过胁迫或承诺奖励的方式，对受害者实施与性有关的行为。第二，敌意环境型性骚扰。行为人出于性方面的原因将受害者置于敌意、不友好或无礼的工作环境中。[①]

预防和制止职场性骚扰，首先应对职场性骚扰进行识别和认知，明确何种行为属于职场性骚扰，是用人单位履行职场性骚扰管理义务的前提和基础。

1. 当事人为工作关系且不论性别

职场性骚扰的当事人之间有工作关系且不区分性别。首先，行为人和受害者之间存在工作关系，使行为人在职场利用职权或职务之便实施的性骚扰成为可能。在用人单位内部，行为人可能与受害者是上下级关系或平级的同事。在用人单位外部，可能存在客户或合作伙伴对相对方公司员工的性骚扰。其次，行为人与受害者均没有性别限制，异性之间或是同性之间均有可能发生职场性骚扰。就异性来说，可能存在男性对女性实施性骚扰和女性对男性实施性骚扰两种情形。

2. 地点为工作场所

工作场所不仅包含通常意义上的工作场所，还包含延伸的工作场所。通常意义上的工作场所包括办公室、车间等。延伸的工作场所包括工作应酬场所（KTV 和饭馆）、因公外出的交通工具（飞机和汽车）、工作差旅居住地（旅馆）等。此外，一些与工作相关的社交软件也可以扩大解释为延伸的工作场所。

3. 存在与性相关的骚扰行为

性骚扰行为的表现方式多样，其本质与性相关。行为人可能通过以下常见的方式实施性骚扰：

第一，言语或文字。例如，开具有性含义的玩笑；故意传播具有性含义的谣言；询问或告知性经验；评论一个人身体的敏感部位；发送带有淫秽、侮辱内容的信件、短信和微信等。在司法实践中，明示的语言文字较容易认定为性骚扰，但暗示的、较为模糊的语言文字是否应认定为性骚扰存在争议。第二，图像。例如，传播并展示裸体画和具有性内容的图像。第三，肢体行为。例如，不必要的触碰；做出猥亵动作，甚至暴露性器官；在没有得到对方同意的前提下，强行抚摸、搂抱或亲吻；要求发生不正当的性关系。在司法实践中，若存在与性相

① 参见杨岚：《〈民法典〉视域下职场性骚扰的单位责任界定与规避》，载《领导科学》2021年4月（上）。

关的肢体行为，被认定为性骚扰的概率较大。

4. 违背受害者意愿

在职场性骚扰纠纷中，行为人通常会强调涉诉行为属于双方的自愿行为。违背意愿这一要件体现了性骚扰与正常求爱行为的区别。实践中违背意愿具体表现为：第一，在性骚扰发生时，受害者通过语言文字表示拒绝抵抗，或者通过肢体行为进行挣脱。第二，在性骚扰发生后，受害者就性骚扰事件向用人单位投诉、向公安机关报警。但问题在于，受害者在性骚扰发生时作出的拒绝和反抗表示可能缺少证据证明，在性骚扰行为发生后，受害者作出的投诉、报警等行为也并不会必然推出其在行为发生时的意思表示。因此，判断属于双方自愿的行为，还是违背劳动者意愿的行为，在司法实践中面临较大困难。

除此之外，受害者可能出于对行为人所拥有职权的畏惧、为保留工作的愿望或舆论的压力，不得已而忍受性骚扰行为，以沉默或转移话题方式回应。此种情况由于缺乏外在表现形式的证据，在认定违背意愿时存在较大难度。

（二）防治职场性骚扰的法律法规及指导意见

我国法律法规明确禁止职场性骚扰并规定了用人单位防治职场性骚扰的义务。近年来，国家对防治职场性骚扰的态度越发坚决，对劳动者的保护力度及用人单位的监管力度也逐渐加大。此外，社会团体和政府部门发布的防治职场性骚扰指南也为用人单位合规防治职场性骚扰提供了指导意见。

1. 国家层面的法律法规和司法解释

我国防治职场性骚扰立法实践已走过近 20 年。2005 年《妇女权益保障法》第四十条[①]首次将禁止性骚扰写入法律。2012 年《女职工劳动保护特别规定》第十一条[②]规定了用人单位对于职场性骚扰的管理义务。2018 年最高人民法院《关于增加民事案件案由的通知》[③]将性骚扰列为独立的民事案由，增强了性骚扰行

① 《妇女权益保障法》（2005 年）第四十条规定，禁止对妇女实施性骚扰。受害妇女有权向单位和有关机关投诉。

② 《女职工劳动保护特别规定》第十一条规定，在劳动场所，用人单位应当预防和制止对女职工的性骚扰。

③ 最高人民法院《关于增加民事案件案由的通知》规定，在第九部分“侵权责任纠纷”的“348. 教育机构责任纠纷”之后增加一个第三级案由“348 之一、性骚扰损害责任纠纷”。

为的可诉基础。

2021年开始实施的《民法典》在人格权编第一千零一十条[①]对性骚扰进行了规定，并明确机关、企业、学校的防治职责，相较于以往的法律法规，其有诸多亮点。一方面，该条对性骚扰作出了定义，将性骚扰以言语、文字、图像、肢体等不同的方式区分为若干种类型，在一定程度上解决了司法实践中对性骚扰认定混乱的问题。另一方面，该条在法律层面实现了性骚扰的跨性别保护，扩大了保护范围。2022年10月30日，全国人大常委会审议通过了修订后的《妇女权益保障法》并予以发布，在本次新修订的《妇女权益保障法》中，关于性骚扰的规定是增加最多的内容之一。新《妇女权益保障法》借鉴了《民法典》第一千零一十条的表述，对妇女性骚扰作出了明确定义，明确规定了公权力机关的救助职责和学校、用人单位防治性骚扰的责任，并赋予受害人申请人身安全保护令的权利。

对于防治职场性骚扰，目前国家层面已经呈现出日趋严格的立法趋势。新《妇女权益保障法》[②]首次在法律层面规定了用人单位对职场性骚扰预防和制止义务的具体表现形式（第二十五条）和违反管理义务的法律责任（第七十七条、第八十条）。该法于2023年1月1日生效实施，本次修订反映了我国严格防范和严厉打击职场性骚扰的立法趋势。

2. 地方性新规新政

《民法典》颁布后，各地亦发布了防治职场性骚扰的新规新政，有如下特点：在

① 《民法典》第一千零一十条规定，违背他人意愿，以言语、文字、图像、肢体行为等方式对他人实施性骚扰的，受害人有权依法请求行为人承担民事责任。机关、企业、学校等单位应当采取合理的预防、受理投诉、调查处置等措施，防止和制止利用职权、从属关系等实施性骚扰。

② 《妇女权益保障法》第二十五条规定，用人单位应当采取下列措施预防和制止对妇女的性骚扰：（一）制定禁止性骚扰的规章制度；（二）明确负责机构或者人员；（三）开展预防和制止性骚扰的教育培训活动；（四）采取必要的安全保卫措施；（五）设置投诉电话、信箱等，畅通投诉渠道；（六）建立和完善调查处置程序，及时处置纠纷并保护当事人隐私和个人信息；（七）支持、协助受害妇女依法维权，必要时为受害妇女提供心理疏导；（八）其他合理的预防和制止性骚扰措施。

第七十七条规定，侵害妇女合法权益，导致社会公共利益受损的，检察机关可以发出检察建议；有下列情形之一的，检察机关可以依法提起公益诉讼：……（三）相关单位未采取合理措施预防和制止性骚扰……

第八十条规定，违反本法规定，对妇女实施性骚扰的，由公安机关给予批评教育或者出具告诫书，并由所在单位依法给予处分。学校、用人单位违反本法规定，未采取必要措施预防和制止性骚扰，造成妇女权益受到侵害或者社会影响恶劣的，由上级机关或者主管部门责令改正；拒不改正或者情节严重的，依法对直接负责的主管人员和其他直接责任人员给予处分。

保护对象方面，仍集中于妇女的保护。在内容方面，大多旨在明确政府对于用人单位防治职场性骚扰的指导作用，不同地区的具体措施存在差异。例如，上海规定了各责任单位加大对受害者的救助，广州明确了劳动者有权要求用人单位在集体合同中规定防治职场性骚扰的内容，并将职场性骚扰纳入劳动监察范围。

部分地区关于防治职场性骚扰的规定

文件名称	防治职场性骚扰相关内容
《北京市“十四五”时期妇女儿童发展规划》（京政发〔2021〕34号）	指导并推动用人单位建立并执行预防和制止职场性骚扰制度机制。①
《上海市妇女儿童发展“十四五”规划》（沪府办发〔2021〕6号）	加大对性骚扰的惩处力度，健全职场性骚扰的防治体系，为受害者提供有效的法律和心理援助。②
《广州市妇女权益保障规定》	用人单位应当采取措施预防和制止对女职工的性骚扰行为。职工方有权要求在集体合同中规定用人单位预防和制止性骚扰的内容。③
《广州市妇女发展规划（2021—2030年）》（穗府〔2022〕7号）	将工作场所性骚扰纳入劳动监察范围，指导用人单位建立性骚扰防治机制。④
《深圳市妇女发展规划（2021—2030年）》	在用人单位建立防范职场性骚扰的机制。⑤

① 第三部分妇女与经济：保障妇女享有参与经济活动和共享经济资源的权利，鼓励支持妇女为推动首都经济高质量发展贡献力量。8.保障从业女性劳动权益……指导用人单位建立和执行工作场所预防性骚扰制度机制……

第八部分妇女与法律：健全完善保障妇女合法权益的政策法规体系，提升妇女法治意识和参与法治建设的能力。4.有效预防和制止针对妇女的性骚扰……推动用人单位、学校建立预防和制止性骚扰工作机制，预防和制止利用职权、从属关系等实施性骚扰……

② 第六部分权益保障：加大妇女权益保障力度，优化妇女友好型发展环境。(3)维护妇女人身安全，加大对侵害妇女权益违法犯罪行为的打击力度……加大对性骚扰和性侵人员的惩处力度，健全工作场所和学校的暴力和性骚扰的防治体系，为受害者提供有效的法律和心理援助。

③ 第二十六条：用人单位应当采取措施预防和制止对女职工的性骚扰行为。职工方有权要求在集体合同中规定用人单位预防和制止性骚扰的内容……

④ 第三部分妇女与经济。8.保障女职工劳动权益……将工作场所性骚扰纳入劳动监察范围，指导用人单位建立性骚扰防治机制……

⑤ 第六部分预防和制止针对女性的性骚扰……在机关、企业、学校等单位建立相关工作机制，预防和制止利用职权、从属关系等实施性骚扰。

3. 防范职场性骚扰的指导意见

《民法典》颁布后，2021 年全国妇联权益部发布了《防治职场性骚扰指导手册》，详细规定了职场性骚扰的认定和用人单位防治职场性骚扰的具体措施等内容。2021 年深圳市妇联、教育局和公安局等九部门联合发布了《深圳市防治性骚扰行为指南》（深妇通〔2021〕1 号），除对处理职场性骚扰行为的流程作出详细规定外，还为用人单位提供了防治性骚扰制度的样本。用人单位可以结合自身情况参考适用，作为合规指南。

（三）用人单位对于职场性骚扰负有的法定管理义务

目前我国法律已经明确了用人单位对于职场性骚扰行为具有法定的管理义务。《民法典》第一千零一十条第二款[①]和《女职工劳动保护特别规定》第十一条[②]均明确规定了用人单位的管理义务。新《妇女权益保障法》第二十五条[③]规定了用人单位对职场性骚扰预防和制止义务的具体表现形式。结合这些规定，《劳动合同法》第六十二条第一款第一项[④]中的用人单位的劳动保护义务，应当解释为包含保护劳动者免受职场性骚扰的义务。

具体来说，用人单位的管理义务分为事前和事后两个部分。即职场性骚扰事件发生前的预防义务和职场性骚扰事件发生后的受理投诉、调查和处置义务。事前义务例如制定防范职场性骚扰的规章制度的义务。就事后义务来说，处置对象除了职场性骚扰的行为人外，还包括不履行管理义务的失职管理人员。

---

① 《民法典》第一千零一十条第二款规定，机关、企业、学校等单位应当采取合理的预防、受理投诉、调查处置等措施，防止和制止利用职权、从属关系等实施性骚扰。

② 《女职工劳动保护特别规定》第十一条规定，在劳动场所，用人单位应当预防和制止对女职工的性骚扰。

③ 《妇女权益保障法》第二十五条规定，用人单位应当采取下列措施预防和制止对妇女的性骚扰：（一）制定禁止性骚扰的规章制度；（二）明确负责机构或者人员；（三）开展预防和制止性骚扰的教育培训活动；（四）采取必要的安全保卫措施；（五）设置投诉电话、信箱等，畅通投诉渠道；（六）建立和完善调查处置程序，及时处置纠纷并保护当事人隐私和个人信息；（七）支持、协助受害妇女依法维权，必要时为受害妇女提供心理疏导；（八）其他合理的预防和制止性骚扰措施。

④ 《劳动合同法》第六十二条第一款第一项规定，用工单位应当履行下列义务：（一）执行国家劳动标准，提供相应的劳动条件和劳动保护。

（四）用人单位不履行职场性骚扰管理义务可能承担哪些法律责任

1. 用人单位不履行管理义务导致受害者权益受损时，可能承担侵权责任

《女职工劳动保护特别规定》第十五条规定，违反本规定、侵害合法权益、造成损失的，用人单位应承担赔偿责任。《四川省〈妇女权益保障法〉实施办法》第四十七条第二款[①]规定，用人单位不履行管理义务需要承担过错责任。因此，可解释为用人单位若违反对于职场性骚扰的管理义务，需承担赔偿责任。

2. 用人单位未提供劳动保护导致劳动者解除劳动合同时，可能需支付经济补偿金

由于《劳动合同法》第六十二条第一款第一项[②]中的用人单位的劳动保护义务可解释为包含保护劳动者免受职场性骚扰的义务，用人单位未履行关于职场性骚扰的管理义务时，可能被认为未提供劳动保护，劳动者基于此主张解除劳动合同时，根据《劳动合同法》第三十八条第一款第一项和第四十六条第一项[③]的规定，用人单位应当支付经济补偿金。

3. 承担行政责任及接受检察建议、面临公益诉讼等法律风险

新《妇女权益保障法》第八十条第二款规定，学校、用人单位违反本法规定，未采取必要措施预防和制止性骚扰，造成妇女权益受到侵害或者社会影响恶劣的，由上级机关或者主管部门责令改正；拒不改正或者情节严重的，依法对直接负责的主管人员和其他直接责任人员给予处分。该法系我国法律首次规定用人单位不履行职场性骚扰管理义务的行政责任。

此外，该法第七十七条还规定当用人单位未采取合理措施预防和制止性骚扰导致社会公共利益受损的，检察机关可对其发出检察建议并依法提起公益诉讼，用人单位将面临承担法律责任的风险。该修法从2023年开始实施后，用人

---

① 《四川省〈妇女权益保障法〉实施办法》第四十七条第二款规定，在工作场所发生对妇女实施的性骚扰，造成妇女身体、精神、民誉损害，单位或者雇主有过错的，应当依法承担相应的民事赔偿责任。

② 《劳动合同法》第六十二条第一款第一项规定，用工单位应当履行下列义务：（一）执行国家劳动标准，提供相应的劳动条件和劳动保护。

③ 《劳动合同法》第三十八条第一款第一项规定，用人单位有下列情形之一的，劳动者可以解除劳动合同：（一）未按照劳动合同约定提供劳动保护或者劳动条件的。

第四十六条第一项规定，有下列情形之一的，用人单位应当向劳动者支付经济补偿：（一）劳动者依照本法第三十八条规定解除劳动合同的。

单位有必要做好类似法律风险防范的准备。

（五）用人单位面临的其他法律责任

在职场性骚扰事件发生后，用人单位履行管理义务不当，可能面临如下法律责任：

1. 对行为人和管理人员的解除缺少依据，承担违法解除劳动合同的法律责任

用人单位秩序的保障在一定程度上有赖于其惩戒权的行使。但在目前，我国的劳动法律法规还未规定用人单位的惩戒权，只有《劳动合同法》第三十九条[①]对用人单位单方解除劳动合同有规定，可见“解除劳动合同”被视为唯一且最严厉的惩戒措施。因此，因职场性骚扰引发的劳动争议中讨论的多是解除劳动合同的合法性问题。

解除劳动合同需符合法律规定。根据《劳动合同法》第三十九条[②]规定，当劳动者严重违反规章制度，用人单位可解除劳动合同。就职场性骚扰而言，合法解除劳动合同的前提条件是：劳动者实施了性骚扰行为，该行为严重违反了规章制度，且该规章制度对劳动者适用。用人单位以行为人实施性骚扰严重违反公司规章制度为由解除劳动合同，行为人往往会提出其未实施性骚扰行为，或单位无防治性骚扰的规章制度、该规章制度内容或制定程序不合法因而不能对其适用等抗辩理由，若经审查确实如此，用人单位将可能面临违法解除劳动合同，继续履行或承担赔偿金的法律风险。

2. 用人单位在调查性骚扰事件时导致劳动者人格权益受损，可能承担侵权责任

用人单位预防、调查和处理职场性骚扰的措施不当，导致劳动者名誉权、个人信息、隐私权等人格权益受损时，行为人或受害者有权请求用人单位承担侵犯人格权益的法律责任。

第一，侵犯名誉权。《民法典》第一千零二十四条[③]规定，不得以诽谤等方

① 《劳动合同法》第三十九条规定，劳动者有下列情形之一的，用人单位可以解除劳动合同：……（二）严重违反用人单位的规章制度的……

② 《劳动合同法》第三十九条规定，劳动者有下列情形之一的，用人单位可以解除劳动合同：……（二）严重违反用人单位的规章制度的……

③ 《民法典》第一千零二十四条规定，民事主体享有名誉权。任何组织或者个人不得以侮辱、诽谤等方式侵害他人的名誉权。名誉是对民事主体的品德、声望、才能、信用等的社会评价。

式侵害他人的名誉权。若劳动者未实施性骚扰行为，而用人单位因不给行为人申辩机会、未客观公正调查却错误认定其已实施并公开通报此事件，则属于传播不真实信息的诽谤行为，导致了劳动者社会评价降低，侵犯其名誉权。

第二，侵犯个人信息。《民法典》第一百一十一条[①]规定，不得非法收集个人信息。用人单位预防职场性骚扰的措施之一为在工作场所安装监控，采集图像。但若监控安装的地点并非生产经营必要场所，或仅针对特定人安装，则可能因超出必要限度收集个人信息而被认定违法。

第三，侵犯隐私权。《民法典》第一千零三十二条[②]规定，不得以刺探、侵扰、泄露、公开等方式侵害他人的隐私权。不当安装摄像头除侵害个人信息外，也可能侵害劳动者的隐私权。此外，即使性骚扰行为已实施，用人单位的不当调查和处置行为也有可能侵害劳动者隐私权。例如，公开访谈和对质，公开或泄露材料，以及未经同意或以不恰当的方式搜查私人物品等行为均侵害了隐私权。

（六）劳动者向用人单位提出的常见请求事项

1. 以侵犯人身权益为由，要求用人单位承担停止侵害、赔偿损失、消除影响、恢复名誉、赔礼道歉等民事法律责任

当用人单位不履行防治性骚扰义务造成劳动者健康权、性自主权等权利受损害，或当用人单位履行防治性骚扰义务的手段不适当造成劳动者名誉权、个人信息、隐私权受损害时，劳动者可提起侵权之诉。根据《民法典》第一百二十条[③]和第一百七十九条[④]的规定，劳动者可以要求用人单位承担停止侵害、赔偿

---

① 《民法典》第一百一十一条规定，自然人的个人信息受法律保护。任何组织或者个人需要获取他人个人信息的，应当依法取得并确保信息安全，不得非法收集、使用、加工、传输他人个人信息，不得非法买卖、提供或者公开他人个人信息。

② 《民法典》第一千零三十二条第一款规定，自然人享有隐私权。任何组织或者个人不得以刺探、侵扰、泄露、公开等方式侵害他人的隐私权。

③ 《民法典》第一百二十条规定，民事权益受到侵害的，被侵权人有权请求侵权人承担侵权责任。

④ 《民法典》第一百七十九条规定，承担民事责任的方式主要有：（一）停止侵害；（二）排除妨碍；（三）消除危险；（四）返还财产；（五）恢复原状；（六）修理、重作、更换；（七）继续履行；（八）赔偿损失；（九）支付违约金；（十）消除影响、恢复名誉；（十一）赔礼道歉。法律规定惩罚性赔偿的，依照其规定。本条规定的承担民事责任的方式，可以单独适用，也可以合并适用。

损失、消除影响、恢复名誉、赔礼道歉等民事法律责任。

2. 以未提供劳动保护导致解除劳动合同为由，要求用人单位支付经济补偿金

对于职场性骚扰的管理义务属于用人单位提供劳动保护的范畴。如果用人单位未履行该义务，劳动者可解除劳动合同。根据《劳动合同法》第三十八条第一款第一项和第四十六条第一项①的规定，劳动者因用人单位未提供劳动保护而解除合同的，用人单位应向劳动者支付经济补偿。因此，当用人单位不履行关于职场性骚扰的管理义务，受害者被迫解除劳动合同的，用人单位应支付经济补偿金。

3. 以违法解除劳动合同为由，要求用人单位继续履行劳动合同或支付赔偿金

一方面，如用人单位以劳动者实施性骚扰行为、严重违反规章制度为由与其解除劳动合同，但无证据证明性骚扰行为存在、单位存在可对劳动者适用的防治职场性骚扰的规章制度及规章制度的有效性时，用人单位解除劳动合同违法。另一方面，如用人单位以负有防治职场性骚扰职责的管理人员在职场性骚扰发生时未履行职责、严重违反规章制度为由与其解除劳动合同，但无证据证明管理人员未履行职责、单位存在可对管理人员适用的防治职场性骚扰的规章制度及规章制度的有效性时，用人单位解除劳动合同违法。《劳动合同法》第四十八条②规定，用人单位违法解除劳动合同的，劳动者可请求其继续履行或支付赔偿金。

二、实战案例解析

案例一　行为人诉公司违法解除

（一）基本案情③

任某刚入职时，领导邓某在微信上表达了与其发展成男女朋友的想法，且

---

① 《劳动合同法》第三十八条第一款第一项规定，用人单位有下列情形之一的，劳动者可以解除劳动合同：（一）未按照劳动合同约定提供劳动保护或者劳动条件的。

第四十六条第一项规定，有下列情形之一的，用人单位应当向劳动者支付经济补偿：（一）劳动者依照本法第三十八条规定解除劳动合同的。

② 《劳动合同法》第四十八条规定，用人单位违反本法规定解除或者终止劳动合同，劳动者要求继续履行劳动合同的，用人单位应当继续履行；劳动者不要求继续履行劳动合同或者劳动合同已经不能继续履行的，用人单位应当依照本法第八十七条规定支付赔偿金。

③ 指导案例181号、（2021）沪01民终2032号。

在其拒绝后继续不停骚扰。任某将此事反映给经理郑某，郑某非但对此性骚扰行为不予以调查处理，还向公司人事部提出与任某解除劳动合同。人事部调查后发现郑某否认收到任某的投诉，不履行对职场性骚扰的管理义务。因此，公司以未尽岗位职责、严重违反规章制度为由解除与郑某的劳动合同。郑某认为关于防治职场性骚扰的规章制度对其并无约束力，且其并不存在足以解除劳动合同的严重违纪行为，公司解除劳动合同违法。于是，郑某申请仲裁，要求公司支付违法解除劳动合同赔偿金。郑某的请求未得到仲裁庭支持。郑某不服，诉至法院。一审、二审法院均未支持郑某的诉讼请求。

（二）案件代理思路

本案系与职场性骚扰相关的劳动争议案件，涉及用人单位因管理人员未履行防治职场性骚扰义务而与其解除劳动合同的合法性问题。如用人单位主张处理相关人员具有合法性，应证明其对管理人员的处理有制度依据和事实依据。关于制度依据，一方面应证明用人单位存在防治职场性骚扰的规章制度，该规章制度上明确规定了管理人员不履行防治职场性骚扰的义务用人单位可采取的处理措施。用人单位需证明已将防治职场性骚扰的规定列入《员工手册》等制度文件中。另一方面应证明该规章制度对劳动者适用。用人单位需证明规章制度经民主程序制定，且劳动者已明确知晓并愿意遵守。关于事实依据，用人单位首先应证明职场性骚扰行为存在，其次应证明管理人员未履行防治职场性骚扰的职责。证明职场性骚扰行为的存在涉及职场性骚扰行为的认定问题，需根据主体间的工作关系、发生在工作场合、性骚扰行为和违背受害者意愿四个构成要件来判断。管理人员未履行义务可通过其对受害者投诉的反应和事后有无打击报复行为来综合判断。

（三）法院审查要点

本案争议焦点在于：一、公司据以解除郑某劳动合同的规章制度对郑某有无约束力；二、郑某是否存在足以解除劳动合同的严重违纪行为。

第一，公司据以解除郑某劳动合同的规章制度对郑某有无约束力。公司的《员工手册》《商业行为准则》已经工会沟通会议进行讨论。劳动合同明确约定《员工手册》《商业行为准则》属于劳动合同的组成部分，郑某已阅读并理解和接受上述制度。在《员工手册》修订后，郑某亦再次签署确认书，确认已阅读、明白并愿接受《员工手册》。公司的《员工手册》《商业行为准则》应对郑某具有约束力。

第二，郑某是否存在足以解除劳动合同的严重违纪行为。首先，公司建立有工作场所性骚扰防范培训机制，郑某亦接受过相关培训。公司的《商业行为准则》要求经理、主管等管理人员在下属提出担忧或问题时能够专业并及时帮助其解决，不能进行打击报复。《员工手册》还将违反公司《商业行为准则》的行为列入会导致立即辞退的严重违纪行为范围。郑某在任某反复强调邓某一直对她进行骚扰时，郑某未帮助解决，反而说“他这么直接，要是我的话，先靠近你，摸摸看，然后聊聊天”，促成自己的下级与上级发展不正当关系。其行为有悖作为公司部门主管的职责，其答复亦有违公序良俗。此外，在任某明确表示对邓某性骚扰的抗拒后，郑某提出与任某解除劳动合同，属于打击报复。其次，《员工手册》明确规定在公司内部调查中做虚假陈述的行为属于会导致立即辞退的严重违纪行为。公司的调查笔录显示郑某在调查过程中存在虚假陈述情况。

综上，公司主张郑某存在严重违纪行为，依据充分，不构成违法解除劳动合同。

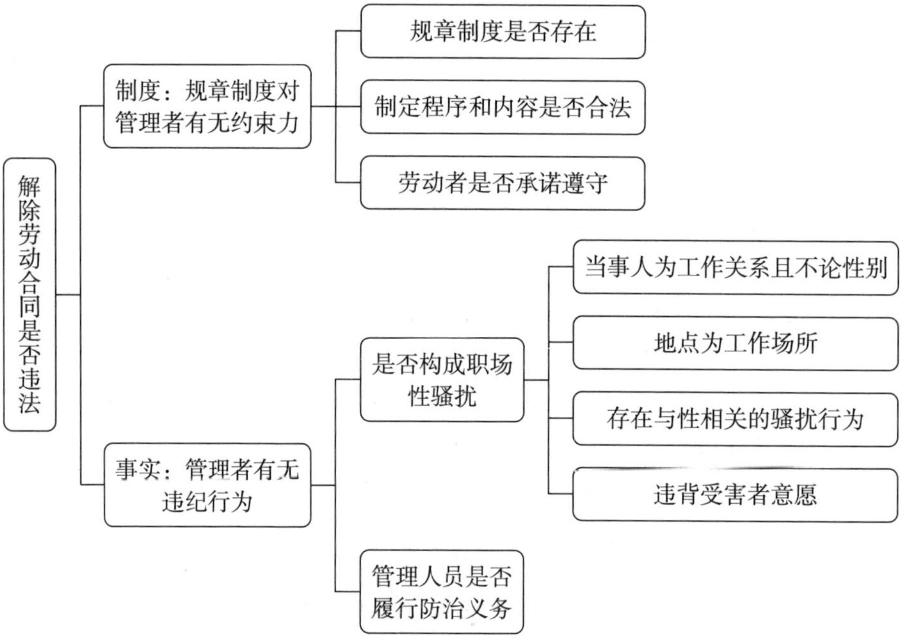

性骚扰纠纷中解除劳动合同合法性审查要点图示

（四）性骚扰纠纷在举证层面的注意事项

《最高人民法院关于审理劳动争议案件适用法律问题的解释（一）》第四十四条[①]规定，因用人单位解除劳动合同的决定而发生的劳动争议，用人单位负举证责任。因此，对于管理人员是否未履行防治职场性骚扰的义务、严重违反规章制度，用人单位一方应负有举证责任。除证明规章制度存在并对管理者适用外，发生了职场性骚扰事件是此类案件证明的核心。证明职场性骚扰的常见证据如下：

第一，当事人陈述，即受害者对发生在其身上的职场性骚扰行为的过程和结果的陈述。

第二，书证。职场性骚扰案件中常见的书证包括报警记录、公安机关询问笔录、用人单位内部调查记录、治疗和心理咨询记录等。

第三，视听资料。职场性骚扰案件中常见的视听资料包括电话录音和监控录像。

第四，电子数据。职场性骚扰案件中常见的电子数据包括社交软件记录和短信记录。然而，若不存在记载电子数据的原始载体或原始载体已删除相关记录等情形，有可能不被法院采纳。例如，在（2021）京0115民初5516案判决中，因用人单位提供的聊天记录未有原始载体，法院认为认定性骚扰证据不充足。

第五，证人证言，即目睹了职场性骚扰行为或受害者反应等了解该性骚扰事件的证人所做的陈述。但由于证人基本上为用人单位内部员工，有利害关系，通常不愿出庭作证。

总的来说，在职场性骚扰案件中，容易因为证据不足、证据证明力不够等原因，导致法院最终认定不存在性骚扰行为。对此，用人单位应多角度调查、收集证据，使证据形成相互印证的证据链，增加证明力。对于聊天记录等电子数据，应保存其原始载体并及时公证内容。对于书证，应查找原件，并妥善保管。

（五）案件评析

本案系与职场性骚扰相关的劳动争议案件，涉及职场性骚扰的认定和用人

---

① 《最高人民法院关于审理劳动争议案件适用法律问题的解释（一）》第四十四条规定，因用人单位作出的开除、除名、辞退、解除劳动合同、减少劳动报酬、计算劳动者工作年限等决定而发生的劳动争议，用人单位负举证责任。

单位因管理人员未履行防治职场性骚扰义务，解除其劳动合同的合法性两个问题。关于职场性骚扰的认定。

第一，性骚扰行为的实施方式是判断的关键因素。职场性骚扰的方式多样，除常见和公认的肢体接触外，与性有关的文字也是性骚扰的表现形式。然而，在认定职场性骚扰的司法实践中，暗示性的语言文字能否被认定为性骚扰仍存在较大争议。

第二，违背对方意愿是另一判断因素。一般地，表达成为男女朋友的想法被视为正常的求爱行为，但若违背对方意愿，则双方无法形成性合意的闭环，后续的持续骚扰行为应认定为性骚扰。受害者明确拒绝是违背其意愿的直接证据，此外仍可结合事后受害者的投诉、报警等积极行为，以及沉默、保持距离等间接行为来认定对其意愿的违背。本案中邓某在微信上通过文字表达与任某成为男女朋友的想法，且在任某明确拒绝、向上级投诉并主动远离之后，邓某仍持续发送类似的文字。本案中法院将其认定为性骚扰。

第三，用人单位因管理人员未履行防治职场性骚扰义务，解除其劳动合同的合法性。用人单位单方解除劳动合同需符合法律规定，即劳动者严重违反规章制度。首先，应判断规章制度存在与否。规章制度文件的书面载体可作为判断其存在的依据。在职场性骚扰案件中，用人单位需证明已将防治职场性骚扰的规定列入《员工手册》等制度文件中。其次，应判断规章制度是否对劳动者适用。合法制定并实施的规章制度才能约束劳动者。用人单位需证明规章制度经民主程序制定，且劳动者已明确知晓并愿意遵守。最后，应判断是否存在严重违反规章制度的行为。用人单位应证明性骚扰行为的存在，且管理人员未履行制止义务。本案中，公司均证明了上述事项，因此法院认定邓某未采取合理措施且存在纵容性骚扰行为、干扰性骚扰行为调查等情形严重违反了规章制度，用人单位解除劳动合同并不违法。

案例二　行为人诉公司侵犯名誉权

（一）基本案情[①]

姜某醉酒后强奸女员工未遂、骚扰女员工。女员工通过邮件向公司举报姜

① （2021）粤0303民初21503号。

某对其实施性骚扰。公司遂向女员工核实其与姜某事后的微信聊天记录和照片，对姜某进行调查询问并核查相关监控记录。聊天记录显示姜某询问女员工状态，女员工表示其状态不佳，无衣服穿。照片显示其工作服已被撕碎。姜某称其因醉酒不记得当晚所为。监控记录显示女员工于24时到次日1时在酒店房间逗留1小时后慌张离开。公司依据以上证据作出姜某醉酒后骚扰同事的结论并通过电子邮件在公司范围内通报相关处罚决定。姜某认为公司侵犯了其名誉权，请求法院判令：一、公司删除处罚通告、停止侵害行为。二、公司向姜某赔礼道歉，为其消除影响、恢复名誉。三、公司赔偿其精神损失费。法院驳回了姜某的诉讼请求。

（二）法院裁判观点

法院认为，公司对其员工关于性骚扰的举报进行了相应的调查，在有监控录像、衣物照片、微信聊天记录、受害人证言及原告自述等证据相互佐证的情况下，认定姜某存在职场性骚扰行为并在公司范围内通报相关处罚决定，无论在通告内容的措辞上，还是在通告发布的范围和形式上，均存在合法性、合理性及正当性。

（三）案件评析

本案系因公司公布员工性骚扰处理决定而引发的名誉权纠纷，涉及侵害名誉权行为的认定问题。名誉权的侵害形式主要包括对他人作出主观评价的“侮辱”和捏造事实的“诽谤”。其他行为是否造成对他人名誉权的侵害需根据《民法典》第九百九十八条[①]的规定，综合考虑行为人和受害人的职业、影响范围、过错程度，以及行为的目的、方式、后果等因素判断，认定较为困难。于是在一定程度上，事实真相构成侵害名誉权的防御，公布事实被认定为侵犯名誉权的概率较低。用人单位若能在此类案件中证明性骚扰行为存在，则可降低法律风险。因此，此类案件的核心转变为如何在法律上证明存在性骚扰行为，也即性骚扰的证据问题。若用人单位及时对性骚扰事件展开调查，收集并保存相应证据，则胜诉的概率较大。本案中，公司在收到举报信后，立即分别向受害人和行为人了解情况，并做

---

① 《民法典》第九百九十八条规定，认定行为人承担侵害除生命权、身体权和健康权外的人格权的民事责任，应当考虑行为人和受害人的职业、影响范围、过错程度，以及行为的目的、方式、后果等因素。

好访谈和询问记录。此外，公司还收集了受害人手机上的微信聊天记录，并调取现场的监控录像，增加证据的数量，使其形成相互印证的证据链。最后，公司在通报处理结果时并未向全社会公开，仅在公司范围内以电子邮件形式发送，一定程度上控制了信息的传播范围。最终法院认定公司未侵害姜某名誉权。

值得注意的是，公布他人性骚扰事实仍有可能被认定为侵犯他人的隐私权。建议用人单位对调查处理结果保密，仅通知受害人即可。

三、合规操作方案

（一）预防

用人单位做好防治职场性骚扰的预防措施，可以有效防止职场性骚扰现象的产生。为此，我们提出如下合规操作建议：

1. 建立健全防治职场性骚扰的规章制度

防治职场性骚扰规章制度的制定须遵循具体与合法原则。首先，规章制度的内容应具体详细，可在《员工手册》专章作出规定，也可制定单独的防治职场性骚扰的制度文件。其次，规章制度的制定程序和内容应符合法律要求。在制定过程中，应向劳动者征求意见，并根据意见完善规定。在制定完成后，应采用民主决策的方式通过。在规章制度生效后，应明确告知劳动者，并定期组织劳动者学习和培训。

防治职场性骚扰的规章制度可包含如下内容：第一，防范职场性骚扰的法律法规和政策文件。第二，职场性骚扰的定义及常见的具体表现。第三，明确禁止职场性骚扰行为，例如禁止在协同出差、商务接待、酒店入住和客户宴请等场景中男女单独出现，禁止说黄色笑话，禁止借工作之名劝酒、灌酒、夜间约单独外出等。第四，投诉受理渠道。规定专门的处理部门或人员及其职责、调查的权力和不履行职责的责任。第五，调查流程和时限。第六，对实施职场性骚扰行为者的处理方式。

2. 宣传防范职场性骚扰的知识

在宣传内容上，可以包括公司政策文件、法律法规和实际案例等。在宣传方式上，可包括线下培训会、线上会议、线上课程和考试。在宣传时间上，可选取入职时和入职后定期（例如一年或两年）宣传。在宣传的对象上，除全体劳动者均需接受的宣传教育外，建议对管理者加强宣传教育。在宣传记录上，应保留宣传记录和受培训员工的签名，已证明用人单位履行了管理义务。

3. 营造安全的工作环境

首先，可采用集体办公模式，办公场所开阔透明，尽量避免设置私密性、隔音性过强的办公室。例如，以半透明玻璃作为间隔。其次，在遵守国家规定和不侵犯劳动者个人信息和隐私权的前提下，安装监控设施。监控设施应布置在生产经营的必要场所，并设置显著的提示标识，告知劳动者安装监控设施的目的。制定调取监控录像的申请审批流程，严格保护。最后，在工作场所张贴防治职场性骚扰的宣传海报或标语。

4. 监督防治职场性骚扰制度的履行情况

防范职场性骚扰的部门或专门管理人员可采取日常巡视和定期巡视、汇报总结等方式，监督防治职场性骚扰制度的履行情况。

5. 对来自用人单位外部职场性骚扰的预防

在劳动者工作过程中，有可能会遇到来自客户或合作伙伴等外部人员的性骚扰。用人单位对此也应制定特定的预防措施。可以在服务合同或合作协议中约定禁止对本公司员工进行性骚扰行为，并触发合同的解除和违约。亦可以在公司内部规章制度中规定员工遇到外部性骚扰时的自我保护措施，例如，当遇到性骚扰时有权拒绝为该客户服务。

（二）投诉受理

首先，用人单位应明确具体的投诉方式，例如防范职场性骚扰的专线电话、邮箱、信箱和传真等。其次，建议受理投诉部门的组成人员性别均衡，防止性别歧视的现象产生。最后，不得对投诉人员进行任何形式的打击报复。

（三）调查

接到职场性骚扰投诉或发现性骚扰行为后，应立即对此展开调查。首先，调查应遵循保密原则。用人单位不应公开调查过程，需妥善保管调查收集到的证据材料，要求调查人员签订保密协议或承诺书。其次，调查方式应合法。可采取与同事访谈，和当事人面谈，查看监控录像和录音等适当的方式调查。在当事人在场并经其统一同意的情况下，才可搜查私人物品。听取行为人的申辩，减小认定错误的风险。再次，应注意证据的收集和保存。尽可能收集更多证据，使其形成相互印证的证据链，增加证明力。此外，应遵守调查时限。最后，若受害者已起诉或报警，用人单位应协助司法部门和公安机关调查取证。

（四）处理

用人单位应根据调查结果处理。首先，若受害者已报警或向法院起诉，建议用人单位待公安机关出具调查结果或法院判决生效后再处理，减小因性骚扰行为认定错误而处理不当带来的法律风险。其次，若无充分证据证明存在职场性骚扰行为，则不处罚行为人，但亦不能惩罚或苛责受害者。再次，若有足够证据证明存在职场性骚扰行为，则依据单位规章制度处罚行为人。建议用人单位尽量先与行为人和受害人协商达成一致的处罚意见。可根据性骚扰的手段、性骚扰次数和造成的损害后果等因素，判断性骚扰的违纪程度，并作出相应处罚。若未达到严重违反规章制度的程度，用人单位可处以其警告、调离，降级、停薪或停职等。若达到严重违反规章制度的程度，用人单位可依法解除劳动合同。

（五）救济

职场性骚扰会影响到受害者的身心健康。用人单位应密切关注受害者的状态，并给予一定救济。首先，可为受害者提供心理咨询和心理辅导。其次，为受害者提供一定假期供其调整状态。再次，可根据受害者意愿和用人单位具体情况，在不损害受害者利益的情况下，考虑为其调岗，与行为人分离，避免反复受到骚扰。最后，可给予受害者一定的经济补偿。

职场性骚扰是工作场所暗处的顽疾。企业应该积极履行法律规定的防范性骚扰义务，创建安全、健康、平等的工作环境，明确职场性骚扰的认定，做好制度管理和日常培训，对职场性骚扰做好事前事中及事后的预防和处理工作，杜绝职场性骚扰的发生。

第三节　境外用工纠纷

一、境外用工纠纷问题解析

> 境外用工模式有哪些？哪些企业可以办理境外用工？境内企业可能承担哪些法律责任？劳动者可能向境内企业提出哪些争议请求事项？

（一）境外用工模式有哪些

根据《对外劳务合作管理暂行办法》（〔1993〕外经贸合发第582号）、《对外承包工程项下外派劳务管理暂行办法》（商合发〔2005〕726号）、《对外劳务合作管理条例》、《关于加强对外投资合作在外人员分类管理工作的通知》（商合函〔2013〕874号）、《对外承包工程管理条例》（2017修订）等有关规定，我国境内人员派出境外务工的模式大体可以分为两类，一类是跨境用工模式，即委派中国员工出国，该模式又可分为3种方式：对外劳务合作、对外承包工程和对外投资。另一类是属地化用工模式，即境内企业设立的境外机构直接在用工当地雇用当地人员。

1. 对外劳务合作模式

（1）什么是对外劳务合作

对外劳务合作，即国外雇主与具有对外劳务合作资质的境内企业（对外劳务合作企业）签订合作协议，由对外劳务合作企业与人员签署服务合同或劳动合同，购买境外人身意外险并办理出境手续，将人员派往国外，为国外雇主提供劳务或劳动。

依据人员与对外劳务合作企业之间法律关系的不同，对外劳务合作又分为两种模式。模式一为人员与对外劳务合作企业签订服务合同，两者之间为劳务关系[①]。由于双方均为境内主体，且服务合同的标的和对外劳务合作企业提供经

① 《对外劳务合作管理条例》第二十三条第一款规定，除本条第二款规定的情形外，对外劳务合作企业应当与劳务人员订立书面服务合同；未与劳务人员订立书面服务合同的，不得组织劳务人员赴国外工作。服务合同应当载明劳务合作合同中与劳务人员权益保障相关的事项，以及服务项目、服务费及其收取方式、违约责任。

纪服务的法律事实均未涉外，双方的法律关系应受《民法典》合同编的规则调整。在这一模式下，劳务人员需向对外劳务合作企业交纳服务费，对外劳务合作企业有为劳务人员出境务工提供协助的义务，并应在劳务人员向国外雇主维权时提供必要帮助。该模式中，劳务人员与国外雇主签订劳动合同。由于劳务人员的工作地点在国外，且用人单位属于外国企业，双方之间的关系属于涉外民事法律关系①。根据《涉外民事关系法律适用法》第四十三条②的规定，劳动合同纠纷适用劳动者工作地法律。此时，双方签订的劳动合同应受工作地的劳动法律法规调整。

模式二为人员与对外劳务合作企业签订劳动合同，两者之间为劳动关系③。由于双方之间存在中国法律项下的劳动关系，双方之间的权利义务关系及争议解决均应适用中国劳动法等相关法律法规。在这一模式下，对外劳务合作企业不得向与其订立劳动合同的人员收取服务费。我国法律对于该模式中劳动者与国外雇主之间签订的合同类型和形成的法律关系并无明确规定。

（2）哪些企业可以办理对外劳务合作业务

出于对外派劳动者的保护，并非所有企业都可以办理对外劳务合作业务，我国关于对外劳务合作企业的资质和申请审批手续都有严格规定，明令禁止未依法取得资格的企业从事对外劳务合作。《对外劳务合作管理条例》第六条④规定，申请对外劳务合作经营资格的企业法人实缴注册资本应不低于600

① 《最高人民法院关于适用〈中华人民共和国涉外民事关系法律适用法〉若干问题的解释（一）》第一条规定，民事关系具有下列情形之一的，人民法院可以认定为涉外民事关系：（一）当事人一方或双方是外国公民、外国法人或者其他组织、无国籍人；（二）当事人一方或双方的经常居所地在中华人民共和国领域外；（三）标的物在中华人民共和国领域外；（四）产生、变更或者消灭民事关系的法律事实发生在中华人民共和国领域外；（五）可以认定为涉外民事关系的其他情形。

② 《涉外民事关系法律适用法》第四十三条规定，劳动合同，适用劳动者工作地法律；难以确定劳动者工作地的，适用用人单位主营业地法律。劳务派遣，可以适用劳务派出地法律。

③ 《对外劳务合作管理条例》第二十三条第二款规定，对外劳务合作企业组织与其建立劳动关系的劳务人员赴国外工作的，与劳务人员订立的劳动合同应当载明劳务合作合同中与劳务人员权益保障相关的事项；未与劳务人员订立劳动合同的，不得组织劳务人员赴国外工作。

④ 《对外劳务合作管理条例》第六条规定，申请对外劳务合作经营资格，应当具备下列条件：（一）符合企业法人条件；（二）实缴注册资本不低于600万元人民币；（三）有3名以上熟悉对外劳务合作业务的管理人员；（四）有健全的内部管理制度和突发事件应急处置制度；（五）法定代表人没有故意犯罪记录。

万元，需有3名以上熟悉该业务的管理人员，建立了相应管理制度，且其法定代表人不能有故意犯罪记录。第七条[①]规定了申请对外劳务合作经营资格需经省级或者设区的市级政府商务主管部门审批并依法向工商行政管理部门办理登记。

2. 对外承包工程模式

（1）什么是对外承包工程

《对外承包工程管理条例》第二条规定，对外承包工程，是指中国的企业或者其他单位承包境外建设工程项目的活动。对外承包工程的单位应当履行用人单位义务，与员工签订劳动合同，购买境外人身意外险，办理出境手续，将员工外派至境外承揽工程。需要注意的是，如果工程并非由中国企业直接承包，而由中国企业的海外关联企业承包、签约，则不属于《对外承包工程管理条例》规定的对外承包工程，此种情况下的用工方式视为对外劳务合作，适用《对外劳务合作管理条例》的相关规定。[②]

在很长一段时间内，对外承包工程和对外劳务合作项下的劳务外派受相同的规范约束。《对外劳务合作管理暂行办法》第五条[③]规定，该办法对我国企业对外开展承包工程的外派劳务人员同样适用。但《对外承包工程项下外派劳务管理暂行办法》和《对外承包工程管理条例》施行后，对外承包工程在法律关系的认定上与对外劳务合作有了本质区别。

依当前规定，在对外承包工程模式中，对外承包工程企业与员工签订的是

① 《对外劳务合作管理条例》第七条规定，申请对外劳务合作经营资格的企业，应当向所在地省级或者设区的市级人民政府商务主管部门（以下称负责审批的商务主管部门）提交其符合本条例第六条规定条件的证明材料。负责审批的商务主管部门应当自收到证明材料之日起20个工作日内进行审查，作出批准或者不予批准的决定。予以批准的，颁发对外劳务合作经营资格证书；不予批准的，书面通知申请人并说明理由。申请人持对外劳务合作经营资格证书，依法向工商行政管理部门办理登记。负责审批的商务主管部门应当将依法取得对外劳务合作经营资格证书并办理登记的企业（以下称对外劳务合作企业）名单报至国务院商务主管部门，国务院商务主管部门应当及时通报中国驻外使馆、领馆。未依法取得对外劳务合作经营资格证书并办理登记，不得从事对外劳务合作。

② 范楷强：《妥善处理海外用工问题，保障外派人员合法权益》，载《人民法院报》2021年10月28日第8版。

③ 《对外劳务合作管理暂行办法》第五条规定，本办法亦适用于我国企业对外开展承包工程和工程咨询业务的外派劳务人员。

劳动合同。根据《对外承包工程管理条例》第十一条[①]和第十二条[②]的规定，对外承包工程企业可自行招聘员工，也可通过取得国务院商务主管部门的许可的中介机构招聘，但必须由对外承包工程企业与员工签订劳动合同。虽然员工的工作地点在境外，但员工与对外承包工程企业之间的关系仍受《劳动法》《劳动合同法》等法律法规的调整。而且，《涉外民事关系法律适用法》第四条[③]和《最高人民法院关于适用〈中华人民共和国涉外民事关系法律适用法〉若干问题的解释（一）》第八条第一项[④]规定，涉及劳动者权益保护的，应适用我国的强制性规定。我国《劳动法》第二条[⑤]和《劳动合同法》第二条[⑥]均规定，中国境内的用人单位与劳动者建立劳动关系的，适用我国的法律规定。因此，对外承包工程模式下的劳动者受我国劳动法律法规保护。

但是，在2008年9月1日《对外承包工程管理条例》实施之前，如何认定外派人员与对外承包工程企业之间的法律关系，目前司法实践中主要存在两种观点。一种观点认为，《对外承包工程管理条例》实施之前适用的《对外劳务合作管理暂行办法》中明确要求对外承包工程企业与外派人员签订劳务合同，因此，依据当时有效的规定，应认定对外承包工程企业与外派人员之间为劳务合

① 《对外承包工程管理条例》第十一条规定，从事对外承包工程外派人员中介服务的机构应当取得国务院商务主管部门的许可，并按照国务院商务主管部门的规定从事对外承包工程外派人员中介服务。对外承包工程的单位通过中介机构招用外派人员的，应当选择依法取得许可并合法经营的中介机构，不得通过未依法取得许可或者有重大违法行为的中介机构招用外派人员。

② 《对外承包工程管理条例》第十二条规定，对外承包工程的单位应当依法与其招用的外派人员订立劳动合同，按照合同约定向外派人员提供工作条件和支付报酬，履行用人单位义务。

③ 《涉外民事关系法律适用法》第四条规定，中华人民共和国法律对涉外民事关系有强制性规定的，直接适用该强制性规定。

④ 《最高人民法院关于适用〈中华人民共和国涉外民事关系法律适用法〉若干问题的解释（一）》第八条第一项规定，有下列情形之一，涉及中华人民共和国社会公共利益、当事人不能通过约定排除适用、无需通过冲突规范指引而直接适用于涉外民事关系的法律、行政法规的规定，人民法院应当认定为涉外民事关系法律适用法第四条规定的强制性规定：（一）涉及劳动者权益保护的。

⑤ 《劳动法》第二条规定，在中华人民共和国境内的企业、个体经济组织（以下统称用人单位）和与之形成劳动关系的劳动者，适用本法。国家机关、事业组织、社会团体和与之建立劳动合同关系的劳动者，依照本法执行。

⑥ 《劳动合同法》第二条规定，中华人民共和国境内的企业、个体经济组织、民办非企业单位等组织（以下称用人单位）与劳动者建立劳动关系，订立、履行、变更、解除或者终止劳动合同，适用本法。国家机关、事业单位、社会团体和与其建立劳动关系的劳动者，订立、履行、变更、解除或者终止劳动合同，依照本法执行。

同关系。另一种观点认为，若经过实质审查，如工资发放凭证、“工作证”“服务证”等证件、招工招聘“登记表”“报名表”等招用记录、考勤记录等劳动管理、工资支付情况，经审查具备劳动关系要件的，应当认定存在事实劳动关系。①

（2）哪些企业可以办理对外承包工程业务

我国对对外承包工程企业资质的管理经历了由严格到放松的转变。2009 年，《对外承包工程资格管理办法》第五条②在建设资质、业绩、专业人员和商业信誉等方面对申请对外承包工程资格的企业作出了严格的限制。然而，该管理办法于 2017 年被废止。随着“放管服”改革的推进，商务部着力推进简政放权，努力营造商务发展良好环境，因此取消了对外承包工程资格的审批，便于进一步调动企业对外承包工程的积极性，但这并不意味着对外承包企业不再受到任何监管。例如，《关于做好对外承包工程资格审批取消后有关政策衔接工作的通知》（商办合函〔2017〕390 号）中规定，对外承包企业仍需备案③并缴存备用金。

3. 对外投资模式

（1）什么是对外投资模式

对外投资模式，是指根据《企业境外投资管理办法》等对外投资合作管理规定，对外投资企业将员工派至境外企业，并为外派员工办理符合派驻地法律规定工作手续的用工模式。

根据《关于加强对外投资合作在外人员分类管理工作的通知》（商合函〔

---

① 范楷强：《妥善处理海外用工问题，保障外派人员合法权益》，载《人民法院报》2021 年 10 月 28 日第 8 版。

②《对外承包工程资格管理办法》第五条规定，对外承包工程的单位应当具备下列条件：（一）有法人资格。（二）具有相应的资质或者业绩：工程建设类单位应当依法取得住房和城乡建设主管部门或其他有关部门颁发的特级或者一级（甲级）资质证书；国家对于有关专业的资质不分等级的，应取得该资质证书；非工程建设类单位上一年度机电产品出口额达到 5000 万美元，或自行设计、生产（含组织生产）、出口的成套设备或大型单机设备出口额达到 1000 万美元，或对外承包工程营业额达到 1000 万美元且近 3 年中成功实施过 3 个单项合同额在 500 万美元以上的项目。（三）有与开展对外承包工程相适应的专业技术人员，管理人员中至少 2 人具有 2 年以上从事对外承包工程的经历。（四）有与开展对外承包工程相适应的安全防范能力，成立由本单位主要负责人负责的境外安全防范领导小组，常设人员不得少于 2 人，有相应的境外安全防范机制和应急处理预案。（五）有保障工程质量和安全生产的管理体系，最近 2 年内没有发生重大工程质量问题和较大事故以上的生产安全事故，建筑施工企业还需取得住房和城乡建设主管部门颁发的安全生产许可证。（六）有良好的商业信誉，最近 3 年内没有重大违约行为和重大违法经营记录。

③ 对外承包工程企业备案流程详见附件一。

2013〕874号）第五条第一项[①]的规定，对外投资企业应与员工签订劳动合同，两者之间存在劳动关系。与对外承包企业和员工的法律关系相同，对外投资企业与劳动者之间的劳动关系受我国《劳动法》《劳动合同法》等劳动法律法规的调整。除此之外，对外投资企业若满足资格条件，亦可通过对外劳务合作和对外承包工程模式开展境外用工。

（2）哪些企业可以办理对外投资

《企业境外投资管理办法》第四条[②]规定，企业对外投资应报有关部门备案或核准。第十三条[③]规定，对外投资项目若涉及敏感国家、地区或行业的，应报国家发改委核准。第十四条[④]规定，对外投资项目若为非敏感项目，则根据投资主体、投资金额的不同，分别向国家发改委或省级政府发改部门备案。

4. 属地化用工模式

（1）什么是属地化用工

属地化用工，即境外机构直接在境外工作地招聘当地人员，并对其进行管

---

① 《关于加强对外投资合作在外人员分类管理工作的通知》（商合函〔2013〕874号）第五条第一项规定，对外投资外派人员是指对外投资企业向其境外企业派出的人员。（一）对外投资企业可向其境外企业派出已经与其签订《劳动合同》的自有员工，并为外派员工办理符合派驻地法律规定的工作手续。

② 《企业境外投资管理办法》第四条规定，投资主体开展境外投资，应当履行境外投资项目（以下称"项目"）核准、备案等手续，报告有关信息，配合监督检查。

③ 《企业境外投资管理办法》第十三条规定，实行核准管理的范围是投资主体直接或通过其控制的境外企业开展的敏感类项目。核准机关是国家发展改革委。本办法所称敏感类项目包括：（一）涉及敏感国家和地区的项目；（二）涉及敏感行业的项目。本办法所称敏感国家和地区包括：（一）与我国未建交的国家和地区；（二）发生战争、内乱的国家和地区；（三）根据我国缔结或参加的国际条约、协定等，需要限制企业对其投资的国家和地区；（四）其他敏感国家和地区。本办法所称敏感行业包括：（一）武器装备的研制生产维修；（二）跨境水资源开发利用；（三）新闻传媒；（四）根据我国法律法规和有关调控政策，需要限制企业境外投资的行业。敏感行业目录由国家发展改革委发布。

④ 《企业境外投资管理办法》第十四条规定，实行备案管理的范围是投资主体直接开展的非敏感类项目，也即涉及投资主体直接投入资产、权益或提供融资、担保的非敏感类项目。实行备案管理的项目中，投资主体是中央管理企业（含中央管理金融企业、国务院或国务院所属机构直接管理的企业，下同）的，备案机关是国家发展改革委；投资主体是地方企业，且中方投资额3亿美元及以上的，备案机关是国家发展改革委；投资主体是地方企业，且中方投资额3亿美元以下的，备案机关是投资主体注册地的省级政府发展改革部门。本办法所称非敏感类项目，是指不涉及敏感国家和地区且不涉及敏感行业的项目。本办法所称中方投资额，是指投资主体直接以及通过其控制的境外企业为项目投入的货币、证券、实物、技术、知识产权、股权、债权等资产、权益以及提供融资、担保的总额。本办法所称省级政府发展改革部门，包括各省、自治区、直辖市及计划单列市人民政府发展改革部门和新疆生产建设兵团发展改革部门。

理，可以降低用工成本、提高当地就业率。此处的境外机构指的是中国境内的企业在海外投资设立的法人实体。在属地化用工模式下，境外机构直接行使用人单位的权利并承担责任，境内企业与劳动者之间无法律关系。因此，境外机构与劳动者之间的法律关系受当地法律调整，不属于我国劳动法律法规的调整范围，此模式下的劳动者并不受我国劳动法律法规的保护。

（2）哪些企业可以办理属地化用工

属地化用工关系受境外工作地的法律法规调整，办理属地化用工的境内企业的境外机构，应当符合当地法律对用人单位的资质要求，并深入了解当地劳动法，注意构建符合用工当地的合规制度体系，降低用工风险。

（二）境内企业可能承担哪些法律责任

1. 境内企业未与劳动者签订劳动合同的法律责任

在以下三种境外用工模式下，境内企业应与劳动者签订劳动合同，建立劳动关系：一、对外劳务合作模式中，境内企业未与劳务人员签订服务合同的；二、对外承包工程模式；三、对外投资模式中，派出自有员工的。根据《对外劳务合作管理条例》《对外承包工程管理条例》和《关于加强对外投资合作在外人员分类管理工作的通知》（商合函〔2013〕874号）的规定，在这三种模式下，境内企业必须与劳动者建立劳动关系。直接让劳动者与境外机构签订劳动合同并不能免除境内企业的用人单位责任。若境内企业未与劳动者签订劳动合同，双方符合劳动关系的实质特征，则可能被认定为劳动关系成立。结合《关于确立劳动关系有关事项的通知》（劳社部发〔2005〕12号）第一条[①]的规定，若境内企业的规章制度适用于劳动者，劳动者受其管理，从其处获得劳动报酬，且劳动者提供的劳动是其业务组成部分的，应认定劳动关系成立。一旦认定劳动关系成立，则劳动者受我国劳动法律法规保护，境内企业负有向劳动者支付劳动报

① 《关于确立劳动关系有关事项的通知》（劳社部发〔2005〕12号）第一条规定，用人单位招用劳动者未订立书面劳动合同，但同时具备下列情形的，劳动关系成立。（一）用人单位和劳动者符合法律、法规规定的主体资格；（二）用人单位依法制定的各项劳动规章制度适用于劳动者，劳动者受用人单位的劳动管理，从事用人单位安排的有报酬的劳动；（三）劳动者提供的劳动是用人单位业务的组成部分。

酬[1]和缴纳社会保险[2]等用人单位义务。

2. 劳务人员权益受侵害的，对外劳务合作企业有可能承担民事赔偿责任

《对外劳务合作管理条例》第二十九条[3]规定，当劳务人员权益受侵害时，对外劳务企业未协助其向国外雇主索赔的，或者劳务人员权益受损是因对外劳务企业虚假陈述导致的，对外劳务合作企业直接承担向劳务人员赔偿的责任。

3. 对外劳务合作企业未履行法定义务的，有可能受到行政处罚

《对外劳务合作管理条例》第三十九条至第四十七条规定了对外劳务合作企业未履行法定义务的行政责任。在此仅列出与劳动者权益相关的规定：

（1）对外劳务合作企业未依规定安排劳务人员接受培训，为其购买人身意外伤害保险或安排随行管理人员的，依据《对外劳务合作管理条例》第四十二条[4]的规定，可能被商务主管部门责令改正或处以罚款。

（2）对外劳务合作企业未依规定与劳务人员订立服务合同或者劳动合同，或与劳务人员订立合同时隐瞒有关信息或者提供虚假信息的，依据《对外劳务

① 《劳动法》第三条第一款规定，劳动者享有平等就业和选择职业的权利、取得劳动报酬的权利、休息休假的权利、获得劳动安全卫生保护的权利、接受职业技能培训的权利、享受社会保险和福利的权利、提请劳动争议处理的权利以及法律规定的其他劳动权利。

② 《劳动法》第七十二条规定，社会保险基金按照保险类型确定资金来源，逐步实行社会统筹。用人单位和劳动者必须依法参加社会保险，缴纳社会保险费。

③ 《对外劳务合作管理条例》第二十九条规定，劳务人员在国外实际享有的权益不符合合同约定的，对外劳务合作企业应当协助劳务人员维护合法权益，要求国外雇主履行约定义务、赔偿损失；劳务人员未得到应有赔偿的，有权要求对外劳务合作企业承担相应的赔偿责任。对外劳务合作企业不协助劳务人员向国外雇主要求赔偿的，劳务人员可以直接向对外劳务合作企业要求赔偿。劳务人员在国外实际享有的权益不符合用工项目所在国家或者地区法律规定的，对外劳务合作企业应当协助劳务人员维护合法权益，要求国外雇主履行法律规定的义务、赔偿损失。因对外劳务合作企业隐瞒有关信息或者提供虚假信息等原因，导致劳务人员在国外实际享有的权益不符合合同约定的，对外劳务合作企业应当承担赔偿责任。

④ 《对外劳务合作管理条例》第四十二条规定，对外劳务合作企业有下列情形之一的，由商务主管部门责令改正；拒不改正的，处 5 万元以上 10 万元以下的罚款，并对其主要负责人处 1 万元以上 3 万元以下的罚款：（一）未安排劳务人员接受培训，组织劳务人员赴国外工作；（二）未依照本条例规定为劳务人员购买在国外工作期间的人身意外伤害保险；（三）未依照本条例规定安排随行管理人员。

合作管理条例》第四十三条[①]的规定，可能会被商务主管部门责令改正并处以罚款。情节严重的，可能被吊销对外劳务合作经营资格证书。

（3）对外劳务合作企业向与其订立服务合同的劳务人员收取服务费不符合国家规定，向劳务人员收取押金、要求提供财产担保，或向与其订立劳动合同的劳务人员收取费用的，依据《对外劳务合作管理条例》第四十四条[②]的规定，可能被依法处罚。

4. 对外承包工程企业未履行法定义务的，有可能受到行政处罚

《对外承包工程管理条例》第二十条至第二十四条规定了对外承包工程企业未履行法定义务的行政责任。在此仅列出与劳动者权益相关的规定：

（1）对外承包工程企业没有专门的安全管理机构和人员负责保护外派人员的人身和财产安全，未根据所承包工程项目的具体情况制定保护外派人员人身和财产安全的方案并落实所需经费，或未对外派人员进行安全防范教育和应急知识培训的，依据《对外承包工程管理条例》第二十条[③]的规定，可能被商务主

---

①《对外劳务合作管理条例》第四十三条规定，对外劳务合作企业有下列情形之一的，由商务主管部门责令改正，处10万元以上20万元以下的罚款，并对其主要负责人处2万元以上5万元以下的罚款；在国外引起重大劳务纠纷、突发事件或者造成其他严重后果的，吊销其对外劳务合作经营资格证书：（一）未与国外雇主订立劳务合作合同，组织劳务人员赴国外工作；（二）未依照本条例规定与劳务人员订立服务合同或者劳动合同，组织劳务人员赴国外工作；（三）违反本条例规定，与未经批准的国外雇主或者与国外的个人订立劳务合作合同，组织劳务人员赴国外工作；（四）与劳务人员订立服务合同或者劳动合同，隐瞒有关信息或者提供虚假信息；（五）在国外发生突发事件时不及时处理；（六）停止开展对外劳务合作，未对其派出的尚在国外工作的劳务人员作出安排。有前款第四项规定情形，构成犯罪的，依法追究刑事责任。

②《对外劳务合作管理条例》第四十四条规定，对外劳务合作企业向与其订立服务合同的劳务人员收取服务费不符合国家有关规定，或者向劳务人员收取押金、要求劳务人员提供财产担保的，由价格主管部门依照有关价格的法律、行政法规的规定处罚。对外劳务合作企业向与其订立劳动合同的劳务人员收取费用的，依照《中华人民共和国劳动合同法》的规定处罚。

③《对外承包工程管理条例》第二十条规定，对外承包工程的单位有下列情形之一的，由商务主管部门责令改正，处10万元以上20万元以下的罚款，对其主要负责人处1万元以上2万元以下的罚款；拒不改正的，商务主管部门可以禁止其在1年以上3年以下的期限内对外承包新的工程项目；造成重大工程质量问题、发生较大事故以上生产安全事故或者造成其他严重后果的，建设主管部门或者其他有关主管部门可以降低其资质等级或者吊销其资质证书：（一）未建立并严格执行工程质量和安全生产管理的规章制度的；（二）没有专门的安全管理机构和人员负责保护外派人员的人身和财产安全，或者未根据所承包工程项目的具体情况制定保护外派人员人身和财产安全的方案并落实所需经费的；（三）未对外派人员进行安全防范教育和应急知识培训的；（四）未制定突发事件应急预案，或者在境外发生突发事件，未及时、妥善处理的。

管部门责令改正并处以罚款。情节严重的，可能限制其对外承包工程期限，降低资质等级或者吊销资质证书。

（2）对外承包工程企业通过未依法取得许可或者有重大违法行为的中介机构招用外派人员，或者不依规定为外派人员购买人身意外伤害保险的，依据《对外承包工程管理条例》第二十三条[①]的规定，可能被商务主管部门责令改正并处以罚款，甚至限制其对外承包工程期限。

（三）劳动者可能向境内企业提出哪些争议请求事项

1. 以实际存在劳动关系为由，要求境内企业承担用人单位法律责任

第一，劳动者请求确认其与境内企业之间存在劳动关系。《劳动争议调解仲裁法》第二条第一项[②]规定，因确认劳动关系发生的争议属于本法的适用范围。《劳动合同法》第七条[③]规定，用人单位应当与劳动者建立劳动关系。因此，若法律规定境内企业应与劳动者签订劳动合同，建立劳动关系，而境内企业未与劳动者签订劳动合同的，劳动者可以向劳动仲裁委员会和人民法院申请确认劳动关系存在。例如，在（2020）鲁0828民初3128号案中，广某请求法院确认其与将其派至中东地区工作的对外劳务合作企业之间存在劳动关系。在（2018）京01民终2264号案中，董某请求确认其与将其派至巴布亚新几内亚工作的对外承包工程企业之间存在劳动关系。

第二，劳动者以未订立书面劳动合同为由，请求用人单位支付二倍工资。《劳动合同法》第十条第一款[④]规定，用人单位应当与劳动者订立书面劳动合同。第

---

① 《对外承包工程管理条例》第二十三条规定，对外承包工程的单位通过未依法取得许可或者有重大违法行为的中介机构招用外派人员，或者不依照本条例规定为外派人员购买境外人身意外伤害保险，或者未按照规定存缴备用金的，由商务主管部门责令限期改正，处5万元以上10万元以下的罚款，对其主要负责人处5000元以上1万元以下的罚款；逾期不改正的，商务主管部门可以禁止其在1年以上3年以下的期限内对外承包新的工程项目。未取得国务院商务主管部门的许可，擅自从事对外承包工程外派人员中介服务的，由国务院商务主管部门责令改正，处10万元以上20万元以下的罚款；有违法所得的，没收违法所得；对其主要负责人处5万元以上10万元以下的罚款。

② 《劳动争议调解仲裁法》第二条第一项规定，中华人民共和国境内的用人单位与劳动者发生的下列劳动争议，适用本法：（一）因确认劳动关系发生的争议。

③ 《劳动合同法》第七条规定，用人单位自用工之日起即与劳动者建立劳动关系。用人单位应当建立职工名册备查。

④ 《劳动合同法》第十条第一款规定，建立劳动关系，应当订立书面劳动合同。

八十二条[①]规定，用人单位未与劳动者订立书面劳动合同的，应当向劳动者每月支付二倍的工资。因此，若法院确认劳动者与用人单位存在劳动关系后，劳动者可以进一步请求用人单位支付二倍工资。例如，在（2021）川01民终8276号案中，将某请求法院判决境内企业支付其未签劳动合同的二倍工资差额。

第三，劳动者以用人单位未及时足额支付劳动报酬为由，请求其支付劳动报酬和赔偿金。《劳动合同法》第三十条[②]规定，用人单位应向劳动者支付劳动报酬，否则，劳动者可向人民法院申请支付令。第八十五条第一项[③]规定，在劳动行政部门责令用人单位支付劳动报酬后，仍逾期不支付的，需按应付金额百分之五十以上百分之一百以下的标准向劳动者加付赔偿金。例如，在（2022）京02民终6839号案中，刘某请求法院判决境内企业支付其工资。

第四，劳动者以因工受伤为由，请求用人单位承担工伤保险责任。按照《工伤保险条例》第四十四条[④]的规定，若劳动者在境外工作地参加工伤保险的，国内的工伤保险关系中止，劳动者的工伤认定和工伤保险待遇适用工作地的法律规定。若劳动者不能参加境外工作地的工伤保险，其国内工伤保险关系不中止，劳动者的工伤认定和工伤保险待遇适用我国的法律规定。根据《最高人民法院关于审理工伤保险行政案件若干问题的规定》第三条第一款第三项[⑤]规定，用人单位指派职工到其他单位工作，而职工因工伤亡的，指派单位为承担工伤保险责任的单位。

---

①《劳动合同法》第八十二条规定，用人单位自用工之日起超过一个月不满一年未与劳动者订立书面劳动合同的，应当向劳动者每月支付二倍的工资。用人单位违反本法规定不与劳动者订立无固定期限劳动合同的，自应当订立无固定期限劳动合同之日起向劳动者每月支付二倍的工资。

②《劳动合同法》第三十条规定，用人单位应当按照劳动合同约定和国家规定，向劳动者及时足额支付劳动报酬。用人单位拖欠或者未足额支付劳动报酬的，劳动者可以依法向当地人民法院申请支付令，人民法院应当依法发出支付令。

③《劳动合同法》第八十五条第一项规定，用人单位有下列情形之一的，由劳动行政部门责令限期支付劳动报酬、加班费或者经济补偿；劳动报酬低于当地最低工资标准的，应当支付其差额部分；逾期不支付的，责令用人单位按应付金额百分之五十以上百分之一百以下的标准向劳动者加付赔偿金：（一）未按照劳动合同的约定或者国家规定及时足额支付劳动者劳动报酬的。

④《工伤保险条例》第四十四条规定，职工被派遣出境工作，依据前往国家或者地区的法律应当参加当地工伤保险的，参加当地工伤保险，其国内工伤保险关系中止；不能参加当地工伤保险的，其国内工伤保险关系不中止。

⑤《最高人民法院关于审理工伤保险行政案件若干问题的规定》第三条第一款第三项规定，社会保险行政部门认定下列单位为承担工伤保险责任单位的，人民法院应予支持：……（三）单位指派到其他单位工作的职工因工伤亡的，指派单位为承担工伤保险责任的单位。

因此，当劳动者受境内企业指派到境外工作发生工伤事故时，境内企业应承担工伤保险责任。例如，在（2020）鲁0828民初3128号案中，广某请求确认其与境内企业存在劳动关系是为了后续申请工伤认定和获得工伤待遇做准备。

2. 劳动者以权益受到损害为由，要求对外劳务合作企业承担民事赔偿责任

如果境内的对外劳务企业与劳务人员签订的是服务合同，双方之间并不存在劳动关系，劳动者不能请求对外劳务企业承担用人单位的责任。依据《对外劳务合作管理条例》第二十九条①规定，劳务人员权益受损时，对外劳务合作企业需承担赔偿责任。例如，在（2020）云0111民初3176号案中，谭某在缅甸开展探矿工作时被石头砸伤，缅甸雇主未履行赔偿责任，谭某权益受损。而将谭某派至境外工作的对外劳务合作企业未积极救治并协助其向境外雇主索赔，谭某因此请求法院判决境内企业向其支付医疗费、误工费、护理费、残疾赔偿金等费用。法院支持了谭某的诉讼请求。

二、实战案例解析

（一）基本案情②

某星公司是某星尼日利亚公司、某星东非有限公司的股东之一，某星海外公司是某星公司的子公司。

2002年3月，司某收到某星公司出具的聘书，内容载明："某星公司系国家正式批准的经营对外工程承包、劳务合作等业务的大型外经集团公司，其尼日利亚铁路项目经理部根据国外承包工程之所需，特邀请司某于2002年3月底来

① 《对外劳务合作管理条例》第二十九条规定，劳务人员在国外实际享有的权益不符合合同约定的，对外劳务合作企业应当协助劳务人员维护合法权益，要求国外雇主履行约定义务、赔偿损失；劳务人员未得到应有赔偿的，有权要求对外劳务合作企业承担相应的赔偿责任。对外劳务合作企业不协助劳务人员向国外雇主要求赔偿的，劳务人员可以直接向对外劳务合作企业要求赔偿。劳务人员在国外实际享有的权益不符合用工项目所在国家或者地区法律规定的，对外劳务合作企业应当协助劳务人员维护合法权益，要求国外雇主履行法律规定的义务、赔偿损失。因对外劳务合作企业隐瞒有关信息或者提供虚假信息等原因，导致劳务人员在国外实际享有的权益不符合合同约定的，对外劳务合作企业应当承担赔偿责任。

② （2020）京01民终6865号。

尼日利亚参与实施本公司在此承揽铁路工程项目……合同期为两年。”2002年4月至2005年6月，司某在尼日利亚工作。

2006年6月至2008年5月，司某在卢旺达工作。其间某星公司曾多次在每季度结束后的第二个月向司某支付固定款项。

2010年11月至2018年2月23日，司某在尼日利亚工作。其间，司某的两笔工资由某星公司发放。2013年1月，司某与某星尼日利亚公司签订雇佣合同，合同期限至2018年12月16日。2016年12月，司某与某星海外公司签订外派出国服务合同书及补充条款。2018年1月，司某回国休假，2018年2月23日假期结束。某星尼日利亚公司电话告知因司某已满55岁，不能出国工作，无需返岗，其遂不再工作。

司某主张其2002年4月至2005年6月、2006年6月至2008年5月、2010年11月至2018年12月26日期间均与某星公司存在劳动关系。但某星公司认为，其和其子公司某星海外公司仅与司某存在服务合同关系。双方发生争议。司某申请劳动仲裁确认其与某星公司之间存在劳动关系。司某的请求未得到仲裁庭支持，遂诉至法院。一审、二审法院支持了司某的部分请求，确认2002年4月至2005年6月、2006年6月至2008年5月、2010年11月至2018年2月23日司某与某星公司之间存在劳动关系。

（二）案件代理思路

本案系因境外用工引起的劳动争议，争议的焦点为劳动者与境内企业之间是否存在劳动关系。厘清境内企业与劳务人员之间是存在服务合同关系还是劳动合同关系。境外用工模式中，仅有对外劳务合作模式未强制境内企业与劳务人员签订劳动合同。对外劳务合作模式项下，境内企业可以与劳务人员签订服务合同，协助劳务人员向国外雇主维权。服务合同与劳动合同存在本质区别，服务合同受《民法典》合同编的规则调整，而劳动合同受《劳动合同法》规则的调整。本案中，境内企业应举证证明其与境外企业签订了对外劳务合作合同，与劳务人员签订了服务合同，符合对外劳务模式的基本特征。此外，如不存在劳动关系，还可以从境内企业与劳务人员的关系并不符合劳动关系的本质特征方面进行说明和举证，即劳动者与境内企业之间不存在人身依附性、组织隶属性和经济依附性。

（三）法院审查要点

法院认为，由于某星公司与司某未签订劳动合同，判断双方之间是否存在劳动关系，一般可参照以下凭证：工资支付凭证或记录、用人单位向劳动者发放的“工作证”“服务证”等能够证明身份的证件、劳动者填写的用人单位招工招聘“登记表”“报名表”等招用记录、考勤记录等。

就本案而言，由于某星公司是某星海外公司、某星尼日利亚公司、某星东非有限公司股东，判断涉案时间段内司某是与某星公司存在劳动关系，还是受某星公司、某星海外公司委派与某星尼日利亚公司等建立劳动关系，应采取较为严格的证据标准，某星公司应提交充分的证据证明其主张，否则应承担举证不能的法律后果。

对于2002年4月至2005年6月的劳动关系，由于工作聘书是以某星公司名义出具，应认定司某系接受某星公司指示前往海外项目工作。某星公司主张其具有对外劳务经营资质，与司某属于外派服务关系，不存在劳动关系，但证据不足，不予采信。

对于2006年6月至2008年5月的劳动关系，其间某星公司向司某支付了多笔数额较为稳定、具有周期性的款项。作为劳动者，司某有理由相信系某星公司向其支付劳动报酬。某星公司主张此为代发工资，证据不足。

对于2010年11月至2018年2月23日的劳动关系，首先，司某与某星尼日利亚公司签署的雇佣合同因违反《对外劳务合作管理条例》第二条第二款的规定属于无效合同。其次，其间某星公司两次向司某发放工资，司某有理由相信系某星公司向其支付劳动报酬。某星公司主张此为代发工资，证据不足。

由于2018年2月23日后，司某不再工作，因此不能认定2018年2月24日至12月26日期间司某与某星公司存在劳动关系。

（四）境外用工纠纷在举证劳动关系时的注意事项

在境外用工纠纷中，劳动者如主张与境内企业存在劳动关系，应当就此承担举证责任。劳动者可以通过工资支付凭证或记录、用人单位向劳动者发放的

"工作证""服务证"等能够证明身份的证件、劳动者填写的用人单位招工招聘"登记表""报名表"等招用记录、考勤记录等证据证明劳动关系的存在。从用人单位角度来说，用人单位可通过与劳动者签订的服务合同和境外企业出具的工资支付凭证等证据来证明劳动关系不存在。

三、合规操作方案

随着我国"一带一路"倡议的推行，积极开展国外投资、参与国外项目建设的企业逐渐增多，境外用工日渐频繁，境外用工类劳动争议案件数量也不断增加。为减少境外用工的法律风险，建议境内企业注意以下事项。

第一，明确法律关系，遵守合同约定。不同境外用工模式下，境内企业与劳动者或劳务人员签订的合同性质不同，双方的权利义务也有差异。境内企业首先应根据自身资质和需求，选择合适的境外用工模式，明确其与劳动者签订的合同性质为何。若依据法律规定，境内企业应与劳动者签订劳动合同的，企业应依法签订劳动合同并履行及时足额支付报酬的义务，承担社会保险责任等用人单位责任。若境内企业选择与劳动者签订服务合同的对外劳务合作模式，则应履行协助劳动者向国外雇主维权的义务。

第二，重视法律风险，完善规章制度。用人单位应制定完备的规章制度，对派驻国外的劳动者的权利义务、薪资报酬、福利待遇和社会保险等基本问题作出明确规定，并通过公示方式告知劳动者，避免境外用工劳动争议的发生。

第三，遵守法律法规，提升管理水平。外派劳动者至其他国家工作时，我国企业在国内需遵守《对外劳务合作管理条例》《对外承包工程管理条例》等规定，依法取得相应资质，开展招聘及派出工作。同时，其设立的境外机构在经营过程中应严格遵守东道国法律，以减少诉讼风险。

与此同时，我国公民作为劳动者，首先，在寻找境外工作机会时应注意选择具有对外劳务合作或对外工程承包资质的用人单位。其次，在与用人单位签订合同时，应仔细阅读并理解条款，避免日后产生纠纷。再次，在境外工作时除遵守用人单位规章制度和东道国法律规定外，还应尊重其信仰、习俗和文化。最后，在权益受到侵害时，应强化证据意识，依法理性维权。

第四节　职场冷暴力问题

一、职场冷暴力问题解析

什么是职场冷暴力？哪些行为构成职场冷暴力？职场冷暴力为何产生？职场冷暴力有哪些危害？用人单位可能承担哪些法律责任？劳动者可以向用人单位提出哪些争议请求事项？

（一）什么是职场冷暴力

职场冷暴力并不是一个法律专有词汇，我国《劳动法》《劳动合同法》等相关法律法规对于职场冷暴力并没有明确的定义，通常来说，职场冷暴力是指劳动者的管理者或同事通过一些消极、不作为的“冷”手段，使劳动者在职场中遭遇歧视、排挤、孤立、被团队边缘化、权利被架空、坐冷板凳、需求被忽视、被不公平对待、丧失存在感等情况，使得劳动者的职场发展、人际关系受阻，破坏劳动者的公平就业或职业发展机会。

职场冷暴力有持续性和隐蔽性的特征。持续性，是指职场冷暴力长期存在，形成一种状态或氛围。劳动者之间偶尔的、突发的矛盾，若能及时妥善解决，则不属于职场冷暴力的范畴。隐蔽性，是指职场冷暴力手段隐蔽，不易被察觉。职场冷暴力多以消极、不作为的形式表现出来，劳动者难以通过证据证明。①

职场冷暴力在各个职级中均有体现。一方面，职场冷暴力来自垂直关系中，上级领导对下属的冷暴力。另一方面，职场冷暴力来自水平关系中，同事之间的冷暴力。此外，值得注意的是，垂直关系中的下属对上级领导的冷暴力也很常见。例如，空降领导的行事风格和方法不被原有群体所认同、不能服众，就容易发生以下欺上的情况。②

---

① 参见王琰、王晓英：《软暴力分析》，载《吉林医药学院学报》2012 年第 33 卷第 3 期。

② 参见蓝海职场微信公众号：《“要么忍，要么滚”：冷暴力让我上班如坐牢，该怎么办》，2019 年 5 月 23 日，网址：https://mp.weixin.qq.com/s/1xwtiUcmDX_bD_x0qnOcHQ。

职场冷暴力与当事人主观体验有关，但亦是客观状态。一方面，职场冷暴力来源于当事人的心理投射。当劳动者对职场人际交往或工作任务等内容的期待无法满足时，便会转为失望，感到遭遇了职场冷暴力。职场冷暴力与当事人对事件的心理反应密不可分。另一方面，职场冷暴力是施暴者造成的不正常的客观状态，并非受害者的主观臆想。职场冷暴力中，施暴者的行为并不是建立在平等尊重基础上的正常人际交往行为或者公平合理的工作行为，而是充斥着敌意和不友好的行为。

（二）哪些行为构成职场冷暴力

常见的职场冷暴力表现形式如下①：

1. 人际孤立

人际孤立，即在人际相处时，对劳动者冷漠、忽视，使其边缘化。人际孤立在交谈上表现为对共事者保持沉默，在行为上表现为避免与共事者接触。

2. 资源偏袒

资源偏袒，即在资源分配或创造工作有利条件上，对劳动者设置障碍。例如，拒绝告知劳动者必要的或有利于提升工作效率的信息，屏蔽工作资源。

3. 推诿

推诿，即不给予劳动者工作上应有的配合。例如，以委婉拒绝、降低工作质量和延长工作时间等方式消极怠工。

4. 价值诋毁

价值诋毁，即对劳动者的能力、效率、影响力未给予应有的认可，进行诋毁。例如，背地里或利用舆论对劳动者的工作、人格等做负面的报道；在公共场合使用言语或者其他手段，令劳动者陷于尴尬的境地。

5. 组织身份否定

组织身份否定，即否定劳动者在组织中的身份，剥夺其在组织中的空间和接受程度，将劳动者归为“圈外人”。组织身份否定进一步导致了对劳动者任务

① 参见乐嘉昂、彭正龙、高源：《基于扎根理论的职场排斥行为结构分类的探索性研究》，载《上海管理科学》2012年第34卷第4期。

分配、考核和发展机会的偏见。首先，在任务分配上，分配给劳动者过重的，甚至不可能完成的任务，或者不给劳动者分配任务。其次，在考核上，对相同岗位的劳动者采用不同的考核标准。最后，在发展机会上，劳动者很难得到学习、培训或锻炼和成长的机会。

（三）职场冷暴力为何产生

从职场关系的特点上看，竞争关系的存在、差序格局的形成以及规避法律、减少用工成本等因素是造成职场冷暴力的直接原因。第一，竞争可能导致同事间关系恶化。部分劳动者会采用背地里诋毁和拒绝提供必要的工作支持等冷暴力手段进行恶性竞争。第二，差序格局破坏了和谐的工作氛围。在差序格局下，人际关系的构成以自身为重心，依照“圈子”距离自身的远近，来区别人群和自己的亲疏。以自我为中心往外辐射的小团体一旦形成，势必会导致对团体外的劳动者的排斥。第三，用人单位出于规避法律和减少用工成本的考虑，对劳动者实施冷暴力。例如，当女职工处于孕期、产期、哺乳期时，有的用人单位认为三期女职工工作效率低下、请假多，会严重影响单位的工作进度，增加用工成本，意图解除劳动合同。但由于《劳动法》及《劳动合同法》均对于三期女职工予以特殊保护，女职工处于三期时，解除劳动合同受到更加严格的限制，而且法律还明确要求用人单位不得因女职工怀孕、生育、哺乳降低其工资。在此情况下，用人单位既找不到合法的解除理由降薪或解除劳动合同，又害怕承担法律责任，往往会通过制造职场冷暴力的方式，企图达到使员工主动提出离职的目的。

事实上，上述特点在任何职场均存在。就职场冷暴力而言，究其更深层次的原因，主要有以下方面：首先，职场冷暴力的实施者对人与人之间的差异不能包容，缺失尊重。个体间由于生理状况、教育背景、生活经历等差异，必然存在不同。能够尊重他人的特性，则能与之和谐相处。反之，则会排斥他人，对他人实施冷暴力。其次，职场冷暴力的实施者对他人的能力和效率缺乏足够的信任。因不愿信任他人，无法做出客观评价，而对他人工作安排采取歧视的态度。最后，职场冷暴力源于施暴者所受挫折的转化。部分人会将遇到的挫折转化为攻击行为，有些间接的攻击行为就是职场冷暴力。例如，职场中劳动者会因为他人某些方面优于自己而产生嫉妒，因此以冷漠的态度对待他人。从本质上来说，嫉妒是一种心理挫折。而冷漠排斥正是职场冷暴力的体现。

（四）职场冷暴力有哪些危害

职场冷暴力会损害劳动者的身心健康和侵犯劳动权利。

首先，职场冷暴力极大影响劳动者的身心健康。处于职场冷暴力的环境下，劳动者由于长期受到讥讽、漠视甚至被迫停止工作等刺激，精神压力负担重，导致其出现迷茫、害怕、信心受挫、疲惫内耗的感觉，甚至出现焦虑、抑郁等病症。而人一旦处在情绪低落和消极的时候，身体的消化、免疫、代谢等功能都将受到损害，这种郁郁寡欢的心理最终会导致劳动者的躯体疾病。其次，职场冷暴力导致劳动者工作环境恶化，正常工作的权利得不到保障。甚至部分劳动者在遭遇职场冷暴力后被迫辞职，减少了经济收入。

职场冷暴力也会给企业带来负面影响。首先，职场冷暴力会破坏和谐、团结的企业文化，影响工作氛围。其次，职场冷暴力会导致工作环境恶化，降低劳动者积极性，进而降低工作效率、影响工作成果。再次，部分劳动者会采取以冷制冷、以暴易暴等手段反击团队或用人单位的冷暴力，给人事管理带来困难。最后，职场冷暴力的新闻一旦传出，企业形象也会因此受损。

从长远来看，职场冷暴力的存在，无论对于劳动者的身心健康、激发其工作积极性，还是营造良好的团队氛围、实现和谐稳定的人员管理，都是十分不利的。

（五）用人单位可能承担哪些法律责任

职场冷暴力既包括人际漠视型的冷暴力，也包括指向工作任务型的冷暴力。

对于人际漠视型的冷暴力，例如在人际交往上避免与劳动者接触，从本质上来说是一种人际关系，并非法律关系，因此法律无法干涉，即使法院判决劳动者胜诉，也难以强制执行。

虽然我国现行法律法规没有关于职场冷暴力情形下用人单位法律责任的明确规定，但这并不意味着用人单位对劳动者制造职场冷暴力可以不受法律的约束。对于工作任务型的冷暴力，例如不给劳动者安排工作，如果侵害了劳动者受法律承认和保护的权益，则用人单位可能需承担如下法律责任：

1. 用人单位不给劳动者安排工作的，有可能构成不提供劳动条件，劳动者因此解除劳动合同的，用人单位应当支付经济补偿金

用人单位为缩减成本欲解除与劳动者的劳动合同，但又无正当合法的理由时，常常会使用不给劳动者安排工作的方式迫使劳动者主动提出离职，从而避免支付经济补偿金及承担违法解除劳动合同的法律风险。

例如，劳动合同中约定销售岗位的收入为底薪加提成，劳动者有通过劳动获得提成的权利。此种情况下，用人单位强行给劳动者“放假”或“停工”，剥夺劳动者工作的权利，通过不安排工作的方式对劳动者采取冷暴力，即使劳动者主动提出离职，用人单位仍需向其支付经济补偿金。

2. 用人单位通过冷暴力手段恶意克扣工资的，有可能构成未及时足额支付工资，劳动者因此解除劳动合同的，用人单位应当支付经济补偿金

用人单位通过关闭打卡系统等方式不计算劳动者的考勤，但劳动者确已工作的，依据考勤记录核算工资时，有可能被认定为未及时足额支付工资。如用人单位以此方法导致劳动者提离职的，需向其支付经济补偿金。

3. 用人单位擅自调岗、转岗、降薪，因劳动者拒绝导致解除劳动合同的，有可能构成违法解除劳动合同，需承担相应的法律责任

用人单位未与劳动者协商一致，恶意调岗、转岗或降薪的，使劳动者在工作单位中处于边缘化位置的，劳动者有权拒绝。《劳动合同法》第三十五条[①]规定，劳动者工作内容和待遇等劳动合同条款的变更，应经用人单位与劳动者协商一致。据此，劳动者有权拒绝用人单位单方面对劳动合同的变更。在劳动者明确拒绝后，用人单位若以劳动者不服从单位管理安排、不到新岗位工作构成旷工，严重违反用人单位规章制度为由，与劳动者解除合同的，可能被认定为违法解除，需向劳动者支付违法解除的赔偿金。

---

① 《劳动合同法》第三十五条规定，用人单位与劳动者协商一致，可以变更劳动合同约定的内容。变更劳动合同，应当采用书面形式。变更后的劳动合同文本由用人单位和劳动者各执一份。

（六）劳动者可以向用人单位提出哪些争议请求事项

1. 以未提供劳动条件或未及时足额支付工资迫使劳动者解除劳动合同为由，要求用人单位支付经济补偿金

根据《劳动合同法》第三十八条第一款第一项、第二项[①]以及第四十六条第一项[②]的规定，劳动者因用人单位未按照劳动合同约定提供劳动条件或未及时足额支付工资而解除劳动合同的，用人单位应当支付经济补偿金。例如，在（2019）粤0104民初6318号案中，公司不给张某安排出外勤的工作导致其收入大幅降低，张某被迫辞职，并请求公司支付经济补偿金。

2. 以违法解除劳动合同为由，要求用人单位继续履行或支付赔偿金

用人单位擅自恶意调岗、转岗或降薪，在劳动者拒绝后又以劳动者不服从管理，严重违反规章制度为由解除劳动合同的，可能被认定为违法解除。《劳动合同法》第四十八条[③]规定，用人单位违法解除劳动合同的，劳动者可请求用人单位继续履行或支付赔偿金。例如，在（2020）辽0191民初1279号案中，销售人员唐某被公司要求长时间待岗并降低薪资后，又被派到物业公司当保安，唐某拒绝该调整未到物业公司报道，公司以其旷工、严重违反规章制度为由与其解除劳动合同。唐某向法院请求判决公司支付违法解除劳动合同的赔偿金。

二、实战案例解析

案例一 劳动者主张公司违法解除

（一）基本案情[④]

李某是公司的运营专员，工作内容为外勤销售。2021年6月4日，公司将

---

① 《劳动合同法》第三十八条第一款第一项、第二项规定，用人单位有下列情形之一的，劳动者可以解除劳动合同：（一）未按照劳动合同约定提供劳动保护或者劳动条件的；（二）未及时足额支付劳动报酬的。

② 《劳动合同法》第四十六条第一项规定，有下列情形之一的，用人单位应当向劳动者支付经济补偿：（一）劳动者依照本法第三十八条规定解除劳动合同的。

③ 《劳动合同法》第四十八条规定，用人单位违反本法规定解除或者终止劳动合同，劳动者要求继续履行劳动合同的，用人单位应当继续履行；劳动者不要求继续履行劳动合同或者劳动合同已经不能继续履行的，用人单位应当依照本法第八十七条规定支付赔偿金。

④ （2021）粤0112民初30530号。

李某踢出微信工作群。6月9日公司通过钉钉通知李某到总部上班、变更打卡地点，抄写员工手册，并关闭其外勤打卡权限。李某未能打卡期间，公司以其未上班为由，不支付其工资。李某于7月1日才看到钉钉上的调岗通知。7月5日，李某向公司提交了一份书面《离职申请》，载明因公司逼迫其签订不合理的岗位业绩指标书，其拒签并向公司讨要欠薪后，一直受到打击报复，被威迫要求离职。公司通过针对性挑刺，歧视性区别对待，孤立和踢出工作群等冷暴力手段导致李某无法正常工作，并且关闭外勤打卡权限企图恶意克扣工资，李某因此提出离职申请。公司于7月6日与李某面谈，要求其按照公司的要求填写离职材料和离职原因，李某拒绝。7月19日，公司向李某发送解除劳动合同通知书，载明依据《员工手册》离职管理的规定解除与李某的劳动关系。李某遂申请仲裁，请求公司支付违法解除劳动合同赔偿金和拖欠的工资。仲裁庭裁决公司向李某支付拖欠的工资，但违法解除劳动合同赔偿金未得到支持。李某不服，诉至法院。法院判决公司支付拖欠的工资和解除劳动关系经济补偿金，但驳回违法解除劳动合同赔偿金的请求。

（二）案件代理思路

本案系因用人单位擅自调整劳动者的工作岗位导致解除劳动合同引发的劳动争议，涉及用人单位实施职场冷暴力法律责任的认定问题，具体来说涉及用人单位解除劳动合同合法性、调整工作岗位合法性和经济补偿支付条件的问题。第一，解除劳动合同合法性的认定。在确定用人单位存在解除劳动合同的事实后，法院一般会从制度依据和事实依据方面认定用人单位解除劳动合同是否合法，即是否存在可对劳动者适用的规章制度和劳动者是否作出了严重违反规章制度的行为。第二，调整工作岗位合法性的认定。法院会审查用人单位调整劳动者的工作岗位是否经与劳动者协商并取得其同意。第三，支付经济补偿金问题。法院会审查用人单位是否存在未提供劳动条件或未及时足额支付工资，劳动者提出离职的根本原因等情况。

（三）法院审查要点

法院认为，公司和李某建立劳动关系并签订书面劳动合同，双方均应诚信、全面履行合同义务，双方的合法权益均受法律保护。

关于未能打卡期间的工资支付。公司在未与李某协商一致的情况下，就单方面通知李某到总部上班，径行将其日常的打卡通道关闭，实际上是单方擅自变更了工作地点和工作内容，且仅在钉钉上通知，在李某未能及时看到通知的情况下，也未采取其他方式告知或催促。用人单位虽然可以根据自身的生产经营需要享有一定的用工自主权，但也不能滥用权利，公司未有充分合理的理由将李某的工作进行变更，也没有明确变更后的具体工作内容和工作岗位，在李某没有在公司指定的区域打卡的情况下直接认定其旷工没有依据，故应当补足扣发的工资。

关于违法解除劳动关系的赔偿金。辞职是劳动者享有的单方解除劳动合同的权利，辞职的意思表示到达公司即生效，李某于7月5日向公司提交了离职申请，公司也收到了其离职申请并与其就办理离职手续的事项予以协商，协商不一致不影响合同解除的效力，考虑到李某未在申请中明确解除时间，且其最后工作至7月8日，法院认定双方的劳动关系已于2021年7月9日解除。因此，公司之后作出的解除决定并无法律意义，无需承担违法解除的法律责任。

关于劳动者提出解除劳动合同的经济补偿金。虽然公司关闭了其钉钉打卡，但是李某的工作内容为外勤销售，其提交的签到记录也显示并不影响其开展正常工作，但是由于公司关闭其打卡系统认定其旷工并克扣工资，导致其工资大幅度减少，符合未及时足额支付工资的情形，最终认定公司应当向李某支付经济补偿金。

（四）职场冷暴力问题在举证层面的注意事项

在涉及用人单位实施恶意调岗等冷暴力行为并以违反规章制度为由与劳动者解除劳动合同的案件中，根据《最高人民法院关于审理劳动争议案件适用法律问题的解释（一）》第四十四条[①]规定，用人单位应就其解除合同的合法性负举证责任，即用人单位能够提供可适用于劳动者的规章制度，且劳动者的行为构成严重违反规章制度。用人单位如不能达到证明标准的，应负法律责任。

在涉及用人单位通过不提供劳动条件或不及时足额支付工资等方式实施冷暴力，从而迫使劳动者解除劳动合同的案件中，根据“谁主张，谁举证”的原则，

① 《最高人民法院关于审理劳动争议案件适用法律问题的解释（一）》第四十四条规定，因用人单位作出的开除、除名、辞退、解除劳动合同、减少劳动报酬、计算劳动者工作年限等决定而发生的劳动争议，用人单位负举证责任。

劳动者应对用人单位未提供劳动条件和未及时足额支付工资负举证责任。在劳动者一方完成前述证明责任后，如用人单位否认实施了冷暴力行为的，应当对其行为并不实质上影响劳动者的工作，或已按照考勤标准支付工资承担证明责任。如用人单位不能就其抗辩理由举证的，应当承担不利后果，支付劳动者经济补偿金。

（五）案件评析

该案系因用人单位擅自调整劳动者的工作岗位引发的劳动争议，涉及解除劳动合同合法性、调整工作内容合法性的认定问题，亦包含了对职场冷暴力行为的认定。

首先，讨论解除劳动合同合法的前提是存在用人单位单方解除劳动合同的事实。如果劳动者先行提出解除劳动合同，则不存在用人单位单方解除劳动合同的事实，故其要求用人单位支付违法解除合同赔偿金的请求无法得到法院支持。在劳动者主动申请解除劳动合同的情况下，若用人单位违反法律规定，则应依据《劳动合同法》第四十六条第一项①的规定，向劳动者支付经济补偿金。其次，未经协商一致调整劳动者工作内容的，劳动者有权拒绝。《劳动合同法》第三十五条②规定，劳动合同经双方协商一致才能变更。用人单位虽有一定的用工管理自主权，但行使该权利不得违反法律规定和侵害劳动者的合法权益。最后，就职场冷暴力的认定，由于职场冷暴力并非现行法律法规中的专有名词，法院在判决中基本不会对职场冷暴力行为的分析、认定进一步展开，而是与其他法定情形相关联，进而认定行为性质。本案中，法院对于劳动者提及公司孤立、将其踢出微信工作群这些职场冷暴力行为，并未直接回应。在类案中，例如（2020）粤0113民初7948号案例，法院对劳动者主张公司存在不给劳动者安排工作、不理睬劳动者的冷暴力行为亦未回应，而着重审查公司提出劳动者是否存在偷窃公司财物、严重违反规章制度的情形。且当前司法实践存在认定标准不一的情况，就未给劳动者安排工作这一可能涉及冷暴力的行为而言，本

① 《劳动合同法》第四十六条第一项规定，有下列情形之一的，用人单位应当向劳动者支付经济补偿：（一）劳动者依照本法第三十八条规定解除劳动合同的。

② 《劳动合同法》第三十五条规定，用人单位与劳动者协商一致，可以变更劳动合同约定的内容。变更劳动合同，应当采用书面形式。变更后的劳动合同文本由用人单位和劳动者各执一份。

案中，法院认为其本质上属于用人单位未及时足额支付工资，而在一些案例中，法院会认为此情形属于未提供劳动条件。

案例二　劳动者被迫解除合同请求公司支付经济补偿金

（一）基本案情[①]

2018年10月，公司计划将张某调往外地出差，张某以家庭原因为由未前往。之后，公司开始不给张某安排出差，导致其工资收入减少。根据公司2018年10月9日至12月3日的排单情况统计表，与张某同岗位的员工出外勤次数在28次至44次，而其仅有3次。2018年12月16日，张某向公司发出《解除劳动合同》通知书，载明“因你方违反《劳动合同法》第三十八条第一款第一项[②]的规定而导致劳动合同无法继续履行，现根据《劳动法》《劳动合同法》的规定，本人决定于2019年1月2日与你方解除劳动合同”。随后，张某申请仲裁，请求公司支付经济补偿金。该请求未得到仲裁庭支持。张某不服，诉至法院。法院支持了张某的请求。

（二）裁判观点

法院认为，根据排单情况统计表，张某出外勤的次数远低于同岗位的其他同事，而待命天数远高于其他同事。此前张某虽未按照公司的安排前往外地出差，但已向公司领导解释了无法前往的理由。对于张某未服从公司安排的行为，公司本可以按照公司相关规定依法进行处理，但公司并未就该情况进行处理，而是减少了张某出外勤的次数从而导致其收入减少，公司未提交证据证明其对于不服从公司工作安排的员工可给予减少外勤次数的规定，故本院认定公司未向原告提供劳动条件。

（三）案件评析

该案系因用人单位减少对劳动者的工作安排引发的劳动争议，涉及职场冷暴力中不提供劳动条件的认定问题。

劳动条件是指在劳动合同中约定的用人单位对劳动者所从事劳动必须提供

① （2019）粤0104民初6318号。

②《劳动合同法》第三十八条第一款第一项规定，用人单位有下列情形之一的，劳动者可以解除劳动合同：（一）未按照劳动合同约定提供劳动保护或者劳动条件的。

的生产、工作条件[①]。通常意义上的劳动条件是指用人单位提供的保障劳动者完成工作任务的劳动场所和设备、劳动安全卫生设施和劳动防护用品等。但劳动条件并不局限于劳动设备和物品，还应包括工作机会和必要的工作支持。如果用人单位在有工作任务的情况下，对工作进行歧视性分配，不给或少给劳动者安排工作任务，则劳动者的工作无法开展，势必损害劳动者的劳动权和获得劳动收入的权利。因此，不给劳动者安排工作任务，应认定为未提供劳动条件，用人单位应承担法律责任。

三、合规操作方案

（一）用人单位应对职场冷暴力的合规操作方案

为保证良好的工作环境，保障劳动者的权益和提高其工作效率，我们建议用人单位采取以下措施：

1. 培育包容、团结、和谐的企业文化

在思想方面，用人单位可在企业文件中渗透出包容和理解的思想，在合理竞争的同时强调团队精神。在行动方面，企业可定期组织团建活动，促进员工之间的了解和交流。

2. 建立健全防治职场冷暴力的规章制度

规章制度可包括劳动者之间应互相尊重、友好协作等倡导性规定和禁止实施孤立、排斥等职场冷暴力行为的禁止性规定。

3. 以身作则，不对劳动者实施职场冷暴力

用人单位应尊重劳动者并遵守《劳动合同法》等法律的规定，为劳动者工作提供必要的条件和支持。若因经营需要确需改变劳动者的工作内容，应在双方协商一致的基础上进行。

4. 妥善处理劳动者之间的职场冷暴力

发现职场冷暴力或人际关系的摩擦后，应及时与当事人沟通，化解双方的矛盾，并给予必要的心理辅导。对于严重损害劳动者合法权益的职场冷暴力行

① 参见全国人大常委会法制工作委员会主编：《劳动合同法释义（第二版）》。

为，可依据法律法规和用人单位的规章制度对施暴者进行追究。

（二）劳动者的注意事项

为防止职场冷暴力的发生、减少职场冷暴力带来的危害，维护自身的合法权益，我们建议劳动者应注意以下事项：

1. 求职时了解企业文化和企业对于职场冷暴力的态度

除薪资待遇外，是否有健康和谐的企业文化也应成为劳动者关注的因素。如果企业文化并不和谐，工作氛围压抑，求职者需做好心理准备并想好应对措施。此外，面试时，求职者也可以向面试官了解企业是否关注职场冷暴力问题，有何防范措施，当出现职场冷暴力现象时，企业会如何进行处理等。

2. 平等待人，尊重差异，处理好人际关系

劳动者在履行劳动合同期间，不免与各种年龄、性格、职位的人打交道，在与人相处时，建议保持友好的态度，减少与他人的矛盾和摩擦，从根源上减少职场冷暴力发生的可能性。

3. 妥善处理职场冷暴力

劳动者在遭遇职场冷暴力时，切不可把责任都归到自己身上，而应积极地正视和理性分析问题，尝试与对方沟通解决。若仅靠自己的力量无法解决，一味地隐忍退让亦不利于身心健康，此时可向用人单位反映情况，寻求帮助。

综上所述，职场冷暴力是人际关系和工作关系中非正常的表现，不仅侵害劳动者的权益，而且阻碍企业的发展。劳动者和用人单位应该对职场冷暴力予以足够的关注，认识冷暴力的危害，为构建和谐的工作环境而努力。

图书在版编目 (CIP) 数据

劳动争议攻防策略：请求权基础思维分析与合规操作 / 北京市兰台律师事务所编著 . — 北京：中国法制出版社，2023.5

ISBN 978-7-5216-3406-8

Ⅰ.①劳… Ⅱ.①北… Ⅲ.①劳动争议 - 劳动法 - 研究 - 中国 Ⅳ.① D922.591.4

中国国家版本馆 CIP 数据核字（2023）第 059861 号

策划编辑：赵宏

责任编辑：冯运

封面设计：周黎明

劳动争议攻防策略：请求权基础思维分析与合规操作

LAODONG ZHENGYI GONGFANG CELÜE：QINGQIUQUAN JICHU SIWEI FENXI YU HEGUI CAOZUO

编著 / 北京市兰台律师事务所

经销 / 新华书店

印刷 / 三河市国英印务有限公司

开本 / 710 毫米 ×1000 毫米 16 开　　印张 / 28.5　字数 / 449 千

版次 / 2023 年 5 月第 1 版　　2023 年 5 月第 1 次印刷

中国法制出版社出版

书号 ISBN 978-7-5216-3406-8　　定价：98.00 元

北京市西城区西便门西里甲 16 号西便门办公区

邮政编码：100053　　传真：010-63141600

网址：http://www.zgfzs.com　　**编辑部电话：010-63141832**

市场营销部电话：010-63141612　　**印务部电话：010-63141606**

（如有印装质量问题，请与本社印务部联系。）